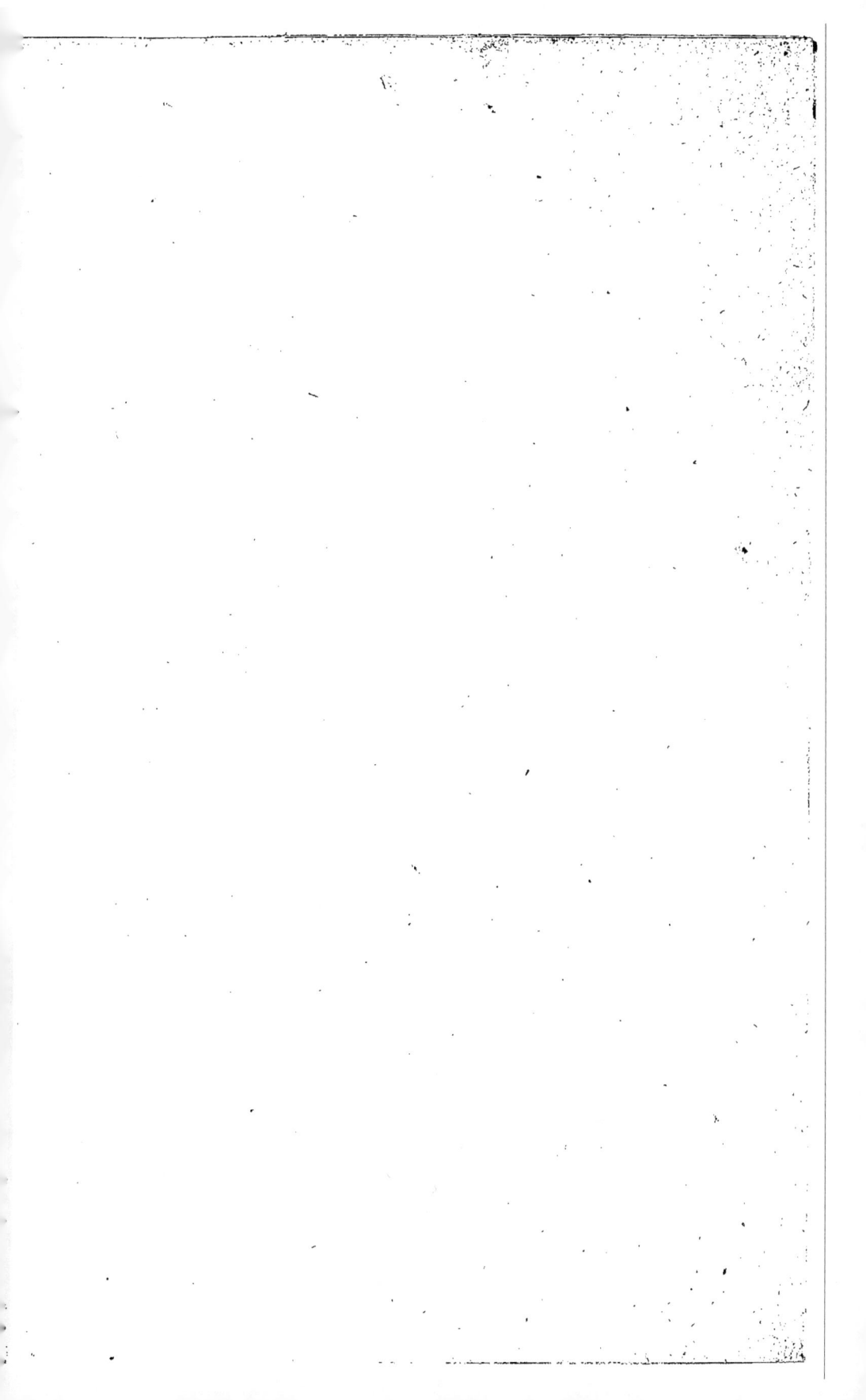

RECUEIL RAISONNÉ

DES

ARRÊTS DE LA COUR IMPÉRIALE

DE GRENOBLE,

FONDÉ PAR MM. LES AVOUÉS PRÈS LA COUR,

RÉDIGÉ PAR M. FRÉD. TAULIER.

Au moment d'adresser à nos abonnés la dernière livraison du deuxième volume du *Recueil raisonné* des arrêts de la Cour impériale de Grenoble, dont la publication a été retardée par une grave indisposition qui nous a subitement atteint, nous croyons devoir publier quelques réflexions.

Dès le principe, le *Recueil raisonné*, fondé par MM. les Avoués près la Cour impériale, a rencontré de vives sympathies. Le nombre actuel des abonnés est considérable, et il s'accroît chaque jour.

Nous n'avons pas eu besoin de réclames ; nous n'avons pas eu besoin de nous faire annoncer à la quatrième page des journaux, nous n'avons pas eu besoin d'étaler sur la couverture du journal une longue liste de prétendus collaborateurs; nous n'avons pas eu besoin d'être recommandé par des circulaires d'aucun genre.

C'est que le public sait bien apprécier les œuvres qui s'adressent à lui, et ce qu'il demande, avant tout, c'est qu'on veuille bien ne pas le fatiguer, ne pas lui imposer des jugements tout faits, et lui permettre de juger personnellement.

Nous ne dirons pas à nos abonnés combien chacun de nos volumes renferme d'arrêts; nous croirions leur faire injure. Ce qui fait le mérite d'un recueil, ce n'est pas le nombre des arrêts qu'il contient, mais la manière dont les arrêts sont recueillis.

Dans la *Revue critique de législation et de jurisprudence*, M. Nicias Gaillard, président de chambre à la Cour de cassation, s'exprime ainsi : « Comme M. Troplong, je reprocherais « aux recueils d'arrêts, par exemple, de ne pas s'attacher « assez aux faits, de négliger parfois des particularités utiles, « nécessaires même pour déterminer le vrai sens de la déci-« sion. L'excuse ordinaire, c'est-à-dire la place restreinte dont « on dispose et la quantité des matériaux, ne me touche qu'à « demi. Si l'on n'est pas maître de l'espace, *on est maître du* « *nombre*. Il est des sacrifices qu'on gagnerait à faire, des « pertes qui enrichiraient; *il suffit quelquefois de faire moins* « *pour faire mieux* (1). »

Telles sont les idées dont nous nous sommes inspiré, dont nous nous inspirerons encore, et qui, nous aimons à le croire, continueront à faire notre succès.

---

(1) *Revue critique de législation,* 3me année, tome 6, page 371.

Nous poursuivrons donc notre œuvre, nous préoccupant avec MM. les Avoués fondateurs, non pas de bénéfices, mais d'améliorations ; n'attaquant personne, dédaignant beaucoup d'attaques indirectes, nous empressant de reconnaître que, même en matière intellectuelle, la concurrence est une chose utile, et nous félicitant de ce que le *Journal de la Cour* appartenant désormais à l'ordre des avocats, la concurrence sera loyale et digne.

Grenoble, 31 décembre 1859.

FRÉD. **TAULIER.**

Grenoble, Maisonville et Fils, imprimeurs-libraires, rue du Quai, 8.

RECUEIL RAISONNÉ

DES

ARRÊTS DE LA COUR IMPÉRIALE

DE GRENOBLE.

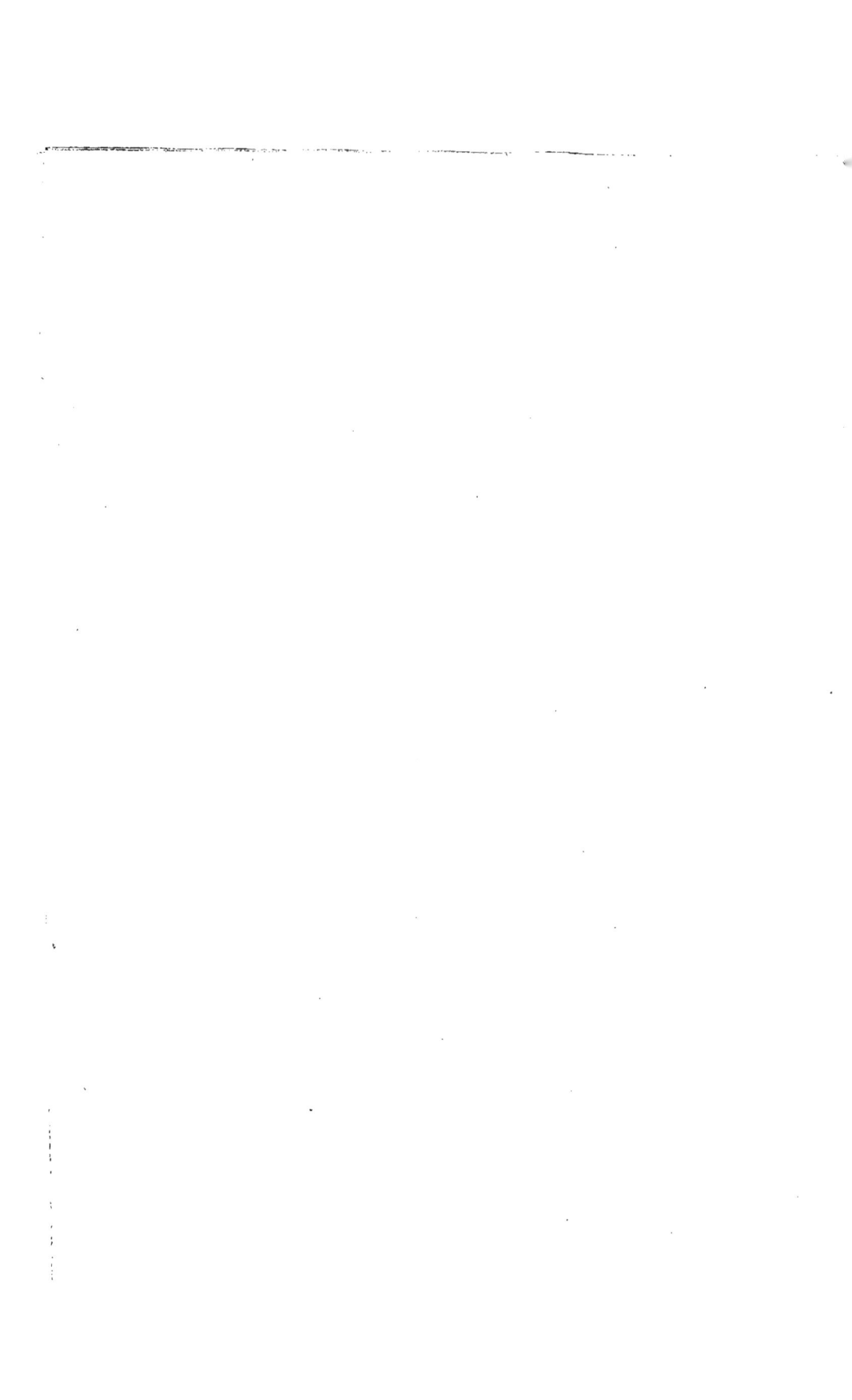

RECUEIL RAISONNÉ

DES

ARRÊTS DE LA COUR IMPÉRIALE

DE GRENOBLE

RENFERMANT

OUTRE LES ARRÊTS DE LA COUR

LES DÉCISIONS ADMINISTRATIVES

LES PLUS IMPORTANTES

ET

UNE CHRONIQUE GÉNÉRALE ET LOCALE

DANS LAQUELLE FIGURENT LES JUGEMENTS DES TRIBUNAUX DE PREMIÈRE INSTANCE
D'UN INTÉRÊT USUEL,

FONDÉ

PAR MM. LES AVOUÉS PRÈS LA COUR IMPÉRIALE DE GRENOBLE.

CE RECUEIL S'ADRESSE PRINCIPALEMENT

à MM. les Magistrats de l'ordre judiciaire et administratif, à MM. les Avocats,
Avoués, Notaires, Greffiers, Huissiers, etc.

Rédacteur en chef : M. Fréd. TAULIER,

Avocat à la Cour impériale, Doyen de la Faculté de Droit,
Ancien Maire de Grenoble, Membre du Conseil général de l'Isère, Chevalier de la
Légion-d'Honneur.

DEUXIÈME VOLUME.

GRENOBLE,

MAISONVILLE ET FILS, IMPRIMEURS-LIBRAIRES,
Rue du Quai, 8, vis-à-vis le Jardin de Ville.

1859.

1864

ARRÊTS.

CONCUBINS. — DONATION. — CAUSE ILLICITE. — RÉVOCATION PAR SURVENANCE D'ENFANTS. — NOTIFICATION. — FRUITS.

I. Les donations entre concubins, même déguisées sous la forme d'un contrat à titre onéreux, ne sont pas nulles par le fait seul du concubinage, mais elles doivent être annulées lorsqu'elles ont été un moyen de corruption, ou le salaire du vice, ou le résultat de la captation et de la suggestion, ou un moyen d'acheter le silence du donataire qui n'avait droit à aucune réparation pour préjudice causé.

II. De telles donations étant révocables par survenance d'enfants, la révocation s'étend a tous les fruits échus depuis la survenance et non perçus, bien que la notification prescrite par l'article 962 du Code Napoléon n'ait pas eu lieu; elle s'étend même à des billets souscrits pour fruits échus, ces billets n'étant, en réalité, que des fruits à percevoir.

Cagnet — C Duval.

Le 12 janvier 1834, le sieur Duval, demeurant alors à Paris, s'est obligé verbalement de servir à dame Françoise

Desgranchamps une rente annuelle et viagère de 1,200 fr., payable par trimestre à partir du 1er avril de la même année. Cette constitution de rente fut faite moyennant la somme de 15,000 fr., que le sieur Duval reconnut avoir reçue en espèces de ladite dame Desgranchamps.

Depuis cette époque la rente a été servie par le sieur Duval; quelques annuités ont même été acquittées par sa mère.

Dans l'intervalle, Duval s'était marié et avait eu de son mariage plusieurs enfants.

Le 31 mars 1848, le sieur Duval souscrivit, à St-Laurent-en-Royans et à l'ordre de dame Françoise Desgranchamps, devenue épouse Cagnet, un billet de 408 fr., causé valeur en compte, payable chez Mme veuve Duval, à Senlis, près Paris (Oise), fin avril suivant, et un autre de 400 fr., payable fin juillet 1848, chez le souscripteur, valeur soldant les arrérages de la rente au 31 mars.

Ces deux effets n'ayant pas été payés à leur échéance, ni depuis, malgré les promesses de Duval, les mariés Cagnet ont, par exploit du 21 août 1848, fait assigner ledit sieur Duval devant le tribunal civil de Valence, en reconnaissance d'écriture des deux promesses dont il s'agit, enregistrées, et en paiement de la somme de 808 fr., montant desdites promesses; le tout avec intérêts de droit et dépens.

Le 28 du même mois, jugement par défaut de paraître et de constituer qui prononce la reconnaissance, et condamne le sieur Duval à payer aux demandeurs la somme de 808 fr. et celle de 300 fr. pour un trimestre échu depuis, et condamne Duval aux dépens.

Celui-ci a formé opposition à ce jugement, par le motif que la rente dont il s'agit était sans cause, ou plutôt qu'elle avait une cause réprouvée par la morale, et il a offert la preuve de divers faits par lui articulés.

Pour le sieur Cagnet, qui avait repris l'instance comme

donataire universel de sa femme, décédée, on a soutenu que les titres produits exprimaient une cause légitime; que leur exécution par M. Duval, pendant de longues années, était exclusive de la cause illicite alléguée par lui, et que, dans tous les cas, la preuve par lui proposée n'était pas recevable.

Le 8 août 1855, le tribunal a rendu le jugement suivant:

Attendu que Duval reconnaît qu'en janvier 1831, il a verbalement promis de fournir à Françoise Desgranchamps une rente viagère de 1,200 fr., dont il demande aujourd'hui la nullité, ainsi que celle des engagements qui en ont été la suite;

Attendu que Duval offre de prouver à l'appui de sa demande en nullité:

1° Que la somme de 15,000 fr., qui aurait motivé cette rente, n'a jamais été comptée par Françoise Desgranchamps à Duval;

2° Qu'elle était dans l'impossibilité d'avoir un capital de cette importance à sa disposition;

3° Que la cause réelle de l'obligation verbale consentie par Duval n'a été que le prix des relations intimes et réprouvées par la morale publique qui ont existé pendant longtemps entre Duval et Françoise Desgranchamps, et le résultat des obsessions de cette dernière;

Attendu que la preuve de ces faits est recevable.

Par ces motifs, le tribunal permet à Duval de prouver, tant par titres que par témoins, qui seront entendus par voie d'enquête sommaire par-devant M. le juge commis par M. le président du tribunal de première instance de la Seine, les faits articulés ci-dessus, sauf la preuve contraire.

Appel principal par Cagnet.

Appel incident par Duval.

ARRÊT.

Attendu que le Code Napoléon n'ayant pas maintenu l'incapacité de donner et de recevoir qui existait entre concubins, ces libéralités ne sont pas nulles par le seul fait de concubinage, mais qu'elles doivent être annulées lorsqu'elles ont été un moyen de corruption ou le salaire du vice, ou le résultat de la captation et de la suggestion ;

Attendu que les déclarations des parties et les documents de la cause établissent suffisamment, sans que des enquêtes soient nécessaires, que Duval, à peine âgé de dix-huit à dix-neuf ans, entraîné par les séductions de Françoise Desgranchamps, fille de service à Paris, plus âgée que lui de plusieurs années et dont l'inconduite antérieure est suffisamment constatée, avait formé avec elle des relations illicites qui se prolongèrent pendant cinq à six ans ;

Attendu que l'influence qu'elle était parvenue à exercer sur lui était si puissante, qu'il en était venu à l'intention de l'épouser, malgré la différence des âges et des positions ;

Attendu que si les efforts réunis de ses amis et de sa famille réussirent à le détourner de ce projet et le décidèrent enfin à rompre une liaison réprouvée par la morale, il ne parvint à se soustraire à l'influence exercée sur lui et à éviter le scandale qu'en s'engageant verbalement, le 12 janvier 1831, à payer à Françoise Desgranchamps une rente annuelle et viagère de 1,200 fr., moyennant quoi ses relations prirent fin ;

Attendu qu'il est prouvé et reconnu au procès qu'aucun capital ne fut remis à Duval par Françoise Desgranchamps ; qu'il est également certain qu'aucune indemnité, aucune réparation pour préjudice causé n'était due à celle-ci, et que cet acte de pure libéralité n'eut d'autre objet que, soit de salarier de honteuses complaisances antérieures, soit d'acheter son silence pour éviter le scandale; qu'à ce double titre, la cause en est immorale et illicite ;

Attendu qu'aux termes des articles 1131, 1133 du Code Napoléon, l'obligation fondée sur une cause illicite ne peut avoir aucun effet, et que la cause est illicite quand elle est contraire aux bonnes mœurs;

Attendu, d'autre part, que cette constitution de rente ayant été consentie à titre purement gratuit, se trouve révoquée par survenance d'enfants légitimes ; que cette révocation s'étend à tous les arrérages échus depuis et non perçus, bien que la notification prévue par l'article 962 du Code Napoléon n'ait pas eu lieu ; que cet article a eu pour objet de dispenser le donataire de restituer des fruits qu'il est présumé avoir perçus de bonne foi avant la notification, et qui sont entrés réellement dans ses mains et dans son avoir, mais non de lui donner le droit de percevoir, ni surtout de contraindre le donateur lui-même à lui payer des fruits ou arrérages échus après la survenance d'enfants, laquelle opère révocation de plein droit ;

Attendu qu'il n'y a pas lieu de distinguer entre les billets à ordre délivrés par Duval à Françoise Desgranchamps, et les autres arrérages incourus, soit parce que ces billets, lesquels n'ont eu pour cause que ces arrérages, sont restés impayés entre les mains de Françoise ; qu'en cet état on ne peut les considérer comme un paiement effectué qui serait entré dans ses mains et dans son avoir ; soit parce que ces billets n'ont pas fait novation à son titre de créance, et, qu'en réalité, ils sont encore des arrérages à percevoir ;

Par ces motifs, la Cour, ouï M. Gautier, avocat général, en ses conclusions motivées, sans s'arrêter à l'appel principal de Cagnet, faisant au contraire droit à l'appel incident de Duval, met l'appellation et ce dont est appel au néant, et, faisant ce que les premiers juges auraient dû faire, met Duval hors d'instance sur toutes les demandes, fins et conclusions de Cagnet, et condamne Cagnet à l'amende et aux dépens.

Arrêt du 30 avril 1858. — 2ᵉ chambre. — MM. Duport-Lavillette, président ; Gautier, avocat général ; — MM. Michal, Roux, avoués ; — MM. H. Denantes, Nicollet, avocats.

Sur la première question. — Il est certain que, d'après la législation actuelle, le concubinage n'est pas par lui-même une cause d'incapacité de donner ou de recevoir. A cet égard, la discussion est désormais épuisée. On en retrouvera tous les éléments dans Merlin, *Répertoire*, au mot *Concubinage*, nᵒ 3. Nous nous bornerons à citer le passage suivant de M. Troplong : « Le Code Napoléon n'a pas re« produit les dispositions prohibitives de l'ancien droit, et « il résulte de son silence qu'il n'a pas voulu les consacrer

« en principe. On doit même remarquer que le projet du
« Code portait un article qui interdisait les dons entre con-
« cubins, et que cet article n'a pas reparu dans la rédaction
« définitive... Le Code a voulu prévenir des perquisitions
« qui pourraient être injustes, odieuses ou tout au moins
« scandaleuses; il a voulu tarir une source d'accusations
« empoisonnées contre celui que la tombe couvre de sa
« protection, ou contre celle que la cupidité veut dépouiller
« de libéralités méritées. » (*Des Donations*, sur l'article 902,
nᵒˢ 589 et suivants.)

A cet égard, l'opinion des Cours est bien fixée. On peut
consulter les nombreux arrêts cités par Gilbert, sous l'article 901, nᵒ 23, et sous l'article 902, nᵒˢ 13 et suivants. Il
faut y joindre un arrêt très-remarquable de la Cour de Grenoble, du 4 mai 1842 (ancien *Journal de la Cour*, tome x,
page 336), et un arrêt de la Cour d'Agen, du 7 mai 1851.
(S. 51, 2, 273.)

Du reste, toute la jurisprudence peut se résumer en ce peu
de mots : La donation, déguisée ou non, doit être maintenue
entre concubins, lorsqu'il est démontré par les circonstances
qu'un esprit de véritable libéralité a réellement dominé dans
l'acte, ou bien lorsque l'engagement a pour cause la réparation d'un préjudice; au contraire, elle doit être annulée
lorsqu'il n'est pas permis de douter qu'elle constitue, selon
les termes de l'arrêt de Grenoble, de 1842, *un contrat hon-
teux dans lequel le donateur ne fait que payer à sa complice
le prix de sa coupable complaisance.*

Il appartient donc aux tribunaux de saisir les nuances délicates que les faits peuvent présenter.

L'arrêt que nous rapportons a suggéré à M. Emile Denantes les observations suivantes, que notre honorable
confrère veut bien nous commuiquer :

« En définitive, la Cour a reconnu que le contrat de rente

« avait eu pour objet d'empêcher un mariage que désap-
« prouvait la famille Duval, et que, à partir de ce contrat,
« toute relation avait cessé entre Duval et Françoise Des-
« granchamps.

« Une telle convention, qui a été exécutée pendant
« dix-huit ans par Duval, sa mère et toute sa famille, peut-
« elle bien être regardée comme illicite, en présence de la
« jurisprudence constante, qui tient pour valables les dons
« entre concubins, et qui ne voit pas dans le concubinage
« même une cause suffisante de captation, lorsqu'il ne s'y
« joint aucune manœuvre frauduleuse ?

« A la vérité, cette même jurisprudence déclare que les
« libéralités faites à une concubine, sous la forme d'un con-
« trat onéreux, peuvent être annulées lorsqu'il est claire-
« ment constaté qu'elles n'ont eu lieu que dans le but de
« déterminer la donataire à continuer des relations illicites
« avec le donateur, ou pour lui payer le prix de ses com-
« plaisances ; — lorsque, en un mot, il est intervenu une
« sorte de marché entre les deux parties.

« La Cour de Grenoble paraît avoir eu en vue cette der-
« nière jurisprudence, en disant, dans l'un de ses motifs, que
« la rente n'avait été que le salaire de complaisances hon-
« teuses.

« Mais cette idée d'un prétendu salaire n'est-elle pas in-
« compatible avec la déclaration exprimée par l'arrêt que
« le contrat avait eu pour cause le désir de rompre un ma-
« riage que la famille Duval considérait comme fâcheux et
« disproportionné, et de mettre fin aux relations qu'elle dé-
« plorait ? »

Fréd. TAULIER.

COMMUNES. — EAUX DE SOURCES. — EAUX DE FONTAINES,
SERVES, RÉSERVOIRS ET LAVOIRS. — PRESCRIPTION.

*Le droit conféré aux communes par l'art. 643 du Code
Napoléon sur les eaux d'une source née dans un fonds particulier ne s'applique pas aux eaux des fontaines, serves,
réservoirs et lavoirs.*

Commune de Saint-Blaise — C. Drevet.

Le 30 avril 1853, la commune de Saint-Blaise assigna le
sieur Drevet devant le tribunal de Saint-Marcellin pour
voir dire qu'elle était propriétaire d'un lavoir et d'un
triangle de terrain y attenant, servant aux habitants du
hameau de Sardinière pour laver leurs lessives, et que
ceux-ci avaient le droit de puiser de l'eau à la source qui
alimentait le lavoir et d'y faire abreuver leurs bestiaux.
Elle soutint que le sieur Drevet avait élevé sans droit un
bâtiment sur le lavoir depuis sept ou huit ans, et elle conclut au rétablissement des lieux.

Drevet ayant prétendu qu'il était propriétaire de la source
et du lavoir, dont les eaux se rendaient ensuite dans une
serve ou écluse, pour être employées à l'irrigation de sa
prairie attenante, la commune demanda à prouver divers
faits d'ancienne possession ; subsidiairement elle réclama
une servitude, soit par prescription, soit en vertu de
l'art. 643 du Cod. Napoléon, attendu que les eaux de la
fontaine de Drevet lui étaient nécessaires.

Par jugement du 7 décembre 1854, le tribunal déclara
la fontaine et le lavoir propriété de Drevet ; mais il auto-
risa la commune à faire la preuve par elle offerte.

Des enquête et contre-enquête eurent lieu, et, le 25 février 1857, le tribunal rendit le jugement suivant dont nous citons seulement les motifs qui se rapportent à la question de droit :

Attendu que la commune de Buis, pour le cas où elle ne pourrait pas faire constater son droit de propriété, se fondant sur les dispositions de l'art. 643 du Code Napoléon, soutient que les habitants du hameau de Sardinière ont un besoin absolu des usages réclamés ; qu'ils en ont joui sans trouble pendant plus de trente ans et de temps immémorial ; qu'en conséquence, ils en ont acquis la prescription, et qu'ils doivent être maintenus dans leur jouissance ;

Attendu que, dans l'article sus-visé, il n'est question que d'un cours d'eau dérivant d'une source, et que si bien plusieurs auteurs sont d'avis qu'il doit être appliqué aux cas analogues à celui dont il s'agit, néanmoins le plus grand nombre, et surtout beaucoup de documents judiciaires, décident le contraire ;

Attendu, d'ailleurs, que le fait d'absolue nécessité n'a paru au tribunal résulter ni de l'enquête, ni du rapport de M. le juge de paix de Rives, ni d'aucun des nombreux documents fournis à l'audience ; qu'ainsi l'application de l'art. 643 ne saurait avoir son effet ;

Attendu que si, plus tard, cette nécessité venait à être reconnue, la commune pourrait toujours acquérir ces droits par expropriation pour cause d'utilité publique et moyennant une juste et préalable indemnité ; qu'ainsi tous les droits se trouveraient sauvegardés ;

Attendu, dès lors, qu'il ne s'agit plus en la cause que de servitudes discontinues, quoique apparentes, et que ces sortes de servitudes, aux termes de l'art. 691 du même Code, ne sont pas susceptibles de s'acquérir par prescription.

Par ces motifs, le tribunal, ouï les conclusions de M. Barral, substitut de M. le procureur impérial, dit et prononce que la commune de Saint-Blaise de Buis n'a jamais eu aucun droit, soit de propriété, soit de copropriété superficielle ou autre, sur la source, le réservoir et l'emplacement en litige ; qu'elle n'a pas prescrit et n'a pu prescrire le droit de puisage, de lavage et d'abreuvage réclamé par elle ; maintient les héritiers Drevet dans la propriété et jouissanse des objets litigieux ; donne acte à ces derniers de leur déclaration de ne pas s'opposer à ce que, comme par le passé et par simple tolérance, les habitants du hameau de Sardinière viennent laver leurs lessives à leur réservoir.

La commune a appelé de ce jugement.

ARRÊT.

La Cour, adoptant les motifs des premiers juges, confirme :

Arrêt du 14 juin 1858 — 1re chambre. — M. Royer, premier président ; M. Proust, avocat général ; — MM. Michal, Chollier, avoués ; — MM. Auzias père, Sisteron, avocats.

Proudhon, dans son *Traité du domaine public*, n° 1391, démontre : 1° qu'en fait de servitude, tout est de rigueur ; 2° qu'il n'y a point d'analogie entre une source et une citerne ou réservoir ; 3° que l'art. 643 ne statue que sur l'usage du ruisseau sortant d'une source, dont le propriétaire ne peut pas détourner le cours, mais que cet article ne peut avoir en vue une serve ou réservoir dont il ne sort aucun cours d'eau.

Daviel, n° 825, approuve complétement la doctrine de Proudhon.

Il en est de même de M. Hennequin, dans son *Traité de législation et de jurisprudence*, tome 1er, p. 427.

M. Pardessus, n° 138, exprime une opinion contraire. Il s'appuie d'un arrêt de rejet rendu par la Cour de cassation, le 3 juillet 1822, rapporté à cette date par le *Journal du palais*, et par Dalloz, tom. 12, p. 17.

Fréd. TAULIER.

RÉGIME DOTAL (ancien droit). — IMMEUBLES DOTAUX DÉCLA-
RÉS ALIÉNABLES PAR LE CONTRAT DE MARIAGE. — POUVOIR
DU MARI.

*Dans l'ancien droit, le mari pouvait vendre seul les
immeubles dotaux déclarés aliénables par le contrat de
mariage.*

Consorts Bouvier-Lacras — C. Bouvier-Lacras et Chataing.

29 mai 1857, jugement du tribunal de Saint-Marcellin,
ainsi conçu :

Attendu que par acte du 17 brumaire, an x, aux minutes de
Me Mognat-Duclos, notaire à Roybon, Jacques Bouvier-Lacras
père, et Marie-Marguerite Perier, réglèrent leurs conditions de
mariage. Pour dot, la future se constitua (est-il dit) la généralité
de ses biens présents et à venir, pour l'exaction, recherche et
acquittement desquels elle nomme son futur époux pour son
procureur général et spécial, avec élection de domicile en
forme, sous la réserve néaumoins, de la part de la future épouse,
de vendre et aliéner ses immeubles et les prix provenant des
ventes lui seront dotaux;

Attendu que, par acte du 19 décembre 1829, aux minutes de
Me Mognat-Duclos, à Roybon, Jacques Bouvier-Lacras, agissant
tant en son nom que comme mari et maître des droits de Marie-
Marguerite Perier, a vendu divers immeubles appartenant à
cette dernière au sieur Joseph Chataing, pour le prix de
3,700 fr., dont l'acte porte quittance;

Attendu que les consorts Bouvier-Lacras demandent aujour-
d'hui la nullité de cette vente et le délaissement des immeubles
qui en font l'objet, pour les faire comprendre dans le partage
de l'hoirie de leur mère, et que la question que cette demande
soulève est celle de savoir si le contrat de mariage du 17 brumaire an x donnait au mari le droit d'aliéner seul les immeubles

de sa femme, ou si ce droit d'aliéner les immeubles dotaux n'ap·
partenait qu'à la femme elle-même ;

Attendu que, soit que l'on consulte le texte du contrat de
mariage, soit que l'on recherche l'intention des parties, soit que
l'on considère la législation en vigueur à cette époque, on
arrive à cette conséquence que le mari avait le droit de vendre
seul les immeubles dotaux de sa femme ;

Attendu qu'il n'est point dit dans le contrat de mariage que la
femme aura ce pouvoir; que la constitution en dot que la
future se faisait de tous ses biens les frappait d'inaliénabilité ;
que, dans un contrat de mariage, en ce qui concerne la disposition des biens de la femme, c'est toujours la future qui stipule:
qu'il fallait bien, dès lors, qu'après s'être fait la constitution de
ses biens et les avoir ainsi rendus inaliénables, après avoir
constitué son futur pour son mandataire, ce fût elle encore qui
stipulât une réserve qui n'était qu'une exception à la règle
d'inaliénabilité; que ces mots *sous réserve de la part de la
future*, etc., ne signifient donc pas autre chose, si ce n'est que la
réserve est faite par la future, mais non parce que ce sera elle
qui exercera le droit d'aliénation créé par cette réserve ;

Attendu que le contrat de mariage dont il s'agit est antérieur
au Code Napoléon ; que, soit d'après les principes du [droit
romain, soit d'après la jurisprudence suivie en Dauphiné, le
mari était *dominus dotis ;* que, quand la dot était aliénable, le
mari seul en avait la pleine et libre disposition, et que pour
qu'une dérogation eût existé à ce droit du mari, pour qu'une
exception eût été établie à la règle, il faudrait qu'il y eût dans
le contrat une stipulation expresse, claire et précise à ce sujet:
ce qui ne se rencontre nullement dans l'acte;

Attendu que l'intention des futurs époux sur ce point ressort
encore de la dernière partie de la clause plus haut transcrite,
dans laquelle il est dit que les prix provenant des aliénations
seront dotaux; qu'il résultait de là évidemmen que le mari
aurait seul le droit de toucher ces prix; que, puisque les immeubles dotaux pouvaient ainsi être convertis en deniers dotaux,
on doit supposer que le *dominus dotis* devait seul avoir qualité
pour exercer cette conversion, et qu'il est dès lors logique de
supposer que telle a été l'intention des parties en l'absence
d'une restriction formelle aux pouvoirs que la loi et son contrat donnaient au mari d'agir seul :

Attendu qu'il résulte de ce qui précède que la vente du 19 décembre 1829 doit être validée et que le sieur Chataing doit être mis hors d'instance sur la demande en nullité et délaissement dirigée contre lui;

Par ces motifs, le tribunal, ouï le ministère public en ses conclusions, ordonne entre tous les enfants Bouvier-Lacras le partage de la succession de Marie-Marguerite Perier, leur mère;

Déclare bonne et valable la vente du 19 décembre 1829, passée par Bouvier-Lacras père à Chataing ; dit que les immeubles qui en ont fait l'objet ne feront pas partie de la masse à partager; met, en conséquence, Chataing hors d'instance sur l'action dirigée contre lui.

ARRÊT.

La Cour, adoptant les motifs des premiers juges, confirme.

Arrêt du 12 janvier 1858 ; — 1re chambre. — M. Royer, premier président; — M. Blanc, substitut de M. le procureur général; — MM. Rabatel, Brun, avoués; — MM. Cantel, Casimir de Ventavon, avocats.

CONTRIBUTIONS. — SAISIE IMMOBILIÈRE. — IMMOBILISATION DES FRUITS. — IMPÔT DES DIGUES. — PRIVILÉGE.

I.— *L'impôt mobilier des portes et fenêtres et de la patente n'est privilégié que sur les meubles et effets mobiliers pour l'année échue et l'année courante.*

II. — *L'impôt foncier est privilégié sur les récoltes, fruits, loyers et revenus des immeubles frappés de cet impôt. Dès lors, quand un immeuble a été saisi, que la saisie a été transcrite, l'immobilisation des fruits par la transcription ne peut avoir lieu que prélèvement fait de la dette du trésor public, en sorte que la partie de l'impôt foncier échue depuis l'immobilisation doit être allouée en privilège sur lesdits fruits.*

III. — *L'impôt des digues jouit du même privilège que l'impôt foncier et il doit suivre le même sort* (1).

Liquidation Roux — C. créanciers opposants.

Jugement du tribunal de Saint-Marcellin, en date du 8 avril 1854 :

En ce qui touche l'allocation faite au deuxième degré des privilèges, sur les immeubles. de la somme de 1.000 fr. au profit de MM. Dantard et Morel, comme représentant la masse chirographaire, pour semblable somme payée au percepteur de Moirans avec le produit de la vente d'une partie du mobilier ;

Attendu que l'art. 1er de la loi du 12 novembre 1808 sépare en deux classes les contributions directes ; la première classe comprend les contributions foncières, la seconde les contributions mobilières, des portes et fenêtres, et des patentes ;

Que la première classe frappe d'un privilège les récoltes, fruits, loyers et revenus des biens immeubles sujets à contribution ;

Que la seconde n'a de privilège que sur les meubles et effets mobiliers, le tout pour la contribution de l'année échue et de l'année courante, mais que ni l'une ni l'autre de ces classes ne s'étend aux immeubles ; d'où il suit que sur le prix provenant de ces derniers biens le trésor n'a pas plus de droit qu'un créancier ordinaire ;

Attendu, dès lors, qu'il faut reconnaître qu'en ce qui concerne les contributions mobilières, des portes et fenêtres, et des patentes, les liquidateurs n'ont aucun droit de se faire allouer en privilège sur les immeubles, puisque le prix du mobilier n'a fait qu'acquitter sa propre dette ;

---

(1) Sur le troisième point, voyez à la chronique ci-après, page 7 et suivantes, une réunion de documents pleins d'intérêt.

Qu'il en serait de même de la contribution foncière, puisque son privilège ne frappe que sur les fruits;

Mais attendu, en fait, que les immeubles sujets à contribution ont été sous le coup d'une saisie immobilière dès le mois de juillet 1848; qu'à partir du jour de la transcription de la saisie les fruits ont été immobilisés; qu'ils ne pouvaient l'être que sous le prélèvement de la dette du trésor, privilégiée sur les fruits; que c'est une déduction nécessaire à opérer avant l'immobilisation des fruits;

Qu'il y a donc lieu de décider que la partie des contributions foncières échue depuis l'immobilisation des fruits sera allouée en privilège et déduite desdits fruits, et qu'il n'y a lieu de maintenir la subrogation au deuxième degré des priviléges que pour cette portion de la contribution foncière, d'après le calcul qui en sera fait sur pièces justificatives.

En ce qui touche l'impôt des digues :

Attendu qu'il ne faut pas confondre l'impôt proprement dit avec une cotisation entre riverains, qui, lorsqu'elle est autorisée dans les formes ordinaires, n'est qu'une simple mesure administrative, ou, comme le dit la Cour de cassation dans son arrêt du 27 mars 1853, un arrangement passé entre particuliers sous le sceau de l'administration;

Attendu que ce n'est qu'en vertu d'une disposition expresse de la loi qu'une créance affecte un caractère privilégié; qu'ainsi nous voyons que tous les priviléges créés au profit du trésor public sont déterminés par une loi spéciale qui indique sur quelle nature de biens et dans quel rang doit s'exercer le privilége qu'elle attache à certaine nature de créance; que l'on conçoit, en effet, que le droit de préférence qui en résulte résisterait à une détermination arbitraire de la part du juge;

Attendu qu'aucune loi n'accorde de privilége à l'impôt des digues; que, dès lors, cette créance rentre dans la nature des créances ordinaires qui n'offrent aucun caractère de préférence sur les biens du débiteur; qu'il y a lieu dès lors de faire droit à l'opposition en ce qui concerne la subrogation au deuxième degré des priviléges accordés à cette créance.

Statuant sur l'opposition faite à la subrogation au deuxième degré des priviléges de la somme de 1,000 fr. au profit de MM. Dantard et Morel, comme représentant la masse chirographaire,

Dit que cette subrogation ne sera maintenue que jusqu'à concurrence de la portion des contributions foncieres qui ont frappé les fruits immobilisés par suite de la saisie immobilière du mois de juillet 1848.

ARRÊT.

En ce qui concerne l'appel de Morel et Dantard, sur le premier chef relatif à la somme de 1,000 fr., payée au percepteur le 6 mai 1848 :

Attendu que cette somme se compose : 1° de celle de 396 f. 75 pour contributions foncières de 1847 et de 1848 ; 2° de celle de 520 fr. 59 pour l'impôt des digues de 1847 et le surplus pour impôt mobilier, droit de patente et frais ;

Attendu que Morel et Dantard demandent que les deux premiers articles qui arrivent, en y ajoutant les frais, à 967 fr. 79, soient alloués en privilége sur le prix des immeubles ;

Attendu, quant à l'impôt foncier, que l'art. 1er de la loi du 12 novembre 1808 dispose formellement que le privilége du trésor, quant à ce, ne sera exercé, pour l'année échue et l'année courante, que sur les récoltes, fruits, loyers et revenus des biens immeubles sujets à la contribution ; qu'aucune autre loi n'attribue de privilége sur les immeubles pour cette créance ; qu'ainsi la demande de Morel et Dantard, tendant à une allocation privilégiée sur le prix des immeubles, doit être rejetée ;

Attendu, néanmoins, que le tribunal, partant du point que les fruits de l'année 1848 du domaine de Roux avaient été immobilisés à partir de la transcription de la saisie-immobilière du 28 juillet de ladite année, a décidé que l'allocation privilégiée porterait sur ces fruits, et qu'aucun appel n'ayant été interjeté de cette décision par les créanciers hypothécaires, elle doit être maintenue ;

Attendu, quant à l'impôt des digues, qu'il n'existe aucune

loi spéciale qui lui attribue un privilége sur les immeubles, mais qu'aux termes des principes généraux du droit qui attribue un privilége pour les frais faits pour la conservation de la chose sur cette même chose, il doit évidemment jouir du même privilége que la contribution foncière, les digues tendant à la conservation des fruits des immeubles tout en protégeant le sol; qu'ainsi, dans l'espèce, cet impôt doit suivre le même sort que celui de l'impôt foncier.

Par ces motifs,

Ordonne que l'impôt des digues payé en 1848 suivra le sort de l'impôt foncier payé à la même époque, tel qu'il a été fixé par les premiers juges, confirme le jugement dont est appel pour le surplus.

Arrêt du 28 février 1855. — 2me chambre. — MM. Blanchet, président; de Leffemberg, avocat général. — MM. Michal, Amat, Chollier, avoués. — MM. de Ventavon aîné, Dalboussière, Giraud, avocats.

CAUSE PLAIDÉE. — DÉSAVEU. — SURSIS. — OFFRE. — ACCEPTATION. — FAILLITE. — SYNDIC. — AUTORISATION DU JUGE-COMMISSAIRE.

Il ne doit être sursis pour désaveu, au jugement d'une cause plaidée et prête à recevoir jugement, qu'autant que le désaveu a été régulièrement signifié à l'avoué contre lequel il est dirigé et aux autres avoués qui occupent dans l'instance.

Une offre faite en justice et non retirée peut toujours être acceptée, et le contrat judiciaire se forme par l'acceptation, quelque tardive qu'elle soit.

Le syndic d'une faillite autorisé par le juge-commissaire

2

à faire une offre en première instance, est, par là même, au-
torisé à la renouveler en appel.

Giroud, syndic de la faillite Berthoin — C. Depas.

Le 14 mars 1857, il fut procédé devant le tribunal de Grenoble, à la requête de M. Victor Giroud, syndic de la faillite
Berthoin père et fils, à la vente des appareils d'une distillerie pour l'alcool de betteraves. M. Depas se rendit adjudicataire au prix de 18,000 fr.

Le 24 mars 1857, un sieur Villars fit signifier au sieur
Depas divers brevets d'invention et la saisie qu'il avait
fait faire le 22 février 1856, en vertu de ses brevets d'invention, d'une partie des ustensiles adjugés au sieur Depas.

Le 8 avril 1857, Depas fit notifier à M. Giroud, en sa
qualité, l'exploit que lui avait fait signifier Villars.

Le 11 avril 1857, M. Giroud répondit à cette notification
par l'offre de résilier purement et simplement le marché.
Cette réponse était précédée d'une requête présentée par
M. Giroud au juge-commissaire de la faillite, pour être
autorisé à faire l'offre dont il s'agit et d'une autorisation
conforme de ce magistrat, en date du 10 avril 1857.

Le 16 avril 1857, le sieur Depas répondit à M. Giroud
qu'il n'acceptait pas ses offres, se réservant le droit de demander, soit la résilation totale ou partielle du marché,
soit des dommages-intérêts.

Le 24 avril 1857, M. Depas fit assigner M. Giroud en sa
qualité, pour qu'il eût à rapporter la mainlevée de la saisie
opérée par le sieur Villars sur les appareils de distillerie, à
défaut de quoi à lui payer des dommages-intérêts.

En constituant avoué, le 29 avril 1857, M. Giroud
déclara renouveler son offre de résiliation.

Le 19 juin 1857, fut rendu un arrêt de la Cour de Grenoble, jugeant correctionnellement, qui validait la saisie faite

par Villars le 22 février 1856, en déclarant contrefaits les
appareils saisis. Le syndic de la faillite Berthoin avait été
amené dans l'instance.

La cause fut portée à l'audience du tribunal civil. M. Depas y fit conclure, comme dans son assignation, à ce que
M. Giroud fût tenu de lui rapporter l'abandon des droits
prétendus par le sieur Villars, à défaut de quoi lui payer
des dommages-intérêts s'élevant, pour les causes spé-
cifiées, à 14,000 fr. M. Giroud prit des conclusions tendant
à ce qu'il plût au tribunal, au moyen de l'offre qu'il avait
toujours faite et qu'il réitérait, avec l'autorisation du juge-
commissaire de la faillite, soit de consentir la résiliation
pure et simple de l'adjudication du 14 mars, avec remboursement au sieur Depas de ses frais et loyaux coûts dûment
liquidés, soit de consentir sur le prix de ladite adjudication
une diminution proportionnelle aux objets confisqués au
profit de Villars, laquelle diminution serait fixée par ventilation sur ledit prix, par experts convenus ou nommés
d'office, mettre le syndic hors d'instance sur toutes plus
amples conclusions de Depas, et condamner ce dernier aux
dépens.

Le tribunal, par jugement du 11 juillet 1857, sans s'arrêter à l'offre du syndic, qui était déclarée insuffisante, le
condamna à rapporter la mainlevée demandée, et, à ce
défaut, à payer diverses sommes pour dommages s'élevant, réunies, à 8,500 fr.

Le 11 août 1857, M. Giroud, en sa qualité, a interjeté
appel, et, dans l'exploit d'appel, il a demandé l'adjudication à son profit des conclusions prises par lui devant les
premiers juges.

Le 3 avril 1858, M. Giroud a fait signifier des griefs,
dans lesquels il a pris des conclusions semblables à celles
qui avaient été prises en première instance, sous réserve
de les modifier en tout état de cause.

M. Depas a d'abord fait signifier des conclusions tendant à la confirmation du jugement dont est appel.

Plus tard, et le 3 août 1858, il a fait signifier de nouvelles conclusions, par lesquelles il déclarait acquiescer aux conclusions signifiées de la part de M. Giroud, le 3 avril 1858, déclarant opter pour l'offre de résilier purement et simplement le marché, offre qu'il acceptait avec toutes les conditions que M. Giroud y avait attachées.

M. Giroud a soutenu que l'offre n'avait pas été acceptée en temps utile, et que, d'ailleurs, elle avait été faite sans mandat spécial de sa part.

ARRÊT.

Attendu que, d'après les articles 354 et 357 du Code de procédure civile, il ne doit être sursis au jugement d'une cause que lorsque le désaveu a été signifié par acte d'avoué, tant à l'avoué contre lequel il est dirigé qu'aux autres avoués de la cause ;

Attendu que Giroud, syndic de la faillite Berthoin, n'ayant pas rempli cette formalité et se bornant à déclarer l'intention où il serait de désavouer son avoué, il ne saurait, sur cette déclaration, obtenir le sursis d'une cause plaidée prête à recevoir jugement, et qu'ainsi il n'y a pas lieu de s'arrêter à ses conclusions additionnelles, qui doivent être rejetées ;

Attendu que, sur un acte extrajudiciaire signifié à Giroud, syndic, le 8 avril 1857, par Depas, et dans lequel celui-ci, se plaignant d'éviction, menaçait de demander la résiliation totale de l'adjudication du 14 mars 1857, ou une résiliation partielle, le tout avec dommages-intérêts, Giroud, en sa qualité, après avoir pris l'autorisation du juge-commissaire, fit, par exploit du 11 dudit mois, offre à Depas de résilier purement et simplement cette adjudication, en remboursant les frais et loyaux coûts ;

Attendu que, le 24 du même mois, Depas, ayant assigné le syndic devant le tribunal civil de Grenoble, celui-ci, dans ses écrits et dans ses conclusions à l'audience, renouvela son offre ;

Attendu que, dans l'acte d'appel par lui interjeté du jugement intervenu, Giroud a reproduit cette offre et qu'il y a persisté dans les conclusions par lui prises devant la Cour, jusqu'à celles postérieures au 3 de ce mois ;

Attendu que l'autorisation donnée à Giroud par le juge-commissaire de faire ladite offre a conféré à ce syndic le pouvoir de la renouveler en première instance et en appel, et de l'opposer aux prétentions plus amples de Depas ;

Attendu que, le 3 de ce mois, Depas, ayant fait signifier à Giroud, syndic, une conclusion par laquelle il déclarait à ce dernier consentir la résiliation pure et simple de l'adjudication du 14 mars 1857, et accepter son offre avec les clauses et conditions y apposées, cette conclusion, qui était l'acceptation d'une offre sans cesse renouvelée et jamais retirée, a évidemment formé entre les parties un contrat judiciaire qui a mis fin au procès et qui doit être reconnu par la Cour ;

Attendu, en effet, que le contrat judiciaire se formant par la volonté seule des parties, dès le moment où ces deux volontés sont d'accord et se rencontrent, il ne saurait être douteux que Depas, ayant accepté l'offre qui lui était faite par son adversaire, quelque tardive qu'ait été cette acceptation, elle a constitué ce concours qui lie les deux parties l'une envers l'autre et qui ne permet plus, ni à l'un de retirer son offre acceptée, ni à l'autre de revenir sur son acceptation ;

Attendu, dès lors, que c'est le cas, sans s'arrêter au retrait tardif de l'offre de Giroud et aux conclusions qu'il a fait signifier postérieurement à l'acceptation de Depas, de consacrer le contrat judiciaire régulièrement intervenu entre les parties, et, par suite, de condamner Giroud, en sa qualité, aux dépens faits depuis le jour où ce contrat s'est formé ;

Par ces motifs, la Cour, ouï M. Proust, avocat général, en ses conclusions motivées, sans s'arrêter à aucune prétention et conclusion contraire de Giroud, syndic, déclare valable l'acquiescement donné par Depas, le 3 de ce mois, aux conclusions et offre dudit syndic, et le contrat judiciaire qui s'en est formé, et, par suite, n'avoir plus à prononcer sur le procès, et condamne

Giroud, en sa qualité, aux dépens faits depuis ledit jour, 3 août 1858.

Arrêt du 28 août 1858.— 1re chambre. — M. Royer, premier président;— M. Proust, avocat général;— MM. Allemand, Chollier, avoués; — MM. Casimir de Ventavon, Cantel, avocats.

———

FORÊTS. — DÉLIT DE DÉPAISSANCE. — CHEMINS IMPRATICABLES. — FORCE MAJEURE. — ABSENCE D'INTENTION COUPABLE. — INSUFFISANCE DE LARGEUR DES CHEMINS. — ENCLAVE.

La force majeure constatée est toujours une excuse, même en matière forestière; il y a force majeure, si les chemins ordinaires sont impraticables.

Lorsqu'il n'y a pas impossibilité absolue de passage, l'excuse tirée de l'absence d'intention coupable ne suffit pas, en matière forestière, pour écarter le délit.

L'insuffisance de largeur d'un chemin peut donner le droit, comme en cas d'enclave, de contraindre le propriétaire riverain à céder, moyennant indemnité, une lisière de terrain, mais elle n'entraîne pas la faculté de laisser un troupeau pénétrer dans des coupes. (Cod. forest., art. 147, 199, 203; loi du 28 septembre 1791; Cod. Nap., art. 682.)

Charrière — C. Meffredy et Fabre.

ARRÊT.

Attendu que la force majeure constatée est toujours une excuse légitime, même en matière forestière, et qu'au nombre

des cas de force majeure se trouve celui où les chemins ordinaires sont impraticables ;

Attendu qu'il résulte des faits de la cause, notamment des
enquêtes, que le troupeau de Meffredy n'a passé et séjourné
sur la propriété de la société Charrière, que par suite de l'im-
praticabilité du chemin public (les eaux d'un torrent avaient
intercepté le passsge) au moment où il s'y trouvait engagé, et
par suite de la difficulté d'un passage sur le rocher de la Visite ;
que, dès lors, le fait qui est reproché au prévenu ne saurait
constituer un délit donnant lieu à une poursuite correctionnelle ;

Adoptant, au surplus, les motifs énoncés dans le jugement dont
est appel, en ce qui concerne le procès-verbal du 2 juillet
1856....

Sur le procès-verbal du 23 juin 1857 :

Attendu que, lorsqu'il n'y a pas impossibilité absolue de passage, l'excuse tirée de l'absence d'intention coupable ne suffit
jamais, en matière forestière, pour décharger les prévenus des
peines portées par la loi ;

Attendu que la difficulté plus ou moins grande de conduire
un troupeau par les chemins ordinaires ne saurait donner le
droit d'entrer dans les coupes ; que les prévenus ne peuvent
suivre que le chemin tracé ; que, s'il y a impossibilité, par
suite de l'insuffisance de largeur du chemin, d'empêcher à une
partie du troupeau de s'écarter de quelques mètres pendant la
traversée et de se répandre sur la lisière de la forêt, la loi,
considérant ce fait comme un fait d'enclave, ouvre le droit de
contraindre le propriétaire riverain à céder, moyennant indemnité, sur les bords du chemin, une lisière de terrain suffisante pour que toute échappée de bestiaux puisse être
évitée ;

Attendu qu'il est suffisamment constaté par le procès-verbal
du 23 juin 1857, que quelles que soient les précautions prises
par les prévenus en se rendant à la montague de l'Haut du
Pont, pour empêcher leurs troupeaux de s'écarter du chemin,
ils ont été trouvés passant de jour avec une partie de leurs

troupeaux dans des coupes de l'âge de dix ans, quittant le chemin à plusieurs reprises et foulant la lisière du bois apparte-nant à la société Charrière; ce qui constitue la contravention prévue et punie par les art. 147 et 199 du Code forestier.

Par ces motifs, etc.

Arrêt du 26 juin 1858.—4ᵉ chambre.—M. Petit, président.— M. Alméras-Latour, premier avocat général; — MM. Eyssautier, Rabatel, avoués; — MM. Louis Michal, Cantel, avocats.

CHEMIN DE FER. — CHEF DE GARE. — RESPONSABILITÉ. — JOURNAUX. — TRANSPORT.

Le chef de gare d'un chemin de fer est responsable des délits et contraventions qui se commettent dans la gare par son fait personnel ou par sa négligence à surveiller ce qui s'y passe.

Lorsque des journaux, dont le transport ne peut être effectué que par l'administration des postes, ont été simplement déposés sur la banque de la gare où se placent les effets des voyageurs avant leur réception, ce fait ne suffit pas pour faire admettre que le chef de gare, ou ses préposés, se soient chargés de transporter ces journaux; dès lors, il n'y a pas de délit.

M. le Procureur général — C. Hully, chef de gare au chemin de fer du Dauphiné, à Grenoble.

10 novembre 1858, jugement du tribunal correctionnel de Grenoble, ainsi conçu :

Considérant que Claude-Antoine Hully, étant chef de gare, n'aurait pas pu, le 4 septembre dernier, transporter les seize paquets de journaux dont s'agit ; que le procès-verbal aurait dû être dressé contre le chef de transport responsable de tout ce qui est transporté ;

Considérant, en outre, que ces journaux n'étaient point encore en voie d'expédition et reposaient sur la banque de l'administration et n'avaient point encore été ni reçus ni enregistrés ;

Par ces motifs, met le prévenu hors d'instance sans dépens.

Appel par le ministère public.

ARRÊT.

Considérant que si Hully, comme chef de gare au chemin de fer du Dauphiné, à Grenoble, est responsable des délits et contraventions qui viennent à s'y commettre par son fait personnel ou par sa négligence à surveiller ce qui se passe dans l'intérieur de la gare ; néanmoins, s'agissant, dans la cause, d'une contravention résultant du transport de journaux qui ne pouvait être effectué que par l'administration des postes, il faut, pour qu'il y ait conviction à la charge du prévenu, qu'il soit établi qu'il y avait, de sa part, commencement de transport desdits journaux ; que les paquets de journaux ayant été déposés sur la banque de la gare, où se placent les effets des voyageurs avant leur réception, il n'est pas suffisamment prouvé que le prévenu, ou ses préposés, se soient chargés de ces journaux pour les transporter à destination ;

Par ces motifs,

La Cour, sans s'arrêter à l'appel émis par le ministère public envers le jugement rendu par le tribunal correctionnel de Grenoble, le 10 novembre 1858, confirme ledit jugement et renvoie le prévenu de la plainte sans dépens.

Arrêt du 31 décembre 1858. 4me chambre. — M. Petit, président ; M. Bigillion, conseiller, rapporteur ; M. Gautier, avocat général ; M. Louis Michal, avocat.

DÉCISIONS ADMINISTRATIVES.

CIMETIÈRE. — CONCESSION. — PRISE DE POSSESSION.

La prise de possession d'une case réservée, dans un cimetière, équivaut à une concession régulière et oblige, par elle seule, le possesseur à payer la taxe déterminée par le tarif municipal.

(Le maire de la commune du Bourg-d'Oisans — C. Balme.)

Le conseil de préfecture de l'Isère,

Vu le commandement signifié le 16 octobre 1858, au requis de M. le maire de la commune du Bourg-d'Oisans, poursuites et diligences du receveur municipal, au sieur François Balme, charcutier, domicilié au Bourg-d'Oisans, ledit commandement tendant à saisie-exécution pour contraindre Balme à payer, avec intérêts légitimes, une somme de 400 fr. pour prix d'une concession de 16 mètres carrés de terrain dans le cimetière communal du Bourg-d'Oisans;

Vu l'opposition, en date du 6 novembre 1858, faite à ce commandement par le sieur Balme, qui soutient qu'il n'est pas concessionnaire du terrain dont il s'agit, attendu qu'il n'a fait aucunes des offres prescrites par le décret du 23 prairial an XII, et que, partant, il n'a pu être lié envers la commune;

Vu les observations en réponse, présentées par le maire du
Bourg-d'Oisans, et desquelles il résulte : 1° que le conseil municipal voulant accroître les revenus de la commune au moyen
de concessions dans le nouveau cimetière, les travaux d'appropriation furent, dès le début, dirigés de manière à partager
l'emplacement en deux grands carrés destinés aux sépultures
communes, et à ménager dans les plates-bandes des cases réservées pour les concessions; que ce fait, résultant de la délibération du conseil, était patent et connu de toute la commune;

2° Qu'au fur et à mesure de l'avancement des travaux, et
avant l'approbation du tarif, plusieurs de ces cases furent occupées, sauf régularisation ultérieure de la concession, ce qui a
eu lieu, sans difficulté, pour la plupart; et que c'est ainsi que
le sieur Balme a choisi la case n° 5, et en a pris possession le
4 avril 1851;

Vu la délibération du conseil municipal pour le règlement
des concessions, en date du 16 mai 1851;

Vu l'arrêté de M. le préfet de l'Isère, du 6 février 1852, portant règlement et tarif pour le cimetière du Bourg-d'Oisans, et
dont l'article 5 est ainsi conçu :

« Les diverses tombes, pour fondations de sépultures, qui
pourraient exister dans le cimetière, seront conservées aux
conditions posées dans le présent arrêté. »

Vu l'état des concessions non payées, dressé le 15 avril 1857,
et rendu exécutoire par M. le préfet le 1er mai suivant;

Vu les observations et conclusions de M. le receveur général
des finances, en date du 26 novembre dernier;

Vu le décret du 23 prairial an XII, l'ordonnance du 6 décembre 1843 et la loi du 18 juillet 1837;

Considérant que le commandement est régulier et qu'il a
pour objet de faire opérer le paiement d'une taxe municipale,
dont l'état a été rendu exécutoire par M. le préfet, conformément à l'article 63 de la loi du 18 juillet 1837;

Considérant, en fait, que le sieur Balme a pris possession, le
4 avril 1851, d'une des cases réservées dans le nouveau cimetière du Bourg-d'Oisans, portant le n° 5, et qu'il y a fait inhumer un de ses enfants;

Que, dès-lors, c'est à juste titre qu'il a été porté sur l'état dressé pour le recouvrement du prix des concessions non payées, et que, par conséquent, son opposition n'est pas fondée;

Par ces motifs,

Arrête :

1° L'opposition du sieur François Balme est rejetée;

2° Le sieur Balme est condamné aux dépens, y compris ceux d'expédition et d'intimation du présent arrêté.

Arrêté du 24 décembre 1858. — M. Petit, rapporteur.

L'article 11 du décret du 23 prairial an XII est ainsi conçu: « Les concessions ne seront néanmoins accordées qu'à ceux « qui offriront de faire des fondations ou donations en fa- « veur des pauvres et des hôpitaux, indépendamment d'une « somme qui sera donnée à la commune, et lorsque ces « fondations ou donations auront été autorisées par le gou- « vernement dans les formes accoutumées, sur l'avis des « conseils municipaux et la proposition des préfets. »

Mais cet article a été modifié par l'article 3 de l'ordonnance du 6 décembre 1843, qui dispose: « Aucune conces- « sion de terrain dans les cimetières ne peut avoir lieu qu'au « moyen du versement d'un capital, dont deux tiers au profit « de la commune et un tiers au profit des pauvres ou des « établissements de bienfaisance. »

Ce capital est déterminé par les conseils municipaux; ceux-ci dressent un tarif, qui est soumis à l'approbation préfectorale.

Il est évident qu'un maire peut exiger le versement préalable de la taxe; mais il est évident aussi qu'il peut autoriser la prise préalable de possession, et que cette prise de possession oblige le possesseur: c'est ce qui a été très-bien jugé par l'arrêté ci-dessus.   Fréd. TAULIER.

CIMETIÈRE. — CONCESSION. — PRISE DE ¦POSSESSION. — OBLI-
GATION PERSONNELLE. — COHÉRITIERS

*Pour être concessionnaire d'une case réservée, dans un ci-
metière, il n'est pas nécessaire de faire une demande de concession, il suffit de la prise de possession (1). — Celui qui
prend possession d'une case réservée, en y faisant inhumer
sa mère, est personnellement tenu de la totalité de la taxe,
sauf tel recours que bon lui semble contre ses cohéritiers.*

(Le maire de la commune du Bourg-d'Oisans — C. Daday.)

Le conseil de préfecture de l'Isère,

Vu le commandement signifié le 23 octobre 1858, au requis
du maire de la commune du Bourg-d'Oisans, poursuites et diligence du receveur municipal, au sieur Frédéric Daday, huissier,
domicilié au Bourg-d'Oisans, ledit commandement tendant à
saisie-exécution pour contraindre Daday au paiement, avec intérêts légitimes, d'une somme capitale de 120 fr. pour prix
d'une concession dans le cimetière communal du Bourg-d'Oisans ;

Vu l'opposition, en date du 3 novembre 1858, faite à ce commandement par le sieur Daday, par le motif qu'il n'a jamais
été concessionnaire de places dans le cimetière dont il s'agit ;
qu'on ne peut produire aucune demande de concession faite
par lui dans les formes prescrites par la délibération du conseil
municipal du 16 mai 1851 et par l'arrêté préfectoral du 10 février suivant ; que si bien Anne Cuynat, sa mère, a été inhu-
mée dans une place réservée, le prix de cette place doit être
payé par ses cohéritiers, au nombre de huit, et non par lui seul ;

(1) Voyez l'arrêté qui précède.

qu'en conséquence, il fait offre réelle de la somme de 20 fr. pour sa part contributive, se refusant à payer le surplus;

Vu les observations en réponse présentées par le maire du Bourg-d'Oisans, et desquelles il résulte : 1° Que le conseil municipal voulant accroître les revenus de la commune au moyen de concessions dans le nouveau cimetière, les travaux d'appropriation furent, dès le début, dirigés de manière à partager l'emplacement en deux grands carrés destinés aux sépultures communes, et à ménager dans les plates-bandes des cases réservées pour les concessions; que ce fait, résultant de la délibération du conseil, était patent et connu de toute la commune;

2° Qu'au fur et à mesure de l'avancement des travaux, et avant l'approbation du tarif, plusieurs de ces cases furent occupées, sauf régularisation ultérieure de la concession, ce qui a eu lieu sans difficulté pour le plus grand nombre, et que c'est ainsi que le sieur Daday a choisi les cases n°s 25 et 26;

Vu la délibération du conseil municipal pour le règlement des concessions, en date du 16 mai 1851;

Vu l'arrêté de M. le préfet de l'Isère, du 6 février 1852, portant règlement et tarif pour le cimetière du Bourg-d'Oisans, et dont l'article 5 est ainsi conçu :

« Les diverses tombes pour fondations de sépultures qui pourraient exister dans le cimetière, seront conservées aux conditions posées dans le présent arrêté. »

Vu l'état des concessions non payées, dressé le 15 avril 1857, et rendu exécutoire par M. le préfet le 1er mai suivant;

Vu les observations et conclusions de M. le receveur général des finances, en date du 26 novembre dernier;

Vu le décret du 23 prairial an XII, l'ordonnance du 6 décembre 1843 et la loi du 18 juillet 1837;

Considérant que le commandement est régulier et qu'il a pour objet de faire opérer le paiement d'une taxe municipale dont l'état a été rendu exécutoire par M. le préfet, conformément à l'article 63 de la loi du 18 juillet 1837;

Considérant, en fait, qu'il résulte de l'instruction que le sieur Daday a pris possession des cases n°s 25 et 26, qu'il a lui-même désignées au fossoyeur, et qu'il y a fait inhumer la dame Anne Cuynat, sa mère, et plus tard, en mars 1858, sa fille Marie-Joséphine;

Que, dès lors, c'est à juste titre qu'il a été porté sur l'état dressé pour le recouvrement du prix des concessions non payées, et que, par conséquent, son opposition n'est pas fondée; sauf à lui à faire régler par qui de droit les difficultés qui pourraient exister à cet égard entre ses cohéritiers et lui;

Par ces motifs,

ARRÊTE:

1° L'opposition du sieur Daday (Frédéric) est rejetée;

2° Le sieur Daday est condamné aux dépens, y compris ceux d'expédition et d'intimation du présent arrêté.

Arrêté du 24 décembre 1858. — M. Petit, rapporteur.

CHEMIN DE FER. — CONSTRUCTIONS CONTIGUES AU TERRAIN D'UNE STATION. — CONSEIL DE PRÉFECTURE. — SERVITUDE DE VUE. — COMPÉTENCE.

Les prohibitions portées par l'art. 5 de la loi du 15 juillet 1845, ne sont pas applicables aux constructions contiguës au terrain d'une station de chemin de fer, et ces constructions doivent être maintenues, malgré leur contiguité au terrain de la station, si elles sont à une distance de deux mètres de la voie de fer elle-même.

Le conseil de préfecture est incompétent pour statuer sur la suppression de jours ouverts sur la propriété d'une compagnie de chemin de fer, sans que la distance exigée par le Code Nap. ait été observée.

Chemin de fer de la Méditerranée. — C. Berlier.

Le conseil de préfecture de l'Isère,

Vu le procès-verbal, en date du 26 octobre 1857, constatant:

1° que la dame veuve Berlier, domiciliée dans la commune de Chasse, a fait construire une maison sur un terrain contigu à l'emplacement de la station de Chasse; 2° que le mur du côté *est* a été établi sur la ligne même qui sépare la propriété Berlier de celle de la Compagnie; 3° enfin, que ledit mur a été percé de portes et de fenêtres qui prennent jour sur la dépendance du chemin de fer, sans que la distance prescrite par la loi ait été observée.

Vu la loi du 15 juillet 1845;

Vu l'arrêt du conseil d'Etat du 12 mai 1853;

En ce qui touche la question de savoir si, en établissant une construction à moins de deux mètres de la limite qui sépare sa propriété de celle de la Compagnie, la dame Berlier a commis une contravention;

Considérant que si l'art. 5 de la loi du 15 juillet 1845 interdit d'établir des constructions dans une distance de deux mètres, mesurés, soit de l'arrête supérieure du déblai, soit de l'arrête inférieure du talus du remblai, soit du bord extérieur des fossés du chemin et, à défaut d'une ligne tracée, à 1 mèt. 50 à partir des rails extérieurs de la voie de fer, cette disposition, prescrite dans un intérêt de police et pour la sécurité du chemin, n'est pas applicable aux constructions contiguës au terrain d'une station, mais placées à plus de deux mètres de la voie elle-même; que, dès lors, en construisant sur un terrain distant de plus de deux mètres de la ligne de fer dont il s'agit, ainsi que cela résulte du plan produit par la Compagnie et annexé au dossier, la dame Berlier n'a commis aucune contravention;

En ce qui touche les jours pris sur la propriété de la Compagnie, sans que la distance prescrite par le Code Nap. ait été observée;

Considérant que le conseil n'est pas compétent pour statuer sur ce point;

Par ces motifs, etc.

Arrêté du 5 février 1858. — M. Lesbros, rapporteur.

ARRÊTS.

RÉCOLTES SAISIES. — VALEUR INCONNUE. — DEMANDE IN-
DÉTERMINÉE. — DOMMAGES-INTÉRÊTS. — ADDITION A LA
DEMANDE PRINCIPALE. — PREMIER RESSORT. — SÉPARA-
TION DE BIENS. — SIGNIFICATION DU JUGEMENT. — COM-
MENCEMENT DE POURSUITES.

I. — *Une demande en revendication de récoltes dont la
valeur est inconnue est une demande indéterminée sur laquelle il ne peut être statué qu'en premier ressort.*

II. — *Une demande de dommages-intérêts jointe à la
demande principale est une véritable addition à l'objet du
litige ; elle doit dès lors être prise en considération pour la
fixation du taux du ressort.*

III. — *La simple signification d'un jugement de séparation de biens peut, suivant les circonstances, être réputée
commencement de poursuites dans le sens de l'article 1444
du Code Napoléon.*

Mariés Mescle — C. Blanc-Subé.

Mᵉ Blanc-Subé, avoué à Gap, a fait procéder à une saisie-brandon et exécution de diverses récoltes contre le sieur Mescle. Les mariés Mescle ont formé opposition à cette saisie, par le motif que les récoltes saisies étaient la propriété de la femme Mescle, comme pendantes ou perçues sur un immeuble à elle cédé par son mari, après séparation de biens. M⁰ Blanc-Subé a excipé de la nullité de cette séparation; il a soutenu qu'elle n'avait pas été exécutée dans le délai de quinzaine voulu par la loi, la signification du jugement dans ce délai ne devant pas être considérée comme un commencement de poursuites constitutif d'exécution.

Le 17 août 1858, le tribunal de Gap a rendu le jugement suivant :

Attendu que la femme Mescle attaque la saisie-exécution et brandon pratiquée contre son mari à la requête de M. Blanc-Subé, par exploit du 29 juillet dernier, enregistré, en se fondant sur ce qu'elle est propriétaire des immeubles sur lesquels sont pendantes ou ont été perçues les récoltes saisies brandonnées et exécutées, en vertu de l'acte de bail en paiement qui lui a été fait par son mari, suivant acte aux minutes de M⁰ Lesbros, notaire à Gap, du 14 avril 1840;

Attendu, quant à la séparation de biens, que l'exécution du jugement de séparation n'a pas eu lieu dans les délais voulus par l'article 1444 du Code Napoléon, et qu'aux termes de cet article, elle doit dès lors être considérée comme nulle et n'ayant jamais existé; que toutes les formalités nécessaires pour obtenir un nouveau jugement de séparation de biens doivent même être recommencées; que c'est ainsi que l'ont décidé plusieurs auteurs et arrêts, et notamment un arrêt récent de la Cour impériale de Grenoble, du 23 avril 1858;

Attendu que c'est vainement qu'on objecte que la signification du jugement qui a prononcé la séparation de biens, ayant eu lieu dans la quinzaine de ce jugement, est un commencement d'exécution suffisant; cette prétention étant repoussée par les principes généraux en matière d'exécution de jugement, et

cette signification devant être considérée, non pas comme un
acte d'exécution, mais plutôt comme un acte destiné à annoncer l'intention de faire les poursuites nécessaires à l'exécution ;

Attendu qu'on objecte vainement encore, que la créance de
Me Blanc-Subé est postérieure à la séparation de biens, et que
ce dernier n'a pas le droit, par conséquent, d'invoquer la nullité
de cette séparation, et que, du reste, ce droit est prescrit. Il ne
s'agit pas, en effet, d'une demande en nullité fondée sur ce que
la séparation est faite en fraude des droits d'un créancier, mais
d'une demande fondée sur ce que la séparation de biens est
entachée d'une nullité de forme et de procédure tellement radicale, qu'elle doit être considérée, et que par le fait elle est,
comme n'ayant jamais existé, et qu'il est établi par la jurisprudence et par la loi même que la prescription et la déchéance
d'invoquer la nullité sont inadmissibles dans l'espèce ;

Attendu que toute partie qui succombe doit être condamnée
aux dépens ;

Par ces motifs, le tribunal déboute les mariés Mescle de leur
opposition envers la saisie-exécutoire et brandon pratiquée à la
requête de Me Blanc-Subé, ordonne en conséquence la continuation des poursuites.

Les mariés Mescle ont appelé de ce jugement. Une fin de
non-recevoir, tirée du dernier ressort, leur a été opposée.
La Cour a rejeté cette fin de non-recevoir et statué au fond.

ARRÊT.

Sur la fin de non-recevoir élevée contre l'appel de la femme
Mescle, par Blanc-Subé, et tirée du dernier ressort :

Attendu que c'est sur la demande en revendication des récoltes saisies, formée par la femme Mescle, que l'instance a été
introduite ; que, par conséquent, c'est le montant de cette
demande qu'il faut considérer pour déterminer la valeur du
litige ;

Que la valeur des récoltes revendiquées n'étant point connues constitue une demande indéterminée, sur laquelle il ne
peut être statué qu'en premier ressort ;

Qu'au surplus', à ce premier chef de réclamation, la femme Mescle a joint une demande de dommages-intérêts, portée par elle à la somme de 2,000 fr. ; que ces dommages sont une véritable addition à l'objet du litige ; que leur cause, fondée ou non, est évidemment antérieure à la demande, et que, par suite, ils ne peuvent être réputés un accessoire à cette même demande ; qu'ils ne doivent pas non plus être confondus avec ceux sur lesquels dispose l'art. 2 de la loi du 11 avril 1838, relative à la juridiction des tribunaux de première instance ; qu'en effet, cet article ne s'applique qu'aux dommages-intérêts qui seraient réclamés par le défendeur, fondés sur la demande elle-même, et qui à ce titre doivent être jugés en dernier ressort, à quelque somme qu'ils puissent s'élever ; tandis qu'il s'agit en la cause de dommages-intérêts réclamés par le demandeur comme un chef principal de conclusions ;

Que, sous ce second rapport, l'objet du litige soumis aux premiers juges excédait la somme de 1,500 fr. ; que, par conséquent, l'appel de leur jugement est recevable ;

Au fond, et sur la nullité du jugement de séparation de biens, du 25 mars 1840, demandée par Blanc-Subé contre la femme Mescle :

Attendu que l'article 1444 du Code Napoléon, en disposant que la séparation de biens, quoique prononcée en justice, est nulle si elle n'a point été exécutée au moins par des poursuites commencées dans la quinzaine qui a suivi le jugement, ne précisant point quels sont les actes qui sont de nature à constituer ces poursuites, en a laissé l'appréciation aux tribunaux ;

Que, dans les cas ordinaires et d'après le droit commun, la loi a dû prendre soin de fixer plus strictement les règles d'exécution du jugement ; elle a dû aussi, dans une matière spéciale, s'attacher à concilier les précautions à prendre pour préserver les créanciers des fraudes et des collusions dont ils peuvent être l'objet avec ce que comportent les nécessités de position, en ne rendant pas trop difficile l'unique moyen accordé à la femme de prévenir une ruine imminente ;

Que la simple signification du jugement de séparation peut, suivant les circonstances, être réputée commencement de poursuites, comme étant une partie intégrante de l'exécution du jugement ; qu'il est permis de rechercher dans l'intention de la femme et du mari, manifestée par les actes ultérieurs pris dans leur ensemble, quel est le caractère qui doit être attribué à la signification dont il s'agit ;

Attendu, en fait, que toutes les circonstances connues de la cause concourrent à démontrer que la signification faite au nom de la femme Mescle, le 6 avril 1840, du jugement de séparation de biens qu'elle avait obtenu, était, dans son intention, un véritable commencement de poursuites, dans le sens de l'article 1444 précité ; qu'en effet, cette signification portant l'injonction d'obéir au jugement et de s'y conformer dans le déla de droit, c'est-à-dire dans le délai de quinzaine prescrit par la loi, suivie, sans autre commandement et dans les huit jours, d'un acte authentique portant règlement et paiement des droits de la femme, était évidemment un acte sérieux, pris par les deux parties pour un commencement de poursuites, et formant dès lors une partie intégrante de l'exécution voulue par l'article 1444 ;

Qu'il ne saurait donc y avoir lieu de prononcer la nullité d'une séparation non contredite dans le temps par ceux qui y auraient été intéressés, et qui avait duré dix-huit ans avant le procès........

Par ces motifs,

La Cour, ouï M. Proust, avocat général, en ses conclusions, déclare recevable l'appel émis par la femme Mescle du jugement rendu par le tribunal civil de Gap, le 17 août 1858, et, y faisant droit, réforme ce jugement......

Arrêt du 30 décembre 1858. — 2e chambre. — M. Blanchet, président ; — M. Proust, avocat général ; — MM. Allemand, Eyssautier, avoués ; — MM. Mondet, du barreau de Gap, Mathieu de Ventavon, avocats.

Sur la troisième question. — La Cour de Limoges a jugé, le 11 juillet 1839 (S. 40, 2, 17), que la simple signification du jugement de séparation de biens n'est pas un commencement d'exécution. Telle est l'opinion de Toullier, tom. XIII, n° 77 ; de Carré, n° 2952 ; de Bellot, tom. II, p. 116 ; de Marcadé, tom. V, sur l'article 1444.

Le contraire a été jugé par la Cour de cassation, le 9 juillet 1828 (S. 28, 1, 284); par la Cour de Bordeaux, le 30 juillet 1833 (S. 34, 2, 36); par la même Cour, le 20 mars 1840 (S. 40, 2, 210); telle est l'opinion de Pigeau, tom. II, p. 502; de Thomine-Desmazures, tom. II, n° 1021.

La doctrine la plus sage nous paraît être celle de Chauveau sur Carré, qui enseigne que la solution dépend des circonstances, et que le législateur s'en rapporte à la prudence des magistrats. C'est précisément dans ce sens qu'est rendu l'arrêt ci-dessus de la Cour de Grenoble.

Fréd. TAULIER.

IMMEUBLES DOTAUX. — TIERS-DÉTENTEURS. — PRESCRIPTION. — DEMANDE EN GARANTIE. — DÉPENS.

I. — *Le tiers-détenteur d'immeubles dotaux aliénés sans droit par le mari, en prescrit la propriété par dix ou vingt ans à partir du décès de la femme, lorsqu'il a titre et bonne foi.*

II. — *Alors même que la demande en éviction formée contre un tiers-acquéreur est rejetée, le vendeur est tenu de garantir celui-ci des dépens d'appel occasionnés par cette demande.*

Frères Juge. — C. Gaillard et Blanc.

Le 20 septembre 1809, Madeleine Gaillard et Jean Juge ont réglé les conditions civiles de leur mariage, suivant acte aux minutes de Mᵉ Champollion, notaire. Les parties adoptèrent le régime dotal, avec constitution par la future de tous ses biens présents et à venir. Le 26 mai 1810, acte reçu

Cros, notaire, il fut attribué à la femme Juge, à titre de légitime, neuf articles d'immeubles sis à Valsenestre.

Le 17 avril 1838, par acte sous seing privé, enregistré à la Mure le 11 juillet suivant, Jean Juge a vendu à Jacques Blanc le domaine qu'il possédait à Valsenestre, y compris les immeubles échus à sa femme, au prix de 225 fr. par chaque contenance de 16 ares 75 centiares. Par acte public du 20 septembre suivant, Jacques Blanc a revendu ces mêmes immeubles à Antoine Gaillard, au prix de 1,546 fr.— Par un dernier acte du 18 septembre 1840, passé devant Me Champollion, notaire, Jean Juge, acquérant pour faire emploi des immeubles qu'il avait vendus du chef de sa femme, a acheté, des mariés Bernard-Bège, un bâtiment composé de cuisine, écurie et grange, ensemble divers plaçages, moyennant la somme de 400 fr.

La femme Juge est décédée le 20 février 1844, laissant deux fils pour lui succéder ; ils se sont mis en possession du bâtiment qui avait fait l'objet de l'acquisition du 18 septembre 1840, et, par exploit du 23 novembre 1855, ils ont actionné Antoine Gaillard en revendication des immeubles dotaux ayant appartenu à leur mère, compris dans la vente du 17 avril 1838. — Le sieur Gaillard a exercé sa garantie contre le sieur Blanc, son vendeur.

Un jugement contradictoire, rendu par le tribunal civil de Grenoble, le 23 avril 1857, a rejeté l'action des frères Juge, par le moyen tiré de la prescription de dix ans. Il a déclaré qu'il n'y avait pas lieu à statuer sur la garantie, et il a condamné les frères Juge aux dépens de l'instance principale et de la garantie elle-même.

Les frères Juge ont appelé de ce jugement. Gaillard a amené en garantie Jacques Blanc, et il a soutenu que celui-ci, en cas de confirmation du jugement, était tenu vis-à-vis de lui, par voie de garantie, des frais exposés sur l'appel.

ARRÊT.

' Adoptant les motifs des premiers juges, et attendu que l'action en nullité et en éviction avait sa source dans un fait personnel au vendeur, et que, par suite, Gaillard a été bien fondé à demander devant la Cour que son garant soit condamné à lui payer, comme accessoire de la garantie, les dépens frayés en appel, soit sur l'appel principal, soit sur la garantie, sauf à Blanc, garant, à les répéter contre les appelants;

Par ces motifs, la Cour, ouï M. Alméras-Latour, en ses conclusions motivées, statuant au profit de l'arrêt de défaut joint, rejette l'appel des frères Juges, condamne les appelants à l'amende et aux dépens frayés, soit sur l'appel principal, soit sur la garantie, même aux frais contumaciaux, et, faisant droit à la conclusion de Gaillard contre Blanc, condamne ce dernier, par voie de garantie, à payer personnellement à Gaillard lesdits dépens, sauf à lui à les répéter contre les appelants.

Arrêt du 23 décembre 1858. — 1re chambre. — M. Royer, premier président. — M. Alméras-Latour, premier avocat général. — MM. Michal, Rabatel, avoués. — MM. Dupérou, Fréd. Taulier, avocats.

Nous rapportons cet arrêt, quoiqu'il ait été rendu par défaut sur la question de garantie, parce que cette question n'a été tranchée par la Cour qu'après un sérieux examen et un très-long délibéré.

La Cour même de Grenoble a rendu, sur cette question de garantie, un arrêt dans le même sens, le 3 janvier 1845 (*Ancien Journal de la Cour*, t. XI, p. 311).

En voici les motifs :

Attendu, en droit, que le vendeur doit garantir l'acquéreur non seulement de l'éviction, mais encore du trouble apporté à sa possession, par toute action basée sur un droit préexistant à la vente ; que cette obligation découle, soit de l'article 1625 du Code civil, qui dispose que la possession paisible de la chose vendue est le premier objet de la garantie, soit de l'article 182 du Code de procédure civile, qui soumet le garant à défendre lui-même le garanti ;

Attendu que l'article 1630 du Code civil, en donnant à l'acquéreur évincé le droit de répéter contre son vendeur tous ses frais, n'a pas eu pour objet de restreindre au seul cas d'éviction ce droit de répétition, mais seulement de faire, par une voie démonstrative, l'application du principe posé par l'article 1625, à l'hypothèse prévue ; qu'en conclure par un argument *à contrario* que, lorsqu'il n'y a pas action, le garanti n'a pas le droit de répéter ses frais contre le garant, ce serait nier son droit de résister à l'éviction, dans l'intérêt même du garant, et restreindre à un cas unique le principe de garantie posé par la loi de la manière la plus large, attendu qu'il y a trouble à la possession paisible, par le seul fait de l'instance en éviction, que la demande soit bien ou mal fondée ;

Attendu que, si le principe pouvait être modifié dans le cas où, malgré toutes les précautions prises par le vendeur, une action évidemment téméraire serait intentée contre l'acquéreur, cette circonstance ne se présente point dans l'espèce de la cause, où les immeubles transmis par Duclot à Blache étaient sous le coup d'une demande en résolution de vente venue du propriétaire primitif, et où, d'ailleurs, Duclot a reconnu le bien fondé de la garantie, en prenant le fait et cause de son acquéreur devant les premiers juges ;

Attendu qu'il suit de là qu'en règle générale, et sauf toutefois les exceptions qui naîtraient de quelque vice ou omission dans la forme de procéder, le garanti peut même, en cas de rejet de la demande principale, et s'il a à redouter l'insolvabilité du demandeur originaire, réclamer et obtenir directement ses dépens contre le garant, sauf le recours de celui-ci contre le demandeur ;

Attendu que cette solution, fondée sur la loi, l'est aussi sur les règles de l'équité ; car, d'un autre côté, il est juste que le garant supporte les conséquences d'une action qu'il n'aurait probablement pas éludée s'il avait conservé la propriété de la chose, et, d'autre part, l'article 182 sus-énoncé lui fournit le moyen de parer à l'augmentation de frais qui serait la suite d'une double défense, en prenant le fait et cause du garanti.

Fréd. TAULIER.

———

EXPLOIT. — LIQUIDATEUR D'HOIRIE BÉNÉFICIAIRE. — NOM DU LIQUIDATEUR REQUÉRANT. — DOMICILE DU DÉFENDEUR.

I. Le liquidateur d'une hoirie bénéficiaire, nommé par jugement, qui a, comme tel, intenté et suivi une action sur laquelle il a été statué, a qualité pour faire signifier le jugement, sans qu'il soit nécessaire d'indiquer dans l'exploit les noms mêmes des héritiers bénéficiaires.

II. La véritable demeure de la partie à laquelle la signification est faite, est suffisamment indiquée, quand l'exploit constate régulièrement que l'huissier s'est transporté au domicile occupé par cette partie. Il n'est pas nécessaire de mentionner la rue et le numéro. (Article 61 du Code de procédure civile.)

III. Les énonciations de l'exploit font foi jusqu'à inscription de faux.

Curnier de Lavalette — C Rousset.

M. Rousset, agissant *en qualité de liquidateur, nommé par jugement,* de l'hoirie bénéficiaire Piatet, a fait assigner devant le tribunal civil de Grenoble M. Curnier de Lavalette et l'a fait condamner, le 28 juillet 1856, au paiement de diverses sommes. M. Rousset, agissant en la même qualité, a fait signifier le jugement à M. Curnier de Lavalette, par exploit de l'huissier Schuster, en date du 28 octobre

1856. Cet exploit porte que l'huissier n'ayant trouvé personne au domicile de M. de Lavalette et que les voisins n'ayant voulu ni recevoir la copie en signant, ni dire leurs noms, cette copie a été remise au maire, qui a visé l'original. Le 2 décembre 1857, M. de Lavalette a interjeté appel du jugement. Une fin de non-recevoir, tirée de l'expiration des délais d'appel ayant été élevée, M. de Lavalette a soutenu que la signification du jugement était nulle, parce que l'exploit ne renfermait pas toutes les mentions voulues par la loi ; en outre, il a déclaré s'inscrire en faux contre l'exploit.

ARRÊT.

Attendu que la nullité de l'appel de Curnier de Lavalette, fondée sur ce qu'il serait intervenu après le délai de trois mois à partir de la signification du jugement, est subordonnée à la validité de cette signification elle-même ;

Sur le premier moyen de nullité proposé contre la signification dont il s'agit :

Attendu que Rousset, nommé par jugement liquidateur de l'hoirie bénéficiaire de Piattet, ayant, comme tel, intenté et suivi l'action sur laquelle il a été statué, avait nécessairement qualité pour faire signifier le jugement qu'il avait ainsi obtenu.

Sur le second moyen :

Attendu que la véritable demeure de la partie à laquelle la signification était faite est suffisamment indiquée par l'exploit du 28 octobre 1856, lequel constate régulièrement que l'huissier s'est transporté au domicile occupé par le sieur Curnier de Lavalette ;

Attendu que le même exploit renferme toutes les mentions exigées par l'article 68 du Code de procédure civile ; que la nullité portée par l'article 70 du même Code n'est, par conséquent, pas encourue ;

Attendu que ces énonciations font foi, jusqu'à inscription de faux, de l'accomplissement des prescriptions de la loi ;

Mais, attendu que Curnier de Lavalette a fait conclure à l'audience, où il était présent, qu'à toutes fins il fût sursis jusqu'à ce que les formalités de l'inscription de faux eussent été remplies ; que cette conclusion renfermait implicitement la déclaration de s'inscrire en faux contre l'exploit dont il s'agit ; que cette inscription a été formée en effet au greffe ; qu'en l'état, il y a lieu de surseoir à statuer sur la nullité proposée contre l'appel.

Par ces motifs, la Cour, ouï M. Pagès, substitut du procureur général, en ses conclusions, rejette la conclusion principale de Lavalette, et, faisant droit à sa conclusion subsidiaire, lui donne acte de l'inscription de faux qu'il a formée contre l'exploit du 28 octobre 1856, en tant qu'il énonce que l'huissier n'ayant trouvé personne au domicile de Lavalette, s'est adressé à ses plus près voisins, qui n'auraient voulu ni recevoir la copie, ni dire leurs noms ; en conséquence, surseoit à statuer sur la nullité de l'appel par lui émis du jugement rendu par le tribunal civil de Grenoble le 26 juillet 1856, jusqu'au résultat de l'inscription de faux susmentionnée, les dépens demeurant réservés.

Arrêt du 17 mai 1858. — 1re chambre. — M. Blanchet, président ; — M. Pagès, substitut de M. le procureur général ; — MM. Roux, Rabatel, avoués ; — MM. Casimir de Ventavon, Louis Michal, avocats.

Sur la première question. — La règle que *nul en France de plaide par procureur* ne s'applique qu'au mandat conventionnel, et non au mandat légal ; spécialement, le liquidateur d'une société commerciale, nommé par jugement, a qualité pour poursuivre, en son nom seul, toutes les actions de la société. C'est ce que la Cour d'Aix a jugé par arrêt du 5 avril 1832 (S. 35, 2, 22).

D'autres arrêts analogues sont cités par Gilbert, sous l'article 61 du Code de procédure civile, nos 74 et suivants. Voyez, en outre, le répertoire du *Journal du Palais,* au mot *Exploit*, n°˙ 174 et suivants ; le répertoire de *Dalloz*, au mot *Mandat*, n° 49, et au mot *Action*, n° 275.

Sur la deuxième question. — L'indication du domicile du défendeur équivaut à l'indication de sa *demeure*, exigée par l'article 61 du Code de procédure civile. Gilbert, sous cet article, cite en ce sens deux arrêts, l'un de la Cour de Renne, du 22 juillet 1814, l'autre de la Cour de Bruxelles du 21 novembre 1829. — Il cite également Carré, question 308, et il ajoute que de telles questions ne se soulèvent plus aujourd'hui.

La jurisprudence se montre plus sévère quand il s'agit de la mention du domicile du demandeur. Ainsi, est nul l'exploit d'ajournement dans lequel le domicile du demandeur n'est indiqué que par ces mots : *demeurant à Paris*, sans désignation si non de la rue, au moins de la municipalité dans laquelle est situé ce domicile. — Arrêt de la Cour d'Orléans, du 15 décembre 1847 (S. 48, 2, 160). Voyez dans ce sens *Boncenne*, tome II, page 118, et un arrêt de la Cour de Paris, du 8 mars 1853 (*Journal du Palais*, 53, 1, 392). Voyez encore diverses décisions, conformes ou contraires, rapportées par Gilbert, sous l'article 61, n°˙ 111 et suivants.   Fréd. TAULIER.

INSCRIPTION DE FAUX CIVIL. — MOYENS DE FAUX. — PERTINENCE.

I. — *La déchéance d'une inscription de faux, fondée sur ce que l'inscrivant n'a pas produit ses moyens avant l'audience, ne peut plus être demandée par les défendeurs à l'inscription, après les conclusions prises à l'audience même.*

II. — *Celui qui s'inscrit en faux ne doit pas se borner à dénier le fait affirmé dans l'acte argué; il est tenu de faire connaître ses moyens de faux, les circonstances et preuves par lesquelles il prétend établir sa demande.*

Curnier de Lavalette — C. Rousset et Schuster.

A la suite de l'incident tranché par l'arrêt qui précède et qui avait sursis à statuer sur la recevabilité de l'appel de M. de Lavalette jusqu'au résultat de l'inscription de faux formée par celui-ci, l'huissier Schuster est intervenu dans l'instance.

M. de Lavalette a demandé à prouver :

1° Que Schuster n'a proposé à aucun des voisins de Lavalette de lui remettre la copie de l'exploit du 28 octobre 1856, et qu'en admettant qu'il se soit présenté au domicile de Lavalette, quai Napoléon, n° 1, il est allé déposer directement la copie à la mairie, sans s'adresser à aucun des autres habitants de la maison ;

2° Que, lors de l'incident jugé par l'arrêt du 17 mai 1858, Schuster a dit à plusieurs personnes : — Qu'il s'était présenté au domicile de Lavalette, quai Napoléon, et que, ne trouvant personne, il était monté au troisième étage, sans s'adresser au voisin du second ;

Qu'au troisième étage, il était allé chez le sieur Gauthier, huissier, dont la fille de service n'avait pas voulu recevoir la copie ; — Qu'en descendant il était entré chez M. Thevenon, avoué; qu'il s'était adressé au sieur Cotte, son clerc, et que ce dernier avait refusé de recevoir la copie; — Qu'il était allé chercher M. de Lavalette au bureau du journal le *Vœu national;*

3° Que Schuster ne s'est adressé ni à Gauthier, ni à la domestique de celui-ci; qu'il ne s'est adressé ni à M. Thevenon, ni au sieur Cotte, son clerc ; qu'il n'est point allé au bureau du *Vœu national ;*

4° Que Gauthier a dit à diverses personnes que jamais sa servante ne lui avait parlé ni de la visite de Schuster, ni de sa proposition de recevoir une copie pour Lavalette ; que si ces choses avaient eu lieu, il en aurait nécessairement été instruit ;

5° Que, le 3 juin 1857, M. Thevenon a interrogé tous ses clercs pour savoir si Schuster avait apporté une copie pour Lavalette, et que tous ses clercs ont répondu négativement ;

6° Que M. Thevenon a manifesté à plusieurs personnes la conviction où il était que Schuster ne s'était pas présenté dans son étude, parce qu'on y aurait reçu la copie destinée à M. de Lavalette ;

7° Que le sieur Cotte a affirmé personnellement à plusieurs personnes que Schuster ne s'était point adressé à lui ; qu'il n'avait eu aucune conversation avec lui au sujet d'une copie d'exploit pour M. de Lavalette, et qu'il était parfaitement sûr que Schuster se trompait.

A l'audience, le liquidateur Rousset et l'huissier Schuster ont fait conclure à ce que M. de Lavalette fût déclaré déchu de son inscription de faux, pour n'avoir pas produit avant l'audience ses moyens de faux. Ils ont fait, en outre, soutenir que la preuve offerte était inadmissible, parce qu'elle consistait uniquement dans la simple dénégation des faits attestés par l'exploit, et que, d'ailleurs, l'inscrivant demandait à prouver, non pas que ces faits étaient faux, mais bien plutôt que des propos attribués à l'huissier étaient contraires à la vérité.

ARRÊT.

Attendu que l'intervention de Schuster n'est pas contestée ;
Attendu que les défendeurs à l'inscription de faux ne s'étan

pas pourvus avant l'audience pour faire déclarer le demandeur déchu, ne peuvent pas, après les conclusions prises à l'audience, faire prononcer cette déchéance ;

Attendu que celui qui s'inscrit en faux ne saurait se borner à dénier le fait affirmé dans l'acte argué, mais qu'aux termes de l'art. 229 du Code de procédure civile, il est tenu de faire connaître ses moyens de faux, les circonstances et preuves par lesquelles il prétend l'établir ;

Attendu que les faits articulés par le demandeur en inscription de faux, ne constituant pas les moyens de faux, tels que les exige la loi, ces faits doivent être déclarés non pertinents et inadmissibles ;

Attendu que la preuve de ces faits doit d'autant mieux être repoussée, que, d'après les circonstances de la cause et l'état matériel de la pièce arguée, ils sont entachés d'invraisemblance, et qu'ainsi c'est le cas de repousser les moyens de faux et la preuve testimoniale demandée à l'appui, et par suite, de déclarer l'appel du jugement du 26 juillet non recevable, comme interjeté après le délai de trois mois, à partir de la signification ;

Par ces motifs, la Cour, ouï M. Proust, avocat général, en ses conclusions motivées, reçoit Schuster intervenant et statuant sur toutes les conclusions des parties, sans s'arrêter à la demande en déchéance de la liquidation Piatet, rejette les moyens de faux proposés et n'admet pas la demande en inscription de faux ; et, tenant l'exploit du 28 octobre 1856 pour sincère et véritable, déclare non recevable l'appel interjeté de ce jugement le 2 novembre 1857, plus de trois mois après la signification, et condamne l'appelant à l'amende et aux dépens de l'instance d'appel et de l'incident envers toutes les parties.

Arrêt du 19 août 1858 ; — première chambre. — M. Royer, premier président ; — M. Proust, avocat général ; — MM. Rabatel, Chollier, Roux, avoués ; — MM. Louis Michal, Cantel, Casimir de Ventavon, avocats.

Sur la deuxième question. — La jurisprudence et la doctrine sont fixées en ce sens : Voyez les nombreuses autorités citées par Gilbert sous l'art. 229 du Code de procédure civile, n° 4, — il faut y joindre quatre arrêts de la Cour de

Grenoble, l'un du 12 août 1835 (*Ancien Journal*, tome 8, page 67); l'autre du 14 janvier 1845 (tome 12, page 18); la troisième du 3 février 1849 (tom. 13, page 199); enfin, le quatrième du 15 juin 1852 (tome 14, page 159).

Fréd. Taulier.

SPECTACLES PUBLICS. — THÉATRE. — DIRECTEUR PRIVILÉGIÉ. — DROIT DU CINQIÈME. — ABONNEMENT. — CONTRAT JU-DICIAIRE.

Il appartient aux tribunaux de convertir en une somme fixe, à titre d'abonnement, le cinquième que le directeur privilégié d'un théâtre a le droit de percevoir sur la recette brute de tout spectacle public.

Il appartient surtout aux tribunaux de faire cette conversion, lorsque le directeur du théâtre a commencé par demander une somme fixe.

Le directeur qui a conclu au paiement d'une somme fixe ne peut plus conclure au paiement du cinquième.

Veschambes — C. Loyal.

Jugement du tribunal de commerce de Grenoble, rendu le 21 août 1857, sous la présidence de M. le président Duhamel, et ainsi conçu :

Considérant que si bien il est attribué par la législation aux directeurs privilégiés de théâtre le cinquième de la recette que peuvent faire les entrepreneurs de spectacles ou de curiosités en représentation dans la ville où le directeur exploite son privilége, l'exercice de ce droit est d'une difficulté et d'une rigueur

telle, que sa conversion en un abonnement est d'un usage constant; que cet usage est tellement consacré et universellement suivi,
que Veschambes, dans son assignation, le reconnaît comme loi des
parties, offre à Loyal ce mode de perception et demande pour
prix d'abonnement 60 fr. par représentation ou toute autre
somme qu'il plaira au tribunal d'arbitrer;

Considérant que le tribunal possède des éléments suffisants
pour apprécier et fixer le *quantum* dudit abonnement; que la
demande de Veschambe est trop élevée, les représentations de
Loyal ne pouvant porter en l'état aucun préjudice aux recettes
de son théâtre, l'ouverture n'en ayant pas encore eu lieu.

Par ces motifs, le tribunal fixe à 30 fr. par représentation du
cirque le montant de la redevance due par Loyal à Veschambes ;
en conséquence, condamne Loyal, même par corps, à payer à
Veschambes la somme de 30 fr. par chaque représentation
donnée ou à donner pendant toute la durée de son séjour à
Grenoble; le condamne, en outre, aux dépens; ordonne l'exécution provisoire dudit jugement, nonobstant appel et opposition
sans caution.

Appel par Veschambes.

ARRÊT.

Attendu qu'il résulte de l'assignation donnée à Loyal de la
part de Veschambes, des conclusions prises à l'audience du 19 et
de tous les faits et circonstances de la cause, qu'il y avait eu
accord entre les parties et contrat en jugement à l'effet de faire
régler par abonnement le droit dû à Veschambes par Loyal, que
le premier fixait à 60 fr. par représentation, et que le second
soutenait devoir être moindre;

Attendu, dès lors, que c'est avec raison que le tribunal ne
s'est pas arrêté aux conclusions prises par Veschambes à l'audience du 21, et qui étaient contraires audit contrat;

Attendu, au surplus, que les premiers juges ont fixé d'une
manière juste et raisonable le montant de l'abonnement, et que,
par conséquent, sous tous les rapports, c'est le cas de confirmer
leur jugement;

Par ces motifs, et adoptant ceux des premiers juges, la Cour, ouï M. Pagès, substitut du procureur général, en ses conclusions motivées, sans s'arrêter à l'appel de Veschambes envers le jugement du tribunal de commerce de Grenoble, du 21 août 1855, ou à aucune de ses conclusions, confirme ledit jugement; ordonne qu'il sortira son plein et entier effet, et condamne l'appelant à l'amende et aux dépens.

Arrêt du 1er septembre 1857; — 1re chambre. — M. Royer, premier président; — M. Pagès, substitut de M. le procureur général; — MM. Brun, Amat, avoués; — MM. Giraud, Chapel, avocats.

FAILLITE. — APPEL. — DÉLAI.

Il n'est pas nécessaire de signifier le jugement déclaratif de faillite pour faire courir le délai de l'appel.

Ce délai, fixé à quinze jours par l'art. 582 du Code de commerce, court, si le jugement est par défaut, à partir de l'expiration du délai de l'opposition, c'est-à-dire à partir de la huitaine qui a suivi l'accomplissement des formalités d'affiche et d'insertion du jugement prescrites par l'art. 442 du Code de commerce.

Veuve Roux — C. Bilh-Arnaud.

M. Bilh-Arnaud avait livré aux mariés Roux, en 1857, des charbons pour une somme de 268 fr. 30 c. Pour recouvrer cette somme, il fournit, le 12 décembre 1857, sur la femme Roux, un mandat de semblable somme payable le 25 décembre. Ce mandat fut protesté le 26 faute de paiement, et la femme Roux répondit qu'elle ne pouvait payer pour le moment, mais qu'elle paierait sous peu de jours.

La femme Roux était séparée de bien d'avec son mari depuis le 10 janvier 1849, et elle était venue s'établir à Vinay, où elle faisait le commerce de coquetier ; elle avait des chevaux et des voitures, et son mari faisait des transports.

Dans le courant du mois de février 1858, les mariés Roux quittèrent Vinay, après avoir vendu une maison appartenant à la femme Roux, et allèrent habiter Romans, emportant en partie leur mobilier, le surplus ayant été disséminé chez divers, qui prétentent l'avoir acheté ou reçu en compensation de ce qui leur était dû.

C'est dans cet état que, par jugement rendu le 10 mars 1858, sur la requête de Bith-Arnaud, le tribunal de Saint-Marcellin a déclaré les mariés Roux en faillite et nommé M. Rousset syndic. Ce jugement a été inséré au journal des annonces judiciaires le 10 mars, et affiché à Saint-Marcellin et à Vinay le 24 mars, suivant qu'il résulte d'un procès-verbal de Chanoux, huissier.

Les opérations de la faillite approchant de leur terme, les créanciers avaient été convoqués pour le 7 juillet, afin de former un concordat ou un contrat d'union. Le même jour, 7 juillet, la femme Roux forma opposition au jugement déclaratif de faillite. Un jugement du 23 la débouta de son opposition, comme étant tardivement faite.

C'est alors que, par exploit des 4 et 6 août 1858, elle a interjeté appel, avec l'autorisation de son mari, du jugement qui l'avait déclarée en faillite, tant contre M. Bith-Arnaud que contre le syndic.

Un instance s'est liée devant la Cour. Il a été soutenu en premier lieu que l'appel de la femme Roux était non recevable, pour avoir été interjeté plus de quinzaine après l'époque où le jugement de défaut qui avait déclaré la faillite n'était plus susceptible d'opposition ; 2° qu'au fond le jugement devait être confirmé, la femme Roux étant marchande publique et en état de cessation de paiement.

ARRÊT.

Attendu que l'appel de la femme Roux du jugement rendu en défaut, le 10 mars 1858, lequel l'a déclarée en faillite, est non recevable comme interjeté après le délai de quinzaine à partir du jour où l'opposition à ce jugement n'aurait plus été recevable elle-même, aux termes des articles 443 du Cod. de procédure, et 582 du Cod. de commerce ;

Attendu qu'il devient inutile d'examiner si cet appel ne restait pas sans effet pour n'avoir pas été formé en même temps contre le jugement du 23 juillet, qui, en rejetant comme tardive l'opposition de la femme Roux au précédent jugement du 10 mars, ordonnait l'exécution de ce dernier jugement ;

Attendu, au surplus, que l'appel, fût-il recevable, devait être déclaré mal fondé ;

Adoptant sur ce point les motifs des premiers juges ,

La Cour, ouï M. Proust, avocat général, en ses conclusions motivées, sans s'arrêter à l'appel émis par la femme Roux, du jugement du tribunal de St-Marcellin, du 10 mars 1858, lequel est déclaré non recevable et à toutes fins mal fondé, dit que ce jugement sera exécuté ; condamne l'appelante à l'amende et aux dépens.

Arrêt du 31 décembre 1858. — 2ᵉ chambre. — M. Blanchet, président ; — M. Proust, avocat général ; — MM. Kcisser, Brun, avoués ; — MM. Victor Arnaud, Pain, avocats.

·D·

JUGE D'INSTRUCTION. — CRIMES ET DÉLITS RESSORTANT DE LA MÊME POURSUITE. — RENVOI.

Depuis la loi du 17 juillet 1856, le juge d'instruction doit procéder, comme le faisait avant cette loi la chambre du conseil, c'est-à-dire renvoyer devant la chambre des mises en accusation pour les faits réputés crimes et devant le tribunal correctionnel, le cas échéant, pour les faits réputés délits, lorsque tous ces faits ressortent de la même poursuite.

Par arrêt du 4 février 1859, la chambre des mises en accusation a renvoyé devant la Cour d'assises de l'Isère Décrozes, Foudras, Ulmo père, Ulmo fils, poursuivis pour crimes, et elle a réformé, en ces termes, l'ordonnance du juge d'instruction de Grenoble, qui avait simplement renvoyé devant la chambre même des mises en accusation Décrozes, poursuivi tout à la fois pour crimes et délits :

ARRÊT.

En ce qui concerne les délits imputés à Décrozes seul.

En droit :

Attendu qu'avant la loi du 17 juillet 1856, lorsqu'une poursuite comprenant des crimes et des délits était soumise à la chambre du conseil, cette chambre renvoyait devant la chambre des mises en accusation, relativement aux crimes, et devant le tribunal de police correctionnelle, *le cas échéant*, relativement aux délits ;

Attendu qu'il résulte de l'exposé des motifs de la loi du 17 juillet 1856, que le législateur, en supprimant la chambre du conseil, *a fait passer ses pouvoirs entre les mains du magistrat instructeur ;* d'où il suit que le juge d'instruction doit procéder comme le ferait la chambre du conseil, c'est-à-dire renvoyer devant la chambre des mises en accusation pour les faits réputés crimes, et renvoyer devant le tribunal correctionnel, *le cas échéant*, pour les faits réputés délits, lorsque tous ces faits ressortent et sont établis par la même poursuite ;

Attendu qu'il faut d'autant plus le décider ainsi, que, d'après le nouvel art. 130 du Code d'instruction criminelle, le juge d'instruction est essentiellement compétent pour prononcer les renvois devant letribunal de police correctionnelle;

Attendu que si bien la loi du 17 juillet 1856 a étendu les pouvoirs de la chambre des mises en accusation, l'a investie du droit de statuer à l'égard des prévenus, *quelle que soit l'ordonnance du juge d'instruction*, cette extension de pouvoirs n'implique nullement que le juge d'instruction n'est pas investi du droit qu'avait autrefois la chambre du conseil;

Attendu qu'il résulte de ce qui précède que le juge d'instruction de Grenoble aurait dû, par son ordonnance du 28 janvier dernier, renvoyer Décrozes devant le tribunal de police correctionnelle.

En fait :

Attendu qu'il résulte de l'information prévention suffisante contre Décrozes, d'avoir: 1° à Grenoble, en 1855, 1856 et 1857, contrefait ou altéré des clefs; 2° au même lieu, depuis moins de trois ans, pris dans un passeport le nom supposé de Touquero; 3° été arrêté à la même époque à Aix, en état de vagabondage et trouvé muni d'instruments propres, soit à commettre des vols, soit à se procurer les moyens de pénétrer dans les maisons, et encore étant porteur d'effets d'une valeur supérieure à 100 fr ;

Attendu que tous les faits ci-dessus constituent les délits prévus et punis par les articles 399, 154, 269, 270, 277 et 278 du Code pénal;

La Cour renvoie, *le cas échéant,* mandat de dépôt tenant André Décrozes devant le tribunal de police correctionnelle de Grenoble pour y être jugé conformément à la loi, à raison des délits ci-dessus spécifiés.

Arrêt du 4 février 1859. — Chambre des mises en accusation.—M. Duport-Lavillette, président;—M. Berger, substitut de M. le procureur général.

PROCÈS-VERBAL. — SIGNATURE DE DEUX GARDES FORESTIERS.
— ÉCRITURE PAR L'UN D'EUX. — FAITS MATÉRIELS. —
SEMIS VENUS NATURELLEMENT. — SEMIS FAITS DE MAIN
D'HOMME.

I. Lorsqu'un procès-verbal, dressé et signé par deux gardes forestiers, est écrit en entier par l'un d'eux, il n'est pas nécessaire que l'officier public qui reçoit l'affirmation donne préalablement lecture du procès-verbal au garde, et qu'il soit fait mention de cette formalité (art. 165, § 2, *du Code forestier*).

II. Les faits matériels *dont les procès-verbaux des gardes forestiers font preuve, jusqu'à inscription de faux, sont les faits positifs qui ont frappé les sens des rédacteurs, qui sont le résultat de leurs observations personnelles, et qui forment les éléments constitutifs des délits qu'ils ont à constater* (art. 176 *du Code forestier*) (1).

III. Dans l'application de l'article 223, § 1, du Code forestier, en vertu duquel les jeunes bois, pendant les vingt premières années après leur semis ou plantation, sont exceptés de la déclaration de défrichement, il n'y a pas lieu de distinguer entre les semis venus naturellement et ceux faits de main d'homme.

L'administration des eaux et forêts — C Plumel et consorts, en présence de M. le procureur général.

Par suite de procès-verbaux à la date du 23 octobre 1857, dressés par deux gardes forestiers aux résidences de Belle-

___

(1) Sur cette seconde question, voyez les autorités citées par Gilbert, Code forestier, article 176, nos 2 à 19.

garde et de Jonchères, et signés par l'un d'eux seulement, les prévenus furent traduits devant le tribunal correctionne de Die, sous la prévention d'avoir, le 23 octobre 1857 ou antérieurement, sur le territoire de la commune de Volvent, au quartier appelé le Devez, dans des terrains leur appartenant, défriché sans autorisation, savoir : 1° Antoine Plumel, 13 ares 4 centiares de bois, etc.

Le tribunal, par jugement du 29 avril 1858, joignant les poursuites et avant de statuer définitivement, considéra les procès-verbaux comme irréguliers et permit aux prévenus de prouver par tous moyens de droit, et notamment par témoins : 1° que les terrains par eux cultivés n'étaient pas et ne sont pas en nature de bois; 2° que s'il y avait du bois, l'âge n'en remontait pas à plus de vingt ans; 3° que ces terrains étaient livrés à la culture depuis plus de deux ans avant les procès-verbaux, et même affermés comme terrains arables par la commune de Volvent avant l'année 1853, époque de la vente qui en a été faite à divers habitants; 4° que les contenances énoncées dans les procès-verbaux sont inexactes : circonstances et dépendances, sauf la preuve contraire; dit et prononça que les enquêtes seraient faites sur les lieux par M. Maurel, juge à ces fins délégué, qui pourra se faire assister par un géomètre ou tout autre homme de l'art qui procédera comme expert, après serment préalable devant ce magistrat, à la mensuration et plan indicatif des lieux, sauf à être statué ultérieurement ce qu'il appartiendra, tant sur le résultat des enquêtes que sur le rapport qui sera fait par M. le juge délégué, à l'égard de la nature, de la situation et de l'étendue des terrains dont il s'agit, et réserva les dépens.

Sur l'appel formé par M. Costa, inspecteur de l'administration des eaux et forêts à la résidence de Die, les prévenus furent assignés à comparaître devant la Cour.

ARRÊT.

Sur la première question.

Considérant que si, lors de l'affirmation d'un procès-verbal
signé par un garde forestier, mais non écrit de sa main, la loi
exige que l'officier public qui reçoit l'affirmation donne préalablement lecture du procès-verbal au garde et qu'il soit fait mention de cette formalité, cette prescription, qui a pour but de
garantir le garde contre toute surprise de la part de la personne
étrangère dont il a emprunté la main, et d'assurer l'identité des
énonciations que le garde a entendu consigner dans son rapport, ne saurait s'appliquer au cas où, comme dans l'espèce de
la cause, le procès-verbal, dressé et signé par deux gardes, est
écrit en entier par l'un d'eux; que, dans cette hypothèse, il n'est
pas à craindre que le procès-verbal, débattu et arrêté par deux
préposés de l'administration forestière, en qui elle a une égale
confiance, ne mentionne pas ce qui aura été constaté en commun par eux, et ne reproduise pas des énonciations conformes
aux intentions de celui des gardes qui l'a seulement signé; que
le législateur n'a pas supposé cette infidélité de rédaction de la
part du garde instrumentaire, puisqu'il n'a pas étendu au cas du
procès-verbal, dressé et signé par deux gardes, les précautions
et les garanties par lui prises dans le § 2 de l'article 165, alors
qu'un garde seul a opéré, et que, par suite d'un empêchement quelconque, il a confié l'écriture de son rapport à un
tiers inconnu dans l'administration forestière; que le silence
gardé par le Code sur ce point prouve qu'il n'a pas assimilé ces
deux hypothèses, quant à la nécessité de la lecture du procès-
verbal avant l'affirmation, et qu'il a affranchi de cette formalité
tout procès-verbal dressé et signé par deux gardes et écrit par
l'un d'eux; que, dès lors, il faut reconnaître, contrairement à ce
qu'ont décidé les premiers juges, la régularité des vingt-six
procès-verbaux produits dans la cause.

Sur la deuxième question :

Considérant qu'aux termes de l'article 176 du Code forestier,
les procès-verbaux revêtus des formalités prescrites par les ar-

ticles 165 et 170, et qui sont dressés et signés par deux agents
ou gardes forestiers font preuve, jusqu'à inscription de faux,
des faits matériels relatifs aux délits et contraventions qu'ils
constatent ; que, dans l'esprit de cette disposition, et d'après une
jurisprudence constante, il faut entendre par *faits matériels* les
faits positifs qui ont frappé les sens des rédacteurs des procès-
verbaux, qui sont le résultat de leurs observations personnelles
et qui forment les éléments constitutifs des délits qu'ils ont à constater ; que, dans les procès-verbaux du 23 octobre dernier, les
gardes déclarent uniformément avoir reconnu que, « sur un
« terrain en nature de bois, essence de chêne, attenant à un
« massif de plus de 4 hectares et situé en montagne, il avait
« été défriché sans autorisation, par les délinquants, la quantité
« de 2 hectares 987 centiares ; que ce défrichement a été effec-
« tué pendant les années 1854, 55, 56 et 57 (d'après vingt-un
« procès-verbaux), et pendant les années 1854 à 1856 (d'après
« cinq autres), c'est à-dire de *suite en suite ; »* que ces énonciations vagues, et incomplètes, ne répondent pas au vœu de
l'article 176 du Code forestier ; qu'il n'apparaît pas suffisamment de ces constatations qu'elles proviennent des observations
et des découvertes personnelles des gardes et de leurs appré-
ciations individuelles ; qu'elles peuvent être le résultat d'indi-
cations fournies par des tiers aux gardes, et des inductions
tirées par ceux-ci de ces rapports ; que, de plus, ces procès-
verbaux n'indiquent pas l'époque précise où les défrichements
ont commencé et où ils ont été achevés ; que, sous ces différents points de vue, ils ne peuvent par eux-mêmes faire foi
entière de la contravention qu'ils signalent, cette contravention
ne reposant pas sur des faits matériels clairement constatés ;
qu'il y a lieu, dès lors, d'admettre les contrevenants à faire
la preuve contraire par eux offerte en première instance et
renouvelée devant la Cour.

Sur la troisième question :

Considérant que, d'après l'article 223, § 1 du Code forestier,
les jeunes bois, pendant les vingt premières années après leur
semis ou plantation, sont exceptés de la déclaration de défrichement exigée par l'article 219, pour que le défrichement

puisse être régulièrement opéré ; que les termes généraux employés par l'article 223 ne permettent pas de distinguer entre les semis venus naturellement et ceux faits de main d'homme ; que les procès-verbaux du 23 octobre ne relatant pas l'âge des bois défrichés, et les contrevenants offrant de prouver que si , dans les terrains par eux cultivés , il se trouvait des parties en bois, ces bois ne remontaient pas à plus de vingt ans , cette preuve ne saurait être rejetée ;

Considérant que, pour éviter les frais considérables qu'entraîneraient les enquêtes demandées , il convient de confier la recherche et la constatation des faits et des preuves offertes au juge de paix de la localité, qui opérera parties présentes ou dûment appelées , et , après l'audition des témoins, pour être , à vue du rapport qui sera dressé par ce magistrat, statué définitivement par la Cour.

Par ces motifs,

La Cour, tenant pour réguliers, en ce qui touche l'affirmation qui en a été faite, les vingt-six procès-verbaux dressés le 23 octobre dernier, ordonne, avant de statuer définitivement sur l'appel émis par M. l'inspecteur des forêts, du jugement du tribunal de Die, en date du 29 avril 1858, que, par M. Chevandier, juge de paix à la Motte, arrondissement de Die, à cette fin délégué et qui est autorisé à s'aider de tous titres, mémoires, renseignements, à entendre tous témoins, après serment prêté devant lui, et au besoin à prendre voie instructive, il sera procédé, en présence de l'administration forestière et des contrevenants, ou eux dûment appelés, à la recherche et à la constatation des points de savoir s'il est vrai, suivant ce qui est allégué par les contrevenants : 1° que les terrains cultivés par eux et sur lesquels auraient été opérés les défrichements indiqués dans les procès-verbaux du 23 octobre 1857 n'étaient pas et ne sont pas en nature de bois ; 2° que, dans les parties où il y avait du bois, l'âge de ce bois ne remontait pas à plus de vingt ans ; 3° que ces terrains étaient livrés à la culture depuis plus de deux ans avant les procès-verbaux, et même affermés comme terrains arables par la commune de Volvent avant l'année 1853, époque de la vente qui en aurait été faite à divers habitants ; 4° que les contenances énoncées dans ces procès-verbaux sont inexactes, circonstances et dépendances, tous faits contraires aux dites preuves demeurant réservés à l'administration, qui fournira ses moyens à M. le juge de paix délégué, dit que M. Chevandier pourra se faire assister d'un géomètre ou homme de l'art qui procédera comme expert, après serment prêté devant ce magistrat, à la mensuration et plan indicatif des lieux, pour, à vue du rapport qui sera déposé au greffe de la Cour, être statué par elle ce qu'il appartiendra.

Arrêt du 25 août 1858. — 4ᵉ chambre. — M. Petit, président; — M. Rolland, conseiller rapporteur; — M. Alméras-Latour, premier avocat général; — M. Jacquot, inspecteur pour l'administration des eaux et forêts; — M. Casimir de Ventavon, avocat.

DÉCISIONS ADMINISTRATIVES.

———

COMMUNE. — CHEMIN DE FER. — CONSTRUCTION D'UN CHE-
MIN VICINAL. — RÉCEPTION D'OEUVRE. — ÉBOULEMENTS.—
RESPONSABILITÉ.

*Les éboulements survenus sur un chemin vicinal cons-
truit par une Compagnie de chemin de fer, ne donnent pas
d'action à la commune contre la Compagnie, lorsque les
ouvrages exécutés par celle-ci pour l'ouverture du chemin
sont conformes au projet soumis à l'enquête et approuvé
par l'autorité compétente, et qu'ils ont été reçus, après reconnaissance contradictoire, par arrêté préfectoral.*

Commune de Salaize — C. le chemin de fer de Lyon
à la Méditerranée.

Le conseil de préfecture de l'Isère ,

Vu l'assignation donnée, le 7 juillet 1858, par le sieur Sumer,
huissier, au requis de la commune de Salaize (Isère), au sieur
Paulin Talabot, ingénieur et directeur de la compagnie du chemin de fer de Lyon à la Méditerranée, à l'effet de comparaître
par-devant le conseil de préfecture de l'Isère, pour s'entendre
condamner à faire enlever et disparaître les obstacles qui s'opposent à la libre jouissance du chemin vicinal dit de Sérezin à
Feyzin, entre la ligne ferrée et le coteau, obstacles provenant

d'éboulements considérables tombés sur ledit chemin, par la faute et la négligence de la Compagnie, qui, en établissant ce chemin, n'a pas ménagé des talus suffisants ou n'a pas suppléé à leur insuffisance par des murs de soutènement, et à défaut par ladite Compagnie d'exécuter les travaux nécessaires, payer, à titre de dommages-intérêts, à la commune de Salaize, la somme de 10,000 fr.

Ouï les avocats des parties en leurs observations;

Vu les plans des lieux;

Vu l'arrêté de M. le préfet de l'Isère en date du 28 novembre 1855;

Vu un second arrêté du même magistrat en date du 12 septembre 1856;

Vu la quittance de 2,000 fr. délivrée à la Compagnie du chemin de fer de Lyon à la Méditerranée par le percepteur receveur de la commune de Salaize;

Vu les diverses lettres du maire de Salaize;

Vu la lettre en date du 24 juillet 1856, adressée, dans l'intérêt de la commune de Salaize, par le sieur Lambert, agent-voyer de l'arrondissement de Vienne, à la Compagnie du chemin de fer de Lyon à la Méditerranée;

Vu toutes les pièces du dossier et la délibération du conseil municipal de la commune de Salaize en date du 8 avril 1857;

Vu la loi du 28 pluviôse an VIII;

Vu la loi du 6 septembre 1807;

Vu les articles 1713, 1792, 2270 du Code Nap.;

Sans s'arrêter à la responsabilité imposée par l'art. 1792 du Code Nap., et à la théorie tirée des art. 1713 et 2270 du même Code; sans examiner si les dommages dont se plaint la commune de Salaize sont le résultat des pluies torrentielles du mois de mai 1856, et auraient, par conséquent, le caractère d'événement de force majeure;

Considérant qu'il résulte de l'instruction et des pièces ci-dessus visées, que le chemin sur lequel les éboulements ont eu lieu n'a été ouvert par la Compagnie du chemin de fer de Lyon à Avignon qu'après une enquête qui en a déterminé l'emplacement et les conditions; que ces conditions ont même été approuvées, et, en quelques parties, modifiées par la Commission consultative nommée à cet effet; qu'il résulte d'une reconnaissance contradictoire, en date du 7 août 1855, et de l'arrêté préfectoral du 28 novembre suivant, que les ouvrages exécutés par ladite Compagnie pour l'ouverture du chemin dont il s'agit sont conformes aux projets soumis à l'enquête et aux modifications proposées par la Commission consultative, et approuvés par l'autorité compétente ;

Considérant que, par suite de ladite reconnaissance contradictoire, l'arrêté préfectoral du 28 novembre 1855 déclare que les travaux de ladite Compagnie, pour l'ouverture dudit chemin, sont et demeurent reçus ; que, dès lors, la commune de Salaize est mal fondée dans son action contre la Compagnie du chemin de fer ; que si bien ladite Compagnie, sur la demande du sieur Lambert, agent-voyer de l'arrondissement de Vienne, a accordé à la commune de Salaize la somme de 2,000 fr. pour enlever les éboulements de terre et de graviers survenus sur le chemin en 1856, et qui n'étaient évalués qu'à une main-d'œuvre de 940 fr., ce don n'engage pas la responsabilité de la Compagnie, qui avait rempli, dès le 7 août 1855, toutes les obligations qui lui étaient imposées.

Par ces motifs, et après délibéré, le conseil de préfecture arrête :

L'action de la commune de Salaize contre la Compagnie du chemin de fer de Lyon à Avignon, relativement aux éboulements survenus après réception d'œuvre, sur le chemin dit de Sérezin à Feysin, est déclarée mal fondée. Ladite Compagnie du chemin de fer de Lyon à Avignon est mise hors d'instance sur ladite action. La commune de Salaize est condamnée aux dépens.

Arrêté du 24 décembre 1858. — M. Durand, rapporteur. — MM. Lapierre, Casimir de Ventavon, avocats.

ARRÊTS.

COMMISSIONNAIRE. — RESPONSABILITÉ. — RÉCEPTION DE COLIS. — INFIDÉLITÉ ET FRAUDE. — ERREUR. — FAUSSES EXPLICATIONS.

L'exception tirée de ce que le destinataire d'un colis l'a reçu sans faire aucune réserve et a payé le prix de transport, ne peut être opposée par le commissionnaire, lorsque le destinataire invoque à son tour une infidélité et une fraude commises pendant que le colis était au pouvoir du commissionnaire et dont il n'a pu reconnaître l'existence au premier abord, et, en outre, une erreur de sa part, qui a eu pour cause de fausses explications données au moment même de la remise du colis. (Cod. de **commerce**, art. 105 ; code Napoléon, art. 1116.)

La Compagnie des chemins de fer du Dauphiné
— C. Hulmières et Chauvet.

Le 9 mars 1858, MM. Réveillon et Cᵉ, banquiers à Grenoble, remirent au bureau du chemin de fer, à l'adresse de MM. Hulmières et Chauvet et André, en gare, un group

II 5

que les livres de MM. Réveillon et l'avis par eux transmis
à MM. Hulmières et Cᵉ, déclaraient être composé d'une
somme de 1,000 fr. en argent, 1,000 fr. en or et 1,000 fr. en
un billet de banque, soit en tout, 3,000 fr. Ce group ayant été
réclamé le 10, vers sept heures du matin, à la gare de Voiron,
par le sieur Cholat, de la part de MM. Hulmières et Cᵉ, il lui
fut remis, contre sa signature et récépissé sur le registre
de l'administration du chemin de fer. Ce group paraissait
être intact. MM. Hulmières, et Cᵉ soutiennent qu'il fut
apporté sans retard de la gare à leur comptoir, et qu'immédiatement ouvert par eux, il ne renfermait que la somme
de *mille* francs en argent. Ils écrivirent le même jour à
MM. Réveillon et Cᵉ pour leur signaler l'absence du billet
et de l'or annoncés par eux, en leur demandant si cette
absence n'était pas le résultat d'un oubli de leur part; et, le
même jour, M. Chauvet partit pour Grenoble pour venir
éclaircir le même fait chez M. Réveillon. En prenant vers
cinq heures du soir, le convoi, il signala au bureau de Voiron le déficit du group. MM. Réveillon justifièrent par
l'exhibition de leurs livres et par le poids de six kilogram-
mes porté au bulletin d'expédition à eux remis par le bureau
du chemin de fer, à Grenoble, que le group, lors de sa
remise au bureau, renfermait les valeurs énoncées.

M. Chauvet, de retour à Voiron, soutint avoir retourné
le sac et découvert une incision qui était masquée en dehors
par la superposition du bulletin ou étiquette que l'administration appose sur les colis; cette étiquette était piquée avec
deux épingles.

Une plainte ayant été déposée au parquet de M. le procureur impérial par MM. Chauvet et Réveillon, une information judiciaire fut ouverte; trois employés du chemin de fer
furent mis en prévention, puis élargis par suite d'une ordonnance de non-lieu.

MM. Hulmières et Chauvet ont soutenu qu'il résultait de

quelques dépositions recueillies dans cette information, qu'au départ de la gare de Pique-Pierre le group portait son étiquette fixée au-dessus de la ficelle qui serrait la gueule du sac, mais que lors de la remise du group, à la gare de Voiron, au domestique des destinataires, cette étiquette se trouvait changée de place et apposée contre le ventre du sac.

Par exploit du 19 avril 1858, MM. Hulmières, Chauvet et André ont fait assigner l'administration du chemin de fer devant le tribunal de Grenoble, en paiement de la somme de 2,000 fr., soit comme directement et personnellement responsable de la violation du dépôt à elle confié, soit, au besoin, comme civilement responsable de ses employés, qui, seuls, avaient pu être les auteurs de la soustraction.

L'administration du chemin de fer a soutenu que la décharge à elle donnée rendait toute action et preuve contre elle non recevable, à moins de fraude personnelle.

Le 16 juin 1858, le tribunal, présidé par M. Craponne du Villard, vice-président, a statué en ces termes :

JUGEMENT.

Attendu que des nombreux documents révélés par la procédure faite à la requête du ministère public et de ceux produits à l'audience, il résulte : 1° que le sac confié le 9 mars 1858 par la maison Clunet, de Grenoble, aux bureaux du chemin de fer, à l'adresse des sieurs Hulmières et Chauvet, négociants à Voiron, contenait réellement une somme de 3,000 fr., dont 1,000 fr. en pièces de 5 fr., 1,000 fr. en pièces d'or de 20 fr. et un billet de banque de 1,000 fr. ; que le fait résulte matériellement du poids dudit sac, pesé au bureau et indiqué à six kilos sur la feuille d'expédition, comme aussi sur la lettre de voiture, et, de plus, constaté par les registres et la correspondance de la maison Clunet; 2° que le sac portait une étiquette placée au-dessus du lien qui le serrait, lors de sa remise au chemin de fer, tandis qu'arrivé à la gare de Voiron et au moment où, à cette gare, il fut livré au domestique des sieurs Hulmières et Chauvet, l'étiquette se trouvait au-dessous du lien, sur le ventre du sac lui-même et fixée à l'aide de deux épingles; circonstance qui démontre évidemment que le déplacement avait eu lieu pendant que le sac était au pouvoir de l'administration;

Attendu que l'exception tirée contre Hulmières et Chauvet, de ce fait qu'ils auraient reçu le colis sans aucune réserve et qu'ils en auraient payé le transport, ne saurait être accueillie dans l'espèce, parce que cette exception tombe devant l'infidélité et la fraude qui auraient été employées et qui n'auraient pas permis aux destinataires d'en reconnaître l'existence au premier abord, comme aussi devant cette circonstance que le destinataire, prenant le sac et faisant remarquer son petit volume, en égard aux espèces qu'il devait contenir, il lui fut répondu qu'une partie des valeurs étaient en papier et en or;

Attendu, dans le cas actuel, que le sac, au moment de sa remise à l'employé d'Hulmières et Chauvet, ne présentait à l'extérieur aucun indice qui pût faire soupçonner qu'il n'était plus intact; que ce fut dans cette conviction qu'il fut par eux reçu, et que ce ne fut qu'un peu plus tard, c'est-à-dire lorsqu'ils voulurent en retirer les espèces et après s'être assurés de leur envoi, qu'Hulmières et Chauvet découvrirent une incision pratiquée sur une des coutures du sac et masquée par l'étiquette qui y avait été apposée;

Attendu, en conséquence, que l'objection tirée de l'art. 105 du Code de commerce se trouve repoussée dans l'espèce, tant par les raisons déjà émises ci-dessus que par l'erreur qui a présidé à la réception du colis, erreur qui a été le résultat de la manœuvre frauduleuse employée pour dissimuler la coupure du sac et la soustraction des valeurs;

Par ces motifs,

Le tribunal, ouï M. Berger, substitut du procureur impérial, en ses conclusions, condamne la compagnie des chemins de fer du Dauphiné à payer à Hulmières et Chauvet la somme de 2,000 fr., avec intérêts légitimes, et, en outre, aux dépens de l'instance.

La compagnie du chemin de fer a interjeté appel de ce jugement.

ARRÊT.

Adoptant les motifs des premiers juges, la Cour confirme.

Arrêt du 15 janvier 1859. 2ᵉ chambre. — M. Blanchet, président ; M. Proust, avocat général ; — MM. Eyssautier, Rey, avoués ; MM. Louis Michal, Bovier-Lapierre, avocats.

DOMMAGES-INTÉRÊTS. — PREMIER RESSORT. — CONTRAT D'ASSURANCES. — CLAUSE PÉNALE.

Une demande de dommages-intérêts jointe à une demande principale est principale elle-même ; dès-lors , elle doit être prise en considération pour la fixation du taux du ressort.

Lorsque plusieurs choses distinctes ayant été assurées à une première compagnie par un seul contrat , l'une de ces mêmes choses a été ultérieurement l'objet d'une assurance spéciale par une seconde compagnie, on ne peut étendre une clause pénale stipulée dans le premier contrat à tout ce qui était compris dans ce contrat même , sous le prétexte qu'il est unique et forme un tout indivisible ; la clause pénale ne saurait s'appliquer qu'aux objets spéciaux qui , compris dans le premier contrat, ont été, en outre, l'objet du second ; — spécialement , celui qui fait assurer des bâtiments , récoltes, vers à soie , par un premier contrat où il est dit que s'il fait couvrir ces objets par une autre assurance , il est tenu de le déclarer sous peine de perdre tout droit à une indemnité, peut très-bien faire assurer, par un second contrat, un excédant de valeurs de ses vers à soie sans avoir aucune déclaration à faire, et, en cas d'incendie de ses récoltes, *il conserve tout droit à une indemnité, en vertu du premier contrat, pour ses récoltes incendiées.*

La société *la Mutuelle* — C. Métifiot.

Le 22 septembre 1846 et le 3 juin 1847, le sieur Métifiot a fait assurer ses bâtiments, récoltes, mobiliers, vers à soie et fourrages par la compagnie d'assurance *la Mutuelle.* Les vers à soie élevés dans l'intérieur des bâtiments furent compris dans l'assurance pour une somme de 2,500 fr., avec les conditions toutes spéciales à cette assurance. L'art. 20 des statuts porte que si l'assuré fait couvrir les objets sur lesquels porte l'assurance, par d'autres assurances, il est tenu de le déclarer, faute de quoi, il ne peut, en cas d'incendie, prétendre à aucune indemnité. Le 30 septembre 1853, le sieur Métifiot fit assurer par la compagnie *la Providence* ses bâtiments, récoltes, mobiliers, pailles et fourrages, mais avec stipulation que cette assurance ne commencerait que le 22 septembre 1856, à l'expiration de l'assurance de la société *Mutuelle.* En même temps, il assura ses vers à soie pour une somme de 4,000 fr., avec explication que, sur cette somme, 2,500 fr. étaient déjà assurés à la société *la Mutuelle,* et que *la Providence* n'assurait que les 1,500 fr. d'excédant. Le 10 août 1856, Métifiot fut victime d'un incendie qui dévora des pailles et récoltes situées hors de ses bâtiments, mais qui ne toucha point aux vers à soie dont l'éducation était, du reste, depuis longtemps terminée. Par exploit du 12 février 1857, Métifiot a assigné la compagnie *la Mutuelle* en paiement de 1,210 fr. 50 cent., à titre d'indemnité et tels dommages qu'il serait arbitré par le tribunal. La compagnie *la Mutuelle* repoussa la demande de Métifiot, en soutenant qu'il avait encouru la déchéance de l'art. 20 des statuts.

Le 19 avril 1858, le tribunal de Valence a rendu le jugement suivant :

JUGEMENT.

Attendu que la société d'assurance mutuelle contre l'incendie, se refuse à payer à Métifiot le montant des objets en pailles et blés incendiés sur son aire à Loriol, le 10 août 1856, par le motif que Métifiot aurait fait couvrir par d'autres compagnies d'assurances, les objets déjà assurés par la Mutuelle, sans en faire la déclaration à cette dernière, et qu'aux termes de l'art. 20 de ses statuts, ce fait aurait fait perdre à Métifiot tout droit à être indemnisé.

Attendu que Métifiot reconnaît, en effet, avoir consenti trois contrats d'assurance à la compagnie la Providence, dont il produit les polices; toutes trois sont à la date du 30 septembre 1853; mais qu'il résulte de la vérification que le tribunal a faite de ces contrats que l'un garantit à Métifiot la solvabilité de la société Mutuelle, que l'autre comprend les objets déjà assurés, mais ne doit commencer à avoir son effet que du 22 septembre 1856, à dater de l'expiration de l'assurance souscrite par la société la Mutuelle; et enfin que le dernier, désigné sous le nom d'*avenant*, porte textuellement *sur la somme de 4,000 fr.* (de vers à soie) 2,500 *fr. étant assurés à la société Mutuelle, jusqu'en septembre* 1856, *de telle sorte qu'il n'est assuré à la Providence que pour* 1,500 *fr.*;

Attendu, quant aux deux premiers contrats, que l'indication seule de l'objet qui a formé la matière de l'engagement démontre qu'ils ne sauraient être atteints par la clause pénale de l'art. 20 des statuts de la société Mutuelle; et, quant au troisième, qu'il suffit de considérer que ce n'est que la partie de ses vers à soie qui n'est pas couverte par la société Mutuelle, que Métifiot fait assurer par la Providence, pour reconnaître que, pas plus dans ce cas que dans les deux autres, il n'y a lieu d'appliquer à Métifiot la pénalité qu'on invoque contre lui ;

Attendu, au surplus, qu'en se reportant au texte de l'art. 20, qui est ainsi conçu :

« Si l'assuré, avant ou après la signature de sa police, a fait

« couvrir les objets sur lesquels porte l'assurance par d'autres
« assureurs, pour quelque cause et pour quelque somme que ce
« soit, il est tenu de le déclarer immédiatement, de le faire
« mentionner sur la police; faute de cette déclaration, l'assuré,
« ou ses ayants-droit ne peuvent, en cas d'incendie, prétendre
« aucune indemnité ; »

Il est facile de se convaincre que l'unique but de la clause
pénale que cet article renferme a été de proscrire la spéculation
en matière d'incendie et d'empêcher qu'au moyen d'assurances
multipliées on ne puisse parvenir à retirer plusieurs fois la
valeur de la chose assurée ;

Attendu, dans l'espèce, que quelle que soit la situation où
l'on veuille placer Métifiot et l'effet qu'on fasse produire aux
diverses polices, tant de la société Mutuelle que de la compagnie la
Providence, il faut reconnaître que cet assuré ne pourra jamais
retirer qu'une seule fois le montant du sinistre qu'il éprouvera,
et qu'il ne pourra le toucher que de la compagnie Mutuelle ;
qu'il suffirait, au besoin, de cette seule observation pour faire
tomber les difficultés opposées à sa demande ;

Attendu, quant à la valeur des objets incendiés, que les parties n'étant pas d'accord sur ce point, il y a lieu de recourir à
une vérification ;

Attendu, quant à la réduction du dixième de l'indemnité que
la société Mutuelle prétend faire subir à Métifiot, pour retard
dans la dénonciation du sinistre, que cette prétention rigoureuse
est fondée, aux termes des articles 25 et 26 des statuts.

Par ces motifs, le tribunal condamne la société d'assurance
Mutuelle à payer à Métifiot, sous retenue d'un dixième, le
montant du sinistre qu'il a éprouvé en pailles et blés incendiés
sur son aire, à Loriol, le 10 août 1856, suivant les vérification
et estimation qui en seront faites ultérieurement: réserve les
dépens et la question de dommages-intérêts.

Par exploit du 17 juillet 1858, la compagnie *la Mutuelle*
a interjeté appel de ce jugement.

Elle a soutenu, EN FAIT, que la totalité de la récolte des
vers à soie était comprise dans l'avenant du 30 septembre
1853, rien n'en ayant été excepté ; EN DROIT, que quelle que

fût ou pût être, soit alors, soit depuis, la valeur ou l'importance de ladite récolte, Métifiot restait son propre assureur pour tout ce qui dépassait la valeur de 2,500 fr.; que Métifiot, resté son propre assureur pour tout ce qui dépassait 2,500 fr. n'avait pu, sous prétexte d'excédant de valeur, assurer, le 20 septembre 1853, à la compagnie *la Providence*, 1,500 fr. d'excédant de valeurs sur sa récolte de vers à soie, c'est-à-dire sur le même objet assuré, sans violer les principes généraux du droit en matière d'assurances, sans occasionner une aggravation de risques, et sans donner lieu, faute de déclaration de sa part, à l'application des art. 20 et 21 des statuts de la société *la Mutuelle*; qu'une police d'assurance mobilière était un contrat indivisible, ne pouvant être scindé contre le gré de l'une des parties; que, dès-lors, il n'y avait pas à distinguer si une infraction à ce contrat avait eu lieu à l'occasion de tel objet qui aurait, plus tard, été la proie des flammes, ou de tel autre qui aurait été épargné.

Métifiot a opposé une fin de non recevoir tirée du dernier ressort. Au fond, ses moyens ont été ceux que reproduit le jugement ci-dessus et l'arrêt ci-après ;

ARRÊT.

Sur la fin de non recevoir tirée du dernier ressort.

Attendu que, par son assignation introductive d'instance, Métifiot a conclu, contre la compagnie la Mutuelle, au paiement d'une somme de 1,210 fr. 50 cent., pour le montant de la perte qu'il aurait éprouvée, et, de plus, à 500 fr. de dommages-intérêts, ce qui élève sa demande à la somme totale de 1710 fr. 50 cent., excédant le taux du premier ressort ;

Attendu que la demande de 500 fr. pour dommages-intérêts a eu lieu d'une manière principale; que ces dommages ne peuvent, en conséquence, être réputés un accessoire de l'autre demande;

Attendu que l'art. 2 de la loi du 11 avril 1838 ne s'applique

qu'aux dommages-intérêts réclamés reconventionnellement par
le défendeur, ainsi que l'a décidé une jurisprudence constante,
et notamment celle de la Cour.

Au fond,

Considérant que les art. 20 et 21 des statuts de la compagnie
la Mutuelle, qui, insérés aux contrats ou polices d'assurance,
font la loi des parties, ont eu pour but, soit de prévenir de
dangereuses spéculations, soit, mieux encore, d'éviter les difficultés qui pourraient naître, en cas de sinistre, de plusieurs
assurances simultanées à des compagnies différentes, pour les
mêmes objets ;

Attendu que lorsque plusieurs choses distinctes ayant été
assurées à une première compagnie, par un seul contrat ou
police d'assurance, quelqu'une de ces mêmes choses a été l'objet
d'une assurance spéciale ultérieure, par une seconde compagnie,
il est impossible d'étendre la clause pénale des art. 20 et 21 à
tout ce qui était compris dans la police d'assurance primitive,
sous le prétexte que cette police était unique et formait un tout
indivisible ; mais que cette clause ne saurait s'appliquer qu'aux
effets spéciaux qui, compris dans la première assurance, ont
été l'objet de la seconde ; — que dans ce cas, en effet, la position de la première compagnie, vis-à-vis de l'assuré reste complétement indépendante de la position de celui-ci envers la
dernière, quant aux choses non assurées par celle-ci ; qu'il ne
peut y avoir alors ni conflit d'obligations, ni le moindre
embarras pour le paiement d'un sinistre ;

Attendu que cette solution, conforme à l'esprit du contrat,
comme au principe qui veut que toute clause s'interprète contre
celui qui l'a stipulée, est tout aussi conforme d'ailleurs à la lettre
même de l'art. 20 des statuts dont il s'agit, lequel parle taxati-
vement des objets assurés, et non de l'ensemble du contrat
d'assurance ;

Attendu que les effets mobiliers dont Métifiot a subi la perte,
consistant en récoltes de blés, pailles et ustensiles accessoires,
placés sur une aire extérieure, assurés par la compagnie la
Mutuelle, les 22 septembre 1846 et 3 juin 1847, ne figurent
d'aucune sorte dans l'assurance que lui a faite la compagnie la

Providence par son *avenant* du 30 septembre 1853, de ses vers à soie et cocons, laquelle seconde assurance ne saurait, en conséquence, atteindre ni directement ni indirectement ces mêmes récoltes, qui n'y étaient pas comprises et qui sont ainsi restées complétement en dehors des accords des parties contractantes, quant aux prévisions des art. 20 et 21 des statuts précités ;

Par ces motifs, et adoptant, en outre, pour le surplus, ceux des premiers juges,

La Cour confirme.

Arrêt du 31 décembre 1858. — 2ᵉ chambre ; — M. Blanchet, président ; — M. Proust, avocat général ; — MM. Lerat, Brun, avoués ; — MM. Casimir de Ventavon, Mathieu de Ventavon, avocats.

CESSIONS. — CESSIONNAIRES DIFFÉRENTS.— ACTES DISTINCTS. UNITÉ DE POURSUITES. — APPEL. — DIVISIBILITÉ.

Lorsque deux cessions ont été passées à deux individus différents, par deux actes distincts, il importe peu que leur validité soit mise simultanément en question dans une seule et même poursuite; elles n'en sont pas moins en réalité l'objet de deux actions divisibles.

Mariés Vernier — C. consorts Dumont et Ollivier.

Dans le contrat de mariage du sieur Vernier et de Marie-Anne-Claire Moulin, le régime dotal fut adopté et la future se constitua tous ses biens présents et à venir, avec pouvoir au futur de vendre, aliéner, échanger, transporter et liciter, à la charge d'emploi en immeubles, s'il n'en possédait pas lui-même d'une valeur suffisante pour l'hypothèque légale. Un oncle de la future lui fit donation d'une somme de

2,000 fr., payable dans deux ans. Ce contrat est à la date du 22 août 1849.

Le 24 septembre 1850, Vernier céda au sieur Dumont une somme de 1,100 fr. à prendre sur celle de 2,000 fr. donnée à sa femme par ce contrat, et, le 13 janvier 1851, il fit également cession d'une somme de 278 fr. au sieur Ollivier. Ces cessions ont été régulièrement notifiées. Les époux Vernier s'étant opposés à ce que le débiteur des 2,000 fr. se libérât entre les mains des cessionnaires jusqu'à due concurrence, en soutenant que les cessions étaient nulles comme portant sur des sommes dotales non échues, le sieur Ollivier et les héritiers du sieur Dumont les ont fait assigner devant le tribunal, par exploits des 17 et 27 mars 1856. Le 12 février 1857, le tribunal a rendu un jugement par lequel il déclarait bonnes et valables les cessions du 24 septembre 1850 et du 13 janvier 1851.

Le 25 juin 1857, les époux Vernier ont interjeté appel ; un arrêt de défaut a été rendu contre eux ; le 18 mars 1858, et sur l'opposition, une instance contradictoire s'est liée. Mais comme, d'après les intimés, la somme cédée à Dumont ne s'élevait, au jour de la demande, qu'à 1,402 fr. 50 c., et celle cédée à Ollivier qu'à 335 fr. 52 c., les intimés ont demandé le rejet de l'appel, la demande n'atteignant pas le chiffre du second degré.

ARRÊT.

Attendu que les deux cessions dont Dumont et les consorts Ollivier poursuivaient l'exécution, et dont la validité était mise en question par Vernier, avaient été passées à deux individus différents et par deux actes distincts ;

Attendu, dès lors, que, tout en étant comprises dans la même poursuite, elles sont, en réalité, l'objet de deux actions divisibles ;

Attendu que, même en y comprenant les intérêts fin au jour

du jugement, le chiffre de la demande concernant celle des cessions dont le chiffre est le plus élevé, n'atteint pas 1,500 fr., et que, dès lors, l'appel interjeté par Vernier doit être déclaré non recevable.

La Cour, ouï M. Gautier, avocat général, en ses conclusions motivées, déclare l'appel émis envers le jugement rendu par le tribunal civil de Montélimar, le 12 février 1857, non recevable; condamne les appelants à l'amende et aux dépens.

Arrêt du 16 juillet 1858. — 2e chambre : — M. Duport-Lavillette, président ; M. Gautier, avocat général ; — MM. Brun, Allemand, avoués; MM. Nicollet, Casimir de Ventavon, avocats.

PARTAGE D'ASCENDANTS. — COMPOSITION DE MASSE. — RÉUNION FICTIVE. — QUOTITÉ DISPONIBLE.

L'art. 922 du code Napoléon, qui ordonne la réunion fictive des biens précédemment donnés à ceux qui existent au moment de la mort du testateur, afin de calculer sur tous ces biens quelle est la quotité dont il a pu être disposé, s'applique aux partages d'ascendants comme à toutes les autres donations entre-vifs.

Mariés Deloulme et Aubery — C. Béroard et consorts.

Par acte reçu Me Gontier, notaire à Voisons, sous la date du 23 novembre 1855, le sieur Jean-Joseph Chabrol fit donation de tous ses biens aux dames Deloulme et Aubery, et aux mariés Béroard et à Mme Marie-Madeleine Terrot, ses quatre filles, et, dans cet acte, il fit le partage des biens par lui donnés, moyennant les réserves y mentionnées et une pension viagère de 400 fr., que ses quatre filles s'obligèrent de lui payer annuellement et pendant sa vie.

Par autre acte reçu Me Barjavel, notaire à Sainte-Jalle, sous la date du 14 février 1858, ledit sieur Jean-Joseph Chabrol a fait son testament, par lequel il a légué à Marie, fille naturelle de Marie Liotard, épouse Roux, sa domestique, la somme de 200 fr., payable après son décès ; 2° divers objets qui sont spécifiés dans le testament ; 3° toutes les denrées qui se trouveraient dans son habitation au moment de son décès, et, enfin, la jouissance de son bâtiment, en clos et jardin qu'il possédait à Sainte-Jalle, et pendant sa vie.

Par le même testament, ledit sieur Chabrol a institué pour son légataire universel, et ce, par préciput et hors part, le sieur Fortuné Béroard, son petit-fils, auquel il a donné tous ses biens meubles, immeubles et généralement tout ce qu'il laisserait à son décès. Le sieur Chabrol est décédé dans ces dispositions.

Par exploit des 2 et 5 mars 1858, le sieur Béroard père, comme tuteur de son fils mineur, et la fille Marie, ont fait assigner les mariés Deloulme, les mariés Aubery et les mariés Bouche, pour comparaître par-devant le tribunal pour les faire condamner à leur faire la délivrance des biens à eux donnés par le testament sus-rappelé.

Le 4 juin 1858, le tribunal de Nyons a rendu le jugement suivant :

JUGEMENT.

En ce qui touche les conclusions des consorts Deloulme, tendantes à obtenir la réduction des legs faits à Béroard, et à la fille Marie Liotard, jusqu'à concurrence de la quotité disponible des biens délaissés par Chabrol, et sans égard pour ceux compris dans la donation-partage du 23 novembre :

Attendu, qu'aux termes de l'art. 922 du Code Napoléon, pour déterminer la réduction des dispositions, soit entre-vifs, soit à cause de mort, excédant la quotité disponible, il doit être fait une masse de tous les biens existants au moment du décès du donateur ou testateur, en y réunissant fictivement ceux dont il a été disposé par don entre-vifs, d'après leur valeur au moment du décès, et en calculant sur ces biens ainsi réunis, déduction faite des charges, quelle est la quotité dont le testateur a pu disposer ;

Attendu que, si le partage anticipé opéré par Jean-Joseph Chabrol entre ses enfants, par acte reçu Me Gautier, notaire à Voisons, le 23 novembre 1845, renferme une disposition attribuant une portion du préciput en faveur de l'un de ces mêmes enfants, le père de famille conservant son droit pour disposer du surplus, a pu transmettre plus tard l'excédent de la quotité disponible dont il ne s'était pas départi dans la donation-partage précitée ;

Attendu qu'on chercherait vainement, dans les dispositions de nos lois se rapportant aux partages d'ascendants, un obstacle au rapport fictif des biens compris dans le partage, à l'effet de parvenir à la fixation de la portion disponible ; que, pour interdire le rapport fictif, on est obligé de supposer l'existence de deux successions, l'une souverainement réglée par la donation-partage, l'autre ne s'ouvrant qu'au décès de l'ascendant donateur ;

Qu'une telle distinction n'est conforme, ni aux termes de nos lois, ni aux principes consacrés de tout temps par la jurisprudence ; que, conformément à la maxime : *Viventis nulla hereditas*, ce n'est qu'à la mort du père de famille que la succession s'ouvre en réalité ; qu'alors, seulement, commence l'exercice des droits des héritiers à réserve sur la masse des biens donnés ou laissés par le père de famille, droits qui sont fixés d'après les règles édictées par les art. 920 et suivants du Code Napoléon ;

Attendu qu'on invoque, d'autre part, sans fondement, pour repousser le rapport fictif, le caractère d'irrévocabilité attribué par la loi aux partages d'ascendants ; que le rapport fictif des biens compris dans le partage anticipé ne porte aucune atteinte aux droits des donataires ; qu'il n'a pour but et pour résultat que de servir à déterminer dans quelle proportion le père de famille a pu disposer par préciput des biens non compris dans le partage ; que la portion attribuée à chaque enfant dans le même partage demeure d'ailleurs complétement intacte en ses mains ;

Attendu que, dans l'espèce, Chabrol père a évidemment entendu que les biens par lui partagés entre ses enfants seraient fictivement rapportés pour la fixation de la quotité disponible, puisqu'il a disposé, en faveur du jeune Béroard et de la fille Marie Liotard, de la totalité des biens qu'il laisserait à son décès, et que son testament ne pourrait sortir à effet que jusqu'à concurrence du quart de ces mêmes biens, si, pour fixer le préciput, le rapport fictif des biens compris dans le partage anticipé n'était pas effectué ;

At,endu qu'il a été reconnu, d'un autre côté, que le partage anticipé ne contenait aucune stipulation d'où l'on pût induire que Chabrol père avait entendu interdire le rapport fictif à la succession des biens par lui donnés dans le partage pour déterminer la quotité disponible ;

.En ce qui touche les conclusions de Béroard et de la fille Marie Liotard, tendantes à obtenir la délivrance et à se prévaloir de la totalité des biens compris dans le testament du 14 février 1858 :

Attendu que, d'après les principes ci-dessus exposés, lesdits Béroard et Marie Liotard ne peuvent se prévaloir des biens à eux légués que jusqu'à concurrence de la quotité disponible calculée sur la valeur de ces mêmes biens réunis à ceux ayant fait l'objet du partage anticipé du 23 novembre 1845 ; que, dès lors, ce n'est qu'après qu'il aura été procédé à une composition de masse dans laquelle figureront fictivement les biens donnés par le père commun, en 1845, qu'il sera possible au tribunal de déterminer dans quelle proportion pourront être maintenues les dispositions testamentaires de Chabrol père en faveur de Béroard et de la fille Marie Liotard ;

Par ces motifs, le tribunal dit et prononce que, pour fixer la part des biens dont Chabrol a pu disposer par préciput au moment de son décès et régler les droits du jeune Béroard et de la fille Marie Liotard, il sera formé une masse des biens délaissés par Chabrol père, lesquels seront préalablement estimés par M. Autran, maire de Sainte-Jalle, expert à ces fins commis; qu'à cette masse seront fictivement rapportés les biens compris dans la donation du 23 novembre 1845; que, cette opération effectuée, le montant de la quotité disponible fixé, il en sera déduit tout ce qui a été attribué aux enfants Chabrol par ledit acte du 20 novembre 1845, à titre de préciput; qu'après cette imputation, Béroard et la fille Marie Liotard se prévaudront des objets à eux légués jusqu'à concurrence de la portion de la quotité disponible qui sera demeurée libre; que le surplus, si surplus il y a, sera partagé entre les enfants Chabrol, conformément à la loi; commet, pour les opérations du partage, M. Borel, juge, et pour notaire, Me Barjavel, notaire à Sainte-Jalle; et, statuant sur les dépens, dit que chaque partie supportera ceux qu'elle a exposés, sauf ceux des titres qui restent à la charge des légataires.

Les mariés Deloulme et Aubery ont interjeté appel de ce jugement.

ARRÊT.

Attendu que, par l'acte de donation-partage du 23 novembre 1845, Chabrol père ne s'était point privé valablement du droit de disposer par préciput de ce qui pouvait rester libre de la portion disponible calculée sur l'ensemble des biens tant donnés que laissés à son décès, ainsi que le lui permettait l'art. 913 du Code Napoléon; que la clause de cet acte par laquelle il déclarait que le partage du mobilier qu'il réservait, de même que celui de tous les autres biens qu'il laisserait à son décès et qui n'auraient pas été compris dans le partage qu'il venait d'opérer, devait être fait par quart entre ses quatre enfants, ne pouvait avoir pour effet de lui faire perdre le droit de léguer ces mêmes biens dans les limites de la portion disponible, parce que cette clause constituait évidemment une institution contractuelle, laquelle n'aurait été permise au père de famille qu'en contrat de mariage, suivant l'art. 1082 du Code Napoléon, formant une exception à la règle générale de l'art. 943 du même Code, qui interdit la donation entre-vifs des biens à venir, et qui

II   6

est applicable aux partages d'ascendants, conformément aux termes exprés de l'art. 1076 du même Code;

Attendu que, pour connaître quelle pouvait être, au décès de Chabrol père, la portion de la quotité disponible encore libre, la loi n'indique qu'un seul mode à suivre, celui de l'art. 922. qui ordonne la réunion fictive des biens précédemment donnés à ceux existant au moment de la mort du testateur, afin de calculer sur tous ces biens quelle est la quotité dont il a pu être disposé; que cet article est général et s'applique aux partages d'ascendants comme à toutes les autres donations entre-vifs; qu'il ne porte point atteinte à l'irrévocabilité des attributions résultant de ces partages, dès qu'il ne s'agit que de les réunir fictivement et sans rapport réel, dans le seul objet de faire le calcul de la portion disponible, et, par suite, de ce qui n'a pas encore été donné de cette même quotité; que la doctrine qui affranchirait des biens donnés par des actes de partage d'ascendants, de la réunion fictive dont il s'agit, aurait pour effet de priver le père de famille, en tout ou en partie, de la faculté de disposer à son gré d'une portion de ses biens; qu'en cela elle méconnaîtrait le véritable esprit de la loi, qui a réservé cette faculté au père de famille, comme le moyen de maintenir le respect qui lui est dû, de satisfaire aux préférences qu'il a jugées méritées. ou même de rétablir une juste égalité que les événements auraient pu détruire; que le partage d'ascendants n'est, au contraire, sous ce rapport, qu'une simple donation entre-vifs. ayant les mêmes caractères, soumis aux mêmes règles et aux mêmes conditions, aux termes de l'art. 1076 précité, et ne devant, comme les donations de cette espèce, diminuer ou épuiser la portion disponible que par des clauses de préciput régulièrement exprimées;

Attendu que les dispositions faites à ce titre que renferme l'acte du 23 novembre 1845 sont d'ailleurs pleinement respectées;

Par ces motifs, la Cour confirme.

Arrêt du 12 février 1859. — 2ᵉ chambre. — M. Blanchet, président;— M. Proust, avocat général; — MM. Chollier, Lerat, avoués;— MM. Auzias père, Félix Giraud, avocats.

La question jugée par l'arrêt que nous venons de rapporter est encore aujourd'hui l'objet des plus vives controverses.

Dans le sens de la solution adoptée par la cour de Grenoble, nous citerons les arrêts suivants : — Lyon, 23 juin 1849 · (S. 49, 2, 494) ; — Douai, 21 mai 1851 (S. 51, 2, 596) ; — Angers, 22 juillet 1850 (S. 52, 2, 537) ; — Caen, 10 mai 1852 (S. 53, 2, 74) ; — Paris, 12 janvier 1854 (S. 54, 2, 59) ; — Bourges, 21 février 1854 (S. 54, 2, 254) ; — Bordeaux, 6 avril 1854 ; Grenoble, 4 juillet 1854 (S. 54, 2, 762) ; — Besançon, 7 août 1854 (S. 55, 2, 599) ; — Colmar, 21 février 1855 (S. 55, 2, 625) ; — Amiens, 12 juillet 1855 (S. 56, 2, 97) ; — Douai, 12 février 1857, et Colmar, 24 mars 1857 (S. 57, 2, 497). — Telle est l'opinion de M. Genty, dans son *Traité des partages d'ascendants*, n° 35, p. 240.

La solution contraire a été adoptée par les arrêts que voici : — Dijon, 11 mai 1844 (S. 44, 2, 669) ; — Cour de cassation, chambre des requêtes, 4 février 1845 (S. 45, 1, 305) ; — Angers, 25 avril 1846 (S. 47, 2, 112) ; — Bordeaux, 12 avril 1851 (S. 51, 2, 527) ; Angers, 2 juillet 1846 (S. 52, 2, 537, en note) ; — Bordeaux, 23 décembre 1852 (S. 53, 2, 192) ; — Rouen, 25 avril 1853 (S. 54, 2, 253) ; — Rouen, 25 janvier 1855 (S. 56, 2, 98). Cette opinion a pour elle l'autorité de M. Troplong, *Don. et testam.*, tome, 2, n° 964 et suiv., et celle de M. Coin-Delisle, *Revue critique de jurisprudence*, tome 7 (1855), page 16.

Elle se résume en ces termes : que le partage entre-vifs constitue, non pas une donation pure, mais un pacte de famille qui a ses effets particuliers, réglés spécialement par les articles 1075 et suivants du Code Napoléon ; que , d'ailleurs, le partage entre-vifs est irrévocable, de sa nature, en sorte que les biens qui y sont compris sortent à jamais du patrimoine de l'ascendant pour entrer sans retour dans celui des descendants et se trouvent ainsi placés tout à fait en dehors de la succession.

Par arrêt de rejet du 19 juillet 1836, la Cour de cassation a décidé que les juges du fond peuvent déclarer que le rapport fictif ne doit pas avoir lieu, lorsqu'ils reconnaissent que l'intention du père, dans le testament par lui fait depuis le partage, a été de ne disposer que des biens qui seraient en sa possession au jour de son décès, sans soumettre au rapport fictif ceux dont il s'était précédemment dépouillé (S. 36, 1, 590.)

Ainsi envisagée, la question devient une question de fait plus qu'une question de droit.

Ce point de vue se trouve reproduit dans un arrêt de rejet de la chambre des requêtes du 19 avril 1857, qui a décidé que les biens compris dans un partage d'ascendant fait par acte entre-vifs, ne doivent pas être rapportés fictivement pour déterminer la quotité disponible dont l'ascendant a disposé par un testament postérieur, lorsqu'il résulte, soit des termes de ce testament, soit du partage d'ascendant, que la succession de l'ascendant donateur doit être réglée sans tenir compte des biens compris dans le partage (S. 57, 1, 814.)

Fréd. TAULIER.

NULLITÉ D'APPEL. — DISCUSSION SUBSIDIAIRE DU FOND. — TIERS. — COMMUNAUTÉ D'HUISSIERS. — HUISSIER INSTRUMENTANT POUR LES TIERS ET POUR LA COMMUNAUTÉ.

La nullité d'un exploit d'appel n'est pas couverte par la discussion du fond du litige, qui, dans un écrit signifié, n'a eu lieu que subsidiairement et pour le cas où cette nullité ne serait pas admise.

*Un exploit d'appel est nul dans son entier lorsqu'il a été
signifié, tant au nom de tiers intéressés qu'au nom d'une
communauté d'huissiers, par un huissier syndic de cette
communauté.*

Veuve Payerne et consorts — C. consorts Dussert.

ARRÊT.

Considérant que la nullité de l'exploit d'appel proposée par
les intimés n'a point été couverte par l'écrit qu'ils ont fait signifier au procès; que si cet écrit contient la discussion du
fond du litige, ce n'est que subsidiairement et pour le cas où la
nullité d'appel, proposée et discutée, ne serait pas admise par la
Cour; qu'ainsi la nullité ayant été invoquée, *in limine litis*, il
n'y a pas lieu d'accueillir cette fin de non-recevoir;

Considérant que l'exploit d'appel dont on demande la nullité
a été signifié par l'huissier Cochat, tant à la requête des créanciers de Payerne contestant le privilége des consorts Dussert,
intimés, que de la communauté des huissiers de l'arrondissement de Grenoble, poursuites et diligences du sieur Cochat, son
syndic, ladite communauté ayant double qualité au procès comme
créancière de l'huissier Payerne et comme débitrice de la somme
distribuée; que les appelants sont déclarés dans cet exploit avoir
un intérêt commun;

Considérant que l'acte d'appel signifié dans ces circonstances
est nul au regard de toutes les parties requérantes;

Considérant que l'art. 66 du Code de procédure civile défend,
à peine de nullité, à l'huissier d'instrumenter pour ses parents
ou pour ses alliés à des degrés déterminés, qu'à plus forte raison
il lui est interdit d'instrumenter pour lui-même ou dans son
intérêt personnel;

Que la corporation des huissiers de Grenoble se trouvant intéressée au procès, la qualité de syndic de cette corporation, et,
comme tel, la représentant, s'opposait à ce que l'huissier Cochat pût valablement instrumenter; que l'acte d'appel est donc
nul en ce qui touche la communauté des huissiers;

Qu'il l'est également en ce qui concerne les créanciers appelants ; que la suspicion qui frappe l'huissier instrumentant pour lui-même ne saurait disparaître lorsque, par le même acte, il instrumente pour une autre partie ; que le défaut de garantie de la part de l'huissier affecte l'acte en entier et rejaillit sur toutes les parties qui y sont requérantes ; que, dans cet acte, les créanciers, aussi bien que la communauté des huissiers, sont représentés comme ayant un intérêt commun à appeler du jugement pour faire tomber le privilége de vendeur sur le prix de l'office de l'huissier Payerne, maintenu par les premiers juges ; que, sous ce point de vue, il y avait indivisibilité de position de la part de tous les appelants ; que, dès lors, l'acte d'appel doit être frappé de nullité dans son intégrité et au regard de toutes les parties appelantes ;

Par ces motifs, la Cour déclare nul et de nul effet l'exploit d'appel signifié par Cochat le 10 août 1858 ; condamne les appelants à l'amende et aux dépens.

Arrêt du 5 février 1859. 4e chambre. — M. Petit, président ; M. Gautier, avocat général ; — MM. Rey, Brun, avoués ; — MM. Bovier-Lapiere, Cantel, avocats.

La cour de Rennes a jugé, le 14 octobre 1815 (S. 18, 1, 120), que l'exploit d'appel signifié par un huissier pour son mandant est nul pour défaut de capacité de l'officier ministériel.

Considérant, dit la Cour, qu'il ne s'agit pas ici d'une simple nullité de forme à laquelle ou puisse appliquer l'art. 1030 du Code de procédure civile, qui ne permet pas d'admettre des nullités d'exploits ou actes de procédure qui ne seraient pas expressément prononcées par la loi ; que l'acte d'appel du 28 mars 1815 est nul par l'*incompétence* de l'huissier qui l'a signifié, par son *défaut de qualité*, défaut qui est le plus grand vice des actes ; que cette incompétence et ce défaut de qualité résultent de la qualité même de mandataire général et spécial de Guébarth que Chevalier père avait acceptée ; qu'un huissier ne pourrait évidemment instrumenter pour lui-même et dans sa

propre cause; qu'en acceptant le mandat, il a fait sa propre
cause de celle de son mandant, celui-ci et le mandataire n'étant
censés qu'une seule et même personne; qu'enfin la qualité de
mandataire rendait l'huissier incapable d'instrumenter, comme
huissier, dans l'intérêt de son mandant; d'où résulte une nullité radicale et par suite une fin de non recevoir contre l'appel.

Sur le pourvoi en cassation, il y a eu arrêt de rejet de la
section civile, en date du 24 novembre 1817 (S. 18, 1, 119.)

La Cour d'Amiens a consacré une doctrine contraire à
celle de la Cour de Grenoble, en jugeant qu'un exploit qui
intéresse la chambre de discipline des huissiers près un tribunal, peut valablement être signifié par un huissier près
ce tribunal, quoique membre de la corporation que représente la chambre de discipline; que ce n'est pas là exploiter dans son intérêt. (14 juillet 1821; S. 21, 2, 278.)

Voici les motifs du jugement implicitement adoptés par
la Cour :

Attendu que les nullités sont de droit rigoureux; qu'il faut
les puiser dans la loi écrite et qu'on ne peut les déduire par
analogie;

Attendu que, ni l'art. 66 du Code de procédure civile, ni le
décret du 14 juin 1813, ne déclarent nul l'exploit signifié par un
huissier dans l'intérêt de la communauté;

Attendu qu'un huissier ne pouvant exploiter que dans l'étendue de son arrondissement, le syndic des huissiers de l'arrondissement d'Amiens ne pouvait intenter son action que par le
ministère d'un huissier du ressort et qu'il ne pourrait autrement agir contre les huissiers eux-mêmes, pour les recouvrements de la bourse commune;

Attendu qu'en matière d'incapacité des fonctionnaires publics
on doit distinguer les intérêts personnels des intérêts de cor-
porations ou communautés, et que si cette distinction n'était
pas admise, non seulement on ne trouverait pas en ville d'officiers ministériels pour les affaires de la commune, mais

encore pas de tribunaux, puisque les magistrats ont plus ou moins part à ces intérêts communaux.

Voyez Bioche. *Dictionnaire de procédure*, au mot *exploit*, nos 201. 202. 203 de la 3e édition.

Fréd. TAULIER.

SÉPARATION DES PATRIMOINES. — VALEURS MOBILIÈRES. — CESSION. — RENTE VIAGÈRE. — COMPENSATION.

La séparation des patrimoines ne peut produire aucun effet à l'égard de valeurs mobilières que l'héritier du défunt a cédées, lorsque la demande en séparation est postérieure aux cessions et à la notification de ces cessions, les valeurs cédées étant ainsi sorties de la possession de l'héritier.

Le débiteur d'un capital, qui est en même temps créancier d'une rente viagère, ne peut pas retenir, par voie de compensation, sur le capital qu'il doit, le capital de la rente qui lui est due.

Matras — C. Bresson.

Mme Anne Bresson, épouse de M. Jean-Baptiste Matras, est décédée, laissant pour héritier testamentaire et universel M. Bresson, son frère, à la charge par lui de servir audit Matras une pension annuelle et viagère de 400 fr. payable par trimestre, mais qui ne devait commencer à courir que cinq ans après l'ouverture de la succession, délai accordé à M. Matras pour payer à M. Bresson la dot de sa femme.

Par exploit du 1er avril 1856, Matras a fait assigner à bref délai, devant le tribunal de Valence, ledit M. Bresson.

Sa demande était ainsi formulée :

Plaira au tribunal, ordonner au profit de Matras la délivrance du legs fait en sa faveur par Mme Anne Bresson, son épouse décédée, suivant testament reçu Me Constant, notaire à Valence, le 3 septembre 1853, enregistré ; dire que sur le capital de la dot de celle-ci, détenu par Matras, ce dernier se retiendra, à titre de compensation, jusqu'à l'extinction de la pension stipulée à son profit, un capital de 8,000 fr. pour faire face à cette pension, à moins que M. Bresson ne donne des garanties suffisantes pour en assurer le service, et dans le cas où, contre toute attente, il serait décidé que Matras a perdu son privilége de la séparation des patrimoines, à l'égard des immeubles de la succession de sa femme, dire et prononcer qu'il est bien fondé à l'exercer relativement aux meubles ; ce faisant, l'autoriser, par voie de conséquence, à se retenir sur les valeurs mobilières qu'il détient, le capital de 8,000 fr. destiné à assurer le service de la pension viagère, et, pour le surplus de ce que Matras devra, déduction faite du capital de sa pension, renvoyer les parties à procéder à compte pour liquider la consistance de la dot mobilière de la dame Matras, pour, ladite procédure faite, être statué ce qu'il appartiendra.

Le 5 mars 1858, le tribunal a rendu le jugement suivant :

JUGEMENT.

Attendu que, par son testament du 3 septembre 1853, Anne Bresson, femme Matras, après avoir institué Jean Bresson, son frère, pour son héritier universel, légua à Jean-Baptiste Matras, son mari, une pension viagère de 400 fr. Elle déclara, de plus, qu'elle voulait que son mari jouît d'un délai de cinq ans pour le remboursement de sa dot, la rente qu'elle lui lègue devant, pendant ce temps, se compenser avec l'intérêt de cette même dot ;

Attendu que Matras n'a point fait inscrire son privilége de séparation des patrimoines dans le délai de six mois, aux termes de l'art. 2111 du Code Napoléon. Cependant le moment du remboursement de la dot de sa femme approche, et, craignant que son beau-frère Bresson, qui a vendu ses propriétés et fait cession à plusieurs personnes de la dot mobilière de sa sœur. n'ait plus, à l'avenir, la possibilité de lui payer sa pension, il demande a être autorisé à se retenir sur la dot, et à titre de compensation, une somme de 8,000 fr. pour en assurer le service ;

Attendu, premièrement, que les termes du testament qui forme le titre de Matras s'opposent à cette demande de sa part. car ils lui imposent l'obligation de rembourser dans le délai de cinq ans, limitant à la durée de ce terme la compensation de l'intérêt de la dot qu'il doit avec la pension viagère qui lui est due ;

Attendu, en second lieu, que sa conclusion est encore repoussée par l'art. 1291 du Code Napoléon, qui dispose que la compensation n'a lieu qu'entre deux dettes qui sont également exigibles ; d'où il suit qu'elle ne peut s'opérer entre un capital que l'une des parties doit actuellement et une rente viagère dont son adversaire ne sera débiteur que dans l'avenir. En effet, d'après le testament, la rente léguée à Matras par sa femme ne sera payable qu'en 1859 ; il n'est donc pas créancier jusque-là, tandis qu'il sera bien certainement débiteur de sa dot le 3 septembre 1858, jour où expirent les cinq ans de délai qui lui ont été accordés par le testament ;

Attendu qu'admettre une compensation en pareil cas serait méconnaître les dispositions de la loi, qui veut que les deux créances, pour s'éteindre réciproquement, soient dans des conditions égales ;

Attendu, dès lors, que les conclusions de Matras ne sauraient être accueillies, et, s'il est aujourd'hui exposé à perdre sa pension, il ne peut s'en prendre qu'à lui-même, puisqu'il n'a pas employé le moyen que lui donnait la loi pour sauvegarder son droit ;

Par ces motifs, le tribunal déboute Matras de sa demande et le condamne aux dépens.

Le sieur Matras a interjeté appel de ce jugement.

M. de Ventavon aîné, son avocat, n'a pas combattu les
motifs de la sentence des premiers juges, mais il a soutenu
que le tribunal n'avait pas statué sur la demande de séparation des patrimoines, qui était intervenue dans les trois ans,
l'assignation étant du 1er avril 1856 et le décès de Mme Matras du 8 décembre 1853.

M. Sisteron, avocat, a répondu : 1° que, soit dans l'assignation du 1er avril 1856, soit dans la requête qui l'avait
précédée, il n'était pas question de séparation des patrimoines; que la demande de séparation des patrimoinés
n'avait été formulée qu'à l'audience du 5 mars 1858, par
conséquent après les trois ans ;

2° Que les cessions faites par M. Bresson sur M. Matras,
ayant été notifiées antérieurement à l'assignation du sieur
Matras, son action de séparation des patrimoines ne pouvait
être intentée que contre les cessionnaires ;

3° Que les effets de la disposition testamentaire sur la
restitution de la dot mobilière, après un délai de cinq ans,
rendaient impossible l'effet de la séparation des patrimoines,
quant aux valeurs mobilières.

ARRÊT.

Attendu que si Matras, en sa qualité de légataire d'une pension viagère sur la succession de son épouse, pouvait faire
usage du bénéfice de la séparation des patrimoines, et, par ce
moyen, s'assurer sur les reprises de ladite épouse, desquelles il
se trouvait débiteur, le paiement ou le service de la pension dont
il s'agit, c'était à condition que la créance de ces reprises se
trouverait encore dans la succession et n'en serait pas sortie par
la disposition qu'en aurait faite l'héritier;

Mais attendu que cet héritier, l'intimé Bresson, avait cédé à
ses propres créanciers la créance qu'il avait contre Matras à
raison de ces mêmes reprises ; que le testament qui forme le
titre de Matras ne renfermait aucune clause de nature à interdire la disposition dont il s'agit; que les cessionnaires, en noti-

fiant, comme ils l'ont fait, le transport à eux consenti à Matras.
débiteur cédé, ont été saisis à son égard, conformément à
l'art. 1690 du Code Napoléon;

Que l'assignation du 1er avril 1856, par laquelle Matras prétend avoir implicitement formé sa demande en séparation de
patrimoine est postérieure aux cessions dont il vient d'être
parlé, et, par conséquent, à la confusion qui en était résultée
entre les biens de l'héritier et les valeurs de la succession;

Attendu que, si l'art. 880 du code précité ne prescrit que par
trois années l'exercice du droit de séparation des patrimoines relativement aux meubles, il est sous-entendu que ces meubles
n'ont pas cessé, comme dans la cause, d'être dans les mains et
la possession de l'héritier;

Que la circonstance que Matras se trouvait à la fois créancier
de la rente et débiteur du montant des reprises ne saurait autoriser une compensation que la testatrice n'a pas voulu admettre
et que repousserait d'ailleurs la différence de nature des deux
créances que Matras prétendrait compenser l'une par l'autre:

Par ces motifs, et adoptant, au surplus, ceux donnés par les
premiers juges,

La Cour confirme.

Arrêt du 4 mars 1859. 2e chambre. — M. Blanchet, président:
— M. Pagès, substitut de M. le procureur général; — MM. Allemand, Lerat, avoués; — MM. Sisteron, Mathieu de Ventavon,
avocats.

MANDAT A ORDRE. — LETTRE MISSIVE. — ACCEPTATION. —
GARANTIE. — TRIBUNAL DE COMMERCE. — COMPÉTENCE.

L'acceptation d'un madat à ordre peut résulter suffisam-
ment de la lettre missive par laquelle l'auteur de cette lettre
autorise le tireur à fournir sur lui. Alors, le tireur pour-
suivi en remboursement devant la juridiction commerciale
peut appeler le tiré en garantie devant la même juridiction.

Moustardier — C Bonnet.

Le 30 septembre 1856, le sieur Bonnet, en vertu de l'autorisation que lui avait donnée le sieur Moustardier, notaire à Uzès, par lettre missive du 18 du même mois, a tiré sur celui-ci un mandat de 500 fr. à l'ordre des sieurs Nugues et Combes, banquiers à Romans, qui l'ont passé à l'ordre du sieur Lafont.

Ce mandat n'ayant pas été payé à l'échéance, les sieurs Nugues et Combes, à qui il avait fait retour, après protêt, ont assigné le sieur Bonnet devant le tribunal de commerce de Romans, par exploit du 29 décembre 1856. Le sieur Bonnet, par exploit du 5 janvier suivant, a fait assigner en garantie le sieur Moustardier.

Le tribunal a condamné le sieur Bonnet, par jugement du 28 du même mois, à rembourser aux sieurs Nugues et Combes la somme de 510 fr. et les dépens, et il a adjugé par défaut sa garantie au sieur Bonnet contre le sieur Moustardier. Sur l'opposition formée par ce dernier, qui a décliné la compétence du tribunal de commerce de Romans, le tribunal s'est déclaré compétent, par le motif que le sieur Moustardier avait donné l'autorisation de fournir sur lui le mandat, ce qui, de son propre consentement, le rendait justiciable de la juridiction commerciale ; puis, au fond, statuant une seconde fois par défaut, le tribunal a rejeté l'opposition. Le jugement du tribunal, en date du 29 septembre 1858, a été frappé d'appel sur le chef de la compétence.

L'appelant a soutenu qu'une acceptation valable vis-à-vis du tiers porteur ne pouvait pas résulter d'une simple lettre missive, et que, dès lors, le tiers porteur n'avait pas eu le droit, dans l'espèce, d'assigner au principal pour créer une action en garantie.

Au nom de l'intimé, il a été répondu que le mode d'acceptation indiqué par l'article 122 du Code de commerce n'était pas sacramentel ; que ce mode pouvait être remplacé par tout autre renfermant obligation, de la part du tiré, d'acquitter le mandat ; que tous les auteurs enseignaient qu'une lettre de change pouvait être acceptée par lettre missive ; qu'un arrêt de la Cour de cassation, du 4 juillet 1843, avait déclaré explicitement dans ses motifs que, si bien l'acceptation de la lettre de change est exprimée, en général, sur la, lettre elle-même par le mot *accepté*, néanmoins ce mode n'exclut pas toute autre manière de s'obliger au paiement de la lettre de change, pourvu que l'acte écrit dans lequel on puise cette obligation soit formel et contienne un engagement exprès et sans condition ; que, dans l'espèce, le sieur Moustardier, en autorisant le sieur Bonnet à fournir mandat sur lui, s'était implicitement engagé à le payer, et, par conséquent, à relever le tireur de toutes les condamnations qui pourraient être la conséquence de la mise en circulation du mandat ; que, dès lors, le sieur Bonnet était fondé à appeler le sieur Moustardier en garantie devant le tribunal où il était assigné lui-même.

ARRÊT.

Adoptant les motifs exprimés par les premiers juges, la Cour confirme.

Arrêt du 11 février 1859. — 2e chambre. — M. Blanchet. président; — M. Proust, avocat général; — MM. Lerat, Alle mand, avoués ; — MM. Pain, Louis Michal, avocats.

USUFRUIT. — RENONCIATION. — RÉTRACTATION. — PRÉCIPUT DU QUART.

La renonciation à un usufruit donné par contrat de ma-

*riage, faite par une veuve, ne doit pas nécessairement avoir
lieu au greffe du tribunal.*

*Cette renonciation, valable en elle-même, doit produire
tous ses effets, lorsque le fils, préciputaire du quart, dans
l'intérêt de qui elle a eu lieu, a introduit une action en partage de la succession de son père et demandé, en présence
de sa mère, soit dans son exploit introductif d'instance,
soit dans des conclusions signifiées, qu'il lui fût expédié le
quart en préciput. La rétractation de la mère, survenue
ultérieurement, doit être considérée comme tardive et inefficace.*

Antoine Foullu — C. veuve Foullu et consorts.

Nous avons publié dans le premier volume de ce recueil,
à la Chronique, p. 88, un jugement du tribunal de Saint-
Marcellin, qui a considéré comme valable et faite en temps
utile la rétractation de la mère. Ce jugement a été réformé
par l'arrêt suivant :

ARRÊT.

Attendu qu'il ne saurait être douteux et qu'il n'est pas contesté que la donation d'usufruit faite par Foullu à sa femme
dans leur contrat de mariage, en cas de survie, constitue une
institution contractuelle qui ne s'est ouverte qu'à son décès, et
à laquelle sa veuve avait la faculté de renoncer ;

Attendu que la veuve Foullu, n'étant pas héritière de son
mari, n'était pas tenue de faire cette renonciation au greffe du
tribunal, et qu'elle a pu, par toute autre manière, manifester
valablement sa volonté ;

Attendu qu'une semblable renonciation ayant nécessairement
pour conséquence que la veuve Foullu n'a pas recueilli l'usufruit qui lui avait été donné, il faut tenir pour certain, quels
que soient les termes et le but dans lesquels elle a été faite,
que la donation qui lui en avait été faite, doit être considérée
comme n'ayant jamais existé, et que son refus de l'accepter

n'a eu d'autre effet que de dégréver la succession de cet usufruit, de dégager 'a quotité disponible de ce dont elle était
atteinte par cette libéralité, et d'ouvrir, par suite, au donataire
postérieur le droit de s'en prévaloir;

Attendu, en effet, que la donation préciputaire faite par le
père de famille qui, par contrat de mariage, avait assuré à sa
veuve la jouissance de la moitié de sa succession, n'est pas
nulle, mais seulement sujette à être réduite ou rendue inefficace par cette libéralité antérieure, et qu'aux termes des articles 920 et suivants du Code Napoléon, celle-ci, par extinction
ou renonciation, cessant d'exister, la donation subséquente
doit recevoir son exécution;

Attendu, dans la cause et par application de ces principes,
que la veuve Foullu, par acte devant notaire, ayant, après le
décès de son mari, renoncé à l'usufruit de moitié de ses biens
qu'il lui avait donné par leur contrat de mariage, la donation
préciputaire du quart qu'il avait faite à son fils aîné en le mariant, a immédiatement et de plein droit repris toute sa force,
parce qu'elle a trouvé la succession dégagée de toute libéralité
antérieure;

Attendu, de plus, que postérieurement à cette renonciation,
Foullu, donataire, ayant assigné en partage de la succession de
son père et demandé, en présence de sa mère, soit dans son
exploit introductif d'instance, soit dans des conclusions signifiées, qu'il lui fût expédié le quart en préciput, a manifesté de
la manière la plus formelle qu'il voulait profiter de la renonciation qu'elle avait faite et qu'il avait pris possession du droit
que cette renonciation lui avait ouvert, que dès-lors, il n'a pu
perdre ce droit par une rétractation qui, intervenue lorsque
les choses n'étaient plus entières, n'a pu être que tardive et
inefficace;

Attendu, dès lors, que c'est à tort que les premiers juges,
donnant effet à cette rétractation, ont refusé à l'appelant le
bénéfice du quart en préciput qui lui était acquis, et qu'il y a
lieu de réformer le jugement sur ce point;

Par ces motifs, la Cour, faisant droit à l'appel d'Antoine
Foullu envers le jugement du tribunal civil de Saint-Marcellin
du 12 juin 1858, et le réformant, quant à ce, dit et prononce

que, dans le partage des biens dépendant de la succession de son père, il lui sera attribué un quart en préciput, outre sa part cohéréditaire....

Arrêt du 10 janvier, 1859. — 1re chambre, — M. Royer, premier président ; — M. Alméras-Latour, premier avocat général ; — MM. Michal, Rabatel, avoués ; — MM. Cantel, Mourral, avocats.

SUCCESSIONS IRRÉGULIÈRES. — ENFANT NATUREL. — NEVEUX ET NIÈCES. — LEGS UNIVERSEL. — RÉDUCTION DE L'ENFANT NATUREL A LA MOITIÉ DE SES DROITS. — RÉSERVE DE L'ENFANT NATUREL. — DONATION DÉGUISÉE. — DONATION A PERSONNE INTERPOSÉE. — IMPUTATION. — LICITATION

I. — *L'application de l'art. 757 du Code Napoléon, qui détermine les droits successifs de l'enfant naturel, eu égard à la qualité des parents légitimes que laisse le défunt, est indépendante du point de savoir si ces parents viennent ou ne viennent pas à la succession. — Spécialement, il importe peu que les collatéraux laissés par le défunt soient écartés de la succession par un legs universel.*

II. — *Lorsque le défunt ne laisse ni descendants, ni ascendants, ni frères, ni sœurs, mais des enfants de frères ou de sœurs, ceux-ci ne peuvent pas invoquer le bénéfice de la représentation, et ils doivent rester dans la catégorie des collatéraux, autres que frères et sœurs, de telle sorte que la part de l'enfant naturel est, non pas de la moitié, mais des trois quarts de la succession.*

III. — *L'article 761 du Code Napoléon donne aux père et mère le droit de réduire l'enfant naturel à la moitié de sa réserve. — Mais ils ne peuvent user de ce pouvoir qu'à la charge de lui donner la moitié de leur vivant et de déclarer*

7

en même temps, d'une manière expresse, que telle est leur volonté. (Solution incidente exprimée dans les motifs).

IV. — *L'enfant naturel n'est qu'un créancier de la succession de son père; toutes les libéralités qu'il reçoit de son père sont des paiements de cette créance; — dès lors, il doit imputer sur sa réserve tout ce qu'il a reçu directement ou indirectement; il ne peut invoquer ni les principes sur les rapports, ni la présomption d'un préciput résultant d'une libéralité déguisée, comme pourrait le faire un héritier légitime. — Il en est surtout ainsi lorsqu'il résulte des circonstances de la cause que la donation déguisée faite à l'enfant naturel a eu lieu pour tout autre motif que pour le dispenser de l'imputer sur sa réserve.*

V. — *La libéralité faite aux enfants de l'enfant naturel ne doit pas s'imputer sur la réserve de celui-ci, lorsqu'elle aurait pu être adressée à l'enfant naturel lui-même, sans dépasser à son égard ce dont le père pouvait disposer en sa faveur. La présomption d'interposition de personnes de l'article 911 n'est pas applicable dans ce cas.*

VI. — *L'enfant naturel n'étant pas héritier ne peut demander, pour la composition de masse, la licitation d'une maison dépendant de la succession.*

Vespe — C. Bac.

Par acte aux minutes de Mᵉ Serret, notaire, en date du 19 septembre 1832, M. Sébastien de Laboissière a reconnu pour son enfant naturel Mathilde de Laboissière, qui, le même jour, a épousé M. Bac. Dans le contrat, la future se constitue une somme de 15,000 fr. qu'elle déclare avoir par devers elle. M. Sébastien de Laboissière donne à sa fille une somme de 15,000 fr. payable sans intérêts au décès du donateur, garantie par une affectation hypothécaire. Plus tard, il a compté à M. Bac 1,000 fr. en augmentation de dot. M. de Laboissière est mort le 2 septembre 1857, laissant un testament en date du 1er octobre 1855, par lequel il donne aux enfants de Mme Bac une somme de 24,000 fr., dont l'usufruit appartiendra à la mère; il fait à ses neveux divers legs s'élevant ensemble à 42,000 fr., et il institue Marie Vespe pour sa légataire universelle.

Par exploit du 27 octobre 1857, Mme Bac a demandé le partage de la succession de M. de Laboissière. Les légataires particuliers intervinrent pour obtenir la délivrance de leurs legs. Après un incident relatif à la mise en sequestre de la succession, la cause a été portée devant le tribunal de Montélimar; les mariés Bac ont conclu au partage de la succession de M. de Laboissière et à ce que leur part héréditaire fût fixée aux trois quarts de la succession ou tout au moins au 3/8. Ils demandaient à n'être tenus à aucune imputation sur cette part. Ils demandaient aussi la licitation d'une maison, seul immeuble dépendant de la succession. Marie Vespe demandait contre Mme Bac l'application de l'art. 761 du Code Napoléon et à ce que son droit fût réduit à ce qu'elle avait déjà reçu de son père.

Subsidiairement, elle demandait que la part de Mme Bac, comme enfant naturel, fût réduite au 2/8 de la succession et qu'elle fût tenue d'imputer la somme de 1,000 fr. reçue en augmentation de dot, celle de 15,000 fr. qu'elle s'était constituée elle-même, et celle de 24,000 fr. montant du legs fait à ses enfants. Elle demandait aussi que la somme de 15,000 f. que son père lui avait donnée dans son contrat de mariage, payable à son décès, se confondît avec les 24,000 fr. légués à ses enfants. Les légataires particuliers, MM. de Laboissière, ont demandé la délivrance de leurs legs; ils concluaient subsidiairement à ce que la part de Mme Bac fût fixée aux 2/8, sur laquelle elle serait tenue d'imputer les diverses sommes reçues de son père par son contrat de mariage, et les 24,000 fr. légués à ses enfants. Les enfants Bac ont demandé la délivrance pure et simple de leurs legs sauf l'usufruit de leur mère.

. Le 24 juin 1858, le tribunal a rendu un jugement par lequel il a fixé au 3/8 la réserve de Mme Bac; a ordonné qu'elle serait tenue d'imputer : 1º les 15,000 fr. qu'elle s'était constitués de son chef, comme provenant d'une donation déguisée de son père ; 2º les 15,000 fr. que ce dernier lui avait promis par contrat de mariage, sauf à en exiger le paiement de la demoiselle Vespe ; 3º les 1,000 fr. comptés en augmentation de dot; 4º la somme de 12,000 fr. à laquelle le tribunal évaluait son usufruit du legs fait à ses enfants; et pour le cas où ces diverses imputations ne couvriraient pas la réserve, le tribunal a ordonné qu'elle serait complétée par la réduction proportionnelle des legs particuliers et du legs universel ; enfin, il a ordonné la licitation de la maison.

Voici les motifs du jugement :

Attendu que M. de Laboissière n'a laissé ni descendants ni ascendants, ni frères ni sœurs, mais des neveux avec une fille naturelle, régulièrement reconnue ;

Attendu que la question de savoir si, dans ce cas, la quotité attribuée par l'art. 757 du Code Napoléon à l'enfant naturel est de la moitié ou des trois quarts de la portion héréditaire qu'il aurait eue s'il eût été légitime, est vivement controversée ; que la jurisprudence de la Cour de cassation fixe cette portion aux trois quarts ;

Attendu que Sébastien de Laboissière ayant, par son testament olographe en date du 1er octobre 1855, institué legataire universelle Marie Vespe, la réserve de l'enfant naturel doit être fixée aux trois huitièmes de la succession, d'après les motifs développés dans l'arrêt de la Cour de cassation en date du 15 mars 1847 ;

Attendu, ces bases posées, qu'il faut rechercher quelle a été l'intention de Sébastien de Laboissière, lors de l'attribution qu'il a faite de ses biens, et décider si cette attribution sort ou non des limites ci-dessus déterminées ;

Attendu qu'il est incontestable que le testament, que la famille veut respecter, a été mûrement réfléchi par le testateur, dont on appréciait l'instruction et l'intelligence ; que la présomption est donc qu'il a combiné la distribution de sa succession de manière à ce qu'un examen attentif de l'expression de sa volonté amenât le résultat qu'il s'était proposé, et ce pour des motifs que seul il connaissait ;

En ce qui concerne la dame Bac :

Attendu que la somme de 15,000 fr., montant de la constitution dotale qu'elle s'est faite dans son contrat de mariage, a été un don manuel de son père : à cet égard le doute n'est pas permis ;

Attendu qu'en mariant sa fille, Sébastien de Laboissière lui donna en outre entre-vifs, à titre de constitution de dot, une somme de 15,000 fr. payable seulement après le décès du donateur, sans intérêts jusqu'alors, ce qui porte à 30,000 fr. la libéralité du père à sa fille naturelle ;

Attendu que, dans l'espèce, si le père pouvait, en usant du droit que lui donnait l'art. 761 du Code Napoléon, réduire la portion de la dame Bac sur sa succession à ladite somme de 30,000 fr., il faudrait pour cela une déclaration expresse qu'on chercherait vainement dans la cause et qui, à coup sûr, ne peut s'induire des termes du testament ;

Attendu que la dame Bac a touché, le 9 avril 1840, à compte des 15,000 fr. payables après le décès de son père, une somme de 1,000 fr.; que la susdite donation de 30,000 fr. a été faite en avancement d'hoirie ; que, dès lors, les 16,000 fr. touchés doivent figurer dans la composition de la masse de la succession à partager ;

Attendu que ladite donation entre-vifs de 30,000 fr. est irrévocable, qu'elle prime tous les legs, et que, dans l'espèce, elle est loin de compléter la réserve de la fille naturelle.

Quant au legs de 24,000 fr. :

Attendu que cette disposition testamentaire contient deux

libéralités parfaitement distinctes, celle du capital aux enfants
Bac, celle de l'usufruit à leur mère ; que, eu égard à l'âge de
cette dernière, née le 11 juillet 1811, cet usufruit doit être évalué en capital à la moitié de la somme qui, conformément à ce
qui sera décidé ci-après, reviendra pour ledit legs ;

Attendu que les documents produits sur la consistance de la
succession prouvent que les 30,000 fr. donnés en contrat de
mariage à la dame Bac et la somme qui formera en capital
l'évaluation de l'usufruit du legs de 24,000 fr. ne parfairont pas
la quotité ci-dessus fixée pour la réserve de l'enfant naturel ;

Attendu que, dans la succession à partager, il faut distinguer
ce qui constitue la réserve et ce qui forme la quotité disponible ;
que l'incapacité de recevoir ne commence que lorsque les
libéralités ont épuisé ces quotités réunies ; or, dans l'espèce, en
ajoutant le legs de 24,000 fr. aux 30,000 fr. du contrat de mariage, on a un total qui est loin d'épuiser ces deux quotités ;
d'où les conséquences suivantes : 1° cette somme de 24,000 fr.
pouvait être en totalité directement et ostensiblement léguée à
la dame Bac qui, ayant capacité pour recevoir la totalité, peut à
plus forte raison recevoir la moitié ; 2° l'incapacité de recevoir
ces 24,000 fr. n'existant pas pour la dame Bac, l'art. 911 du
Code Napoléon n'est pas applicable dans la cause ;

Attendu, dès lors, que le legs de 24,000 fr., tel qu'il a été
divisé entre la mère et les enfants, est valable tout aussi bien
que les autres legs particuliers consignés au testament de Sébastien de Laboissière ;

Attendu, d'après ce qui précède, que la réserve des trois
huitièmes revenant à la dame Bac se formera d'abord de la
somme de 30,000 fr., montant de la donation à elle faite dans
son contrat de mariage; sur cette somme, elle a touché 16,000 f.;
les 14,000 fr. formant le solde seront pris sur les biens de la
succession, de manière à ce que les attributions sous la forme
de legs particuliers n'éprouvent aucune réduction à raison de
ces 14,000 qui doivent être supportés intégralement par la
légataire universelle ; la somme qui représentera l'usufruit des
24,000 fr. sera ensuite ajoutée aux 30,000 fr. Enfin, s'il y a lieu,
la réserve sera complétée en réduisant, conformément à la loi,
tous les legs particuliers ;

Attendu que, lorsqu'ils ont à interpréter un testament, les

juges doivent s'efforcer de se pénétrer, non de ce que le testateur aurait dû faire, mais de ce qu'il a voulu faire ; que, dans l'espèce, le tribunal s'est donc efforcé, par un examen des plus attentifs, à saisir l'intention suprême de Sébastien de Laboissière. La conviction acquise est que ce testateur a voulu : 1° que la réserve de dame Bac fût complète ; que cette fille naturelle reconnue n'eût rien de moins, rien de plus ; 2° que toutes les attributions faites à titre de legs particuliers fussent respectées le plus possible ; 3° enfin, que le surplus servît à récompenser Marie Vespe, sa gouvernante, ainsi qu'il entendait qu'elle le fût.

En ce qui concerne la demande en licitation de la maison :

Attendu que cette demande est contraire à une des dispositions du jugement que le tribunal séant a rendu le 17 décembre dernier entre les parties ; que ce jugement ayant été confimé en appel, cette demande en licitation devrait être rejetée ;

Attendu cependant que, pour composer la masse, il faut absolument que les parties soient d'accord sur la valeur de ladite maison, ce qui peut ne pas arriver ; qu'ensuite, à raison d'une foule de circonstances, dans une liquidation aussi importante, intéressant plusieurs personnes, cette maison peut devenir une source de difficultés ; qu'il peut dès lors y avoir une grande utilité pour tous à ce que cette licitation soit ordonnée, mais sous une condition formelle qui laissera subsister les dispositions, dictées par les convenances, du jugement du 17 décembre 1857.

Marie Vespe a interjeté appel principal.
Les mariés Bac ont appelé incidemment.

ARRÊT.

Sur la prétention de la dame Bac de se faire attribuer la moitié des biens délaissés par son père :

Attendu que, pour fixer les droits de l'enfant naturel dans la succession de ses père et mère, le législateur, dans des vues d'ordre public et moral, a dû prendre et a pris en considération la faveur due au mariage et le respect dû à la famille ;

Attendu que des termes de l'art. 757, Code Napoléon, il ressort que c'est l'état de la famille, au moment du décès des père et mère de l'enfant naturel, qui doit servir à régler la quotité de son droit, puisqu'il ne fait aucune distinction entre les parents qui succèdent et ceux qui sont écartés par une disposition testamentaire, et qu'ainsi, d'après l'esprit comme d'après les termes de la loi, c'est l'existence et la qualité des parents et non leur appel à la succession qui fait que cette quotité est plus ou moins restreinte ou étendue ;

Attendu que, d'une solution contraire, il résulterait qu'un père pourrait favoriser son enfant naturel au delà des facultés que lui donne la loi, en substituant par testament, à ses frères ou sœurs ou autres parents, un étranger à sa famille, et que cette conséquence suffirait seule pour démontrer la vérité de ce qui précède ;

Attendu dès lors que de Laboissière, en mourant, ayant laissé pour ses plus proches parents des neveux et nièces, et un légataire universel, sa fille naturelle ne saurait prétendre à la moitié de la succession de son père en se fondant sur ce que les neveux et nièces ne sont pas héritiers, et que c'est une étrangère qui est son légataire universel ;

Sur la prétention de Marie Vespe de faire considérer les neveux et nièces comme représentant les frères ou sœurs, et de faire fixer la réserve de la dame Bac comme si ces derniers existaient :

Attendu que c'est par exception que le législateur, dans les successions régulières, a admis les enfants des frères ou sœurs décédés à recueillir, concurremment avec les frères ou sœurs vivants, la part qu'aurait eue leur auteur et a créé en leur faveur la fiction de la représentation en ligne collatérale ;

Attendu que si le législateur, qui a pris soin, dans l'art. 746, Code Napoléon, et dans les articles suivants, et lorsqu'il s'agissait pour les neveux et nièces de recevoir, de répéter constamment ces mots : *les frères ou sœurs ou leurs descendants*, avait voulu que les neveux et nièces fussent comptés comme les frères ou sœurs pour réduire l'enfant naturel, il n'aurait pas manqué de les nommer dans l'art. 757 du même Code, et que s'il ne l'a pas fait, ce n'est ni par oubli, ni parce qu'il le croyait inutile, mais évidemment parce que la représentation, exceptionnellement admise en faveur des neveux pour leur faire recueillir ce qu'aurait recueilli leur auteur, ne saurait avoir lieu pour exclure ou réduire, parce que, vis-à-vis de l'enfant naturel et pour fixer sa quotité, c'est le degré de parenté qui doit être pris en considération, et parce que la représentation ne peut pas faire que le neveu soit au même degré que le frère;

Attendu que les raisons tirées du respect dû au mariage et à la famille qui viennent de faire décider que c'est l'existence et la qualité des parents et non leur appel à la succession qui doivent faire régler le droit de l'enfant naturel, peuvent être invoqués avec la même force et la même vérité, pour que le neveu ne puisse pas, à l'égard du frère, faire réduire ce droit, qui doit augmenter à mesure que le lien de parenté diminue, et qu'ainsi c'est encore appliquer dans sa lettre et dans son esprit l'art. 757 que de décider, comme l'ont fait les premiers juges, que les droits de la dame Bac, qui n'avait, en présence d'elle, ni descendants ni ascendants, ni frères ni sœurs, doivent être réglés à la moitié des trois quarts, c'est-à-dire aux trois huitièmes.

Sur le point de savoir si la dame Bac, en vertu de l'art. 761, peut être réduite à ce qu'elle a reçu du vivant de son père :

Attendu que si, d'après cet article, le père et la mère de l'enfant naturel ont le pouvoir de réduire même sa réserve de moitié, ils ne peuvent user de ce pouvoir qu'à la charge de la lui donner de leur vivant et de déclarer en même temps, d'une manière expresse, que telle est leur volonté ;

Attendu que, non seulement de Laboissière n'a fait nulle part la déclaration expresse exigée par la loi, mais qu'il ressort au contraire de tous les documents du procès, et notamment de son testament, qu'il n'a pas voulu la réduire à ce qu'il lui avait donné de son vivant, et qu'ainsi, sous ce rapport, l'appel de Marie Vespe n'est pas fondé.

Sur le point de savoir si les 15,000 fr. que la dame Bac s'est constitués dans son contrat de mariage proviennent de son père, et si cette somme doit être imputée par elle :

Attendu que les faits et les circonstances de la cause démontrent que la dame Bac, au moment de son mariage, n'avait ni ne pouvait avoir aucune fortune personnelle, et que cette constitution fut la conséquence d'un don à elle fait par son père ;

Attendu que l'enfant naturel, n'étant pas héritier, ne peut ni rapporter ni être dispensé de rapport ; que, d'après ce principe et l'art. 760, Code Napoléon, il est seulement tenu d'imputer, sur ce qu'il a droit de prendre dans la succession de son père ou de sa mère, tout ce qu'il a reçu, et que si cet article ajoute qu'il doit imputer tout ce qui serait sujet à rapport, d'après les règles établies pour les successions régulières, cette assimilation n'a eu d'autre but et ne peut avoir d'autre effet que de donner à l'enfant naturel le droit de ne pas imputer ce qui, pour un héritier légitime, ne serait pas sujet au rapport ;

Attendu, en effet, que l'enfant naturel n'est, en réalité, qu'un créancier de la succession de ses père et mère ; que toutes les libéralités qu'il en reçoit sont des paiements de cette créance ; que, vis-à-vis de l'héritier naturel et légitime, il ne peut avoir que l'action en complètement de son droit ; que, vis-à-vis du légataire universel institué, il ne peut avoir que l'action en réduction pour obtenir ou faire compléter sa réserve, à la charge d'imputer sur cette réserve tout ce qu'il a reçu directement ou indirectement, et qu'il ne peut, par conséquent, invoquer ni les principes sur les rapports, ni la présomption d'un préciput et hors part résultant d'une libéralité déguisée faite en faveur d'un héritier légitime et d'un cosuccessible ;

Attendu, au surplus, que cette présomption serait détruite dans la cause, et par le fait que le père de la dame Bac a pu avoir, lors de son mariage, d'autres motifs de déguiser le don actuel et manuel qu'il lui faisait, que celui de le rendre incomptable sur sa réserve, et par le fait que tous les éléments de la cause et les dispositions testamentaires qu'il a laissées ne permettent pas de douter qu'il n'a pas eu cette intention en faisant la libéralité dont il s'agit, et qu'il a toujours voulu que sa fille naturelle ne reçût que ce qu'il lui avait donné de son vivant et ce qu'il lui donnerait par son testament, et que son légataire universel recueillît le surplus de ses biens ;

Attendu toutefois que les 15,000 fr. donnés manuellement, et que la dame Bac s'est constitués de son chef, comprennent des cadeaux de noces, qui, aux termes de l'art. 852 du Code Napoléon, ne sont pas rapportables, parce qu'il ne sont pas présumés amoindrir le patrimoine du donateur ; que, dès lors, c'est le cas de faire, en faveur de l'enfant naturel, l'application de l'art. 760 déjà cité et de lui reconnaître le droit de se refuser à imputer sur sa réserve la valeur de ces cadeaux ;

Attendu que la Cour a les éléments nécessaires pour déterminer cette valeur, qu'il lui a paru juste de la fixer, comme arbitre de droit, à la somme de 3,000 fr., et qu'ainsi la somme de 15,000 fr. ne devra être comptée et imputée que pour 12,000 f.

Sur le point de savoir si les 24,000 fr. légués aux enfants de la dame Bac, et dont l'usufruit a été légué à cette dernière, doivent être imputés pour la totalité ou pour la moitié représentant l'usufruit :

Attendu qu'il ne pourrait y avoir lieu à imputer les 24,000 fr. et à faire l'application de l'art. 911 du Code Napoléon que dans le cas où la libéralité faite aux enfants de l'enfant naturel dépasserait ce dont le père pouvait disposer en faveur de ce dernier; mais qu'étant prouvé dès à présent que de Laboissière aurait pu la donner directement à sa fille, sans dépasser la quotité disponible, la disposition du jugement à cet égard doit être maintenue.

Sur la licitation de la maison dépendant de la succession de de Laboissière et formant le seul immeuble qu'il a laissé :

Attendu que la licitation dans les partages ne peut être demandée que de cohéritier à cohéritier ; que la dame Bac n'étant pas cohéritière, puisque l'enfant naturel n'est pas héritier, ne peut avoir le droit pour la composition de masse de la succession dans laquelle elle a des droits autres que des droits héréditaires, qu'à l'estimation par experts de la maison, estimation qui est proposée et demandée par Marie Vespe, et qui devra avoir lieu si les parties ne tombent pas d'accord sur sa valeur.

Par ces motifs, la Cour, réformant quant à ce, dit et prononce que sur la somme de 15,000 fr. que la dame·Bac s'est constituée dans son contrat de mariage et qui proven:.it d'un don manuel de son père, il y a des cadeaux de noces que la Cour, comme arbitre de droit. fixe à 3,000 fr., qui ne sont pas imputables sur sa réserve et qu'elle n'aura à imputer de ce chef que 12,000 fr.; dit et prononce que la somme de 1,000 fr. donnée par de Laboissière en augmentation de dot sera imputée comme les 12,000 fr.; dit et prononce qu'il n'y a pas lieu à licitation de la maison.。。。 et, pour le surplus, confirme.....

Arrêt du 20 décembre 1858. — 1re chambre. — M. Royer, premier président; M. Alméras-Latour, premier avocat général; — MM. Allemand, Rabatel, avoués; — MM. Sisteron, Louis Michal, avocats.

Sur la première question. — Voyez, dans le sens de la solution adoptée par la Cour de Grenoble, arrêt de Nancy, du 25 août 1831 (S. 31 , 2 , 343); arrêt de rejet de la chambre civile de la Cour de cassation du 15 mars 1847 (S. 47, 1, 178); arrêt de même nature du 31 août 1847 (S. 47, 1, 785); Belost-Jolimont sur Chabot, tome Ier, page 554; Troplong, *des donations et testaments*, tome II, nos 634 et 767; Malpel, sur l'article 757; Demolombe, *successions*, tome II, n° 55.

Voyez, dans le sens contraire: arrêt de Toulouse, du 8 juin 1839 (S. 39, 2 , 358); Chabot, sur l'article 757, n° 11 ; Duranton, tome 6, n° 285; Marcadé, sur l'article 757, n° 4; *une Dissertation* de M. P. Pont, publiée par S. 47, 1, 785.

Sur la deuxième question. — La jurisprudence, après de vives controverses, est généralement fixée dans le sens adopté par la Cour de Grenoble. Sans recourir à quelques arrêts anciens, nous nous bornerons à citer les suivants :

Cassation, 28 mars 1833 (S. 33, 1, 284) ; arrêt de Rouen du 14 juillet 1840 (S. 40, 2, 524) ; arrêt de Toulouse du 29 avril 1845 (S. 46, 2, 50) ; arrêt de Paris du 20 avril 1853 (S. 53, 2, 318).— Telle est l'opinion de Malpel, n° 159 ; de Vazeille, sur l'article 757, n° 6 ; de Belost-Jolimont, sur Chabot, tome I, page 550 ; de Troplong, *Donations et testaments*, tome II, n° 776.

Voyez, dans le sens contraire, un arrêt de Rennes, du 26 juillet 1843 (S. 44, 2, 341), Chabot, sur l'article 757, n° 9 ; Toullier et Duvergier, tome IV, n° 254 ; Duranton, tome VI, n° 288 ; Marcadé, sur l'article 757.

Sur la quatrième question. — La doctrine de la Cour, qui considère l'enfant naturel comme un simple créancier de la succession de son père, nous paraît, qu'il nous soit permis de le dire, bien absolue. L'art. 756 dit, il est vrai, que les enfants naturels ne sont pas *héritiers;* mais le texte ajoute immédiatement qu'ils ont un *droit* sur les biens de leur père ou mère décédés. Est-il possible que ce *droit* soit une simple créance ? l'art. 756 est le premier article d'un chapitre intitulé : *Des Successions irrégulières.* Les enfants naturels sont donc des *successeurs.* Sans doute, ils sont privés de la partie honorifique du titre d'héritiers; sans doute, ils ne peuvent se dire la continuation civile du défunt et les représentants de sa personne; sans doute, ils n'ont pas la saisine légale, en ce sens qu'ils doivent se faire envoyer par la justice en possession des biens, lorsque, à défaut de parents, ils les recueillent en totalité (art. 773); ou bien demander la délivrance de leur part aux successeurs légitimes avec lesquels ils sont en concours, comme serait tenu de le faire un légataire à titre universel. Mais n'est-il pas évident qu'ils peuvent prétendre à une part des biens en nature? qu'ils doivent être appelés au partage et à toutes les formalités préliminaires? qu'ils peuvent le provoquer eux-mêmes, exiger une composition régulière des lots, puis leur tirage au sort? Une décision du ministre des finances, du 7 messidor an XII, les oblige à fournir la déclaration de la portion de biens que la loi leur accorde et à en payer les droits, comme pour mutation par décès en ligne directe. Enfin, personne ne conteste que les enfants naturels ont une réserve légale. Concevrait-on une réserve au profit de simples créanciers? Nous ne saurions admettre, *en droit*, les conséquences que la Cour tire du principe posé par elle ; après cela, nous concevons très-bien qu'elle les ait admises *en fait*.

Sur la sixième question. — Si la Cour a simplement voulu dire que l'enfant naturel, pas plus que tout héritier, ne peut demander la licitation, quand il s'agit de procéder à la composition de masse prescrite par l'article 922 du Code Napoléon, nous ne pouvons que nous incliner devant une vérité évidente. Mais si la Cour, comme semblent l'indiquer les motifs de l'arrêt, va jusqu'à décider que l'enfant naturel, parce que, selon elle, il n'est que créancier, ne peut jamais demander une licitation, nous ne saurions admettre cette conséquence très-contestable d'un principe très-contesté.

Fréd. TAULIER.

INCOMPÉTENCE A RAISON DE LA MATIÈRE. — ÉVOCATION DU FOND.

La Cour a le droit d'évoquer et de juger le fond, lorsqu'elle réforme pour cause d'incompétence, à raison de la matière, un jugement rendu par un tribunal civil jugeant commercialement. (Code de procédure civile, art. 473).

Delamorte-Féline — C. Amieux et Bernard.

Attendu que le tribunal de Gap, jugeant commercialement, était incompétent pour statuer sur la demande formée contre Delamorte-Féline, qui n'avait pas la qualité de commerçant et n'avait pas fait acte de commerce; que l'exception d'incompétence étant d'ordre public, peut être élevée en appel et doit même être supplée d'office;

Mais attendu que l'art. 473 C. proc., permet aux tribunaux d'appel, quand ils infirment, soit pour vice de forme, soit pour toute autre cause, de statuer en même temps sur le fond définitivement et par un seul et même jugement, lorsque la matière est disposée à recevoir une décision définitive, et qu'en la cause la Cour a des éléments suffisants pour statuer;

Au fond :

Attendu qu'il est, dès à présent, démontré, etc.

La Cour annule le jugement pour cause d'incompétence, et au fond, etc.

Arrêt du 26 janvier 1859. — 2ᵐᵉ chambre. — M. Blanchet, président; — M. Proust, avocat général; — MM. Rabatel, Eyssautier, Amat, avoués; — MM. Casimir de Ventavon, Nicollet, Cantel, avocats.

————

PROCÈS-VERBAL FORESTIER FAISANT FOI JUSQU'A INSCRIPTION DE FAUX. — INSUFFISANCE. — COMPLÉMENT DE PREUVE. — TÉMOINS. — PREUVE CONTRAIRE.

Tout procès-verbal forestier, alors même qu'il fait foi jusqu'à inscription de faux, peut, en cas d'insuffisance, être appuyé ou supplé par la preuve testimoniale, sauf au prévenu son droit de preuve contraire. (Code forestier, article 175).

L'administration des forêts — C. Baron.

Le contraire avait été jugé par le tribunal de Die, le

29 juillet 1858. Mais, sur l'appel de l'administration forestière, la Cour a réformé le jugement.

Voici le texte du jugement et de l'arrêt :

JUGEMENT.

Attendu que l'article 175 du Code forestier pose des principes
dont l'application est subordonnée aux dispositions spéciales
relatives à chaque cas particulier;

Attendu qu'il résulte de la combinaison des articles 176, 177,
178 du même Code, et 154 du Code d'instruction criminelle,
auquel l'article 178 renvoie, que nul n'est admis, à peine de
nullité, à faire preuve outre ou contre le contenu des procès-
verbaux qui font foi par eux-mêmes jusqu'à inscription de
faux; que les procès-verbaux qui ne font pas foi et preuve suffisante jusqu'à inscription de faux peuvent seuls être corroborés
et combattus par toutes les preuves légales;

Attendu que l'expression : *Nul ne sera admis à faire preuve
outre ou contre le contenu* et les mots, *corroborer et combattre*, mettent la poursuite et la défense dans une position
égale ; car si l'une ne peut pas prouver outre le contenu ni corroborer les procès-verbaux, l'autre ne peut pas prouver contre
leur contenu, ni les combattre par des preuves;

Attendu que le procès-verbal du 23 juin dernier, revêtu de
toutes les formalités prescrites, n'est dressé et signé que par un
seul agent forestier; que le délit qu'il constate ne peut entraîner
qu'une condamnation bien inférieure à 100 fr., puisqu'on ne
réclame que 22 fr., et que, par suite, ce procès-verbal, faisant
preuve suffisante jusqu'à inscription de faux, aux termes de
l'article 177 du Code précité, l'administration forestière ne peut
être admise à le corroborer par aucune espèce de preuve;

Attendu que le procès-verbal du 23 juin constate que, dans
un bois taillis âgé de six mois, appartenant à Adrien Baron, sur
une contenance de 1 hectare 25 ares, essence chêne, dont la
déclaration en défrichement aurait été faite à la date du 24 janvier dernier et enregistrée à la sous-préfecture de Die, sous le
n° 1er, à la date du 5 février suivant, il avait été défriché 4 ares

40 centiares de terrain dans la partie nord, et que Baron, ayant fait connaître qu'il avait effectué ce défrichement en avril 1857, on lui déclare procès-verbal de la contravention ;

Attendu que les faits contenus dans ce procès-verbal ne caractérisent aucun délit en présence des dispositions de l'article 223 du Code forestier, 1° parce que le bois, d'après le procès-verbal, n'aurait été âgé que de six mois; 2° parce que les 4 ares 40 centiares défrichés ne faisaient partie que d'un bois de 1 hectare 25 centiares, et ne seraient pas indiqués dans le procès-verbal, situés, ou sur le sommet ou sur la pente d'une montagne, ce que n'aurait pas manqué de constater le sous-inspecteur, s'il en avait été autrement; que, par suite, l'acte auquel s'est livré Baron, se trouvant compris dans les cas d'exception de l'article 223, échappe à la pénalité édictée par les articles 219 et 220 ;

Attendu qu'il est indifférent que la déclaration soit postérieure au défrichement, ni que Baron ait défriché sans autorisation, puisque cette déclaration et l'autorisation qui en aurait été la conséquence, ne peuvent être considérées que comme des superfluités, le prévenu en étant dispensé et affranchi par l'art. 223 précité.

ARRÊT.

Attendu que l'article 176 du Code forestier prohibe toute preuve contraire aux procès-verbaux qui font foi jusqu'à inscription de faux; que l'article 178 admet la règle opposée pour les procès-verbaux qui ne font pas foi jusqu'à inscription de faux, lesquels peuvent être combattus ou corroborés par toute preuve légale; mais que ni l'un ni l'autre de ces articles ne déroge au principe général posé dans l'article 175, en vertu duquel tout procès-verbal peut, en cas d'insuffisance, être appuyé ou suppléé par la preuve testimoniale ;

Attendu que si le procès-verbal du 23 juin 1858 énonce que le bois du prévenu Baron est âgé de six mois, cette mention pouvant se référer à la date de la dernière coupe de la partie du bois non défrichée, n'a évidemment aucun rapport avec la date du semis ou de la plantation; qu'en effet, le procès-verbal constate, d'autre part, que le défrichement remonte à quatorze mois, et la déclaration de défrichement au 24 janvier 1858, c'est-à-dire, à des époques antérieures à celle du semis, s'il n'avait eu que six mois de date, ce qui serait un non-sens; qu'ainsi, dans la réalité, le procès-verbal du 23 juin ne contient aucune énonciation relative à l'époque du semis ou de la plantation du bois défriché;

Attendu que le même procès-verbal, sainement interprêté, énonce que le bois de Baron, auquel se réfère sa déclaration de défrichement, a une contenance de 1 hectare 25 ares, dont il a défriché 4 ares 40 centiares; mais que ce procès-verbal ne renferme aucune mention sur l'attenance ou la contiguïté de ce bois à d'autres massifs, non plus que sur sa déclivité;

Attendu que, dans cet état de choses, l'administration forestière a le droit d'établir, par le témoignage de l'agent rédacteur ou d'autres personnes, sauf au prévenu son droit de preuve contraire, soit l'ancienneté du semis ou de la plantation du bois défriché, soit son attenance à d'autres massifs complétant une contenance de 4 hectares, soit sa situation sur le sommet ou la pente d'une montagne; qu'en effet, le procès-verbal ne s'expliquant nullement sur ces divers points de fait, la preuve demandée n'a point pour objet de le contredire, mais de suppléer à son insuffisance;

Par ces motifs, la Cour admet la preuve, etc.

Arrêt du 10 décembre 1858. — 4me chambre. — M. Petit, président; — M. Gautier, avocat général; — M. Jacquot, inspecteur de l'administration des forêts; — M. Sisteron, avocat.

Gilbert, sous l'article 175 du Code forestier, nos 1, 2, 3 et 4, cite un grand nombre d'autorités, dans le sens de l'arrêt que nous rapportons. Toutefois, en les consultant, on remarquera que quelques-unes s'appliquent au cas plus favorable où le procès-verbal ne fait pas foi jusqu'à inscription de faux. Il est même admis que la faculté de faire entendre des témoins ne peut pas plus être refusée au ministère public ou à l'administration en Cour d'appel qu'en première instance, alors même que, devant les premiers juges, la preuve testimoniale n'a pas été offerte.

Fréd. TAULIER.

PROCÈS-VERBAL FORESTIER. — JOUR DE LA CLOTURE DU
PROCÈS-VERBAL. — PRESCRIPTION.

En matière forestière, le jour de la clôture du procès-
verbal constatant le délit est compris dans le délai de trois
mois après lequel l'action est prescrite. (Code forestier,
article 185).

Joubert — C. l'administration des forêts.

Le tribunal de Grenoble avait décidé le contraire, par
jugement du 12 novembre 1857. Sur l'appel du prévenu, la
Cour a réformé ce jugement.

ARRÊT.

Considérant qu'un procès-verbal ouvert le 12 janvier 1857,
et clos le 14 du même mois, dressé par le brigadier forestier
Monnard et le garde Loubet, constata à la charge de Joubert
un délit d'abattage et d'enlèvement de neuf résineux dans la
forêt de Trésanne ; que le prévenu assigné à paraître devant le
tribunal correctionnel, par exploit en date du 14 octobre 1857.
invoqua la prescription, et qu'il y a lieu d'examiner si cette
conclusion est fondée ;
Considérant qu'il s'agit, dans la cause, de poursuites en matière correctionnelle, où les dispositions de la loi sont impéra-
tives ; qu'il n'y a pas lieu d'appliquer ici les principes du droit
civil en fait de prescription ;
Que l'article 185 du Code forestier dispose que les actions et
réparation de délits et contraventions en matière forestière se
prescrivent par trois mois, à compter du jour où les délits et
contraventions ont été constatés, lorsque les prévenus sont
désignés dans les procès-verbaux ; que par ces expressions :
« à compter du jour...... » le législateur a manifesté clairement son intention de comprendre dans la période de trois

mois pendant laquelle pourraient s'exercer les poursuites, le jour où le délit a été constaté; que si le législateur avait voulu que ce jour fût exclu du délai, il l'eût exprimé d'une manière positive, ainsi qu'il l'a fait dans plusieurs dispositions du Code d'instruction criminelle, et notamment dans l'article 203, qui dispose qu'il y aura déchéance de l'appel, si la déclaration d'appeler n'a pas été faite dix jours au plus tard *après* celui où le jugement a été prononcé......, que la différence dans ces termes ne permet pas de douter que l'article 185 du Code forestier, conforme d'ailleurs, quant à la manière de supputer ce point de départ de la prescription, aux dispositions générales des articles 635, 636, 637, 639 et 660 du Code d'instruction criminelle, ait voulu comprendre le jour *a quo* dans le délai de trois mois, puisque l'administration forestière peut, le jour même de la constatation du délit ou de la contravention, commencer les poursuites et assigner les délinquants;

Que, dans l'espèce, l'assignation n'ayant été donnée que le 14 octobre 1857, le délai de trois mois se trouvait expiré et la prescription acquise au prévenu;

Par ces motifs, la Cour, faisant droit à l'appel émis par Antoine Joubert envers le jugement rendu par le tribunal correctionnel de Grenoble, le 12 novembre 1857, réforme; déclare prescrite l'action de l'administration forestière envers Joubert et le renvoie des poursuites.

Arrêt du 13 janvier 1859. — 4me chambre. — M. Petit, président; — M. Gautier, avocat général; — M. Jacquot, inspecteur de l'administration des forêts; — M. Victor Arnaud, avocat.

La question générale de savoir si le premier jour, c'est-à-dire le terme *a quo*, doit être compris dans l'espace de temps requis pour prescrire, est très-controversée, en matière criminelle.

Voyez, dans le sens de l'arrêt que nous rapportons, Mangin, *Traité de l'action publique*, tom. II, n° 319; Faustin-Hélie, *Instruction criminelle*, tom. III, pag. 702; un arrêt de la Cour de cassation, rendu en matière de délit forestier, du 28 mai 1819 (S. collect. nouv. 6, 1, 79); un arrêt de la Cour de Paris, du 8 février 1843, rendu en matière de délit de chasse (S. 43, 2, 134).

Voyez, dans le sens contraire, Curasson, Code forestier, tom. II, pag. 443 et suivantes; Berriat-Saint-Prix *Journal de Droit criminel*, 1843, art. 3294; Charles Berriat-Saint-Prix, *Procédure des tribunaux criminels*, n° 336; Morin, *Dictionnaire de Droit criminel*, au mot *prescription de l'action*, n° 19; arrêt de la Cour de cassation, du 10 janvier 1845, rendu en matière de délit de chasse (S. 45, 1, 126).

Ce point est également controversé en droit civil. Dans le premier sens, voyez arrêt de Bruxelles, du 6 juillet 1833 (S. 34, 2, 401); Merlin, *Répertoire*, au mot *prescription* section 2, § 2, n° 5; — dans le sens contraire, voyez Vazeille, de la prescription, n° 317; Troplong, *de la prescription*, n° 812; Duranton, *de la prescription*, n° 338.

Fréd. TAULIER.

DÉCISIONS ADMINISTRATIVES.

CHEMINS VICINAUX. — FOSSÉS. — ALIGNEMENTS.

Les fossés qui bordent les chemins vicinaux font partie intégrante du sol de ces chemins, et les alignements pour l'ouverture ou le curage desdits fossés doivent être donnés par le maire de la commune et approuvés par le sous-préfet.

L'agent-voyer — C. Goubernard et Payant.

Le Conseil de préfecture de l'Isère,

Vu les procès-verbaux dressés le 20 février 1858, par le garde-champêtre de la commune de Jarcieu, lesquels procès-verbaux constatent que les sieurs Goubernard (Ferdinand) et Payant (Louis), propriétaires, domiciliés dans la même commune, ont anticipé sur le sol du chemin vicinal n° 2 du territoire de Jarcieu ;

Vu les sommations non suivies d'effet, adressées aux sieurs Goubernard et Payant, le 28 février dernier, pour qu'ils rétablissent les lieux dans leur état primitif ;

Vu le rapport de l'agent-voyer de l'arrondissement de Vienne, en date du 12 juin 1858, ainsi que le plan et les profils des lieux ;

Vu les lois des 9 ventôse an XIII, et 21 mai 1836 ;

Vu l'arrêté préfectoral du 15 octobre 1855, portant règlement sur les chemins vicinaux du département de l'Isère ; ledit arrêté approuvé, le 30 novembre même année, par M. le ministre de l'intérieur ;

Vu les lettres et mémoires des sieurs Goubernard et Payant, et contenant leurs moyens de défense ;

Considérant que les fossés qui bordent les chemins vicinaux font partie intégrante du sol de ces voies de communication, et que les alignements pour l'ouverture ou le curage desdits fossés doivent être donnés par le maire de la commune et approuvés par le sous-préfet ;

Considérant qu'il résulte de l'instruction et des documents soumis au conseil, que les sieurs Goubernard et Payant, en curant, sans alignement régulier, le fossé qui borde leurs propriétés et joint le chemin vicinal n° 2, dit du Bosquet, de la commune de Jarcieu, ont anticipé sur le sol du chemin, ainsi que sur celui du fossé, et que, par suite, ils doivent être condamnés à restituer le terrain qu'ils ont usurpé.

ARRÊTE :

Les sieurs Goubernard (Ferdinand) et Payant (Louis), propriétaires, domiciliés à Jarcieu, sont condamnés :

1° A restituer, dans les trois jours de la notification du présent arrêté, le sol qu'ils ont anticipé sur le chemin vicinal n° 2 de ladite commune, ainsi que sur le fossé qui longe le même chemin, et à rétablir à leurs frais, et sous la direction et surveillance de l'administration de la petite voirie, les lieux dans leur état primitif ;

2° Aux dépens, y compris les frais de notification du présent arrêté, qui seront supportés par moitié par chacun des contrevenants.

Arrêté du 30 juillet 1858. — M. Petit, rapporteur.

PATURAGES COMMUNAUX. — BESTIAUX. — TAXE MUNICIPALE.

Il n'est pas permis de soumettre à une taxe toute espèce

*de bétail appartenant aux habitants d'une commune ; la
taxe ne peut atteindre que les bestiaux qui ont fréquenté
les pâturages communaux.*

Giraud — C. la commune de Venosc.

Vu la pétition du sieur Giraud, ancien maire de Venosc, tendant à obtenir décharge de la somme de 26 fr. à laquelle il a
été imposé au rôle de taxe sur les pâturages de ladite commune, pour l'année 1858, ainsi qu'il résulte de l'avertissement
qui lui a été délivré par M. Reymond, receveur municipal, le
8 juin 1858 ;

Vu l'extrait de la délibération du conseil municipal de Venosc, en date du 25 juillet 1858, dans lequel on lit, entre
autres considérants, celui-ci : « Considérant que l'autorité locale,
« en votant un rôle de taxe sur le bétail, n'a pas voulu atteindre
« seulement celui conduit dans les pâturages, mais en général
« toute espèce de bétail à cornes et à laine ayant passé l'hiver
« dans Venosc ; »

Vu la loi du 18 juillet 1837 ;

Vu ensemble les autres pièces du dossier ;

Considérant que les prétentions du conseil municipal de
Venosc sont contraires à la loi et à la jurisprudence constante
du conseil d'Etat, qui ne permet de soumettre à la taxe que les
bestiaux qui ont fréquenté les pâturages communaux ;

Considérant qu'il est avoué par le sieur Giraud qu'une vache
lui appartenant a fréquenté les pâturages communaux pendant
l'année 1858 ;

Considérant que l'administration municipale de Venosc n'a
point justifié que le surplus des bestiaux appartenant au sieur
Giraud et compris dans le rôle de taxe ait fréquenté les pâturages communaux ;

Arrête :

Il est accordé au sieur Giraud (Etienne), ancien maire de
Venosc, réduction de la somme de 23 fr. sur celle de 26 fr.
pour laquelle il a été compris au rôle de taxe sur les pâturages
communaux de Venosc pour l'année 1858.

Arrêté du 29 janvier 1859. — M. Lesbros, rapporteur.

ARRÊTS.

DONATION ENTRE-VIFS. — PARTAGE D'ASCENDANTS. — NULLITÉ COMME PARTAGE. — VALIDITÉ COMME DONATION. RATIFICATION.

I. *La donation-partage faite par des ascendants à leurs enfants doit, comme les partages ordinaires, leur attribuer à chacun des immeubles et des meubles, surtout si les immeubles ne sont pas indivisibles.*

II. *Néanmoins, l'acte intervenu dans les formes légales peut valoir comme donation au profit d'un préciputaire.*

III. *La demande en nullité du partage ne peut être intentée qu'après le décès de l'ascendant donateur. (Solution implicite.)*

IV. *La réception faite par le mari de l'une des copartageantes, de partie des sommes à elle attribuées pour son lot, n'élève pas contre elle une fin de non recevoir tirée de la ratification, lors même que ce fait est postérieur au décès de l'ascendant.*

V. *Il en est de même de la production faite au nom de cette même femme dans l'ordre ouvert contre son mari, pour*

avoir paiement des sommes que lui avait attribuées le partage
d'ascendants, lorsque cette production est faite avant la
demande en séparation de biens.

Femme Rostaing — C. Molmeret.

Par acte notarié, du 12 mars 1840, ¦André Molmeret et
Anne Ginet, mariés, firent donation à Pierre Molmeret, leur
fils, et Marie Molmeret, leur fille, mineure émancipée, de
tous leurs immeubles et meubles. Par le même acte, procédant à partage, les donateurs expriment la volonté, ce qui
est accepté par les donataires, que tous les immeubles et
tout le mobilier appartiennent à Pierre Molmeret, sous la
condition que Marie Molmeret prélèverait sur le mobilier
une vache, une brebis, une garde-robe, un lit garni ; 2° que
son frère lui paierait, à des époques fixées dans l'acte, une
somme de 15,000 fr. Pierre Molmeret fut chargé de payer
une pension aux donateurs. Pierre Molmeret et sa sœur se
promirent mutuellement de ne se faire jamais aucune demande ni recherche à l'occasion du partage qui venait
d'avoir lieu. Il fut aussi stipulé que si le lot de Pierre était
d'une valeur plus élevée que celui de Marie, don lui était
fait du surplus à titre de préciput.

Par acte du 16 mai 1840, Marie Molmeret contracta mariage avec Joseph Rostaing. Les époux adoptèrent le régime
dotal ; la future se constitua tous ses biens présents et à
venir, et notamment la somme de 15,000 fr. à elle due par
son frère ; et il fut stipulé qu'en diminution des 7,500 fr.,
moitié des 15,000 fr. exigibles dans les cinq ans du mariage,
6,000 se compenseraient avec pareille somme que Rostaing
père se proposait de donner à sa fille, qui devait épouser
Pierre Molmeret, et dont le contrat de mariage avait été
rédigé par acte séparé le même jour que celui de Marie
Molmeret.

Par exploit du 24 mars 1846, Pierre Molmeret fit assigner Michel Rostaing père, et Joseph Rostaing fils, pour voir dire que sur la somme de 7,500 fr., 6,000 fr. se trouvaient compensés avec la constitution faite par Rostaing père à la femme de Pierre Molmeret, fille Rostaing, dans son contrat de mariage.

Le 3 mars 1847, un jugement du tribunal de Bourgoin, passé en force de chose jugée, admit cette compensation. Mais Marie Molmeret, femme Rostaing, resta étrangère à cette instance.

André Molmeret est décédé dans le courant de 1848.

Sur la demande formée devant le tribunal civil de Bourgoin, par Anne Molmeret, femme Rostaing, par exploits des 15 mars et 18 août 1856, il est intervenu, le 6 janvier 1857, jugement contradictoire qui : « sans s'arrêter
« au partage d'ascendant opéré par l'acte reçu Lhost, no-
« taire, le 12 mars 1840, lequel est déclaré nul et de nul
« effet, même quant à la clause préciputaire qu'il contient
« en faveur de Pierre Molmeret, dit et ordonne qu'il sera
« procédé dans les formes ordinaires au partage des biens
« de toute nature qui ont appartenu à André Molmeret
« père, et qui doivent composer sa succession, notamment
« de ceux attribués à Pierre Molmeret fils par l'acte précité,
« à l'effet d'en être attribué la moitié à la femme Rostaing
« et l'autre moitié à Molmeret fils ; ordonne que la femme
« Rostaing sera tenue de rapporter à la masse les objets
« mobiliers qui lui ont été attribués par le susdit partage
« d'ascendant, et qu'elle sera également tenue de rembourser
« à son frère, avec intérêts depuis le jour de la demande en
« séparation de biens, en date du 7 mars 1856, tant par
« forme de rapport à la masse de la succession qu'autrement:
« 1° la somme de 6,000 fr. d'un côté et celle de 1,500 fr.
« d'autre part, que Molmeret fils avait valablement payés
« à Joseph Rostaing, époux de sa sœur, en vertu du partage

« d'ascendant qui se trouve annulé ; 2° la moitié des frais de
« l'acte du 12 mars 1840 ; renvoie les parties devant M⁰ Ran-
« chin, notaire à Bourgoin, pour être devant lui procédé
« aux opérations du partage ordonné, conformément à la loi,
« lequel notaire vérifiera et estimera les améliorations que
« Molmeret fils a apportées aux immeubles de son père, de
« même que les détériorations qu'il a pu commettre ; fixera
« le chiffre de la restitution de fruits dû à la masse par
« Molmeret fils, à raison des immeubles provenant de son
« père, dont il a joui à partir du jour de la demande en sé-
« paration de biens de la femme Rostaing ; formera la
« masse générale des biens de la succession ; indiquera com-
« ment les lots doivent être composés et leur valeur, et
« procédera aux comptes qu'il s'agit de faire entre les
« parties ; renvoie celles-ci à faire valoir leurs droits et à
« s'expliquer devant le notaire-commissaire au sujet des
« dettes que Molmeret fils soutient avoir payées à la dé-
« charge de la succession de son père et des arrérages de la
« rente viagère par lui acquittés, tous droits et moyens
« demeurant réservés, quant à ce, aux parties ; leur adjuge
« leurs dépens comme frais privilégiés de partage. »

Les mariés Rostaing ont interjeté appel principal de cette
décision.

Pierre Molmeret, de son côté, a interjeté appel incident.

ARRÊT.

Sur la demande en nullité de la donation-partage du 12
mars 1840 :

Attendu que, dans cet état, André Molmeret et Anne Ginet,
son épouse, ont déclaré d'abord vouloir faire donation entre-
vifs, de tous leurs biens à leurs enfants, Pierre et Marie Mol-

meret, et qu'après avoir ensuite énuméré en quoi consistaient ces biens, tant meubles qu'immeubles, ils les ont tous attribués à Pierre Molmeret, leur fils, sauf quatre articles mobiliers peu importants, à la charge, par ce dernier, de payer à sa sœur une somme de 15.000 fr., moitié en cinq années, c'est-à-dire par cinquièmes, d'année en année, et l'autre moitié au décès du survivant des donateurs, le tout sans intérêt jusqu'aux échéances;

Attendu que, si la première de ces dispositions, par laquelle les mariés Molmeret déclaraient vouloir se dépouiller de leurs biens au profit de leurs enfants, était parfaitement valable, puisque la donation était faite dans les formes légales, il ne saurait en être de même de la deuxième disposition, par laquelle les mariés Molmeret attribuaient tous leurs immeubles à leur fils, et une somme d'argent seulement à leur fille, laquelle somme devrait lui être payée par son frère;

Attendu, en effet, qu'aux termes des articles 826 et suivants du Code Napoléon, chacun des cohéritiers peut demander sa part en nature des meubles et immeubles de l'hérédité; d'où il suit, qu'en thèse générale et sauf les exceptions admises par la loi, les père et mère ne peuvent, dans un partage anticipé de leurs biens, attribuer tous leurs immeubles à l'un de leurs enfants, et seulement une somme d'argent aux autres;

Attendu qu'on soutient vainement que ces dispositions ne sont pas applicables aux partages faits par les père et mère eux-mêmes, en vertu des articles 1075 et suivants du même Code; que ces articles n'imposent pas, il est vrai, d'une manière formelle, aux pères de famille l'obligation de se conformer aux règles tracées par l'art. 826, mais qu'ils ne les en dispense pas non plus, et que ces règles étant substantielles, une dispense formelle serait nécessaire pour en écarter l'application;

Attendu, d'ailleurs, que c'est dans ce sens que s'est prononcé la Cour de cassation, dont la jurisprudence est fixée par plusieurs arrêts;

Attendu que si l'on admet en faveur des pères de famille qui font eux-mêmes le partage de leurs biens, quelque tempérament à l'application rigoureuse de l'art. 826 Code Napoléon, c'est lorsqu'il est démontré que s'ils se sont écartés des prescriptions de cet article, ils ne l'ont fait que dans l'intérêt commun de leurs enfants, et parce que leur position respective l'exigeait; mais que, dans l'espèce, rien ne justifiait l'attribution faite par les père et mère Molmeret;

Attendu, d'ailleurs, que ce qui tranche toute difficulté, c'est que Marie Molmeret n'a même pas obtenu par la donation-partage dont s'agit, une portion quelconque des biens de ses père et mère, puisque la somme à elle attribuée devait lui être payée des deniers de son frère;

Attendu, d'autre part, que les parties ne se trouveraient pas non plus dans l'exception prévue par l'art. 827 du même Code, et qu'il résulte, au contraire, de l'indication des immeubles insérée dans l'acte du 12 mars 1840, que ces im....ables pouvaient facilement se diviser sans aucun préjudice pour les enfants;

Attendu qu'il importe peu que Marie Molmeret, émancipée la veille de l'acte du 12 mars 1840, y ait paru assistée de son curateur et ait accepté la donation que cet acte, contenait à son profit; qu'il ne faut pas confondre cette acceptation avec la ratification qu'elle aurait pu faire de l'acte, après le décès de ses père et mère, et lorsqu'elle serait devenue libre de ses droits, ce dernier acte seul pouvant la rendre non recevable à attaquer le susdit partage;

Attendu, en effet, que l'acceptation n'est qu'une simple formalité voulue par la loi, pour la validité de la donation, et qu'elle est toujours censée intervenir, par suite de la crainte révérentielle des enfants vis-à-vis leurs père et mère, en sorte qu'elle est considérée comme ne produisant aucun effet contre eux;

Attendu que cela est si vrai, que quoique les donations entre vifs doivent toujours être acceptées, à peine de nullité, elles sont néanmoins attaquables après le décès des donateurs, lorsqu'elles excèdent la quotité disponible. (Art. 920 du Code Napoléon);

Attendu que le même droit est accordé par l'art. 1079 du même Code, au sujet des partages anticipés faits par les père et mère, au cas où ils contiennent une lésion de plus du quart, quoiqu'ils soient également sujets à acceptation quand ils interviennent par acte entre-vifs;

Attendu que c'est d'autant mieux le cas de faire l'application de ces règles à la cause actuelle, que Marie Molmeret n'a pu évidemment comprendre la portée de son acceptation, dès qu'elle était encore mineure, et qu'elle n'a donné son consentement que par le moyen d'un curateur initié sans doute d'avance aux projets de la famille et prêt à les seconder ;

Attendu qu'on ne saurait mieux faire résulter une fin de non recevoir contre la demande de Marie Molmeret, du paiement qui aurait été fait le 2 septembre 1848, c'est-à-dire après le décès de Molmeret père, arrivé le 10 janvier précédent, de la somme de 1,500 fr. par Pierre Molmeret dans les mains de Joseph Rostaing, époux de Marie Molmeret, savoir : 200 fr. comptant, et 1.300 fr. au moyen d'une cession faite à ce dernier, par ledit Pierre Molmeret, des droits, tant mobiliers qu'immobiliers, qui pouvaient appartenir à Rose Rostaing, son épouse, dans la succession de Suzanne Billard, sa mère ;

Attendu que pour écarter toute idée de ratification de la part de Marie Molmeret à ce sujet, il suffit d'indiquer qu'elle n'a pas participé à ce règlement, son mari seul y ayant concouru, et que le fait de celui-ci ne peut lui être opposé ;

Attendu, quant à la fin de non recevoir que Pierre Molmeret voudrait faire résulter de la circonstance que sa sœur aurait produit dans l'ordre ouvert pour la distribution du prix des biens de son mari et de son beau-père, qu'elle doit être repoussée par le même motif, cette production ne pouvant être réputée que le fait du mari, quoique la femme ait figuré en nom, soit dans l'état préparatoire, soit dans la clôture définitive de l'ordre, dès qu'à l'époque où elle a été faite, non seulement il n'existait pas de séparation de biens entre Marie Molmeret et Joseph Rostaing, son mari, séparation qui n'existe pas même encore aujourd'hui, mais que la demande en séparation n'était pas même encore intentée, puisqu'elle ne l'a été que le 7 mars 1856, tandis que la production date de 1852 ;

Attendu que Marie Molmeret paraît avoir été tellement étrangère personnellement à l'ordre, qu'elle n'a ni exigé le paiement de son bordereau, ni même requis la délivrance de ce bordereau ;

Attendu qu'en supposant même que Marie Molmeret eût participé à la production dont s'agit, la fin de non recevoir invoquée contre elle ne serait pas mieux fondée, soit parce que n'étant pas assurée de pouvoir faire prononcer la nullité de l'attribution de lots comprise en l'acte du 12 mars 1840, avant la clôture de l'ordre dont s'agit, et son défaut de production devant la forclore, c'est-à-dire l'exclure de la distribution du prix des biens de son mari et de son beau-père, elle était exposée à perdre cette partie de sa dot, si elle venait à succomber dans sa demande en nullité; en sorte qu'on doit considérer cette production comme devenue nécessaire par la position dans laquelle se trouvait Marie Molmeret: d'où la conséquence qu'on ne saurait en faire résulter une renonciation à ses droits contre son frère;

Attendu que cet acte ne saurait encore lui être opposé sous un autre rapport, c'est que, tenue de rapporter ou plutôt de rembourser à son frère ce qu'elle pouvait avoir reçu en vertu de la donation-partage du 12 mars 1840, si elle parvenait à faire annuler l'attribution de lots qui y était contenue, il était naturel qu'elle songeât à en assurer le paiement dans ses mains, son mari seul ayant touché ou étant censé avoir touché sa dot, soit en vertu de la compensation admise de partie de cette dot, avec celle constituée à sa belle-sœur, soit par l'acte de cession et quittance du 2 septembre 1848;

Sur les conséquences de l'annulation de l'attribution de lots dont s'agit :

Attendu que Molmeret père étant décédé, un nouveau partage de ses biens ne peut souffrir de difficulté: qu'il en doit être de même des biens d'Anne Ginet, mère commune; dès que, par acte du 15 décembre 1858, reçu Arnoux, notaire à la Tour du Pin, elle a déclaré ne pas s'y opposer, à la charge, toutefois, par ses enfants, d'exécuter vis-à-vis d'elle les charges de la donation du 12 mars 1840, et que les deux partages ayant été faits par un seul et même acte, sans distinction de biens, il y a indivisibilité entre eux; qu'en outre, ce résultat est provoqué, soit par l'exploit introductif d'instance, soit par les conclusions de Molmeret;

Attendu que c'est là, du reste, l'intérêt de toutes les parties pour éviter de nouvelles difficultés et le morcellement des immeubles; qu'ainsi c'est le cas de réformer, sur ce point, le jugement dont est appel, qui s'est borné à ordonner un nouveau partage des biens paternels ;

Sur la question de savoir si P. Molmeret a droit à un préciput sur les biens de ses père et mère :

Attendu que dans l'acte du 12 mars 1840, se trouve la clause suivante : « Au moyen de ce partage, les frères et sœurs Molmeret n'auront mutuellement aucune demande ni recherche « à se faire, attendu que si le lot de Molmeret fils est reconnu « d'une valeur excédante de celui de sa sœur, cet excédant, « quel qu'il soit, lui est donné par ses père et mère, par préciput « et hors part ; »

Attendu que de cette clause ressort évidemment, non seulement l'intention formelle des père et mère Molmeret d'avantager leur fils par un préciput, mais encore une donation préciputaire réelle dont la quotité, il est vrai, n'est pas déterminée dans l'acte, en ce sens qu'on ne fixe pas le préciput à un quart, un tiers ou toute autre quotité, mais dont le montant peut être facilement déterminé, en estimant le lot attribué à Molmeret fils, et en comparant cette estimation avec la somme attribuée à sa sœur, la différence devant former le préciput légué ;

Attendu qu'en matière de donation, aussi bien que pour toute espèce de contrat, il faut s'attacher moins au sens littéral des termes qu'à l'intention des parties, et interpréter les actes de manière à leur faire produire effet, plutôt qu'à les rendre inutiles ; qu'ainsi quels que soient les termes dont se sont servi les père et mère Molmeret, dans l'acte du 12 mars 1840, on ne saurait douter qu'ils n'aient voulu favoriser leur fils par un don préciputaire quelconque, et qu'il suffit que la quotité de ce don puisse être déterminée pour qu'on doive en ordonner l'exécution ;

Attendu, d'autre part, que l'acte du 12 mars 1840 ne contient pas deux dispositions tellement liées ensemble, que l'une ne puisse pas être exécutée sans l'autre ; que rien ne s'oppose, en effet, à ce que, tout en annulant l'attribution de lots et en procédant à une nouvelle répartition des biens des père et mère Molmeret, on attribue à leur fils une quote-part de ces biens à titre de préciput, en considérant le bénéfice de la donation à lui faite, quant à ce, comme lui étant définitivement acquis;

Attendu qu'il résulte de là qu'il y a encore lieu de réformer sur ce point le jugement dont est appel, en ce sens qu'il sera attribué un préciput à P. Molmeret, et que, pour déterminer la quotité de ce préciput, le notaire-commissaire devra estimer le lot attribué audit P. Molmeret par l'acte de 1840, valeur de cette époque, s'agissant d'une donation entre-vifs, de manière que l'excédant de la valeur de ce lot sur celui attribué à Marie Molmeret, soit le montant du préciput, sans qu'il puisse toutefois excéder le tiers desdits biens, eu égard au nombre d'enfants;

En ce qui concerne la restitution de fruits due par P. Molmeret :

Attendu qu'il est de principe que tout détenteur d'immeubles, en vertu d'un titre revêtu des formes voulues par la loi, fait les fruits siens jusqu'au jour où ce titre est attaqué, à moins qu'il ne soit un tiers détenteur de mauvaise foi, c'est-à-dire qu'il connût le vice de sa possession;

Attendu que P. Molmeret ne saurait être considéré comme détenant de mauvaise foi les biens de ses père et mère, en vertu de l'acte du 12 mars 1840, dès que cet acte n'était pas nul de plein droit, et que s'il pouvait être attaqué, il n'était pas certain qu'il dût être annulé, puisque la question aujourd'hui résolue a été longtemps controversée;

Attendu, d'autre part, que le mari est maître des fruits ou intérêts de la dot, tant qu'aucune séparation de biens n'est intervenue entre lui et sa femme, comme au cas présent; qu'ainsi, tant que la femme Rostaing n'avait pas attaqué la donation-partage de 1840, son mari a pu se contenter des intérêts des 7,500 fr., payables avant le décès des donateurs, et abandonner les intérêts ou les fruits du surplus à son beau-frère;

Attendu que cette solution est d'autant plus rationnelle, que si bien P. Molmeret jouissait de son lot, dès le jour du contrat, il était aussi obligé de faire face seul aux charges de la donation avec lesquelles une partie des fruits s'est naturellement compensée.

En ce qui concerne les remboursements à faire par Marie Molmeret, femme Rostaing :

Attendu qu'il n'est pas douteux que la femme Rostaing ayant

répudié l'attribution à elle faite de la somme de 15,000 fr. dans l'acte du 12 mars 1840, pour demander un partage fait suivant les règles tracées par les articles 826 et suivants du Code Napoléon, elle doit restituer à son frère ce que ce dernier a pu lui payer sur cette attribution, puisqu'elle ne peut retenir son legs en argent et prendre sa part dans les successions de ses père et mère, ce qui constituerait évidemment un double emploi ;

Attendu que, sur les 15,000 fr. dont s'agit, il ne peut s'agir que des 7,500 fr. qui étaient exigibles du vivant des donateurs, l'échéance du surplus n'étant pas arrivée, dès que la mère commune est encore existante ;

Attendu, quant à ces 7,500 fr., qu'il y a une distinction à faire entre les 1,500 fr. payés suivant l'acte du 2 septembre 1848, et les 6,000 fr. compensés avec la dot de la fille Rostaing, femme de P. Molmeret ;

Attendu, quant aux 1,500 fr., qu'il y a lieu d'adopter purement et simplement les motifs des premiers juges ;

Attendu, quant aux 6,000 fr., qu'il résulte bien du contrat de mariage de Marie Molmeret avec Joseph Rostaing, en date du 16 mai 1840, que celle-ci s'est constitué en dot tous ses biens présents et à venir, et notamment la somme de 15,000 fr. à elle attribuée par la donation-partage du 12 mars 1840 ; mais que, quant au mode de paiement de la moitié de cette somme, exigible du vivant des père et mère Molmeret, il est expliqué que 6,000 fr. se compenseront avec pareille somme que Rostaing père devait constituer à sa fille, lors de son contrat de mariage avec Pierre Molmeret, lequel contrat devait avoir lieu et intervint en effet le même jour ;

Attendu que si cette compensation ne pouvait avoir lieu de plein droit, les parties n'étant pas respectivement créancières et débitrices l'une de l'autre, elle pouvait être l'objet d'un contrat ultérieur ou sanctionnée par la justice ;

Attendu que c'est précisément ce qui a eu lieu ; qu'en effet, le 20 janvier 1847, Pierre Molmeret assigna Joseph Rostaing père et fils, pour voir admettre cette compensation et décider, par suite, qu'il serait libéré d'autant envers sa sœur sur les 7,500 fr. qu'il lui devait, et que, le 3 mars suivant, il intervint jugement conforme, lequel est depuis longtemps passé en force de chose jugée ;

Attendu que la femme Rostaing ne peut attaquer cette compensation en invoquant les principes conservateurs de la dot; qu'en effet, elle était libre, lors de son contrat de mariage, de stipuler toutes les clauses qu'elle aurait jugées nécessaires pour la conservation de ses droits: que n'ayant pris ces précautions que quant aux 1.500 fr., et ayant laissé son mari maître de compenser le surplus avec la dot de sa belle-sœur, sans aucune condition, elle ne peut s'en prendre qu'à elle-même si elle est exposée à perdre tout ou partie de cette somme ;

Attendu que la compensation étant un mode de paiement, Joseph Rostaing, époux de Marie Molmeret, n'avait pas même besoin d'une autorisation résultant de son contrat de mariage pour l'opérer, puisque aux termes de l'art. 1550 du Cod. Nap., il y était autorisé de plein droit, à défaut de prohibition expresse ;

Attendu qu'il n'est donc pas douteux que Joseph Rostaing aurait pu valablement consentir la compensation dont s'agit, comme il aurait pu lui-même retirer la somme de 6.000 fr. sans emploi, et que l'acte établissant cette compensation, auquel il aurait donné volontairement son adhésion, serait aujourd'hui inattaquable, puisqu'il n'aurait agi que dans la limite des pouvoirs qui lui étaient conférés par son contrat de mariage;

Attendu que, à plus forte raison, cette compensation ne peut être critiquée, dès que, par un jugement passé en force de chose jugée, Joseph Rostaing a été condamné à la subir, sauf sa garantie contre son père ;

Attendu qu'il suit de là que la femme Rostaing doit être condamnée à rembourser la susdite somme de 6.000 fr. à son frère, aussi bien que si elle eût été payée en espèces à son mari, sauf son recours contre ce dernier ;

Attendu, quant aux intérêts de cette somme, que Pierre Molmeret ne tenant compte des fruits qu'à partir de la demande, il ne peut évidemment exiger les intérêts dont s'agit que de la même époque.

En ce qui concerne les réparations ou améliorations que Pierre Molmeret prétend avoir faites dans les biens de ses père et mère :

Adoptant les motifs des premiers juges.

En ce qui concerne les frais de l'acte du 12 mars 1840 :

Attendu que, quoique l'attribution de lots contenue en cet acte soit annulée, néanmoins il sert aux parties, puisque de cet acte elles restent en possession de tous les biens de leur père et mère, quoique cette dernière ne soit pas encore décédée ; qu'ainsi il y a lieu d'ordonner que les frais en seront supportés dans la proportion de l'intérêt de chacune d'elles.

En ce qui concerne les dépens :

Attendu qu'eu égard à la qualité des parties, c'est le cas de les adjuger comme frais de partage ;

Par ces motifs, la Cour, ouï M. Alméras-Latour, premier avocat général, en ses conclusions motivées, sans avoir égard à l'appel principal que Marie Molmeret, femme Rostaing, a interjeté du jugement rendu par le tribunal civil de Bourgoin, le 6 janvier 1857, quant au chef qui la condamne à rembourser à son frère la somme de 6,000 fr., d'une part, et celle de 1.300 fr., d'autre part, compensés ou retirés par Joseph Rostaing, son mari, confirme ledit jugement sur ce point ; ayant, au contraire, tel égard que de raison à l'appel incident interjeté du même jugement par Pierre Molmeret, dit et prononce qu'en vertu de la donation-partage du 12 mars 1840, qui est maintenue quant à ce, et comme contenant dessaisissement actuel de la part des mariés Molmeret au profit de leurs enfants, Pierre Molmeret a droit à un préciput sur les biens de toute nature de ses père et mère ; dit que le préciput sera de la différence de valeur existant entre le lot à lui attribué dans ledit acte, et celui de sa sœur, sans toutefois qu'il puisse dépasser le tiers desdits biens ; ordonne, en conséquence, que pour le déterminer, le notaire-commissaire estimera le lot de Pierre Molmeret, valeur de l'époque de la donation, et que, dans le partage à intervenir, il sera expédié audit Pierre Molmeret, à titre de préciput, une part égale à cette différence en valeur de la succession ; confirme le jugement dont est appel, quant au chef qui a rejeté les fins de non recevoir élevées par Pierre Molmeret contre la demande en nullité de l'acte du 12 mars 1840, et quant à celu qui a annulé l'attribution de lots contenue audit acte, et ordonné qu'il serait procédé à un nouveau partage dans les formes voulues par les art. 826 et suivants du Cod. Nap., avec cette addition que le partage comprendra, non seulement les biens paternels, mais encore les biens maternels, sauf aux enfants Molmeret à exécuter, vis-à-vis de leur mère, les conditions de la donation du 12 mars 1840, et que le partage par moitié entre le frère et la sœur n'aura lieu qu'après le prélèvement du préciput ci-devant admis au profit de Pierre Molmeret; dit que ce dernier n'est comptable des fruits des biens donnés qu'à partir de la demande en nullité formée par la femme Rostaing, de la donation-partage du 12 mars 1840, soit du 15 mars 1856, les fruits antérieurs s'étant compensés en partie avec les charges de la donation, et le surplus étant resté sa propriété; dit que ces fruits seront estimés par le notaire-commissaire, sur le pied de trois pour cent net; ordonne que la femme Rostaing tiendra compte, depuis la même époque, des intérêts des sommes qu'elle est condamnée à rembourser à son frère, et sur le pied du cinq pour cent; autorise Pierre Molmeret à porter en imputation des fruits par lui restituables, les paiements ou fournitures par lui faits à sa mère, lesquels seront évalués par le notaire-commissaire; ordonne que les frais de l'acte du 12 mars 1840 et ceux de l'instance d'appel, frayés de part et d'autre, seront supportés par les parties dans la proportion de leurs droits; confirme le jugement dont est appel dans toutes ses dispositions non contraires au présent; renvoie la cause et les parties devant les premiers juges, pour faire mettre le jugement, ainsi modifié, à exécution; ordonne la restitution de l'amende consignée, et, sur plus amples demandes, fins et conclusions des parties, les met respectivement hors d'instance.

Arrêt du 20 décembre 1858. — 1re chambre. — M. Marion, président; — M. Alméras-Latour, premier avocat général; — MM. Rabatel, Michal, avoués; — MM. Bovier Lapierre, Sisteron, avocats.

Sur la première question. — Pour Pierre Molmeret, qui soutenait la validité du partage, on invoquait devant la Cour l'opinion, au moins implicite, exprimée par les ora-

teurs du gouvernement, savoir : par M. Bigot-Préameneu,
dans l'*Exposé du titre des donations et testaments;* par
M. Jaubert, dans le *Rapport au tribunat sur le même titre;*
par M. Favard, dans le discours prononcé au nom du tribunat devant le Corps législatif. On invoquait ensuite un
arrêt de la Cour de Grenoble, du 14 août 1820 (S. 25, 2, 83);
un autre arrêt de la même Cour du 25 novembre 1824
(S. 25, 2, 171); un troisième arrêt de la même Cour, du
21 août 1844 (*ancien Recueil*, t. ii, p. 247); un quatrième
arrêt inédit de la même Cour, du 22 févr'er 1847; enfin, un
cinquième arrêt de la même Cour, du 27 novembre 1851
(*Journal du Palais*, t. ii, 1852, p. 556). On invoquait, en
outre, la jurisprudence belge, attestée par un arrêt de la
Cour de Liège du 8 mars 1832; par un arrêt de la Cour de
Gand, du 22 mai 1834, et par un autre arrêt de la Cour de
Cologne, du 23 avril 1852 (*J. P.*, 1, 1853, p. 19). On
puisait en outre des arguments dans un arrêt de la Cour
de Riom, du 26 novembre 1828 (S. 29, 2, 174); dans un
arrêt de la Cour de Caen, du 15 juin 1835 (S. 38, 2, 521);
dans un arrêt de la Cour de Lyon, du 20 janvier 1837
(S. 38, 2, 63); enfin, dans un arrêt de la Cour de Caen, du
27 mai 1843 (S. 43, 2, 575). On se prévalait de l'opinion de
M. Duport-Lavillette (t. v, p. 93); et de celle de M. Genty
(*Traité spécial des partages d'ascendants*, p. 137 et suivantes).

A ces autorités on peut opposer : 1° les arrêts suivants :
Cassation, 16 août 1826 (S. 27, 1, 86); Cassation, 12 avril
1831 (S. 32, 1, 839); 5 août 1836, Limoges (S. 36, 2, 391);
Cassation, 11 mai 1847 (S. 47, 1, 513); Cassation, 18 décembre 1848 (S. 49, 1, 257); Cassation, 28 février 1855 (S. 55,
1, 785); Cassation, 18 décembre 1855; 25 février 1856 (S. 56,
1, 305); Cassation, 11 août 1856 (S. 56, 1, 781); Cassation,
9 juin 1857 (S. 57, 1, 685). Toutefois, dans cet arrêt, la
Cour de cassation se relâche de la rigueur du principe

posé dans les arrêts précédents, car elle juge que, si bien les partages d'ascendants sont soumis pour leur validité aux règles des partages ordinaires, et notamment à la règle qui veut que les lots entre cohéritiers soient composés d'objets de même nature, cependant cette règle cesse d'être applicable au cas où les immeubles ne peuvent se partager commodément.

2° Merlin, *Rép.*, au mot *partage d'ascendants*, n° 12 ; Maleville, sur l'art. 1078 ; Toullier, t. v, n° 806 ; Duranton, t. ix, n° 659 ; Troplong, *des Donations et testaments* (t. iv, n°ˢ 2304 et 2305).

Voyez, sur la question, une dissertation très-remarquable de M. Arntz, avocat, professeur à la Faculté de droit de Bruxelles (*Journal du Palais*, 1853, 1, 19). L'auteur se prononce contre la nécessité de l'égalité des lots en nature, dans les partages d'ascendants. Son opinion se résume en ces quelques mots :

« Si l'on admet la nécessité de l'égalité des lots en nature,
« le partage d'ascendants pourra rarement avoir de l'u-
« tilité. L'institution manque son but. Le père ne pourra
« pas exercer cette *magistrature de famille* en prenant en
« considération la position particulière de ses enfants. »

FRÉD. TAULIER.

CONTRAT DE MARIAGE. — INTERPRÉTATION. — EMPLOI.

La clause par laquelle une femme donne pouvoir à son mari de vendre ses biens dotaux, à la charge par lui d'hypothéquer les deniers provenant de la vente, équivaut à une condition formelle d'emploi, en ce sens, que l'acquéreur

*doit veiller, sous sa responsabilité, à ce que le prix soit
assuré par une hypothèque efficace.*

Femme Astier — C. Gontier.

26 avril 1834, contrat de mariage de Marie-Rose Galland
avec Adolphe Astier.

Les époux ont adopté le régime dotal ; la future s'est
constitué ses biens présents et à venir, et a nommé son futur
pour son procureur général et irrévocable, lui donnant
pouvoir *de vendre, échanger, liciter, à la charge par lui
d'hypothéquer les deniers en provenant.*

14 février 1845, partage entre-vifs par Galland père
entre ses enfants, au nombre de cinq. Un lot immobilier est
expédié à la femme Astier. L'ascendant indique ses dettes
et charge les donataires de les payer dans certaines propor-
tions.

Il est à remarquer que parmi ces dettes de Galland père,
figurait une créance de 1,735 fr. 75 cent. au profit du sieur
Astier, son gendre, époux de Marie-Rose Galland.

19 décembre 1845, vente par Astier, en qualité de mari de
Marie-Rose Galland et ensuite des pouvoirs contenus dans
son contrat de mariage, au sieur Gontier, de deux articles
d'immeubles situés à Saint-Paul-lès-Romans, formant le
lot échu à Marie-Rose Galland, femme Astier, *dans le partage d'ascendants du 14 février 1845.*

Cette vente a été passée moyennant le prix de 2,000 fr.,
que le sieur Astier a déclaré avoir présentement reçus dudit
Gontier, auquel il en a fait quittance sans réserves.

Il est dit dans l'acte que pour assurer, tant à sa femme
qu'au sieur Gontier, la reprise de cette somme en cas de
trouble ou d'éviction, ledit Astier a grevé d'hypothèque, en
faveur de tous les deux, le domaine qu'il possède dans la
commune d'Arctemonay, hameau de Reculais, lequel domaine

le sieur Astier a reçu en échange du sieur Pierre Michat, de Reculais, par acte reçu Me Julliet, notaire, le 3 juillet 1843.

Le sieur Astier déclare dans cet acte faire observer, tant dans son intérêt que dans celui de M..Gontier, qu'il est créancier de M. François Galland (d'où viennent les articles ci-dessus vendus) d'une somme principale de 1,500 fr., suivant obligation reçue Me Bedouin, notaire, le 1er octobre 1842, ce qui, au besoin, ajoute le sieur Astier, effectue d'autant l'emploi du prix ci-dessus fixé, et de laquelle somme, au surplus, le sieur Gontier sera recevable à opposer la compensation à la femme Astier pour la validité de sa libération.

Cette vente a été faite hors la présence de la femme Astier, qui n'était pas encore séparée de biens.

Plus tard, le sieur Astier a été exproprié.

Le 20 décembre 1850, sa femme a fait prononcer sa séparation de biens, et, le 2 janvier suivant, est intervenu le bail en paiement, portant la liquidation des reprises dotales de cette dernière à 2,755 fr., avec intérêts.

La femme Astier, après avoir demandé l'allocation de cette somme dans l'ordre suivi contre son mari, a fait assigner, le 31 juillet 1854, le sieur Gontier, pour lui procurer une allocation utile, et, à ce défaut, pour le faire condamner au paiement des 2,000 fr., prix de son immeuble, avec intérêts et dépens.

Un jugement du 29 avril 1857 a sursis à statuer jusqu'après la clôture de l'ordre ; — ce jugement, rendu sur les contredits, réserva à Gontier le droit de contester la quotité des reprises de la femme Astier.

Le 29 avril 1857, a eu lieu la clôture définitive ; un bordereau de collocation a été délivré à la femme Astier pour la somme de 3,754 fr., ci.................... 3,754f 60c

———————————

A reporter. 3,754f 60c

Report. . . .	3,754ᵗ 60ᶜ

Il restait libre pour elle, d'après ce bordereau, 1,485 fr. 72 cent., qu'elle a reçus le 6 juin
suivant, ci. 1,485 72

De sorte que, d'après la femme Astier, elle
éprouvait un déficit de 2,268 fr. 88 cent., ci. . .   2,268ᶠ 88ᶜ

L'affaire contre le sieur Gontier revint à l'audience.

La femme Astier soutint que son mari était tenu de fournir une hypothèque spéciale et suffisante; que l'acquéreur devait en surveiller l'utilité, puisqu'il s'en était fait consentir une dans son acte d'acquisition, et qu'il l'avait inscrite ; mais que ni cette hypothèque, ni l'hypothèque légale n'avaient rien produit; d'où la conséquence que M. Gontier devait repayer son prix de 2,000 fr. avec intérêts depuis le jour de la demande en séparation de biens.

Le sieur Gontier opposa le prétendu emploi dont il est question dans son acte d'acquisition du 19 décembre 1845.

Sur ces débats est intervenu un jugement du tribunal civil de Valence, du 17 août 1857, lequel a repoussé les moyens *en droit* invoqués par la femme Astier, et a condamné Gontier à lui payer, avec intérêts du 21 juin 1854, jour de la demande, une somme de 333 fr. 60 cent., et, en outre, aux dépens.

Voici les motifs de ce jugement :

Attendu que, d'après son contrat de mariage, Astier avait pouvoir d'aliéner les immeubles dotaux, à la charge d'hypothé-quer les deniers en provenant ;

Attendu qu'il résulte des documents produits que les deux pièces de terre vendues à Gontier, provenaient l'une et l'autre de François Galland, père de la femme Astier, et se trouvaient grevées, du chef de ce dernier, d'une double hypothèque au profit des sieurs Clément père et fils, pour un capital de 1.500 f.;

.Attendu que le bénéfice de ces hypothèques appartenait, il est vrai, à Astier, à l'époque de la vente du 19 décembre 1845, en vertu de l'acte de subrogation du 1er octobre 1842, mais que cette circonstance ne peut influer en rien sur la question du procès et explique seulement pourquoi c'est Astier lui-même qui a reçu le montant des créances hypothécaires dont il s'agit;

Attendu que le paiement fait entre ses mains a été nécessairement valable, à concurence du capital desdites *créances* et *de deux ans* et l'année courante sur les intérêts arréragés, car si Gontier ne l'avait pas fait volontairement, Astier, en sa qualité de créancier, aurait pu l'y contraindre par voie de sommation hypothécaire, et il ne pouvait évidemment être question d'emploi que pour la partie du prix restant libre après le paiement des dettes ;

Attendu qu'il importe peu que la part des dettes paternelles mise à la charge de la femme Astier, par l'acte de donation du 14 février 1845, fût de beaucoup inférieure à 1,500 fr., puisqu'elle était tenue hypothécairement pour le tout, et qu'au moment de la vente du 19 décembre 1845, Astier n'a fait qu'user du bénéfice de l'indivisibilité de son hypothèque en se faisant payer la totalité de sa créance sur le lot de sa femme;

Attendu qu'il n'est pas moins indifférent qu'il se soit plus tard comme mari, fait rembourser, par ses beaux-frères et belles-, sœurs, la part qu'ils devaient supporter; car, en admettant même la sincérité des quittances qui ont été produites, ce recours auquel Gontier est demeuré étranger ne saurait avoir eu pour résultat d'invalider un paiement valable à son origine.

Attendu que ce qui démontre surabondamment que Gontier est fondé dans son exception, c'est que s'il délaissait les immeubles qui ont fait l'objet de la vente du 19 décembre 1845, il pourrait ensuite, en vertu de l'art. 1251 du Cod. Nap., comme subrogé légalement aux droits de Clément et d'Astier, agir par voie d'hypothèque contre la demanderesse, et réduire ainsi pour elle le bénéfice du délaissement au chiffre pour lequel le tribunal reconnaît que sa demande est fondée.

Attendu que bien qu'elle ne le soit que pour une faible partie, Gontier, n'ayant fait aucune offre, doit être condamné à tous les dépens.

Par ces motifs, etc.

Sur l'appel de la femme Astier, la Cour a eu à statuer sur la question de validité d'emploi soumise aux premiers juges, et, en outre, sur la contestation du sieur Gontier relative à la quotité des reprises dotales de la femme Astier, suivant la réserve qui en avait été faite à Gontier dans le jugement rendu sur les contredits de l'ordre.

La Cour a tranché la question de droit autrement que les premiers juges, par les motifs qui suivent :

Attendu que par l'acte du 19 décembre 1845, Gontier a acquis, en pleine connaissance de cause, des immeubles qui étaient dotaux à Rose Gallard. femme du sieur Astier. son vendeur, et qui, d'après le contrat de mariage de celle-ci, ne pouvaient être aliénés qu'à la charge d'emploi, qu'ainsi il est devenu garant de la validité de cet emploi ;

Attendu que dans l'acte de vente précité, deux modes d'emploi avaient été stipulés : le premier, l'hypothèque légale de la femme Astier, ainsi que celle accordée à l'acquéreur sur les immeubles propres du mari, et le second relatif à la créance hypothécaire qu'avait celui-ci sur la totalité des biens du père de la femme d'où provenaient ceux vendus à Gontier, mais qui, d'après la donation-partage du 14 février 1845, avait été répartie sur chaque enfant du donateur ;

Attendu, quant au premier emploi, qu'il sera établi, par le compte ci-après, qu'il n'a été efficace que pour une portion des reprises dotales de la femme Astier ;

Attendu, quant au second, qu'il n'a été efficace également que pour une partie des dites reprises, c'est-à-dire à concurrence de la partie de la créance du mari qui était à la charge de la femme ;

Attendu que cette créance, telle qu'elle était portée dans la donation du 14 février 1845, était de 1,735 fr. et l'un des frères de la femme Astier étant préciputaire d'un quart, cette dernière n'était tenue que du cinquième de ladite créance. lequel cinquième, distraction faite du quart, arrivait à 260 fr.;

Attendu qu'il importe peu que la femme Astier soit tenue hypothécairement pour toute la créance, dès que cette action hypothécaire n'a pas eu d'effet vis-à-vis d'elle, son mari ayant reçu partiellement, de chaque cohéritier, la portion de ladite créance à leur charge;

Attendu que, par la même donation, la femme Astier était chargée de payer une soulte de 610 fr. à son frère préciputaire, et que celui-ci l'ayant déléguée à payer cette soulte aux créanciers indiqués dans l'acte, et, par conséquent, à son mari, elle est devenue débitrice de ce dernier de pareille somme de 610 fr., et que sa dette, quant à ce, s'est évidemment éteinte par la compensation avec pareille somme que son mari pouvait lui devoir sur ses reprises;

Attendu que, dans cette position, il ne s'agit plus que de faire le compte des reprises de la femme Astier et des imputations qu'elle doit subir;

Procédant à ce compte, la Cour arrive au même chiffre que les premiers juges, et confirme.

Arrêt du 13 avril 1859. — 1re chambre. — M. C. Royer, premier président; — M. Alméras-Latour, premier avocat général; — MM. Michal, Perrin, avoués; — MM. Mathieu de Ventavon, Casimir de Ventavon, avocats.

(*Article communiqué.*)

DOT. — ALIÉNATION. — AUTORISATION DE JUSTICE. — ALIMENTS.

La femme mariée sous le régime dotal, qui a obtenu de la justice l'autorisation d'aliéner sa dot, ne peut faire réparer le jugement duquel procède cette autorisation qu'autant qu'il résulte du jugement lui-même qu'elle a été accordée hors des cas prévus par l'art. 1558 du Cod. Nap.

Femme Crozel — C. veuve Fayard de l'Isle.

Par requête au tribunal de Valence, en date du 12 avril 1854, la dame Rose Repiton, assistée et autorisée de son mari, Jean-Louis Crozel, demanda l'autorisation de céder à la personne qui prêterait à son mari le capital destiné à payer ses créanciers la priorité de son hypothèque légale sur les biens de celui-ci, par le motif que, dans les circonstances où elle se trouvait, c'était le meilleur moyen de fournir des aliments à sa famille, qui utiliserait son travail sur ledit domaine.

Par jugement en date du même jour, le tribunal de Valence accorda l'autorisation demandée, par le motif que, par suite des documents produits et mis sous les yeux du tribunal, la demande de la dame Crozel rentre dans l'application de l'art. 1558 du Cod. Nap., puisqu'elle a pour objet de fournir des aliments à la famille. Les reprises dotales de la femme Crozel ne s'élevaient qu'à 1,200 fr., d'après la requête.

Ce jugement a été signifié à M. le Procureur impérial, le 24 du même mois d'avril.

Par acte reçu M\ Massonet, notaire à Beaumont, en date du 16 mai 1854, Mme de Montagnère, veuve de l'Isle, prêta au sieur Crozel une somme de 15,000 fr., payable dans le délai de huit ans, avec intérêt jusqu'au jour du paiement, lequel fut garanti par une hypothèque prise sur les immeubles du sieur Crozel. La somme prêtée devait être consacrée au paiement de toutes les dettes de Crozel. Sur la foi de cette destination, intervint à l'acte la dame Repiton, épouse Crozel, autorisée de son mari, laquelle agissant en vertu des pouvoirs à elle conférés par le jugement du 12 avril précédent, déclara céder à Mme veuve de l'Isle la priorité de son hypothèque légale, à raison des reprises qu'elle avait sur les biens de son mari.

Plus tard, Mme veuve de l'Isle ayant fait exproprier les immeubles hypothéqués à sa créance, ces immeubles furent adjugés à un sieur Joseph Bourguignon, rentier, demeurant à Romans, par jugement du 29 juin 1857, au prix de 16,300 fr.

Un ordre a été ouvert devant le tribunal de Valence, le 5 octobre 1857, pour la distribution de ce prix.

Mme de l'Isle a produit et obtenu collocation au premier rang des hypothèques pour la somme principale de 15,000 fr., et la dame Repiton n'a obtenu collocation qu'au second rang des hypothèques pour ses reprises matrimoniales.

Ce classement a été contredit par la femme Crozel, sur le motif que la cession de priorité consentie par elle à Mme de l'Isle, dans l'acte du 16 mai 1854, était illégale, la dot étant inaliénable.

A ce contredit, il a été répondu que l'engagement consenti par la femme Crozel, dans l'acte précité, était parfaitement valable, puisqu'il avait eu lieu en vertu d'une autorisation de justice, et de plus, par application de l'art. 1558 du Cod. Nap., puisque, selon les termes du jugement du 12 avril 1854, jugement qui a acquis aujourd'hui l'autorité de la chose jugée, cette aliénation de la dot a été permise pour fournir des aliments à la famille. Que d'ailleurs, en fait, si le sieur Crozel n'a pu payer les intérêts de l'emprunt, cela a tenu à la circonstance que les principaux produits de la propriété, consistant en deux vignes et mûriers, ont été anéantis par les maladies qui ont frappé les récoltes.

Ces contestations ayant été portées à l'audience, le tribunal de Valence, par jugement du 14 août 1858, a maintenu la subrogation consentie par la femme Crozel à son hypothèque légale.

Voilà les motifs du jugement :

Attendu que le consentement de la femme Crozel a été donné et le jugement rendu dans les termes et dans les cas prévus par l'art. 1558 du Code Nap., puisque l'emprunt contracté par le mari a eu pour effet de lui permettre de conserver son domaine, et de fournir par là des aliments à la famille ; que c'est ainsi que le jugement d'autorisation l'a considéré, et il faut reconnaître que la question a été examinée avec d'autant plus de soin, que le ministère public avait donné des conclusions contraires ;

Attendu que ce jugement, devenu 'définitif, a été sollicité par la femme Crozel elle-même, et que le ministère public, quoique d'abord d'un avis contraire, n'en a pas appelé, et que, dès lors, il y a lieu de maintenir ledit jugement dans tous ses effets, et toutes ses conséquences, autrement les décisions de la justice ne seraient qu'un leurre au moyen duquel des emprunteurs de mauvaise foi pourraient tromper les prêteurs, et faire ainsi leur profit du bien d'autrui ;

Par ces motifs, etc.

La femme Crozel a interjeté appel de ce jugement.

ARRÊT.

Attendu qu'il est de principe incontestable que la femme mariée sous le régime dotal, qui a obtenu de la justice l'autorisation d'aliéner tout ou partie de sa dot, ne peut être fondée à faire réparer le jugement qui lui a accordé cette autorisation que lorsqu'il résulte du jugement lui-même qu'elle a été accordée hors des cas prévus par l'art. 1558 du Cod. Nap. ;

Attendu, dans la cause, que la femme Crozel ayant exposé dans sa requête en permission de subroger à son hypothèque légale, que cette subrogation était nécessaire pour qu'elle pût fournir à sa famille des moyens d'existence, et le tribunal de Valence, par son jugement du 12 avril 1854, n'ayant accordé cette permission que parce que, d'après les documents produits par elle devant lui, elle devait avoir, en effet, pour résultat d'assurer des aliments à sa famille, il faut reconnaître que l'autorisation d'aliéner sa dot a été obtenue par la femme Crozel dans un des cas prévus par l'art. 1558, et qu'elle est, par suite, sans droit à demander la nullité de cette autorisation et de la cession par elle consentie le 16 mai 1854 ;

Adoptant, au surplus, les motifs des premiers juges,

La Cour confirme.

Arrêt du 14 mars 1859. — 1re chambre. — M. Royer, premier président ; — M. Pagès, substitut de M. le Procureur général; — MM. Michal, Allemand, avoués; — MM. Louis Michal, Mathieu de Ventavon, avocats (1).

———

DOT. — ALIÉNATION. — AUTORISATION. — TIERS DE BONNE FOI. — DENIERS. — VALEURS RÉELLES. — ACCROISSEMENT. — RESTITUTION.

La femme dotale peut être fondée à faire réparer le jugement qui lui a permis d'aliéner sa dot, lorsque cette permission a été accordée hors des cas prévus par la loi et par erreur de droit, mais non pas parce qu'elle l'aurait obtenue en exposant des faits inexacts qui auraient trompé la justice et que les tiers ne sont pas tenus de vérifier.

L'abandon de valeurs réelles et équivalentes à la somme que la femme a été autorisée à emprunter doit être considéré comme remplaçant le paiement en deniers de la somme elle-même.

La femme qui a accru sa dot avec l'argent qui lui a été compté ou les valeurs qui lui ont été remises, est tenue, comme toute autre de les restituer.

Femme Joannin — C. Faugier.

Il existait à Vienne une maison de banque sous la raison sociale Louis Mourreton et Debanne. M. Faugier en était commanditaire. En 1847, cette maison de commerce acheta une partie des biens appartenant à la famille Joannin. La dame Joannin, née Pirouard, en possédait une autre partie,

———

(1) Voyez la note qui accompagne l'arrêt suivant.

par suite d'arrangement constaté dans son contrat de mariage avec Camille Joannin, lequel est passé sous le régime dotal. La dame Camille Joannin et sa mère, veuve Pirouard, prirent à ferme les immeubles appartenant à la maison Mourreton, venus de l'ancien domaine Joannin, et le bail dura jusqu'à la Toussaint 1849. Le 3 janvier 1850, la dame Camille Joannin exposa, dans une requête au tribunal, qu'elle avait à payer sur ses biens dotaux les six seizièmes de 2845 fr. 60 c.; que, d'autre part, dans le lot qu'elle avait des immeubles Joannin, il n'existait pas de maison d'habitation ; qu'il y avait nécessité pour elle de bâtir une maison sur ces immeubles, et pour le tout elle demandait l'autorisation d'emprunter avec hypothèque une somme de 5,000 fr. Par jugement dudit jour, elle fut autorisée aux fins de sa requête. Un acte obligatoire, en date du 13 avril 1850, constate que la maison Mourreton a fait à la dame Joannin le prêt de ladite somme avec affectation hypothécaire. La maison Mourreton ayant ensuite liquidé ses affaires, il intervint, par acte notarié du 28 février 1852, entre les divers associés, un partage des créances non encore recouvrées et celle sur la dame Joannin, échut au lot de M. Faugier. La dame Joannin ayant, en 1853, affermé ses biens personnels, transporta à M. Faugier, par acte notarié du 26 février 1854, le bénéfice de ce bail. En 1855, elle passa trois ventes de partie de ses immeubles, et elle en délégua le prix à M. Faugier.

M. Faugier n'étant pas payé ni des uns ni des autres, se décida, en 1857, à faire des poursuites, soit contre les fermiers délégués, soit contre les tiers-détenteurs d'immeubles de la femme Joannin frappés de l'hypothèque de 1850, enfin contre la dame Joannin elle-même. Ces poursuites amenèrent des oppositions, et il fut alors soutenu par la dame Joannin que l'obligation du 13 avril 1850 était nulle, sauf pour ce qui concernait les six seizièmes de la dette provenant du père Joannin ; que, pour le surplus, il n'avait été remis aucun fonds par la maison Mourreton, et que la véritable cause de l'obligation était le paiement de dettes personnelles à Camille Joannin ou de prix de ferme dus par la dame Joannin, ce qui n'autorisait pas l'aliénation de sa dot.

Le 9 février 1858, le tribunal de Vienne décida qu'il résultait des réponses de M. Mourreton que les fonds de l'obligation n'avaient pas été fournis, sauf pour la somme de 1164 f., pour payer une dette grevant la dame Joannin, que, pour le surplus, l'obligation s'était compensée avec des prix de ferme dus par la dame Joannin, et par suite il annula toute cette partie de l'obligation.

Voici les motifs du jugement :

Attendu que le jugement du 3 janvier 1850, qui autorise la dame Joannin, mariée sous le régime dotal et séparée, quant aux biens, d'avec son mari, à contracter un emprunt, indique d'une manière précise l'emploi des deniers à provenir dudit emprunt ;

Attendu que Louise Pirouard, femme Joannin, demande la nullité de l'acte obligatoire qu'elle a consenti en vertu de cette autorisation le 13 avril 1850, comme entaché de simulation et n'ayant pour objet que de désintéresser des créanciers antérieurs et non point de faire des réparations à ses immeubles dotaux ;

Attendu que cette demande est fondée sur un fait de fraude à la loi, et qu'aux termes de l'art. 1353 du Code Napoléon les magistrats ont le droit, en pareil cas, de se décider par des présomptions graves, précises et concordantes, nonobstant les énonciations des actes authentiques ;

Attendu qu'il ne peut être sérieusement contesté, en présence des documents versés au procès, notamment de la déclaration faite à la barre par M. Louis Mourreton, que la somme empruntée par Louise Pirouard, le 13 avril 1850, n'a pas été entièrement consacrée aux besoins de la dot ; qu'en effet, à l'exception de

1,164 fr. payés au sieur Mottard, le surplus a été compensé avec des prix de ferme dus aux sieurs Mourreton et Ce, bailleurs de fonds ;

Attendu que les deniers empruntés par la femme Joannin ayant été détournés de leur but, l'acte du 13 avril 1850 doit être annulé ;

Attendu, néanmoins, que nul ne peut s'enrichir aux dépens d'autrui, et qu'il est reconnu au procès que 1,164 fr. provenant de cet emprunt ont été utilement employés;

Attendu que si bien M. Faugier, agissant en qualité de cessionnaire en vertu d'un transport du 26 février 1854, invoque la qualité de tiers-porteur de bonne foi devant être protégé par l'autorité du jugement du 3 janvier, rendu et obtenu dans l'un des cas prévus par la loi, sa qualité de commanditaire de la maison Louis Mourreton et Ce lui rend inapplicable cette doctrine ;

Attendu que si bien encore M. Faugier invoque le bail du 22 juin 1857 qui l'établirait créancier de Louise Pirouard d'une somme environ égale à celle portée en sa demande, résultant soit du prix de ferme, soit de la valeur du cheptel, ce sont là des créances d'origine différente, tandis qu'il a procédé dans l'instance actuelle par voie de commandement, en vertu de l'obligation du 13 avril 1850.

M. Faugier a interjeté appel de ce jugement contre la dame Joannin, et celle-ci a appelé incidemment quant au chef relatif aux 1,164 fr.

ARRÊT.

Attendu que la dame Joannin, autorisée par son mari, a obtenu, le 3 janvier 1850, un jugement du tribunal de Vienne, qui l'autorise à emprunter une somme de 5,000 fr. et à hypothéquer et à aliéner ses immeubles dotaux jusqu'à concurrence de cette somme, en exposant dans sa requête, d'abord, que du chef de ses père et mère elle était débitrice des six seizièmes de la somme de 2,845 fr. 60, grevant lesdits immeubles, et pour le paiement desquels elle pouvait être poursuivie, et en exposant ensuite qu'il y avait nécessité et avantage pour elle à construire, sur ces mêmes immeubles, une maison d'habitation indispensable pour leur exploitation et le logement de sa famille, qui devait en augmenter la valeur;

Attendu que la dame Joannin, après avoir déclaré à la justice que ses biens dotaux étaient grevés d'une dette et avoir ainsi obtenu d'elle la permission d'emprunter et de vendre pour la payer, ne saurait être admise à soutenir et à prétendre, vis-à-vis des tiers qui lui ont prêté sur la foi due à une décision judiciaire, que cette dette n'existait pas et n'était pas la sienne, parce qu'il est de principe que la femme dotale ne peut être fondée à faire réparer le jugement qui lui a permis d'aliéner sa dot que lorsque cette permission a été accordée hors des cas prévus par la loi et par erreur de droit, mais nullement parce qu'elle l'aurait obtenue en exposant des faits inexacts qui auraient trompé la justice, et que les tiers ne sont pas tenus de vérifier;

Attendu, dès lors, que la dame Joannin ne saurait être ni recevable, ni fondée à quereller l'emprunt qu'elle a fait pour payer la somme de 1,164 fr. formant les six seizièmes de celle de 2,845 fr. 60 c., et qu'elle doit d'autant moins être écoutée dans l'appel incident qu'elle a interjeté à cet égard, qu'il a été clairement établi qu'elle a été au moins tenue hypothécairement au paiement de ladite somme, et que, soit dans son opposition au commandement à elle signifié, soit dans ses conclusions devant les premiers juges, elle a constamment offert ce paiement;

Attendu, quant au surplus de la somme de 5,000 fr., montant de l'obligation du 13 avril 1850, que s'il est vrai, comme l'ont pensé les premiers juges, que d'après la déclaration de Mourreton, expliquant que les fonds de ce surplus avaient été faits à la dame Joannin en lui abandonnant des récoltes perçues et à percevoir, et un cheptel, et en la tenant quitte de prix de ferme par elle dus, il incombe à Faugier, porteur de cette obligation, de prouver que la somme empruntée a été ainsi fournie à la dame Joannin et qu'elle a tourné au profit de sa dot en recevant l'emploi auquel elle devait être appliquée, il est vrai aussi que si cette preuve est faite, il importera peu qu'au lieu d'argent elle ait reçu, lors de l'obligation, d'autres valeurs qui lui en ont

tenu lieu, et qu'elle devra être tenue de l'acquitter, comme si
une somme d'argent lui avait été comptée, et qu'avec cet argent
elle eût construit la maison pour laquelle elle avait été autorisée
à emprunter ;

Attendu, à cet égard, que les débats qui ont eu lieu devant la
Cour et l'examen des livres de M. Mourreton ont clairement
établi que ce dernier avait fait à la dame Joannin l'avance des
frais de l'obligation du 13 avril 1850, dépassant 200 fr. ; qu'au
moment de cette obligation, elle avait en sa possession un cheptel
de 1,104 fr. appartenant à Mourreton ; qu'elle avait également
en sa possession une partie des récoltes de l'année précédente ;
qu'elle avait en terre la récolte à percevoir dans cette même
année 1850, et qui devait lui fournir le moyen de payer un prix
de ferme de 2,500 fr. ; que Mourreton, qui avait son privilége
de propriétaire, aurait pu pratiquer des exécutions contre sa fermière pour assurer sur toutes ces valeurs le paiement de ce qui
lui était dû par la dame Joannin sa fermière, et qu'en renonçant
à ces exécutions et en libérant cette dernière, il lui avait réellement abandonné et livré des valeurs réelles et équivalentes à
la somme d'argent qui devait compléter l'emprunt de 5,000 fr.
et servir à la construction de la maison ;

Attendu que de ces mêmes débats il est également résulté la
preuve que la dame Joannin qui, dans sa requête en autorisation d'emprunter, avait déclaré n'avoir aucune ressource pour
faire cette construction, l'a réellement faite, qu'elle a coûté une
somme de 4,000 fr. au moins, qui était le montant du devis dont
elle avait appuyé sa demande d'emprunt; que c'est dans la valeur
des récoltes et du cheptel dont Mourreton lui a laissé la libre
disposition qu'elle a trouvé le moyen de construire, et qu'ainsi
cette valeur, jointe à la libération de ses prix de ferme, avait
remplacé dans ses mains l'argent qu'elle n'avait pas reçu, et
qu'elle n'aurait pu recevoir qu'en restant sous le coup d'exécutions qu'il lui était avantageux de prévenir ;

Attendu qu'en présence de ces preuves la dame Joannin,
grâce aux accords intervenus entre elle et Mourreton, lors de
l'obligation du 13 avril 1850, s'étant tout à la fois libérée et
ayant augmenté ses immeubles dotaux de la valeur de la maison
qu'elle a fait construire, sa prétention de faire annuler cette
obligation, comme renfermant une fraude à la loi et une aliéna-

tion de sa dot hors des cas prévus par elle doit être repoussée, non seulement parce que les fonds de l'obligation ont été faits et parce que le but qu'elle s'était proposé en empruntant a été atteint avec ces fonds légalement empruntés, mais aussi parce que la femme dotale, qui a accru sa dot avec l'argent ou les valeurs qui lui ont été remis, est tenue, comme tout autre, de les restituer, en vertu de ce principe d'éternelle justice qui ne permet à personne de s'enrichir au détriment d'autrui ;

Attendu que, d'après les solutions qui précèdent, il y a lieu de faire droit à l'appel principal et de réformer une décision qui n'est conforme ni aux faits établis ni aux règles du droit ;

Par ces motifs, la Cour, ouï M. Alméras-Latour, premier avocat général, en ses conclusions motivées, sans s'arrêter à l'appel incident de la dame Joannin envers le jugement du tribunal civil de Vienne du 9 février 1858, ni à aucune de ses conclusions, tant principale que subsidiaire, dont elle est déboutée, faisant droit au contraire à l'appel principal de Faugier et tout ce que les premiers juges auraient dû faire, déclare bonne et valable pour le tout l'obligation du 13 avril 1850, et exécutoire contre la dame Joannin, en vertu du jugement du 3 janvier 1850, qui l'avait autorisée à emprunter, et en conséquence la déboute de son opposition au commandement qui lui a été notifié le 23 août 1857 ; permet à Faugier de continuer ses exécutions sur les biens dotaux ; condamne ladite dame Joannin aux dépens des instances, et ordonne que l'amende consignée sera restituée.

Arrêt du 21 mars 1859, — 1re chambre. — M. Royer, premier président ; — M. Alméras-Latour, premier avocat général ; — MM. Eyssautier, Rey, avoués ; — MM. Mathieu de Ventavon, Bovier-Lapierre, avocats.

La cour de Caen a jugé, le 12 juin 1842 (S. 42. 2. 462), que si l'autorisation d'aliéner un immeuble dotal a été accordée *dans l'un des cas prévus par la loi*, et que si toutes les formalités voulues ont été remplies, l'acquéreur de l'immeuble est à l'abri de toute recherche, et qu'on ne peut prétendre contre lui que les *faits allégués pour motiver l'aliénation n'étaient pas vrais*.

Mais le même arrêt a jugé que si l'autorisation a été
donnée *hors des cas prévus par la loi*, ou que si les formalités prescrites n'ont pas été observées, l'acquéreur ne peut
se prévaloir du jugement d'autorisation pour repousser la
revendication exercée contre lui.

Cette dernière doctrine avait déjà été consacrée par un
arrêt de la Cour de Grenoble, du 4 août 1832 (S. 33. 2. 427).

On la retrouve dans un autre arrêt de la même Cour, du
9 novembre 1839 (S. 40. 2. 209), qui a jugé que lorsque des
tiers ont contracté avec la femme, sur la foi d'une autorisation de la justice, la femme n'est pas recevable à quereller
son engagement, *sous prétexte* que l'autorisation serait contraire à la loi.

Elle résulte enfin d'un arrêt de rejet du 25 mai 1840 (S. 40.
1. 699), et d'un arrêt de la cour de Lyon du 4 juin 1841
(S. 41. 2. 612).

La Cour de Grenoble a décidé le 1er avril 1854 (*ancien
Journal de la Cour*, tome 14, p. 296) que le jugement sur
requête accordant à la femme l'autorisation d'aliéner sa dot
ou de céder la priorité de son hypothèque légale, n'a pas
l'autorité de la chose jugée; que si donc l'autorisation a eu
lieu *hors des cas spécifiés dans la loi*, la femme peut faire
annuler les engagements pris en vertu de ce jugement.

Cet arrêt n'est pas contraire à ceux qui viennent d'être
rappelés. Dans l'espèce, il s'agissait d'une autorisation évidemment accordée *hors des cas prévus*. Voici, en effet, le
motif de l'arrêt : « Attendu que les tiers qui ont contracté
« avec Lambert, en lui prêtant leurs fonds, ne sont pas
« admissibles à prétendre qu'ils ne peuvent être responsa-
« bles d'une erreur du juge, parce que cette erreur, portant
« non sur LE FAIT, mais sur LE DROIT, qu'ils ne pouvaient
« prétendre ignorer, ne les affranchissait pas de l'obliga-
« tion de vérifier par eux-mêmes si l'autorisation donnée à

« la femme Lambert d'engager sa dot, se trouvait effective-
« ment *dans les cas spécifiés par la loi d'une manière res-*
« *trictive.* »

Fréd. TAULIER.

NOTAIRE. — ACTION DISCIPLINAIRE. — RÉSIDENCE. — INTÉRÊT PERSONNEL.

I. — *L'infraction à la loi sur la résidence peut être poursuivie disciplinairement contre un notaire par le ministère
public.* (Loi du 25 ventôse an XI, art. 3, 5, 53.)

II. — *Un notaire ne peut recevoir une obligation qui
remplace un billet dont il s'était rendu personnellement
caution, sans contrevenir à l'art. 12 de l'ordonnance du
4 janvier 1843, lorsqu'il reste caution de l'obligation comme
il l'était du billet.*

La première question n'était pas contestée.

Sur la deuxième question, voici les motifs adoptés par
l'arrêt :

Attendu qu'il est prouvé, par les enquêtes et les aveux du
notaire, que, le 20 décembre 1849, il a reçu une obligation de
2.000 fr. en remplacement d'une promesse privée dont il s'était
rendu caution postérieurement à sa passation ; que ce notaire
est resté caution de l'obligation, comme il l'était de la promesse, et qu'en recevant ainsi un acte obligatoire qui l'intéres-
sait nécessairement, il a contrevenu à l'art. 12 de l'ord. du
14 janvier 1843, qui défend aux notaires de recevoir un acte
dans lequel ils ont un intérêt quelconque....

Arrêt du 30 mai 1859. — 1re chambre : — M. Royer, premier président ; — M. Alméras-Latour, premier avocat général ;
— M. Mathieu de Ventavon, avocat.

TRIBUNAL CORRECTIONNEL.—- MINISTÈRE PUBLIC. — TÉMOINS NON ASSIGNÉS. — LECTURE DE DÉPOSITIONS RECUEILLIES DANS L'INFORMATION.

En matière correctionnelle, le ministère public a le droit, en faisant l'exposé prescrit par l'art. 190 du Code d'instruction criminelle, de lire les dépositions recueillies dans l'information, même faite officieusement et sans prestation de serment par le juge de paix, alors surtout qu'un certain nombre de témoins à charge ont été assignés par le ministère public pour déposer à l'audience.

Bertrand — C. ministère public.

Jugement du tribunal correctionnel d'Embrun, en date du 17 février 1859, ainsi conçu :

Attendu, en fait, qu'au moment où M. le procureur impérial, après avoir lu les procès-verbaux, présentait l'exposé de l'affaire, et se disposait à donner lecture au tribunal d'une enquête officieuse, émanée du juge de paix de Chorges, Me Bouchet, avocat, a pris des conclusions au nom de Bertrand, ainsi conçues : « Plaise au tribunal déclarer qu'il ne sera pas donné lec- « ture des dépositions écrites des témoins entendus devant « M. le juge de paix du canton de Chorges, et qui n'ont pas « été assignés devant le tribunal pour déposer à l'audience, « conformément aux dispositions de l'art. 155 du C. d'instr. « crim.. »

Attendu, en droit, que l'art. 190 du C. d'instr. crim. dispose que le premier acte d'instruction à l'audience sera l'exposé de l'affaire par le procureur impérial ; que cet exposé n'est assujetti à aucune forme particulière et ne doit recevoir de limites que de la seule appréciation du magistrat du ministère public ; que, dès lors, ce magistrat peut faire figurer dans cet exposé tous les documents qui sont à sa disposition ;

Attendu que le même article proclame le principe de la publicité, mais que ce principe, établi dans l'intérêt de la défense, est respecté dès l'instant que tous les faits et documents de la cause sont l'objet d'un débat contradictoire ; que, dans l'espèce, le procureur impérial se soumettait à cette règle en donnant publiquement lecture des pièces qui pouvaient ensuite être discutées par la défense ;

Attendu que si l'art. 189 du C. d'instr. crim. renvoie aux art. 154, 155 et 156 du même Code, pour la preuve des délits correctionnels. aucun de ces articles, non plus qu'aucun autre article, n'exclut la preuve littérale ; qu'il y a lieu, au contraire, d'en admettre l'usage. puisque l'art. 154, lequel n'est pas limitatif. dispose que les contraventions seront prouvées par *procès-verbaux ou rapports*, et n'autorise le recours à la preuve testimoniale qu'à *défaut de rapports et procès-verbaux à leur appui ;* que dans la preuve littérale, il faut nécessairement comprendre les dépositions écrites, sauf à distinguer si elles ont été reçues ou non sous la foi du serment, et à accorder à celles-ci telle autorité que de raison ; que, dans l'espèce, le juge de paix de Chorges. au lieu de recevoir les déclarations des témoins sous la forme ordinaire des dépositions. aurait pu, se les appropriant. les consigner dans un procès-verbal dont la lecture ne pouvait souffrir de difficulté, ce qui démontre le fondement peu sérieux de l'incident ;

Attendu que le recours aux enquêtes officieuses usité dans les affaires sur citation directe a pour effet d'en rendre la marche plus rapide. et offre aux prévenus l'avantage incontestable d'économiser les frais des procédures qui, plus tard, peuvent être mis à leur charge ; que, par suite, il est de leur intérêt de maintenir ;

Attendu que les magistrats en matière correctionnelle. assimilés à de véritables jurés. peuvent puiser partout où ils jugent convenable. les éléments de leur conviction : qu'on ne saurait leur dénier le droit de consulter. dans la salle des délibérations, tous les documents d'une procédure : d'où il suit qu'il serait dangereux pour la défense de s'opposer à la lecture de ces documents et d'empêcher ainsi les débats contradictoires que cette lecture peut provoquer ;

Attendu que l'art. 319 du C. d'instr. crim., invoqué par la

défense, n'est pas applicable, puisqu'il régit l'instruction des affaires de grand criminel devant la Cour d'assises ;

Attendu, au surplus, que deux témoins à charge avaient été diligentés par le ministère public, pour comparaître à l'audience, et qu'ils venaient de répondre à l'appel de l'huissier; qu'en admettant avec la défense l'absolue nécessité de l'audition des témoins devant le tribunal, cette condition se trouvait accomplie, et que le jugement à intervenir n'eût pas manqué de la base à laquelle on prétend en subordonner la validité ;

Par ces motifs, le tribunal, ouï M. Barral, procureur impérial en ses réquisitions, dit qu'il n'y a pas lieu de s'arrêter aux conclusions de Me Bouchet.

Appel par le prévenu.

ARRÊT.

La Cour, adoptant les motifs des premiers juges, confirme.

Arrêt du 24 mars 1859.— 4e chambre.— M. Petit, président; — M. Gautier, avocat général ; — M. Fréd. Taulier, avocat.

Les principes exprimés dans le jugement n'étaient pas contestés devant la Cour d'une manière absolue. Mais, l'appelant faisait observer que deux témoins seulement avaient été assignés devant le tribunal par le ministère public; que, sur ces deux témoins, l'un était la partie plaignante elle même, que la déposition de l'autre avait peu d'importance, de telle sorte qu'en définitive et abstraction faite d'une déposition évidemment suspecte, la preuve allait être puisée principalement en dehors des débats publics de l'audience, ce qui constituait, non l'usage, mais l'abus du droit de rechercher la vérité même dans les dépositions écrites.

DÉCISIONS ADMINISTRATIVES.

Nous publions l'arrêté suivant de M. le préfet de l'Isère, qui est trop peu connu et qu'il est cependant utile de connaître, ainsi que l'expérience l'a démontré dans un procès récent où des réparations civiles étaient demandées par un ouvrier auquel un éboulement avait causé de graves blessures :

Nous, préfet du département de l'Isère,

Vu les arrêtés pris les 14 décembre 1840 et 5 août 1851 par nos prédécesseurs, portant règlement pour l'exploitation des mines de lignite, dans l'arrondissement de la Tour du Pin ;

Vu notre arrêté du 2 août 1852, prescrivant de nouvelles conditions aux exploitants desdites mines, en vue de prévenir les accidents qui peuvent survenir dans les travaux d'exploitation ;

Vu les propositions de M. l'ingénieur en chef des mines, tendant à réunir dans un seul arrêté, toutes les mesures de police prescrites par les trois arrêtés ci dessus visés ;

Vu la loi du 21 avril 1810, le décret du 3 janvier 1813, la loi du 27 avril 1838 et l'ordonnance réglementaire du 26 mars 1843 ;

Considérant que la fusion des trois arrêtés ci dessus visés aura pour effet de simplifier l'exécution des dispositions qu'ils renferment ; qu'elle sera, dès lors, d'une grande utilité pour les exploitants des mines de lignite, puisqu'elle en rendra plus facile l'intelligence ;

Adoptant les propositions de M. l'ingénieur en chef des mines,

Arrêtons :

Art. 1er. — Les exploitations des mines de lignite de l'arrondissement de la Tour du Pin seront visitées une fois par mois par le garde-mines, non compris les visites de MM. les ingénieurs.

Art. 2. — Les exploitants sont tenus d'accompagner les ingénieurs et le garde-mines, toutes les fois qu'ils se présenteront pour inspecter les galeries. Ils devront se conformer à leurs instructions en ce qui concerne la bonne direction des travaux, la sûreté des ouvriers et la conservation des mines.

Art. 3. — La largeur à donner aux tailles ou ateliers d'abattage sera réglée d'après la nature du toit.

Cette largeur ne pourra excéder :

Pour un toit en *poudingue dur*................ 5 mèt.
— en *poudingue demi-dur*.......... 4
— en sable plus ou moins mêlé de cailloux et en marne sablonneuse... 3

Art. 4. — Sous le *poudingue dur* ou *demi-dur*, il y aura toujours à la taille, derrière les ouvriers, au moins deux étançons, indépendamment de ceux que l'état de la galerie rendra indispensables. Le nombre de ces étançons sera porté à trois, quand le toit sera sablonneux ou composé de sable mêlé de cailloux.

Art. 5. — Quelle que soit la nature du toit, la galerie principale servant à la sortie au jour, des matières, sera remblayée à mesure de son avancement à l'aide des débris de rocher provenant de l'extraction du lignite, de manière que sa largeur n'excède pas un mètre cinquante centimètres, dimension suffisante pour le roulage. Toutefois, cette largeur pourra être portée à deux mètres cinquante centimètres sur une longueur de quinze mètres à partir du jour, pour permettre l'entrepôt du lignite pendant la mauvaise saison.

Les exploitants sont d'ailleurs autorisés à établir dans la même galerie des gares d'évitement distancées de vingt-cinq mètres au moins et ayant au plus trois mètres de longueur et de largeur.

Partout où les ingénieurs et le garde-mines reconnaîtront que la galerie de roulage présente quelque danger d'éboulement, l'exploitant devra la boiser solidement.

Art. 6. — Conformément aux dispositions de la loi, les exploitants sont tenus de fournir à l'ingénieur des mines, toutes les fois qu'il leur en fera la demande, un plan exact de leurs travaux souterrains, sous peine de la levée de ce plan d'office et à leurs frais.

Art. 7. — Aussitôt qu'un accident, quelle qu'en soit la cause, ayant occasionné la mort ou des blessures graves à un ou plusieurs ouvriers, sera survenu dans une mine, l'exploitant devra prévenir le maire de la commune, et en même temps écrire ou faire écrire à l'ingénieur des mines résidant à Grenoble, pour lui transmettre la même information.

En cas d'absence ou d'un empêchement quelconque, l'exploitant devra avoir, sur les lieux, un préposé ou représentant chargé de remplir l'obligation ci-dessus, en sorte que dans tous les cas, il sera responsable de la contravention.

Art. 8. — Toutes les contraventions aux mesures ci-dessus prescrites seront constatées, dénoncées et poursuivies conformément aux art. 95 et 96 de la loi du 21 avril 1810.

La suspension ou l'interdiction des travaux reconnus dangereux pourra en outre être prononcée administrativement en vertu de l'art. 50 de la même loi et de l'art. 8 de la loi du 27 avril 1838, sans préjudice de l'exécution d'office, aux frais de l'exploitant, des ouvrages conservatoires jugés nécessaires, qui pourra avoir lieu par application de l'art. 4 de l'ordonnance réglementaire du 26 mars 1843.

Art. 9. — Conformément aux art. 22 et 30 du décret du 3 janvier 1813, en cas d'accident qui aurait occasionné la mort ou des blessures à une ou plusieurs personnes par la faute de l'exploitant ou d'un ouvrier, celui-ci sera traduit devant les tribunaux pour l'application, s'il y a lieu, des art. 319 et 320 du Code pénal, indépendamment des dommages-intérêts qui pourraient être alloués au profit de qui de droit.

Art. 10. — Le présent arrêté sera publié et affiché dans toutes les communes de l'arrondissement de la Tour du Pin, où il existe des exploitations de lignite, et inséré au *Recueil administratif*.

M. l'ingénieur en chef des mines est chargé d'en surveiller l'exécution.

En préfecture, à Grenoble, le 15 décembre 1855.

Le Préfet de l'Isère,

J. Bérard.

ARRÊTS.

FEMME COMMERÇANTE. — MARIAGE. — CONSTITUTION DE BIENS PRÉSENTS. — PATENTE. — FAILLITE. — SYNDIC PROVISOIRE. — APPEL. — FIN DE NON-RECEVOIR.

La femme qui est commerçante au moment de son mariage ne doit pas être considérée comme ayant continué son commerce, par ce seul motif que la patente a été maintenue sous son nom, s'il résulte des circonstances que son commerce a réellement passé sur la tête du mari, et qu'elle n'a été ni l'associée de celui-ci, ni marchande faisant un commerce séparé.

Cela est surtout vrai lorsque, par l'effet d'une constitution de biens présents, les marchandises de la femme ont passé au pouvoir du mari.

Malgré l'inaction du syndic provisoire de la faillite d'abord déclarée contre la femme, des créanciers de celle-ci sont recevables dans l'appel qu'ils forment envers le jugement qui a révoqué la déclaration de faillite.

Le syndic provisoire, mis en cause par les appelants, en qualité de syndic provisoire de la faillite de la femme, ne peut prendre des conclusions ni faire des réserves en qualité de syndic provisoire de la faillite du mari.

Frères Gelay — C. dame Allemand.

Marie Achard, marchande et patentée comme telle, s'est mariée, en 1856, avec le sieur Jean Allemand. D'après leur contrat de mariage, la future s'est qualifiée de couturière, le futur de propriétaire; ils ont adopté le régime dotal avec société d'acquêts; la future s'est constitué un trousseau et des meubles meublants d'une valeur de 1,500 fr., plus 5,000 fr. en valeurs ou espèces; le mari a pris charge dès le jour de la célébration du mariage. A partir de ce jour, bien que la patente ait été maintenue sous le nom de Marie Achard, femme Allemand, le commerce continua sous le nom du mari, à ne consulter que la majorité des pièces consistant en factures, règlements d'icelles, traites en recouvrements, billets à ordre, lettres de change, poursuites et exécutions. En outre, c'est contre lui qu'eut lieu la saisie des marchandises du magasin occupé par les époux Allemand, le 24 juin 1858, et ces marchandises ont été vendues aux enchères, à la requête de l'un des demandeurs en déclaration de faillite. Nonobstant ces circonstances établissant que le commerce se faisait sur la tête du mari et non de la femme, qui avait été obligée de faire prononcer sa séparation de biens, suivant jugement en date du 27 juillet 1858, suivi d'exécution d'après les formes de la loi, les sieurs Meyssat et consorts ont provoqué la déclaration de faillite de la femme qu'ils ont présentée comme commerçante, et ont fait prononcer cette faillite contre Marie Achard, par jugement en défaut du 13 novembre dernier, qui nomme pour syndic M. Eugène Bone, commis-greffier près le tribunal de première instance séant à Gap. Ce même jour, à la diligence du syndic, les scellés ont été apposés au domicile des époux Allemand par M. le juge de paix. Marie Achard, femme Allemand, ne s'étant jamais considérée comme commerçante depuis son mariage, autrement que pour seconder son mari dans son négoce, a formé opposition à ce jugement déclaratif de faillite par exploit des 16 et 19 novembre, signifié au syndic et aux créanciers poursuivants, contenant assignation à comparaître devant le tribunal de Gap, jugeant commercialement, pour voir rabattre le défaut.

4 décembre 1858, jugement.

Attendu que s'il résulte de diverses pièces qui ont été versées au procès que Marie Achard s'est, depuis son mariage, occupée de commerce, et a même souscrit, à raison de ce commerce, des effets et billets de commerce, il en résulte en même temps que ce commerce a été, depuis le jour même de son mariage, sur la tête de son mari; que, en effet, dès ce jour, toutes les marchandises qui se trouvaient en la possession de sa femme ont passé sur sa tête par l'effet de la constitution que se faisait celle-ci de tous ses biens présents; que c'est en son nom que, depuis lors, et notamment depuis le mois d'avril 1856, ont été constamment faits les achats de marchandises; que c'est lui qui a habituellement souscrit les billets en règlement; que c'est sur lui qu'ont été tirées les traites des fournisseurs et contre lui qu'ont été dirigées les poursuites, et notamment la saisie qui a été pratiquée dans le magasin du commerce, par procès-verbal du 24 juin dernier, et que si la femme a été quelquefois comprise dans ces poursuites, ce n'a été que lorsqu'elle avait elle-même signé les billets et s'était ainsi obligée avec son mari;

Attendu qu'il faut, d'après ces faits, reconnaître que la femme Allemand n'a point fait un commerce séparé de celui de son mari, mais qu'elle a seulement aidé celui-ci dans le commerce qu'il faisait lui-même, lui a tenu lieu de facteur et a été *quasi ejus institrix*;

Attendu que, s'il en a été ainsi, la femme Allemand n'a pas été et n'a pu être réputée marchande publique; qu'elle ne pouvait donc être déclarée en état de faillite; que c'est donc à tort, et sans fondement que la faillite a été provoquée par les créanciers de son mari et déclarée; qu'il y a donc lieu de la relever;

Attendu que si le jugement qui a déclaré sa faillite et les actes qui l'ont suivi ont pu lui causer quelque dommage, elle a à s'imputer d'avoir laissé subsister sur sa tête la patente ; que, d'ailleurs, ce préjudice ne peut être que très-minime, en sorte que l'adjudication des dépens et l'insertion du présent dans les journaux de la localité sera pour elle une indemnité suffisante ;

Par ces motifs, le tribunal, jugeant en matière de commerce et en premier ressort, déclare bien intervenue, tant à la forme qu'au fond, l'opposition formée par Marie Achard, femme Allemand, envers le jugement en défaut qui la déclare en état de faillite, dit en conséquence que ce jugement sera comme non avenu, qu'il n'y sera donné aucune suite, etc....

Les frères Gelay, créanciers, ont appelé de ce jugement.

La dame Allemand a soutenu que l'inaction du syndic provisoire de sa faillite devait les faire déclarer non recevables dans leur appel.

Le syndic provisoire, mis en cause par les appelants, en qualité de syndic provisoire de la faillite de la dame Allemand, a pris des conclusions et fait des réserves en qualité de syndic provisoire de la faillite du mari.

ARRÊT.

Attendu que c'est contre les appelants que la femme Allemand a formé opposition au jugement qui l'avait déclarée en faillite, et que c'est à leur encontre qu'elle a obtenu le jugement dont est appel, qui l'a réparé ;

Attendu que, parties dans ce jugement, ils ont eu le droit d'en interjeter appel à leurs risques et périls pour faire maintenir la déclaration de faillite par eux provoquée, le syndic provisoire ne pouvant être saisi des droits et actions de la faillite que du jour où cette faillite est définitivement déclarée, et qu'ainsi l'inaction de ce syndic ne saurait les faire déclarer non recevables dans leur appel ;

Attendu, au fond, que les stipulations du contrat de mariage de la femme Allemand étant formellement exclusives de la continuation du commerce qu'elle faisait, elle n'a pu, aux termes des articles 4 et 5 du Code de commerce, être considérée que comme la factrice du commerce fait par son mari, et qu'elle ne saurait, par conséquent, être mise en faillite, ni comme faisant un commerce séparé, ni comme associée de son mari ;

Adoptant, au surplus, les motifs des premiers juges ;

Attendu que Bone, syndic provisoire de la faillite de la femme Allemand, appelé en cause par les appelants, en cette qualité qu'il va perdre définitivement par la confirmation du jugement dont est appel, ne saurait avoir le droit de prendre des conclusions ni de faire des réserves en qualité de syndic de faillite du mari Allemand, et que, sauf à lui à agir en cette dernière qualité, ainsi et comme il avisera pour faire valoir les droits des créanciers contre qui de droit et même contre la femme Allemand, s'il y a lieu, c'est le cas de le débouter de ses réserves et de confirmer le jugement dont est appel ;

Par ces motifs, la Cour confirme.

Arrêt du 10 mars 1859. — 1re chambre.— M. Royer, premier président ;— M. Alméras-Latour, premier avocat général ; — MM. Amat, Perrin, avoués ; — MM. Mathieu de Ventavon, Giraud, avocats.

PREMIER RESSORT. — DEMANDE SUPÉRIEURE A 1,500 FR. — CONTESTATION PARTIELLE.

Le jugement rendu sur une demande supérieure à 1,500 fr. est en premier ressort, alors même que le défendeur reconnaît une partie de la demande et réduit la contestation à un chiffre inférieur à 1,500 fr.

La femme séparée de biens, qui fait le commerce, a capacité pour s'obliger, malgré la constitution générale de dot sous laquelle elle est mariée.

Femme Desmaras — C. Fontanelle.

Par exploit du 2 mars 1858, Fontanelle a fait assigner la dame Desmaras, et son mari, pour l'autoriser, devant le tribunal de commerce de Vienne, en paiement d'une somme de 1,550 fr. pour solde de fournitures de farines. Le 20 avril suivant, les époux Desmaras ont laissé rendre un jugement par défaut, après toutefois que la cause eut reçu une fixation contradictoire. Ce jugement ayant été régulièrement notifié, la femme Desmaras, agissant avec l'autorisation de son mari, y a formé opposition par exploit du 1er juin suivant. La cause ayant été de nouveau fixée, les époux Desmaras ont fait déposer des conclusions tendantes à ce qu'il fût admis, sur le montant des condamnations prononcées, une imputation de 500 fr. Par jugement du 12 août 1858, le tribunal a débouté les mariés Desmaras de leur opposition et ordonné l'exécution de son premier jugement. Par exploit du 18 décembre 1858, les mariés Desmaras ont appelé de ces deux décisions. Une instance s'est engagée contradictoirement devant la Cour. La cause portée à l'audience, il a été proposé une fin de non-recevoir contre l'appel, tirée de ce que le jugement serait en dernier ressort. Au fond, on a demandé la confirmation des décisions des premiers juges.

ARRÊT.

Attendu que la loi du 11 avril 1838, en disposant que les tribunaux de première instance connaîtraient en dernier ressort des actions personnelles et mobilières jusqu'à la valeur de 1,500 fr., a entendu prendre pour base le montant de la demande fixée, soit par l'assignation, soit par les conclusions, sans distinguer entre le cas où le défendeur reconnaîtrait le fondement de tout ou partie de la demande et celui où il le contesterait;

Qu'en effet, l'objet de l'action n'est pas seulement d'amener les défendeurs à reconnaître la dette, mais de les faire condamner à l'acquitter; qu'il n'est pas pleinement satisfait à la demande par la confession de la dette tant que le paiement effectif n'en est pas réalisé conformément à la loi, et que l'intérêt du créancier à obtenir jugement n'a pas, par conséquent, cessé d'exister; que tel est le motif pour lequel des offres réelles, quand elles ne sont que partielles et que le demandeur qui a droit de les refuser, aux termes des articles 1244 et 1258 du Code Napoléon, ne les a pas acceptées, sont inefficaces pour opérer la réduction du montant de la demande, lors même qu'elles impliqueraient la reconnaissance, pour cette partie, du fondement de cette demande; que le simple acquiescement non suivi de réalisation effective ne saurait avoir plus d'effet que l'offre et la consignation elles-mêmes; que le juge, nonobstant cet acquiescement, ne peut se dispenser de prononcer une condamnation pour la totalité de la dette, ce qu'il ne peut faire qu'en premier ressort lorsque le chiffre de cette dette excède la somme de 1,500 fr.;

Attendu, en la cause, que si Fontanelle, qui avait actionné la femme Desmaras en paiement d'une somme de 1,550 fr., peut faire valoir aujourd'hui contre elle qu'en se bornant devant les premiers juges à demander l'imputation d'un paiement de 500 fr., elle a reconnu le fondement de sa demande à concurrence de 1,050 fr. restant, il suffit que Fontanelle n'ait point reçu le paiement de ces 1,050 fr., et par suite déclaré lui-même réduire sa demande primitive à 500 fr., qu'il ait au contraire continué à conclure à la condamnation de la femme Desmaras pour la totalité des 1,550 fr., pour que le tribunal n'ait pu statuer qu'en premier ressort;

Au fond, attendu, ainsi que l'ont considéré les premiers juges, que la femme Desmaras fait le commerce de boulangerie; que les fournitures dont le paiement est réclamé par Fontanelle lui ont été faites à elle-même; que, comme femme séparée de biens, elle avait capacité pour s'obliger, malgré la constitution générale de dot sous laquelle elle était mariée;

Par ces motifs, la Cour reçoit l'appel de la femme Desmaras envers le jugement du tribunal de commerce de Vienne, du

12 août 1858 ; mais, sans s'y arrêter, confirme le jugement dont
il s'agit.

Arrêt du 7 avril 1859. — 2ᵉ chambre. — MM. Blanchet, président ; — Proust, avocat général. — MM. Perrin, Keisser,
avoués. — MM. Cantel, Chapel, avocats (1).

COMPÉTENCE COMMERCIALE. — LIEU DE LA PROMESSE ET DE LA LIVRAISON.

*Le tribunal de commerce du lieu de la promesse et de la
livraison est incompétent pour statuer sur la demande en
paiement, lorsque l'existence de la promesse et le fait de la
livraison ne reposent que sur des allégations et des présomptions combattues par des dénégations sérieuses (Code
de procédure civile, art. 420) (2).*

Pochet et Cᵉ — C. Jouffrey.

ARRÊT.

Attendu que l'art. 420 du Code de procédure, renfermant une
exception au droit commun en matière de compétence pour le
cas qu'il détermine, ne doit recevoir son application qu'autant
que les circonstances en vue desquelles cette compétence
exceptionnelle a été créée sont réellement établies ;

Attendu que c'est au demandeur, qui veut distraire le défendeur de ses juges naturels, à rapporter la preuve du fait d'où
résulterait la dérogation au droit commun qu'il invoque ;

---

(1) Sur la première question, voyez le Code de procédure civile
annoté par Gilbert, sous l'art. 453, nᵒˢ 13 et 14, et S., 56, 1, 849.
(2) Jurisprudence et doctrine conformes.

Attendu, en fait, que dans la cause il est constant et reconnu que, d'après l'acte de société intervenu entre Lasserre et la maison Pochet frères et Cᵉ, de Bordeaux, ceux-ci avaient seuls la signature sociale et ne pouvaient être obligés par les conventions ou marchés qui seraient faits par le premier, qu'autant qu'il leur conviendrait de les ratifier ;

Attendu qu'il est également constant et reconnu que c'est sur la demande de Lasserre que Jouffrey a construit la machine dont le paiement fait le sujet du procès, et que ce dernier ne fonde son droit d'assigner Pochet frères et Cᵉ devant le tribunal de Vienne que sur ce que cette maison se serait approprié la promesse de Lasserre et aurait reçu livraison ;

Attendu que, sur ce fait, Jouffrey n'apportant que des allégations et des présomptions combattues par de sérieuses dénégations de la part de la maison Pochet frères et Cᵉ, ne remplit pas l'obligation qui lui est imposée par la loi, de justifier de faits et conventions qui seuls pouvaient lui donner le droit de distraire le défendeur de ses juges naturels ; qu'ainsi c'est à tort que les premiers juges se sont déclarés compétents, et que c'est le cas de réformer leur décision ;

Par ces motifs, la Cour réforme et dit que le tribunal était incompétent.

Arrêt du 31 mars 1859. — 1ʳᵉ chambre. — M. Royer, premier président ; M. Berger, substitut de M. le procureur général. — MM. Michal et Lerat, avoués ; MM. Cantel et Auzias, avocats.

COMPÉTENCE COMMERCIALE. — LIEU DE LA PROMESSE ET DE LA LIVRAISON. — AGENT D'ASSURANCES. — LIEU DE LA GESTION.

La compétence du tribunal de commerce est établie par le lieu de la promesse et de la livraison non contesté et, en outre, par le lieu de la gestion de l'agent d'assurances assigné en exécution de ses engagements.

Marcet — C. la Compagnie *la France*.

1er décembre 1858, jugement du tribunal de commerce de Romans, ainsi conçu :

Attendu que c'est à Romans qu'est intervenue la convention sur laquelle se fonde la demande de la Compagnie *la France* contre Marcet ; que c'est dans cette dernière ville que la livraison a été faite à Marcet des quittances de primes dont on lui demande le paiement ; que c'était à Romans qu'était établie l'agence à la direction de laquelle Marcet était préposé ; que c'est, par conséquent, dans ce lieu que devaient être exécutés les engagements par lui pris ; qu'ainsi le tribunal de commerce de Romans a été régulièrement saisi de la demande ;

Par ces motifs, le tribunal se déclare compétent.

ARRÊT.

Adoptant les motifs des premiers juges, et attendu, de plus, que ce n'est qu'à Romans qu'a eu lieu la gestion de Marcet ; que c'est là que devaient être remises les quittances de primes non payées et l'argent de celles payées, et que doit être appréciée cette même gestion et ce qui peut lui être dû pour l'avoir continuée même après sa démission, et qu'ainsi, c'est avec raison et par une juste application de l'art. 420, Code procédure, que les premiers juges se sont déclarés compétents ;

Par ces motifs, la Cour confirme.

Arrêt du 14 avril 1859. — 1re chambre. — M. Royer, premier président ; M. Alméras-Latour, premier avocat général. — MM. Brun, Rabatel, avoués ; MM. Mathieu de Ventavon, Chapel, avocats.

COMPÉTENCE COMMERCIALE. — ACTION EN DOMMAGES-INTÉ-
RÊTS A RAISON D'UN MARCHÉ COMMERCIAL. — OPPOSITION
A COMMANDEMENT.

*L'action en dommages-intérêts fondée sur le défaut de
quantité et de qualité de la marchandise qui a été fournie
en vertu d'un marché intervenu entre deux commerçants
pour un objet relatif à leur industrie respective, a un caractère commercial. Une telle action doit être portée devant la
juridiction commerciale, quoiqu'elle soit formée par voie
d'opposition à un commandement signifié en exécution d'un
jugement commercial précédemment rendu.*

Achette — C. Juge.

Les sieurs Achette père et fils ont construit pour le sieur
Juge, à Tain, un calorifère.

Un jugement du tribunal de commerce d'Annonay, sous
la date du 11 décembre 1857, sans s'arrêter à diverses exceptions de Juge, fondées principalement sur ce que le calorifère
ne fonctionnait pas, a condamné ledit Juge à payer aux sieurs
Achette père et fils la somme de 436 fr. 23 c., montant de
leur facture, déduction faite de leurs journées et d'une
réduction sur le prix d'un fond de chaudière.

En exécution de ce jugement, il a été signifié commandement à Juge le 1er mai 1858.

Par exploit du 27 du même mois, contenant assignation
devant le tribunal civil de Valence, le sieur Juge a formé
opposition au commandement.

Le sieur Juge expose dans cette opposition que, dans le
but de vérifier si les marchandises fournies étaient du poids
et de la qualité indiqués dans la facture, il a fait démolir le

calorifère et fait vérifier les matériaux par gens de l'art, ainsi que cela est constaté par procès-verbal du juge de paix de Tain, du 15 avril 1858, après avoir fait sommation aux sieurs Achette père et fils d'assister à cette opération.

Il résulte de ce procès-verbal que les marchandises n'ont ni le poids, ni la qualité indiqués dans la facture.

Le sieur Juge soutient qu'il y a lieu de faire, en raison de ces faits, une réduction considérable, et réclame 1,000 fr. à titre de dommages-intérêts.

Depuis l'opposition et suivant acte reçu M° Cluze, notaire à Tain, le 4 juin 1858, Juge a payé le montant des condamnations portées par le jugement du tribunal de commerce, avec déclaration qu'il paie comme contraint, et se réserve de faire statuer sur son opposition et les demandes y mentionnées. Devant le tribunal, Achette père et fils ont élevé une exception d'incompétence.

5 février 1859, jugement ainsi conçu :

Attendu, quant à l'exception d'incompétence, que s'agissant de marchandises livrées à Tain, le tribunal peut connaître de toute question qui se rattache au prix de ces marchandises, et que, d'autre part, Juge ayant agi par voie d'opposition et exception de compensation sur la somme à lui réclamée, a pu lier l'instance devant le tribunal appelé à connaître de l'exécution ;

Attendu, au fond, que les questions relatives à la bonne confection du calorifère et à la réduction sur le prix des marchandises fournies d'après les quantité et qualité déclarées dans la facture, ont été définitivement tranchées par le tribunal de commerce ;

Mais attendu que le déficit sur le poids des marchandises et la fausse déclaration sur la qualité constituent un dol qui n'a pu être vérifié qu'après la démolition du calorifère ;

Attendu qu'il résulte du rapport d'experts, lors duquel Achette père et fils ont été sommés de se présenter, que les marchandises livrées n'ont ni le poids, ni les qualités déclarés, ce qui motive une réduction sur les prix ;

Attendu que ces imperfections dans la matière fournie ont occasionné un dommage à Juge ;

Par ces motifs,

Le tribunal, jugeant en matière sommaire et en dernier ressort, statuant sur l'opposition, sans s'arrêter à l'exception d'incompétence et à toutes fins contraires,

Condamne Achette père et fils à payer et restituer à Juge, avec intérêts depuis la demande :

1° La somme de 81 fr. à raison des déficit et fausse indication dans la qualité des marchandises livrées ;

2° La somme de 50 fr. à titre de dommages intérêts.

Condamne les sieurs Achette père et fils aux dépens.

Achette père et fils ont appelé de ce jugement.

ARRÊT.

Attendu que l'action intentée par Juge devant le tribunal civil de Valence, à l'effet d'obtenir d'Achette père et fils des dommages-intérêts, à raison du défaut de quantité ou de qualité de la marchandise à lui fournie, avait un caractère évidemment commercial ; qu'il s'agissait, en effet, d'apprécier l'exécution d'un marché intervenu entre deux commerçants, pour un objet relatif à leur industrie respective et sur lequel le tribunal d'Annonay avait déjà prononcé ; qu'une action semblable ne pouvait être portée que devant la juridiction commerciale et qu'il y a lieu d'annuler le jugement rendu par le tribunal de Valence, précité ;

Attendu que ce n'est pas le cas d'évoquer la cause, conformément à l'art. 473 du Code de procédure civile ;

Par ces motifs,

La Cour, ouï M. Proust, avocat général, en ses conclusions, faisant droit à l'appel émis par Achette père et fils, du jugement rendu par le tribunal civil de Valence, le 5 février 1859, annule le jugement, comme incompétemment rendu, condamne l'intimé aux dépens de première instance et d'appel, ordonne la restitution de l'amende consignée.

Arrêt du 16 avril 1859. — 2ᵐᵉ chambre. — M. Blanchet, président ; M. Proust, avocat général; — MM. Chabert, Lerat, avoués; — MM. Mathieu de Ventavon, Duret, avocats.

LICITATION. — PARTAGE. — VENTE. — ÉTRANGER. — HYPOTHÈQUE.

L'hypothèque consentie par un cohéritier sur un immeuble indivis subsiste après l'adjudication sur licitation, quand c'est un étranger qui est resté adjudicataire. La licitation, dans ce cas, constitue une vente et non pas un partage.

Fabrègue — C. Clavel.

ARRÊT.

Attendu que les premiers juges ont commis une grave erreur en considérant que le jugement du 22 mai 1852 avait anéanti les droits de Clavel sur les immeubles délaissés par ses père et mère, et que, par suite, l'hypothèque de Fabrègue avait disparu, car il est certain, au contraire, que ce jugement, qui n'avait annulé que le partage du 24 mars 1837, n'avait enlevé à Clavel ni ses droits préciputaires, ni ses droits cohéréditaires sur lesquels reposait l'hypothèque qu'il avait consentie au profit de Fabrègue, et qui avait été valablement concédée, quoiqu'elle fût susceptible de rester sans effet s'il venait à arriver que, par suite d'un nouveau partage, Clavel ne recueillît point d'immeubles dans les successions de ses père et mère ;

Attendu, sur ce point, que le tribunal a fait une fausse application de l'art. 883 du Code Napoléon ;

Attendu, en effet, que la fiction créée par cet article, étant une disposition de droit étroit, doit être restreinte au cas qu'elle a prévu, et ne peut recevoir son application, lorsqu'une licitation intervient, que quand un cohéritier, devenant adjudicataire, la licitation doit être considérée comme un partage plutôt que comme une vente;

Attendu que Poncet et Bouilloud, qui sont restés adjudicataires en leur nom personnel des immeubles dépendants de l'hoirie des père et mère Clavel, dont la licitation avait été ordonnée, n'ayant nullement déclaré avoir acquis pour leurs femmes, qui seules étaient cohéritières de cette hoirie, et ne pouvant, par conséquent, être considérés que comme des acquéreurs étrangers, la condition fondamentale d'être cohéritier adjudicataire, sur laquelle repose l'art. 883, n'existait pas dans la cause, et qu'il ne faut voir dans cette licitation qu'une vente et non un partage;

Attendu que c'est d'autant plus le cas de le décider ainsi, que les femmes des sieurs Bouilloud et Poncet, adjudicataires, avaient cédé leurs droits cohéréditaires à Clavel, leur frère; qu'elles n'avaient rien à prétendre de leur chef dans les successions de leurs père et mère, même avant la concession d'hypothèque faite à Fabrègue, et qu'elles n'étaient au partage qu'à raison de la part sixième qui leur était échue dans la succession de leur sœur Elisabeth;

Attendu, dès lors, que c'est contrairement au fait et au droit que les premiers juges ont pensé que l'hypothèque n'avait pas suivi, dans les mains des adjudicataires, les immeubles licités, puisqu'il n'est pas douteux, d'une part, qu'un cohéritier, avant le partage, peut hypothéquer sa portion immobilière quoique non déterminée, et que cette hypothèque doit valoir, à moins que, par suite du partage, il n'y ait point d'immeubles dans son lot et qu'il soit censé n'en avoir jamais eu, conformément à l'art. 883 déjà cité, puisque, d'autre part, il n'est pas plus douteux que la licitation dans l'espèce n'a été qu'une vente, et que la vente ne saurait empêcher le droit de suite sur le prix qui appartient à l'hypothèque;

Par ces motifs, la Cour réforme.

Arrêt du 27 janvier 1859. — 1re chambre. — M. Royer, premier président; M. Alméras-Latour, premier avocat général.

SCULPTEUR. — PHARMACIEN. — CONTRAT DE MARIAGE. — DÉPÔT.

Celui qui exerce exclusivement la profession de sculpteur n'est pas commerçant.

Le pharmacien est commerçant; dès lors, le notaire rédacteur de son contrat de mariage doit en faire le dépôt. (Art. 67, 68, Cod. comm.)

Le procureur général — C. X.

En ce qui concerne le contrat de mariage du sieur Lombardini :

Attendu que le simple sculpteur n'est pas un commerçant ; que le sieur Lombardini, qualifié, dans son contrat de mariage, de sculpteur de marbre, n'exerçait ostensiblement que cette profession, sans faire personnellement des actes de commerce, et que le notaire rédacteur a eu de justes raisons de croire qu'il ne devait pas, dans le cas dont il s'agit, accomplir la formalité prescrite par l'art. 67 du Code de commerce ;

En ce qui concerne le contrat de mariage du sieur Massot :

Attendu que le pharmacien est un commerçant, puisque sa profession a pour objet le débit, soit de médicaments composés par lui avec des matières premières qu'il achète, soit de substances, préparations et objets divers qu'il achète et revend en nature ;

Attendu que les pharmaciens figurent sur la liste des notables négociants qui concourent à l'élection des membres des tribunaux de commerce, et qu'ils sont appelés à faire partie de ces tribunaux ;

Attendu que, si la loi exige que tout pharmacien soit muni d'un brevet ou diplôme délivré suivant des formes spéciales, cette précaution, motivée par l'intérêt de la santé publique, ne change en rien la nature de la profession ;

Attendu, dès lors, que la loi faisait au notaire qui recevait le contrat de mariage du sieur Massot, pharmacien, une obligation d'opérer le dépôt de ce contrat dans les lieux désignés par l'art. 67 du Code de commerce, et qu'en omettant de remplir cette formalité, il s'est constitué en contravention ;

Par ces motifs, la Cour confirme le jugement rendu par le tribunal de Grenoble, le 23 décembre 1858, relatif au sculpteur, et réforme le second jugement, rendu le même jour, relatif au pharmacien, et condamne X..... à l'amende de 20 fr., etc.

Arrêt du 28 mars 1859. — 1ʳᵉ chambre. — MM. Royer, premier président ; Alméras-Latour, premier avocat général ; — Giraud, avocat.

AVOUÉ. — JUGEMENT DE SÉPARATION DE BIENS. — DÉFAUT D'EXÉCUTION. — MANDAT. — RESPONSABILITÉ.

Si l'avoué ne doit pas être considéré, d'une manière générale et dans tous les cas, comme chargé de l'exécution du jugement de séparation de biens qu'il a fait rendre, il peut être déclaré responsable du défaut d'exécution, lorsqu'il résulte des circonstances que, soit comme avoué, soit comme mandataire, il a dû certainement être chargé de procéder à cette exécution.

Meysson — C. dame Desmarras.

31 décembre 1858, jugement du tribunal de Vienne qui déclare Mᵉ Meysson, avoué de la dame Desmarras, responsable du défaut d'exécution du jugement de séparation de biens rendu au profit de celle-ci. — Appel.

ARRÊT.

Attendu qu'en admettant que l'avoué de la femme qui demande sa séparation des biens ne puisse pas, d'une manière générale et dans tous les cas, être réputé chargé de l'exécution du jugement qu'il a fait rendre, en tenant cette exécution pour une partie intégrante et comme formant le complément nécessaire du jugement lui-même, cependant il faut reconnaître que, dans les circonstances particulières de la cause, lorsqu'il s'agissait seulement de donner à la femme Desmarras la qualité dont elle avait besoin pour l'administration de ses biens ; que son mari étant en faillite et ayant réglé avec ses créanciers, l'exécution du jugement de séparation se réduisait à la formalité d'un simple procès-verbal de carence ; lorsqu'il est, de plus, avéré que Meysson, frère de la femme Desmarras, était son conseil et avait toute sa confiance, il a dû certainement, soit comme avoué, soit comme mandataire, être chargé de remplir la formalité dont il est question ;

Adoptant d'ailleurs sur ce point les motifs des premiers juges,

Confirme.

Arrêt du 8 juillet 1859. — 2ᵉ chambre. — M. Blanchet, président ; — M. Proust, avocat général. — MM. Lerat, Keisser, avoués. — MM. Mourral, Chapel, avocats.

CHOSE D'AUTRUI. — USAGE MOMENTANÉ. — INTENTION DE RENDRE. — PRÊT A USAGE. — RÉTENTION PROLONGÉE.

Celui qui s'empare de la chose d'autrui dans le seul but de s'en servir momentanément et avec l'intention de la restituer, ne commet pas le délit de vol.

La rétention prolongée et l'usage abusif d'une chose prêtée ne constituent pas le délit d'abus de confiance.

Ministère public — C. Valette.

ARRÊT.

En ce qui touche l'inculpation de vol d'une charrette, au préjudice du sieur Bellier ;

Considérant que de la procédure et des débats il résulte que,
dans les derniers jours d'octobre 1858, Valette se présenta chez
Bellier et lui demanda à emprunter sa charrette pour transporter du bois ; que cette demande ne fut pas positivement accordée
par Bellier, qui allégua que sa voiture était chargée ; que le
prévenu s'empara de cette charrette pendant la nuit suivante ;
qu'il s'en servit plusieurs jours, la conduisant dans les localités
environnantes, et qu'il la restitua le 25 novembre dans la cour
des bâtiments de Bellier, où ce dernier la retrouva ; qu'il n'est
point établi que le prévenu ait eu connaissance de la plainte
en soustraction frauduleuse, faite par Bellier contre lui pendant
son absence, dès le 14 novembre, et que cette plainte ait amené
la restitution de ladite charrette ;

Considérant que ces faits ne sauraient constituer le délit de
vol à la charge du prévenu, tel qu'il a été retenu par les premiers juges ; que, pour qu'il y ait vol d'après les principes de
notre droit pénal, il faut qu'à la soustraction de la chose d'autrui
se joigne, au moment même de cette soustraction, de la part de
celui qui l'opère, l'intention frauduleuse de dépouiller le légitime propriétaire de l'objet enlevé, de le priver de la propriété
de sa chose, soit pour se l'attribuer, soit pour la faire passer
entre les mains d'un tiers ; que le simple usage momentané de
la chose soustraite contre le gré du propriétaire, quelque abusif
et immoral qu'il soit, ne constitue point le délit de vol, alors
que, comme dans l'espèce, la demande d'emprunter pour un
temps la chose, ayant précédé immédiatement son enlèvement,
et sa restitution paraissant avoir été volontaire, ces circonstances ne révèlent, de la part de l'auteur du détournement, que
l'intention de se servir momentanément de la chose d'autrui,
d'en faire un emprunt, forcé si l'on veut, action blâmable à
coup sûr, et qui peut donner lieu à une demande civile en dommages-intérêts, à raison du préjudice éprouvé par le proprié-

taire, mais qui ne présente point les circonstances caractéris-
tiques du délit de vol prévu par les art. 379 et 401 du C. pén.

En ce qui touche le délit d'abus de confiance au préjudice
d'Argoud :

Considérant qu'il est établi que, dans le courant de septembre 1856, Argoud vendit sa charrette au prévenu, au prix de
150 fr. ; que celui-ci, n'ayant point d'argent, remit au vendeur
un billet de 180 fr. souscrit par un sieur Grimaud ; qu'Argoud,
ne connaissant pas le souscripteur du billet, et voulant s'assurer
de sa solvabilité, il fut convenu que le marché ne serait définitif que quelques jours après ; que, jusque-là, le prévenu
pourrait se servir de la voiture, à titre de prêt, sur la promesse
de la restituer chez Barbier, aubergiste, qui la garderait en
dépôt si le marché venait à ne pas tenir ; que ce marché ayant
été rompu, et Argoud voulant rentrer dans la possession de sa
charrette, fit de vaines démarches pour en obtenir la remise
par le prévenu ; qu'il porta plainte, et que, par suite de cette
plainte, le prévenu restitua la voiture à Argoud ;

Considérant qu'il résulte de ces faits qu'Argoud, ayant consenti à ce que Valette se servît de sa voiture pendant un temps
déterminé, ce qui constitue le contrat de *commodat* ou prêt à
usage, et ce contrat n'étant point au nombre de ceux énumérés
dans l'art. 408, Cod. pén., comme devant donner lieu à l'abus
de confiance, par suite du détournement ou de la dissipation de
la chose remise en vertu de ces contrats, la rétention prolongée
de la voiture empruntée par le prévenu, et l'usage abusif qu'il
en a fait au préjudice du prêteur, quelque répréhensibles
qu'ils soient au point de vue de la morale, ne rentrent point
dans les dispositions rigoureuses de l'art. 408, et ne constituent
point l'abus de confiance tel qu'il est défini par cet article ;

Par ces motifs, la Cour renvoie Valette des poursuites dirigées contre lui.

Arrêt du 20 janvier 1859. — 4e chambre. — M. Petit, président ; M. Gautier, avocat général. — M. Denantes, avocat.

BANQUEROUTE SIMPLE. — EFFETS DE COMPLAISANCE. — CIRCULATION DE VALEURS. — REMISE D'EFFETS DE COMMERCE. — TRAITÉ PARTICULIER.

Le commerçant qui se fait souscrire par diverses personnes, notamment par ses parents, des effets de complaisance, ne saurait être considéré comme ne s'étant pas écarté, en négociant ces valeurs, des règles ordinaires du commerce, et, en cas de faillite, il doit être réputé banqueroutier simple. (Art. 585, Cod. comm.)

Le créancier qui, n'ignorant pas la cessation de paiements de son débiteur, commerçant failli, obtient de celui-ci la remise d'effets de commerce pour se garantir de ce qui peut lui être dû, doit être considéré comme ayant fait un traité particulier, duquel résulte en sa faveur un avantage à la charge de l'actif du failli. (Art. 517, Cod. comm.)

M. le Procureur général — C. Riollet et Guillaud.

Par arrêt rendu par la Cour impériale de Grenoble, chambre des mises en accusation, en date du 10 juillet 1858, François-Félicien Riollet et Pierre Guillaud ont été renvoyés devant le tribunal correctionnel de Bourgoin, sous la prévention, savoir, Riollet : 1° de s'être livré, dans l'intention de retarder sa faillite, à des emprunts, circulation d'effets et autres moyens ruineux de se procurer des fonds ; 2° d'avoir, après cessation de ses paiements, payé un ou plusieurs de ses créanciers au préjudice de la masse ; 3° d'avoir, dans les trois jours de la cessation de ses paiements, omis de faire au greffe la déclaration exigée par la loi ; 4° de n'avoir pas tenu de livres et de n'avoir point exactement fait inventaire, ou tout au moins de ne présenter que des livres ou inventaires incomplets ou irrégulièrement tenus et n'offrant point sa véritable situation active et passive ; et Guillaud, d'avoir le 4 janvier 1858, à Jailleu, connaissant la cessation de paiements de Riollet, son débiteur, commerçant failli, obtenu de ce dernier la remise d'effets de commerce, pour se garantir de ce qui pouvait lui être dû, et d'avoir ainsi fait un traité particulier duquel il résultait, en sa faveur, un avantage à la charge de l'actif du failli.

Le tribunal, par jugement du 29 juillet 1858, renvoya des poursuites Pierre Guillaud ; déclara François-Félicien Riollet coupable du délit de banqueroute simple, et le condamna à huit mois d'emprisonnement et aux frais. Toutefois, il faut remarquer que le tribunal écarta le chef de prévention relatif à des emprunts, circulation d'effets et autres moyens ruineux de se procurer des fonds.

Sur l'appel de M. le procureur impérial, M. le Procureur général a fait assigner les prévenus devant la Cour.

ARRÊT.

Sur le premier chef de prévention articulé contre Riollet, de s'être livré, dans l'intention de retarder sa faillite, à des emprunts, circulation d'effets et autres moyens ruineux de se procurer des fonds :

Attendu que le jugement dont est appel, pour relaxer sur ce point le prévenu, déclare que si bien il se faisait souscrire par diverses personnes, et notamment par ses parents, des effets de complaisance pour se créer des ressources, il n'est pas suffisamment établi qu'en négociant ces valeurs il se soit écarté des règles ordinaires du commerce, mais que la Cour ne saurait adopter cette appréciation en présence du fait constaté, notamment par le rapport de l'expert Ranchin, que Riollet n'alimentait son commerce qu'au moyen du crédit et du renouvellement de ses effets commerciaux ;

Sur les autres chefs de prévention relatifs à Riollet et sur la quotité de la peine,

Adoptant les motifs exprimés par les premiers juges, sauf l'omission par eux commise d'ordonner la publication et l'affiche de leur jugement, prescrite par l'art. 600 du Code de commerce.

En ce qui concerne Guillaud :

Attendu qu'il est suffisamment établi par l'instruction et les débats que le 3 ou le 4 janvier 1858 Guillaud a reçu de son beau-père, par voie d'endossement, trois effets de commerce provenant de la maison Sourd, de Lyon, montant ensemble à la somme de 2,375 fr., l'un à l'échéance de la fin dudit mois de janvier, et les deux autres à celle de fin février suivant ;

Attendu que ces trois effets ayant été mis en circulation par Guillaud, il a reçu le montant du premier, arrivant à 1,000 fr., et que si les deux derniers sont demeurés impayés, c'est par suite de la survenance de la faillite de Riollet ;

Attendu que rien ne prouve que Guillaud ait remis à Riollet les fonds de ces billets ; qu'il est d'autant moins admissible que Guillaud ait tenu compte à son beau-père du montant des billets, qu'ayant encore à faire face pour lui, au 10 du même mois de janvier et au 18 février suivant, à deux effets montant à 1630 fr., il ne se serait pas mis à découvert, à l'égard de Riollet, pour des sommes aussi considérables, alors que nul mieux que lui ne devait connaître l'état de gêne de ses affaires ;

Attendu que la négociation des billets Sourd étant intervenue à une époque postérieure à la cessation des paiements de Riollet, reste sous l'application des dispositions de l'art. 597 du Code de commerce ;

Attendu que lorsque le législateur punit par cet article le créancier qui aura fait un traité particulier, duquel résulterait en sa faveur un avantage à la charge de l'actif du failli, il a voulu proscrire et atteindre les abus qui, sous diverses formes, peuvent se commettre entre le failli et les créanciers ; que l'expression du mot *traité* n'a rien de sacramentel ;

Attendu que les points auxquels il faut s'attacher sont de savoir si, du fait incriminé, il résulte en faveur du créancier un avantage à la charge de l'actif du failli, et si ce fait a eu lieu à

une époque où le créancier connaissait la cessation des paiements ;

Attendu que ces deux circonstances étant prouvées contre
Guillaud, il n'y a pas lieu, comme l'ont fait les premiers juges,
de dire qu'il n'existerait contre lui que le fait du paiement d'une
dette non échue, passible d'annulation par la voie civile ; que
pour qu'il en fût ainsi, il faudrait, ce qui n'est pas possible,
admettre que Guillaud ne connaissait pas le fâcheux état des
affaires de son beau-père ;

Attendu qu'il importe d'autant plus de réprimer des négociations de la nature de celle intervenue entre Riollet et Guillaud, qu'il est plus facile entre parents et alliés de se concerter
pour frauder les créanciers ;

Attendu, toutefois, qu'il existe dans la cause des motifs atté-
nuants en faveur de Guillaud ;

Attendu qu'aux termes de l'art. 598 du Code de commerce, il
y a lieu de prononcer la nullité de la négociation intervenue
entre Riollet et Guillaud pour les billets Sourd ; que, de plus,
aux termes de l'art. 600 du même Code, la publication et l'affiche
de l'arrêt aux frais du condamné doivent être ordonnées ;

Par ces motifs,

La Cour faisant droit, quant à ce, à l'appel émis par M. le
Procureur impérial envers le jugement du tribunal correctionnel de Bourgoin, à la date du 29 juillet dernier, en ce qui concerne Riollet, et admettant celui qui porte contre Guillaud,
déclare ce dernier coupable d'avoir, le 4 janvier 1858, à Jailleu,
fait un traité particulier avec Riollet, en fraude des droits des
créanciers, maintient la peine prononcée contre Riollet, condamne Guillaud à six jours d'emprisonnement et 100 fr. d'a-
mende, par application de l'art. 597 du Code de commerce,
déclare nulle la négociation des billets Sourd, intervenue entre
Riollet et Guillaud, ordonne en outre la publication et l'affiche
du présent arrêt, suivant les formes établies par l'art. 42 du
Code de commerce.

Arrêt du 21 août 1858. — 4me chambre. — M. Petit, président;
M. Bigillion, conseiller rapporteur; — M. Gautier, avocat général; — MM. Fréd. Taulier, Michal-Ladichère, avocats.

DÉCISIONS ADMINISTRATIVES.

FABRIQUE DE LIQUEURS. — PRÉFET. — AUTORISATION. — BAIL A LOYER. — INTERPRÉTATION. -- CONSEIL DE PRÉFECTURE. — INCOMPÉTENCE.

Il appartient au préfet d'autoriser, dans l'intérieur d'une ville, une fabrique de liqueurs, en prescrivant les conditions nécessaires pour qu'elle ne puisse incommoder les propriétaires voisins ou leur causer des dommages.

Le conseil de préfecture est incompétent pour interpréter le sens et la portée d'un bail à loyer que l'on invoque afin de motiver l'interdiction d'une telle fabrique.

De Martène et consorts — C. Berthe.

Le Conseil de préfecture de l'Isère,

Vu l'opposition formée, le 21 mai 1859, par les sieurs de Martène, Soustras, Brochier et Payen, contre l'arrêté de M. le préfet de l'Isère, du 24 février dernier, autorisant le sieur Berthe, gérant de la société liquoriste de Grenoble, à maintenir en activité la fabrique de liqueurs par lui établie dans le rez-de-chaussée de la maison située à Grenoble, quai Napoléon, n° 11 ; ladite opposition fondée : 1° sur ce que le sieur Berthe n'a pas été contraint de transporter hors de la ville son entrepôt d'alcool; 2° sur les dangers résultant de l'autorisation d'une provision de dix hectolitres d'alcool dans l'établissement; cette quantité n'étant pas nécessaire pour l'alimentation journalière de la fabrique; 3° sur la non-exécution des conditions relatives à la reconstruction de la cheminée d'appel des fourneaux; le sieur Berthe s'étant contenté de placer dans l'intérieur de cette cheminée un tuyau de poêle qui ne peut faire cesser les causes d'incendie; 4° sur l'impossibilité d'exercer une surveillance continuelle pour assurer l'exécution des conditions imposées par l'arrêté d'autorisation, surtout en ce qui concerne la fabrication journalière; 5° enfin sur ce que le propriétaire n'a jamais eu l'intention de louer au sieur Berthe les locaux par lui occupés pour y établir une fabrique de liqueurs;

Vu la pétition en date du 27 novembre 1858, par laquelle le sieur Berthe, en sa susdite qualité, sollicite l'autorisation de maintenir en activité la fabrique de liqueurs qu'il possède à Grenoble, quai Napoléon, 11;

Vu l'arrêté préfectoral du 9 décembre 1858, prescrivant le dépôt pendant vingt jours, à la mairie de Grenoble, de la demande du sieur Berthe, et ouvrant une enquête de *commodo et incommodo*;

Vu le procès-verbal de l'enquête, clos le 30 décembre 1858, l'opposition formée par les sieurs Murgier, Debon, Brochier, de Martène, Soustras et Payen; les déclarations des sieurs Durand-Mathieu et Garizio, le rapport de M. le commissaire central de police, et les observations du sieur Berthe;

Vu le rapport et l'avis motivé de M. le maire de Grenoble, sous la date du 24 janvier 1859;

Vu le plan des lieux;

Vu le rapport du conseil d'hygiène et de salubrité de l'arrondissement de Grenoble, du 15 février 1859, concluant à l'unanimité au maintien de la fabrique Berthe, sous certaines conditions y déterminées;

Vu l'arrêté du 24 février 1859, par lequel M. le Préfet de l'Isère autorise le maintien en activité de la fabrique de liqueurs du sieur Berthe, et lui impose des conditions, sous peine d'interdiction;

Vu le rapport de l'architecte de la ville de Grenoble et l'avis motivé de M. le Maire sur l'autorisation demandée par le sieur

. Berthe, de placer provisoirement un tuyau en tôle dans la cheminée d'appel des fourneaux, en attendant qu'il lui soit possible de reconstruire cette cheminée ;

Vu la lettre de M. le Préfet de l'Isère, du 14 avril 1859 ;

Vu la lettre de M. le Président du conseil d'hygiène, en date du 28 mai dernier ;

Vu ensemble toutes les pièces du dossier ;

Vu le décret du 15 octobre 1810 et l'ordonnance du 14 janvier 1815 ;

Ouï, à la séance du 14 mai 1859, Mᵉ Nicollet, avocat, qui, au nom des opposants et assisté de l'un d'eux, a développé les motifs de l'opposition et conclu à l'annulation de l'arrêté d'autorisation du 24 février 1859 et à la condamnation du sieur Berthe aux dépens ;

Ouï Mᵉ Chapel, avocat, représentant du sieur Berthe, qui a conclu au rejet de l'opposition et à la condamnation des opposants aux dépens ;

Considérant qu'aucune disposition législative ne prohibe les entrepôts d'alcool dans l'intérieur des villes, et que d'ailleurs l'arrêté du 24 février 1859 n'autorise qu'une provision de dix hectolitres dans l'établissement du sieur Berthe ;

Considérant que les fabriques de liqueurs, rangées dans la deuxième classe des ateliers insalubres, incommodes ou dangereux, peuvent, aux termes du décret du 15 octobre 1810, être autorisées avec les conditions nécessaires pour qu'elles ne puissent incommoder les propriétaires du voisinage ou leur causer des dommages, et que les droits des tiers demeurent, dans tous les cas, expressément réservés ;

Considérant qu'il résulte de l'instruction, que la fabrique de Berthe a été établie avec le plus grand soin et que ses appareils ne laissent rien à désirer ; que l'exécution des conditions proposées par le conseil d'hygiène et par le Maire de Grenoble, et imposées par l'arrêté d'autorisation, suffit pour prévenir les dangers ou les inconvénients que pouvait présenter cet établissement placé sous le coup d'interdiction en cas d'infraction ;

Considérant que la fabrication et les ventes du sieur Berthe exigent une provision d'alcool de dix hectolitres, quantité qui, d'après l'arrêté d'autorisation, ne peut être dépassée, et que la condition d'entreposer ces matières dans une pièce distincte de celle où fonctionnent les alambics, en fait disparaître les dangers ;

Considérant que l'arrêté du 24 février dernier exige la reconstruction de la cheminée d'appel des fourneaux, et que le conseil n'a pas à statuer sur les mesures provisoires d'exécution;

Considérant qu'il n'appartient pas au conseil d'interpréter le sens et la portée du bail à loyer passé au sieur Berthe ;

ARRÊTE :

L'opposition formée par les sieurs de Martène, Soustras et consorts, à l'arrêté de M. le Préfet de l'Isère, du 24 février dernier, qui maintient en activité la fabrique de liqueurs établie par le sieur Berthe dans le rez-de-chaussée de la maison située à Grenoble, quai Napoléon, n° 11, est rejetée. Les sieurs de Martène, Soustras et consorts sont condamnés aux dépens, y compris la notification du présent arrêté.

Arrêté du 11 juin 1859. — M. Roman, rapporteur.

ARRÊTS.

TESTAMENT. — MENTION QUE LE TESTATEUR N'A PU SIGNER.
— NULLITÉ. — RESPONSABILITÉ DU NOTAIRE. — POUVOIR
DISCRÉTIONNAIRE.

*Lorsque le notaire, au lieu de mentionner que le testateur
a déclaré ne pouvoir signer, en indiquant la cause qui l'en
empêchait, s'est borné à dire que le testateur n'a pu signer
parce qu'il était malade, le testament est nul (art. 973, Cod.
Nap.).*

*La responsabilité du notaire ne doit pas nécessairement
se mesurer sur le préjudice causé au légataire par l'annulation du testament ; il appartient aux tribunaux de l'apprécier selon les circonstances (art. 68 de la loi du 25 ventôse
an XI).*

Arnaud — C. Orand.

Le 12 avril 1853, M. Lacondamine-Orand, qui était notaire à Saint-Baudille et Pipet, reçut le testament de Clémence-Angélique Senebier, épouse du sieur Arnaud.

Par ce testament, Clémence-Angélique Senebier léguait
au sieur Arnaud, son mari, tous les biens dont la loi lui
permettait de disposer.

II · · 14

Au lieu de mentionner dans ce testament la déclaration, faite par la testatrice, qu'elle ne pouvait signer à cause de sa maladie, M. Lacondamine-Orand se borna à dire que la testatrice ne pouvait signer à cause de sa maladie. Le lendemain, Clémence-Angélique Senebier, qui, le 3 dudit mois d'avril, avait mis au monde un enfant, Louis-Eugène Arnaud, est décédée. Le 7 mai suivant, cet enfant est aussi décédé, laissant pour héritiers Pierre Arnaud, son père, et Jean Senebier, son aïeul maternel.

Sur la demande dudit Jean Senebier, le tribunal de Grenoble, par jugement du 19 décembre 1854, a annulé le testament de Clémence-Angélique Senebier, par le motif qu'il ne contenait pas mention de la déclaration faite par la testatrice, qu'elle ne pouvait signer à cause de sa maladie (1).

Se fondant sur ce que l'omission faite par M. Orand, d'une formalité substantielle, constituait une faute grave dont il était responsable, et sur ce que c'était à cause de cette omission que le testament avait été annulé, et qu'il se trouvait privé des biens dont la testatrice avait disposé en sa faveur, le sieur Arnaud, après tentative de conciliation, a, par exploit du 17 mars 1856, fait assigner ledit M. Orand, devant le tribunal de Grenoble, en paiement d'une somme de 1,606 fr., et, en outre, d'une somme de 1,000 fr. à titre de dommages-intérêts.

Postérieurement, et avant que la cause eût reçu jugement, M. Lacondamine-Orand est décédé.

Par acte en date du 19 juin 1858, ses héritiers ont dénoncé son décès au sieur Arnaud, et ont déclaré reprendre l'instance.

Il faut savoir qu'un jugement du tribunal, rendu à la date

_____

(1) Nous avons rapporté le texte de ce jugement à la page 85 de la *Chronique* du tome 1er du journal.

du 11 mai 1857, avait fixé l'actif de la succession de Clémence-Angélique Senebier, épouse du sieur Arnaud, à 6,393 fr. 23 cent.

Le 27 novembre 1858, le tribunal a rendu le jugement suivant :

Attendu qu'un jugement du 19 décembre 1854 a déclaré nul le testament d'Angélique Senebier, femme de Pierre Arnaud fils, reçu par le notaire Orand, le 12 avril 1853 ;

Que cette décision a été fondée sur ce que le notaire avait exprimé dans l'acte que la testatrice n'avait pu signer à cause de sa maladie, au lieu de mentionner, ainsi que l'exige l'article 973 du Code Napoléon, la déclaration de celle-ci de ne pouvoir signer et de la cause qui l'empêchait de le faire ;

Attendu que c'est là une nullité qui accuse, ou une impéritie, ou une inattention inexcusable, et constitue une faute grave qui engage la responsabilité du notaire, conformément au principe écrit dans les art. 68 de la loi du 25 ventôse an XI et 1382 du Code Napoléon ;

Attendu que, pour déterminer l'étendue de cette responsabilité, on ne peut que prendre pour base celle du préjudice qui a été le résultat de l'annulation de l'acte ;

Attendu que, par ce testament, Angélique Senebier léguait à son mari tout ce dont elle pouvait valablement disposer ; mais qu'à raison de la survivance d'un enfant, la part disponible au profit de son mari ne pouvait excéder un quart en propriété et un quart en usufruit, suivant la règle tracée dans l'art. 1094 du Code Napoléon ;

Attendu que l'actif de la succession d'Angélique Senebier, ayant été fixé à 6,393 fr. 23 cent. par la procédure de compte du notaire Ferrier et le jugement du 11 mai 1857, le quart en propriété était de 1,598 fr. 30 cent. ;

Que le quart en usufruit ne doit pas être évalué à plus d'un huitième en propriété, conformément à une règle généralement suivie, ce qui aurait donné à Pierre Arnaud une somme de 2,397 fr. 45 cent., à prélever pour la quotité disponible, en vertu du testament ;

Que la part dévolue à l'enfant se trouvant dès lors réduite à 3,995 fr. 78 cent., la moitié de cette somme, ou 1997 fr. 89 cent., serait revenue à Pierre Arnaud, par le fait du décès de cet enfant, survenu quelques jours après celui de sa mère ;

Qu'il suit de là que, si le testament avait été valable, Pierre Arnaud aurait recueilli dans les biens d'Angélique Senebier, tant de son chef que de celui de son enfant, une somme de 4,395 fr. 34 cent., tandis que, par l'effet de l'annulation de cet acte, il n'a eu que la moitié de la succession de cet enfant, c'est-à-dire 3,180 fr. 33 cent., puisque, par le jugement précité, l'actif net de cette succession a été fixé à 6,360 fr. 67 cent. ;

Que Pierre Arnaud a donc éprouvé, par la faute du notaire, une perte de 1,215 fr., somme à laquelle il faut ajouter les intérêts qu'elle aurait produite, au profit d'Arnaud, depuis le 13 avril 1853, date du décès d'Angélique Senebier, lesquels s'élèvent à ce jour à 341 fr. 60 cent.

Par ces motifs, le tribunal condamne les héritiers Orand à payer à Pierre Arnaud, à titre de dommages-intérêts, pour les causes dont il s'agit, la somme de 1,556 fr. 60 cent., avec intérêts à partir de ce jour ; les condamne en outre aux dépens.

Pierre Arnaud a appelé de ce jugement. Les héritiers Orand ont appelé incidemment.

ARRÊT.

Attendu que l'appelant, devant les premiers juges, ayant demandé la somme de 1,606 fr., avec intérêts depuis le 12 avril 1853, et, de plus, la somme de 1,000 fr. à titre de dommages-intérêts, est recevable devant la Cour à demander la même somme ;

Attendu que les premiers juges, après avoir décidé que le notaire avait commis une faute lourde, et qu'il devait indemniser Pierre Arnaud de tout le préjudice que lui avait causé la nullité du testament de sa femme, ne lui ont accordé que la différence qu'ils ont trouvée entre ce qu'il a recueilli dans la succession de son enfant et ce qu'il aurait recueilli dans celle de

sa femme, si son testament eût été valable, soit une somme de
1,556 fr. 60 cent. ;

Attendu qu'il ne saurait être douteux que, par ce testament,
Angélique Senebier, ayant disposé en faveur de son mari,
comme lui en donnait le droit son contrat de mariage, de l'usufruit de la moitié d'une somme de 8,000 fr., à partir de 1857,
que lui avait constituée son père, en stipulant un droit de retour pour le cas où il survivrait à sa fille et à sa postérité, Arnaud a été privé de cet usufruit par suite de la nullité du testament ;

Attendu, en effet, que si cette somme de 8,000 fr., au moment
du décès d'Angélique Senebier, a été un instant dans sa succession, et, par conséquent, recueillie par son enfant, qui lui a
survécu, elle en est sortie à la mort de ce dernier par l'effet du
droit de retour stipulé au profit du donateur ;

Attendu que, dès ce moment, l'usufruit légué par Angélique
Senebier à son mari, en vertu de la stipulation par laquelle son
père, en lui constituant la somme de 8,000 fr., lui avait concédé la faculté de donner à son mari la jouissance de la moitié
de cette somme, n'a plus été pour Arnaud qu'un droit étranger
à la succession de son enfant, et un droit contre son beau-père,
qui n'a pu profiter du retour de la somme de 8,000 fr. par lui
donnée, qu'à la charge de servir à son gendre l'usufruit dont il
avait autorisé sa fille donataire à le grever en faveur de son
mari ;

Attendu, dès lors, qu'il est incontestable qu'en sus de ce que
la nullité du testament lui a fait perdre dans la succession de
son enfant, cette nullité l'a privé, depuis 1857, de l'usufruit d'une
somme de 4,000 fr. qui lui aurait été due par son beau-père,
et que, pour fixer l'indemnité qui doit lui être accordée, il faut
prendre en considération ce double préjudice ;

Attendu que s'il est vrai, comme l'ont dit les premiers juges,
que la nullité du testament d'Angélique Senebier est une de
celles qui engagent la responsabilité du notaire, et qu'il y a
lieu, par conséquent, de faire droit à la demande en indemnité
formée contre lui, il est vrai aussi qu'il se rencontre dans la
cause des circonstances qui autorisent le juge à ne pas fixer
cette indemnité à la totalité du préjudice causé, et à modérer les
dommages-intérêts ;

Attendu que, d'après ces circonstances, il a paru juste à la Cour de réduire la demande de Pierre Arnaud, en capital et intérêts fin à ce jour, à la somme de 2,200 fr., pour l'indemniser de toutes les pertes que lui a occasionnées la nullité du testament d'Angélique Senebier, sa femme ;

Par ces motifs, la Cour disant droit, tant sur l'appel principal de Pierre Arnaud, envers le jugement du tribunal civil de Grenoble, du 27 novembre 1858, que sur l'appel incident des héritiers Orand, y ayant tel égard que de raison, réformant ledit jugement, fixe à la somme de 2,200 fr., en capital et intérêts fin à ce jour, l'indemnité due à Pierre Arnaud par les héritiers Orand, pour les pertes que lui a causées la nullité du testament d'Angélique Senebier, reçu par Orand, notaire, le 12 avril 1853, et, en conséquence, condamne les héritiers Orand à payer à Arnaud, avec intérêts de ce jour, ladite somme de 2,200 fr., les condamne en outre aux dépens.

Arrêt du 5 juillet 1859. — 1re chambre. — M. Royer, premier président ; M. Berger, substitut de M. le Procureur général. — MM. Chollier, Amat, avoués. — MM. Auguste Arnaud, Chapel, avocats.

————

ÉCHANGE. — ACTION RÉSOLUTOIRE. — BONNE FOI. — DROIT CONDITIONNEL. — TIERS DÉTENTEUR. — PRESCRIPTION.

La prescription de dix ans, fondée sur le titre et la bonne foi, s'étend non-seulement à la propriété de l'immeuble, mais encore aux divers droits réels dont il peut être grevé, notamment au droit de résolution d'un échangiste évincé. (Art. 2265, 1705, 1654, Cod. Napoléon.)

L'énonciation, dans un acte de vente, du titre constitutif des charges grevant l'immeuble ne suffit pas pour empêcher la bonne foi. (Art. 2268, 2269, Cod. Napoléon.)

En supposant que la mauvaise foi puisse résulter de la

connaissance de ce titre, il faut, au moins, qu'il ait été connu dès le principe de la possession.

Si l'on admet que le cours de la prescription d'une créance conditionnelle ou à jour fixe soit suspendu jusqu'à l'événement de la condition ou l'échéance du terme, non-seulement à l'égard du débiteur, mais encore à l'égard du tiers acquéreur de l'immeuble grevé de cette créance, ce principe, toutefois, ne peut recevoir son application lorsque le droit du créancier dépend d'une condition résolutoire, et que, d'ailleurs, il ne tient qu'à lui, soit d'en hâter l'ouverture ou l'exercice, soit d'interrompre la prescription vis-à-vis du tiers acquéreur. (Art. 2257, Cod. Napoléon.)

Brettière — C. Grenier.

Par acte reçu M⁰ Monteil, notaire à Saint-Jean en Royans, le 27 janvier 1843, enregistré, un échange est intervenu entre Brettière et Brichet. Ce dernier a cédé quatre articles d'immeubles, et il a reçu en contre-échange trois articles, notamment une maison sise dans le bourg de Saint-Jean. L'acte contient que les échangistes se maintiennent réciproquement les immeubles qu'ils se donnent en échange libres de dettes et hypothèques et de tous troubles et évictions quelconques.

Par acte passé devant M⁰ Paquet, notaire à Saint-Jean, le 6 octobre 1845, Brichet a vendu à Grenier la maison qu'il avait reçue de Brettière ; l'acte d'échange fut rappelé dans l'acte de vente, avec cette simple mention : *de sa date enregistré.* La vente fut faite pour le prix de 400 fr., qui furent délégués à Joseph Vallet, propriétaire à Saint-Jean, lequel accepta la délégation et quittança dans l'acte une somme de 100 fr.

Par autre acte reçu le même notaire, le 5 novembre 1849, les 300 fr. restant ont été reçus par Vallet. Brettière vendit lui-même une partie des immeubles provenant de l'échange.

En vertu d'un acte de partage du 28 janvier 1837, des cohéritiers Brichet ont dirigé une poursuite en expropriation contre Brichet dit Ludon, pour avoir paiement d'une créance privilégiée de 1,500 fr. Cette expropriation a compris les immeubles reçus par Brettière en échange.

Se fondant sur ce que la loi du contrat intervenu entre lui et Brichet avait été violée, attendu que les immeubles reçus en échange et venant de Brichet étaient grevés d'inscriptions, le sieur Brettière a assigné Brichet, et Grenier, tiers détenteur de la maison, en résolution de l'échange.

Grenier a assigné en garantie Brichet, son vendeur, et les héritiers du sieur Vallet, qui avait reçu le prix de la vente.

Le 7 juillet 1858, le tribunal de Valence a rendu le jugement suivant :

En ce qui concerne Brichet :

Attendu que Brettière est évincé des immeubles qui ont fait l'objet de l'échange du 27 janvier 1843, et que, dès lors, c'est à bon droit qu'il a intenté contre Brichet l'action en résolution dudit échange ;

Attendu, au surplus, que Brichet fait défaut de plaider et que le tribunal a des documents suffisants pour fixer dès à présent l'indemnité qui est due à Brettière, tant pour restitution de fruits, dommages-intérêts, que pour frais et loyaux coûts du contrat ;

En ce qui concerne Grenier :

Attendu qu'aux termes de l'art. 2265 du Code Napoléon, celui qui acquiert de bonne foi et par juste titre prescrit la propriété par dix ans ;

Attendu que Grenier est un tiers détenteur vis-à-vis de Brettière, puisqu'il a acquis par acte public du 6 octobre 1845, de Brichet, un des immeubles compris en l'échange précité ; que l'action en résolution n'a été intentée que par exploit du 5 février 1856 ; qu'ainsi la prescription décennale était accomplie au profit de Grenier ;

Attendu que c'est à celui qui allègue la mauvaise foi à l'établir ; que Brettière ne justifie d'aucun fait qui puisse à ce point de vue vicier la possession de Grenier ; que les énonciations de son acte d'acquisition ne sauraient la constituer ; que, d'autre part, Brettière, en revendant la même partie des immeubles reçus de Brichet en contre-échange a reconnu la légitimité de cette possession, et imprimé ainsi un caractère définitif aux actes des 27 janvier 1843 et 6 octobre 1845 ;

Attendu que la disposition de l'art. 2257 du Code Napoléon, opposée par Brettière à Grenier, n'est point applicable à ce dernier, qui est un tiers vis-à-vis de lui ;

En ce qui concerne les consorts Vallet :

Attendu que la demande principale étant repoussée, la demande en garantie devient sans objet ;

Attendu, néanmoins, que Grenier était sans droit contre Vallet, qui n'était point cessionnaire de Brichet, mais seulement un créancier délégué et qui n'a fait que recevoir ce qui lui était légitimement dû par Brichet, des mains de Grenier, qui avait accepté et exécuté purement et simplement la délégation ;

Par ces motifs, le tribunal prononce la résolution de l'acte d'échange intervenu entre Brettière et Brichet, devant Me Monteil, notaire à Saint-Jean en Royans, le 27 janvier 1843 ;

Ordonne, en conséquence, que Brichet délaissera de suite lesdits immeubles ; dit qu'ils rentreront dans les mains de Brettière, francs et libres de toutes charges, dettes, priviléges et hypothèques du chef dudit Brichet et de tous autres ; et, à défaut de ce faire ; 1° condamne Brichet à payer à Brettière, avec intérêts de droit, la somme de 400 fr., valeur de l'immeuble joui par Grenier ; 2° le condamne en outre à payer celle de 200 fr. à titre de dommages-intérêts, restitution de fruits et loyaux coûts du contrat ; le condamne en outre aux dépens ; déboute Brettière de sa demande contre Grenier, et le condamne aux dépens, y compris ceux exposés contre Brichet ; dit néanmoins qu'il les fera valoir contre Brichet ; déboute Grenier de sa demande en ga-

rantie contre les consorts Vallet, et le condamne personnellement aux dépens vis-à-vis d'eux.

Brettière a appelé de ce jugement.

ARRÊT.

Attendu que l'action exercée par Brettière a pour objet la
résolution de l'échange intervenu entre lui et Brichet le 27
janvier 1843, et, par suite, le délaissement, de la part de Grenier,
de la maison par lui acquise de Brichet, le 6 octobre 1845,
laquelle avait fait partie des immeubles remis en contre-échange
par Brettière ;

Attendu que Grenier invoque la prescription de dix ans établie par l'art. 2265 du Code Napoléon; qu'il est de principe que
cette prescription s'étend non-seulement à la propriété de l'immeuble, mais encore aux diverses espèces de droits réels que
des tiers pourraient avoir sur cet immeuble, notamment au
droit de résolution d'un vendeur originaire non payé, et, par
voie de conséquence, au même droit compétent à l'échangiste
évincé ;

Attendu que la mauvaise foi ne se présume point; qu'il résulte
des stipulations de la vente du 6 octobre 1845, qu'il ne fut point
fait remise ni donné connaissance à Grenier, acquéreur, du titre
de Brichet, son vendeur, c'est-à-dire de l'échange de 1843, et
qu'il ne put dès lors apprécier les conséquences que pouvait
entraîner la clause de cet acte, par laquelle les contractants
s'étaient mutuellement garanti la franchise des immeubles
échangés, si tant il y a, que le défaut de cette prévison, alors
même qu'il aurait connu ledit acte, dût le constituer en état de
mauvaise foi; que si Grenier a été délégué par son acte de
vente à payer un créancier hypothécaire de Brichet, cette circonstance n'implique point qu'il ait dû connaître, surtout dès
le principe de sa possession, que d'autres inscriptions grevaient
les immeubles remis par celui-ci à Brettière ; que, loin de là, le
paiement qu'il a effectué entre les mains du créancier déléga-
taire, et les réparations ou reconstructions qu'il a faites à la
maison par lui acquise démontrent qu'il croyait son acquisition
parfaitement assurée;

Attendu, en ce qui concerne l'exception tirée de l'art. 2257 du Code Napoléon, qu'en admettant que le cours de la prescription d'une créance conditionnelle ou à jour fixe soit suspendu jusqu'à l'événement de la condition ou l'échéance du terme, non-seulement à l'égard du débiteur, mais encore à l'égard du tiers acquéreur de l'immeuble grevé de cette créance, ce principe ne saurait recevoir application dans l'espèce ; car le droit exercé par Brettière n'était point subordonné à une condition suspensive ou à une échéance déterminée, mais dépendait d'une condition résolutoire ; qu'il lui était d'ailleurs possible, à l'aide de mesures autorisées par la loi, soit de hâter l'ouverture ou l'exercice de son droit, soit d'interrompre la prescription vis-à-vis de Grenier, tiers acquéreur ;

Adoptant au surplus les motifs des premiers juges, non contraires à ceux du présent arrêt ;

Par ces motifs, la Cour, sans s'arrêter à l'appel émis par Brettière envers le jugement rendu par le tribunal civil de Valence, le 7 juillet 1858, confirme ledit jugement, ordonne qu'il sera exécuté suivant sa forme et teneur, et condamne l'appelant à l'amende et aux dépens.

Arrêt du 7 mai 1859, — 4me chambre. — M. Desvial, conseiller, président ; — M. Berger, substitut de M. le Procureur général ; — MM. Chabert, Allemand, avoués ; — MM. Mathieu de Ventavon, Nicollet, avocats.

ORDRE. — CONTREDIT. — DÉFAUT DE MOTIFS. — COMPARUTION MOTIVÉE APRÈS LE DÉLAI. — DÉFENSES AU FOND. — CAUSE D'APPEL. — NULLITÉ.

En matière d'ordre, un contredit non motivé est nul ; cette nullité n'est pas couverte par la défense au fond ; elle peut être proposée, même en cause d'appel ; elle doit être admise quoique le contredit ait été motivé dans une comparution ultérieure, mais après l'expiration du délai. (Art. 756 du Code de procédure civile.)

Guerby — C. veuve Belle et consorts.

Sur l'appel de Guerby, et d'abord sur la fin de non-recevoir tirée contre cet appel de la nullité du contredit, formé au nom dudit Guerby, le 24 mars 1857 ;

Attendu que ce contredit, intervenu dans le délai légal, ne renfermait aucune indication du chef de l'état de collocation qu'il avait pour objet de contester ; que les mots : pour *motifs à déduire*, dans lesquels il était conçu, expliqués seulement par une seconde comparution à la date du 6 mai suivant, c'est-à-dire après l'expiration du délai dont il s'agit, ne constituaient pas un contredit suffisant et régulier dans le sens de l'art. 756 du Cod. de procédure civile ;

Qu'en effet, cet article, qui déclare que les créanciers sommés de contredire dans le délai d'un mois, et qui n'auront pas pris communication de l'état de collocation provisoire, demeureront forclos, sans nouvelle sommation et sans qu'il soit fait aucun dire, s'il y a contestation, combiné avec les art. 761, 762 et 763, qui veulent que l'audience, après les contestations, soit poursuivie sur un simple acte d'avoué à avoué, sans aucune autre procédure, que le jugement soit rendu, sur le rapport du juge commissaire, et qu'enfin les griefs soient énoncés dans l'acte d'appel, démontre que le législateur a institué, en matière d'ordre et pour accélérer les décisions qui tiennent souvent en suspens l'intérêt de nombreux créanciers, une procédure particulière dans laquelle le contredit, pour être valable, doit énoncer, sinon tous les motifs sur lesquels il est fondé, du moins quelques-uns d'entre eux, et, dans tous les cas, le chef précis qui est l'objet de la contestation ;

Que cette prescription n'est pas seulement obligatoire pour le créancier contestant, qu'elle l'est aussi pour le juge, dont le devoir est de se renfermer strictement dans les délais déterminés par la loi, d'une manière impérative et absolue;

Attendu, en conséquence, que la nullité résultant de l'insuffisance du contredit, le frappant ainsi dans son essence, et fondée sur une considération générale, n'est pas de nature à être couverte par la défense au fond, qu'elle peut être proposée même en cause d'appel.....

Arrêt du 25 juin 1859. — 2ᵐᵉ chambre. — M. Blanchet, président ; M. Proust, avocat général. — MM. Chabert, Rabatel, Chollier, Lerat, avoués ; — MM. Mathieu de Ventavon, Pain, Sisteron, Duret, avocats.

La première chambre de la Cour a jugé, au contraire, le 24 décembre 1857, que les contredits doivent, sans doute, être motivés, à peine de nullité, mais que la nullité est couverte par la défense au fond. (Voir le tome Iᵉʳ du journal, page 321.)

Dans l'espèce de l'arrêt de 1857 et dans l'espèce actuelle, l'ordre avait eu lieu avant la loi du 21 mai 1858. L'art. 758 de cette loi exige formellement que le contredit soit motivé. Mais le passage suivant du rapport de M. Riché permet de soutenir que le législateur n'a pas entendu que cette prescription fût observée à peine de nullité. « Si l'obligation de « motiver, dit M. Riché, n'est pas imposée ici, à peine de « nullité, comme au cas de l'art. 762 pour les griefs d'appel, « le juge taxateur pourrait ne pas accorder l'émolument « d'un contredit qui ne serait pas formulé selon le vœu de « la loi. »

Fréd. TAULIER.

DONATION. — MAIRE. — ACCEPTATION PROVISOIRE. — ACCEPTATION TACITE. — COMMUNE. — ÉCOLE. — STIPULATION AU PROFIT D'UN TIERS.

Un maire peut accepter provisoirement la donation faite à une commune. Cette acceptation peut même n'être que tacite. (Art. 48 de la loi du 22 juillet 1837.)

La donation par laquelle la donataire est chargée de fonder

dans une commune une école de filles, qui devra se perpétuer,
et à la tête de laquelle il y aura toujours, autant que faire
se pourra, un membre de la famille de la donatrice, est une
donation étrangère à la commune. Celle-ci ne saurait pré-
tendre que la condition doit être considérée comme une
stipulation faite au profit d'un tiers, dont elle peut réclamer
l'exécution. (Art. 1121 du Cod. Nap.)

Commune de Saint-Just de Claix — C. héritiers Battel,
en présence de Clot.

Par acte du 23 décembre 1845, reçu Me Arnaud, notaire
à Saint-Romans, la dame Élisabeth Battel, veuve Rebattel,
passa-vente à M. le curé Jean-Baptiste Clot, d'une maison
et d'une petite pièce de terre inculte, situées à Saint-Just
de Claix, près le village, appelées le Couvent, ou ancien monastère de Saint-Just de Claix, ayant une contenance totale
d'environ 30 ares ; il fut stipulé dans l'acte que l'acquéreur
prendrait possession des immeubles vendus le 1er novembre 1847.

Cette vente fut consentie moyennant le prix de 5,000 fr.,
que l'acquéreur promit payer ledit jour, 1er novembre 1847.

Par acte reçu, Me Berthuin, notaire à Pont-en-Royans,
le 30 décembre 1846, la dame Élisabeth Battel, veuve Rebattel, déclara faire donation entre-vifs à la demoiselle
Marie-Olimpe Guillermond, sa petite nièce, devenue épouse
de M. Charles Morel, de la somme de 5,000 fr., montant du
prix de vente dû par M. Clot, en vertu de l'acte précité,
laquelle somme de 5,000 fr., avec les intérêts qu'elle pro-
duirait, la donataire exigerait de M. Clot, sur sa simple
quittance, lui donnant tous les pouvoirs nécessaires pour parvenir à l'emboursement de ladite somme par toutes les voies
de droit, même par la voie de la résolution, la subrogeant,
à cet effet, dans tous ses droits et priviléges contre M. Clot,
résultant, en sa faveur, de l'acte de vente dont s'agit.

Cette donation fut faite sous les conditions suivantes :

« 1° Mlle Guillermond tiendra une école de jeunes person-
« nes, ou pensionnat de jeunes filles, à Saint-Just de Claix,
« pendant toute sa vie ; et si, de son vivant, elle quitte son
« pensionnat, en cessant les fonctions d'institutrice, elle
« sera tenue de céder et donner la même somme de 5,000 fr.
« à une de ses parentes, et, de préférence, à sa sœur Adèle
« Guillermond, qui prendra la suite de l'enseignement et
« sera tenue de transmettre, à son tour, à quelqu'un de ses
« parents, autant que faire se pourra, la même somme, sous
« les mêmes conditions ;

« L'intention formelle de la donatrice étant de perpétuer,
« dans la commune de Saint-Just de Claix, une maison d'ins-
« titution pour les jeunes filles, à la tête de laquelle il y ait
« toujours, autant néanmoins que faire se pourra, un
« membre de sa famille et de ses descendants ;

« 2° Si la donataire fait procéder à la résolution de la
« vente passée à M. Clot, ou si, simplement, elle fait l'ac-
« quisition des immeubles que la donatrice lui a vendus, elle
« pourra opérer avec lui une compensation, mais alors
« ces mêmes immeubles ne pourront plus être vendus par
« elle, ni par ses successeurs, attendu qu'à perpétuité, ils
« devront servir au logement et aux besoins de l'institutrice,
« *sans substitution prohibée ;*

« 3° Si M. Clot ne veut pas aliéner les immeubles en
« question, et qu'il paie son prix d'acquisition, la donataire
« ne pourra recevoir ladite somme de 5,000 fr. qu'en l'em-
« ployant à l'achat d'un bâtiment, avec ou sans cour et
« terrain, qui aura toujours la même destination pour l'en-
« seignement ; ladite donataire pourra, plus tard, vendre
« ce dernier bâtiment, mais toujours elle devra employer
« les 5,000 fr. en question à l'achat d'autres immeubles qui
« auront la même destination, et ce qui est imposé à la

« D^{lle} Guillermond sera, plus tard, imposé par elle à la
« personne qui la remplacera. »

La donation ci-dessus, avec toutes les clauses qu'elle
renferme, a été expressément acceptée par Olimpe Guillermond, présente à l'acte.

Le même jour, 30 décembre 1846, Élisabeth Battel, veuve
Rebattel, est décédée.

Le 8 décembre 1847, la D^{lle} Olimpe Guillermond, tant en
son nom que du consentement d'Adèle Guillermond, sa sœur,
pour laquelle elle se porta forte, renonça, verbalement, au
bénéfice de la donation ci-dessus rappelée, en faveur des
héritiers de la veuve Rebattel, qui pourraient contester ou
maintenir ladite donation, par tous moyens que bon leur
semblerait, à leurs frais, risques et périls, sans aucune garantie ni recours contre Olimpe Guillermond.

Cette renonciation eut lieu moyennant le prix de 2,250 fr.,
qui fut immédiatement payé par les héritiers de la veuve
Rebattel.

Au moyen du paiement effectué par M. le curé Clot, d'une
somme de 600 fr., portée en un billet à ordre à valoir sur
le prix de vente dont il était débiteur, les consorts Battel et
Magnan, héritiers de la veuve Rebattel, consentirent, verbalement, à proroger l'échéance du reliquat jusqu'au 1er
novembre 1848 ; il fut aussi convenu qu'au moyen de ce délai
accordé à M. Clot, ce dernier paierait le surplus du prix,
sans prétendre à d'autres garanties que celle résultant de la
promesse qui lui était faite par les consorts Battel et Magnan
de le rembourser dans le cas où il serait évincé de l'immeuble
par lui acquis.

Par exploit du 20 mars 1856, les consorts Magnan et
Battel ont fait faire commandement à M. le curé Clot de leur
payer, avec intérêts et légitimes accessoires, la somme de
5,000 fr., montant du prix de la vente du 20 décembre 1845.

Mais, par un autre exploit du 9 avril suivant, M. le curé
Clot a déclaré former opposition à ce commandement, en
se fondant, notamment, sur ce que les dispositions contenues
dans la donation du 30 décembre 1846 lui interdisaient
formellement de se libérer entre les mains des héritiers
Battel, puisque la veuve Rebattel, donatrice, avait donné
pour destination au prix de la vente du 23 décembre 1845
l'établissement d'une école de jeunes personnes dans la
commune de Saint-Just de Claix.

Par le même exploit, il a fait assigner les consorts Battel
et Magnan devant le tribunal civil de Saint-Marcellin, pour
entendre casser et annuler ledit commandement.

En outre, par exploit du 7 mars 1857, M. Clot a fait assigner la commune de Saint-Just de Claix, en la personne de
M. Froment, son maire, devant le susdit tribunal, à l'effet
d'assister à l'instance liée sur l'exploit d'opposition à commandement du 9 avril 1856, faire valoir ses droits sur le
prix de la vente du 23 décembre 1845, en vertu de l'acte de
donation ci-dessus rappelé, et prendre fait et cause pour
M. Clot, le cas échéant.

Par exploit du 7 octobre 1857, la commune de Saint-Just
de Claix a fait assigner les mariés Morel, devant le tribunal
civil de Saint-Marcellin, à l'effet d'assister en l'instance qui s'y
trouvait engagée entre elle, M. le curé Clot et les héritiers
Battel; par suite, de voir dire et prononcer : 1° que le bénéfice de la donation du 30 décembre 1846, reçue Me Berthuin, notaire, appartiendrait à ladite commune de Saint-
Just; 2° que les droits résultant de la vente du 23 décembre
1845 et de la donation précitée, ne pourraient être discutés
qu'entre la commune et M. Clot; 3° que les consorts Battel
et la dame Morel seraient sans droit, tant en vertu de la
vente qu'en vertu de la donation, soit sur les immeubles
vendus par la dame Rebattel à M. Clot, soit sur le prix des
immeubles.

Le 21 avril 1858, le tribunal de Saint-Marcellin a rendu le jugement suivant :

JUGEMENT.

Attendu qu'aux termes de l'art. 48 de la loi du 22 juillet 1837, le maire peut accepter provisoirement les dons et legs faits à la commune qu'il administre ; que cette acceptation peut être expresse ou tacite ; qu'ainsi la fin de non-recevoir opposée par les héritiers Battel aux conclusions de la commune de Saint-Just de Claix, tirée de ce qu'elle n'a pas été autorisée légalement à accepter la donation qu'elle revendique, doit être repoussée, et qu'il doit être passé outre aux débats ;

En ce qui concerne l'opposition formée, par l'abbé Clot, au commandement du 20 mars 1856, venu des consorts Magnan et Battel, et son appel en cause de la commune de Saint-Just de Claix :

Attendu que, pour apprécier sainement son mérite et celui de cet appel en cause, il importe d'examiner d'abord quels sont les droits résultants, pour cette commune, de la donation du 30 décembre 1846 ;

Attendu que, par cet acte, la veuve Rebattel a fait donation entre-vifs à Olimpe Guillermond, sa nièce, de la somme de 5,000 fr., qui lui était due par l'abbé Clot, pour prix de la vente qu'elle avait passée à ce dernier, par acte reçu Arnaud, notaire, le 23 décembre 1845, sous la condition, entre autres, que « *la donataire tiendra l'école de jeunes personnes* ou pensionnat « de jeunes filles, à Saint-Just de Claix, pendant toute sa vie, « et que si, de son vivant, elle quitte son pensionnat, en ces- « sant ses fonctions d'institutrice, elle sera tenue de céder et « donner la même somme de 5,000 fr. à une de ses parentes, « autant que faire se pourra, sous les mêmes conditions ; l'in- « tention formelle de la donatrice étant de perpétuer, dans la « commune de Saint-Just de Claix, une maison d'institution de « jeunes filles, à la tête de laquelle il y ait toujours, autant « néanmoins que faire se pourra, un membre de sa famille et « de ses descendants ; »

Attendu que, se fondant sur la condition qui précède, la commune de Saint-Just de Claix soutient que cette donation contient, à son profit, une disposition de la nature de celles qu'autorisent les dispositions de l'art. 1121 du Cod. Nap.; qu'ainsi elle est en droit de venir demander à la donataire l'exécution de cette condition, et de l'y contraindre, sous peine de déchéance ;

Attendu que, pour que cette prétention pût être accueillie, il faudrait qu'on trouvât, soit dans les termes, soit dans l'esprit de cet acte, soit dans les autres documents de la cause, une preuve ou une présomption, de laquelle pût ressortir, de la part de la veuve Rebattel, l'intention de faire à cette commune un don, même indirect ;

Attendu que, loin d'y trouver cette preuve ou cette présomption, on y rencontre, au contraire, dans toutes les dispositions, l'intention formelle d'éloigner l'autorité municipale de toute action, de toute direction, de toute surveillance sur le pensionnat qu'elle oblige la donataire à établir dans la commune de Saint-Just; qu'elle fait une donation entière à Olimpe Guillermond de la somme de 5,000 fr., avec le droit de l'exiger, de vendre même, sous une condition de la remplacer, la maison qui fait l'objet de la vente du 23 décembre 1845, dans le cas où, à défaut de paiement du prix, elle ferait prononcer la résolution de cette vente contre l'abbé Clot ;

Qu'aucune condition n'est imposée à Olimpe Guillermond sur la manière de constituer et diriger son pensionnat ; qu'elle n'est pas soumise à l'obligation de recevoir, soit gratuitement, soit à un prix fixé d'avance, les jeunes filles de la commune ; qu'au contraire, la donatrice lui laisse le droit absolu d'y admettre qui bon lui semblera, et aux prix et conditions qu'il lui plaira de fixer ; qu'en un mot, nulle part n'apparaît, pour l'autorité municipale, le droit de discussion ou d'intervention dans ce pensionnat ;

Attendu qu'une maison d'éducation, constituée dans de telles conditions, ne peut être considérée comme une institution communale, à la propriété ou à la conservation de laquelle la commune puisse avoir un intérêt quelconque, autre que celui qui s'attache à un établissement de ce genre, dans telle commune plutôt que dans telle autre ; mais que cet intérêt ne justifie pas les conclusions prises par la commune de Saint-Just de Claix dans cette discussion ;

Attendu que, s'il est vrai qu'Olimpe Guillermond a supprimé ce pensionnat, elle soutient qu'elle ne s'y est décidée qu'après avoir acquis, par une expérience de plusieurs années, la certitude qu'une institutrice ne pourrait y trouver le moyen de vivre ; qu'elle ne l'a fait qu'avec le consentement des autres héritiers de sa tante, et que la commune n'a aucun droit à critiquer cet arrangement ;

Attendu qu'il suit de tout ce qui précède que la commune de Saint-Just a été mal fondée à intervenir dans ce débat, et qu'elle n'y avait ni droits, ni intérêts ;

En ce qui concerne l'opposition de l'abbé Clot au commandement du 20 mars 1856 :

Attendu que la décision qui précède le rend non recevable et mal fondé ; qu'il en doit être débouté, et que les héritiers de la veuve Rebattel doivent être autorisés à continuer leurs exécutions contre lui ;

Par ces motifs,

Le tribunal, ouï les conclusions de M. Barral, substitut de M. le Procureur impérial, dit et prononce que la commune de Saint-Just de Claix n'a aucun droit sur les immeubles ou le prix de vente qui font l'objet de la donation du 30 décembre 1846 ; que cet acte lui est complètement étranger, et qu'aucune action ne lui compète pour en demander et surveiller l'exécution ; la déclare, en outre, mal fondée dans toutes ses conclusions, et l'en déboute purement et simplement ; déboute également l'abbé Clot de son opposition du 9 avril 1856 ; dit, néanmoins, que les intérêts de la somme de 5,000 fr., dont il est débiteur envers les héritiers de la veuve Rebattel, se sont compensés jusqu'au 20 mars 1856, date du commandement qui lui a été signifié, à la requête de ces derniers, avec les fruits des immeubles, objet de la vente du 23 décembre 1845, dont se sont prévalus lesdits héritiers ; déclare ledit abbé Clot, débiteur de ce prix et des intérêts incourus depuis cette époque, sauf à ses créanciers à imputer toutes les sommes et fruits qu'ils ont pu percevoir depuis lors ;

Permet aux héritiers de continuer leurs poursuites, ainsi et comme ils aviseront.

La commune a appelé de ce jugement.

ARRÊT.

En ce qui concerne la commune de Saint-Just de Claix et le mérite de son appel :

Adoptant les motifs des premiers juges, et attendu qu'étant reconnu et jugé que la donation du 30 décembre 1846 n'a ouvert à la commune de Saint-Just de Claix ni droit, ni action, il ne saurait, par voie de conséquence, y avoir lieu d'accueillir ses conclusions subsidiaires tendant à la preuve du contraire, qui sont évidemment mal fondées, frustratoires et inutiles ;

En ce qui concerne le curé Clot :

Attendu qu'il a offert, devant la Cour, de se libérer des causes de la vente du 23 octobre 1845, par la remise des immeubles qui en ont fait l'objet ;

Attendu que, de cette vente, des actes qui l'ont précédée et suivie, et, notamment, des termes de la donation du 30 décembre 1846, il résulte clairement que l'intention des parties fut de laisser à l'abbé Clot la faculté de devenir propriétaire définitif de l'immeuble vendu, en payant le prix de 5,000 fr. stipulé, ou de renoncer à cette acquisition, en la laissant au vendeur ;

Attendu que les héritiers Battel ont reconnu que l'abbé Clot avait ce droit et cette faculté ; que la vente qui lui avait été faite n'avait été que provisoire ; que c'est par suite de ce droit et de cette faculté qu'ils sont en possession et jouissance de l'immeuble dont il s'agit, et qu'ainsi ils n'ont pas moyen de se refuser à l'offre par lui faite ;

Attendu, dès lors, qu'il ne saurait plus s'agir, comme l'ont fait les premiers juges, de permette aux héritiers Battel de continuer leurs poursuites et exécutions contre l'abbé Clot, qui, en réalité et par suite de son offre et de son option, n'a jamais été acquéreur ; mais qu'il y a lieu de consacrer cette offre par lui faite, et de reconnaître et de décider qu'au moyen de cette

offre et d'un délaissement, qui a déjà eu lieu, il sera complètement libéré envers les héritiers Battel ;

Par ces motifs,

La Cour, sans s'arrêter à l'appel de la commune de Saint-Just
de Claix envers le jugement du tribunal civil de Saint Marcellin,
du 21 avril 1858, ni à aucune de ses conclusions, tant principales que subsidiaires, met ladite appellation au néant, ordonne
que ce dont est appel sortira, en ce qui concerne ladite commune, son plein et entier effet, et la condamne à l'amende et
aux dépens envers toutes les parties ;

Mais, statuant sur l'offre de l'abbé Clot et les déclarations des
héritiers Battel, et les homologant, réforme le jugement en
ce qu'il a permis à ces derniers de continuer leurs poursuites et
exécutions, et en ce qu'il a déclaré l'abbé Clot leur débiteur de
5,000 fr. et des intérêts de ce prix, depuis le 20 mars 1856 ; dit
et prononce, au contraire, qu'au moyen de l'abandon de l'immeuble qui avait fait l'objet de la vente du 23 décembre 1845,
et de la jouissance qu'en ont eue les héritiers Battel, cette vente
est réputée n'avoir jamais existé, et que l'abbé Clot est complètement libéré envers eux.

Arrêt du 29 juillet 1859. — 1re chambre. — M. Royer,
premier président; M. Alméras-Latour, premier avocat général;
MM. Michal, Allemand, Chollier, avoués ; MM. Victor Arnaud,
Nicollet, Cantel, avocats.

Notre honorable et savant confrère, Me Denantes, avait
rédigé, dans l'intérêt de la commune, une consultation de
laquelle on nous saura gré d'extraire les passages suivants :

« ..... La commune de Saint-Just de Claix est bien fondée
dans l'appel qu'elle se propose d'interjeter envers le jugement ci-dessus.

« Une première chose vient frapper l'esprit dans cette
affaire ; c'est que la doctrine consacrée par les premiers juges
ne tendrait à rien moins, si elle était suivie, qu'à dépouiller
de toute sanction les volontés du donateur, et à rendre com-

plètement illusoires les conditions formelles qu'il a mises à sa libéralité.

« On arriverait, en effet, à ce résultat immoral, qu'au moyen d'un concert frauduleux entre le donataire et les héritiers du donateur, ils se diviseraient entre eux le produit de la donation, en laissant de côté les charges sous lesquelles elle a été faite. Est-il vrai que les principes du droit, bien appréciés, aboutissent nécessairement à une conséquence si monstrueuse ?

« En d'autres termes, est-il vrai que les conditions écrites dans la donation du 30 décembre 1846 sont livrées *à la discrétion* de la donataire et des héritiers de la donatrice, et que la commune de Saint-Just de Claix n'a aucun moyen légal d'en exiger l'exécution ?

« Voyons, avant tout, quelles sont les règles en cette matière, notamment en ce qui concerne les *charges ou conditions imposées par le donateur, lorsque c'est un tiers qui est appelé à en recueillir le bénéfice*. Nous examinerons ensuite si, dans l'espèce actuelle, on ne doit pas considérer la commune de Saint-Just de Claix comme ayant été véritablement gratifiée par les charges de la donation de 1846.

« Quoique la donatrice se soit servi du mot *condition*, pour donner, sans doute, plus de force à l'expression de sa volonté, il est certain que, d'après les anciens principes, auxquels le Code Napoléon n'a rien de contraire, la charge qu'elle a imposée à sa donataire, d'établir, à perpétuité, une école dans la commune de Saint-Just de Claix, peut être envisagée comme un *mode*.

« Le mode, dit *M. Troplong*, sur l'art. 900, n° 352, est « une loi ajoutée à la disposition, et qui oblige le gratifié à « faire ou à donner quelque chose après qu'il aura reçu la « libéralité.

« Cette définition, ajoute l'auteur, fait apercevoir, sur le « champ, une différence sensible entre la *condition* suspen-

« sive et le mode. La condition suspensive suspend l'effet
« de la disposition jusqu'à ce qu'elle soit accomplie ; mais
« le mode ne suspend pas la disposition, et le gratifié n'est
« obligé d'y satisfaire que lorsqu'il a reçu la libéralité. »

« Au surplus, *mode* ou *condition*, le résultat est le même
lorsque c'est un tiers qui doit en profiter.

« ....*Merlin*, Répertoire, v. *Légataire*, § 4, n° 2, enseigne aussi « que, lorsqu'il s'agit d'un legs auquel des
« charges ont été imposées par le testateur, *celui qui est in-
« téressé à l'accomplissement de ces charges* doit se pour-
« voir en justice, et faire ordonner que le légataire sera tenu
« de s'expliquer dans un certain délai. »

« ....*Dalloz*, v. *Dispositions à titre gratuit*, n° 2534,
pose également comme un principe constant, que le *tiers*
qui a intérêt à l'exécution d'une charge ou condition, apposée
à la donation, a une action *directe* pour en obtenir l'exécution.

« ......L'art. 1121 du Cod. Nap. dispose : *qu'on peut stipuler au profit d'un tiers*, lorsque telle est la condition d'une
donation qu'on fait à un autre.

« L'article ajoute seulement que le tiers est obligé de déclarer qu'il *entend profiter* de la condition, et que, jusqu'à
cette déclaration, le donateur peut la révoquer.

« Dans notre espèce, cette déclaration a eu lieu de la part
de la commune, et l'on ne pourrait pas objecter que la condition aurait été révoquée antérieurement par la renonciation
d'Olimpe Guillermond, donataire, au profit des héritiers
de la donatrice ; car, si bien, en règle générale, les héritiers
du donateur peuvent exercer l'action révocatoire, aussi bien
que le donateur lui-même, à raison de l'inexécution des
conditions, cette faculté cesse, à leur égard, lorsque ces
conditions ont été imposées *au profit d'un tiers* ; s'il en était
autrement, ce serait investir les héritiers du droit de s'in-
surger contre la volonté de leur auteur, et de supprimer, à

leur gré, les libéralités qu'il a voulu faire à d'autres qu'à
eux.

« ......Il ne reste donc plus qu'à savoir s'il est vrai que la
commune de Saint-Just de Claix n'a pas un *intérêt* suffisant,
aux yeux de la loi, pour réclamer, en justice, l'accomplissement de la condition ou du mode imposé par la dame
veuve Rebattel à sa donataire.

« Mais d'abord, quant à la volonté de la donatrice, de constituer la charge dont il s'agit *dans l'intérêt de tous les
habitants de Saint-Just de Claix*, elle ne peut être contestée
un seul instant.

« On lit, en effet, dans l'acte de donation, que *l'intention
formelle* de la donatrice *est de perpétuer, dans la commune
de Saint-Just de Claix, une maison d'instruction pour les
jeunes filles.*

« A cet effet, elle veut que la somme de 5,000 fr., montant
de la donation, ne puisse être retirée *qu'en l'employant,
soit à acquérir la maison primitivement vendue à l'abbé
Clot, soit, en cas de refus, à acquérir d'autres bâtiments,
lesquels, à perpétuité, devront servir au logement de l'institutrice.*

« Ainsi, le but de la donatrice, celui auquel elle subor-
donne sa libéralité, c'est d'établir, *pour toujours*, dans la commune, une maison d'instruction de jeunes filles, et, pour
atteindre plus facilement son but, elle assure, à perpétuité,
un logement à l'institutrice qui dirigera cette maison.

« Sans doute, pour cet emploi d'institutrice, la donatrice
donne la préférence à *ses parentes;* mais, comme elle a soin
de le dire elle-même, ce *n'est qu'autant que la chose pourra
se faire,* c'est-à-dire, qu'autant que ses parents voudront se
charger de l'emploi; en sorte que, si elles viennent à refuser,
cet emploi pourra être confié à des étrangères.

« ......Il est facile de prouver que les premiers juges se sont
gravement mépris en supposant qu'une commune ne peut

avoir aucun intérêt légal à la création d'un établissement, toutes les fois que ce n'est pas elle qui en a la direction, ou que, en d'autres termes, il ne s'agit pas d'un établissement *communal.*

« A cette considération, le tribunal en a ajouté une autre, c'est que, dans l'espèce, la charge imposée à la donataire ne présenterait aucun avantage *pécuniaire* pour la commune, puisque l'admission des jeunes filles dans la maison d'éducation *n'est pas gratuite,* et que l'institutrice reste libre de fixer le prix de l'admission.

« Mais ces deux motifs s'évanouissent devant quelques observations qui nous paraissent décisives.

« D'abord, la circonstance que l'institution, ou école de jeunes filles, ne serait pas communale, en ce sens, que sa direction ne serait point placée sous la main de la commune, n'empêche pas qu'au fond la commune n'ait un intérêt important et très-réel à l'existence de l'établissement que la donatrice a voulu fonder à perpétuité.

« On ne peut nier, en effet, qu'il n'y ait un très-grand intérêt, pour tous les habitants de Saint-Just de Claix, d'avoir une pareille école dans la commune, puisque cela les dispense d'envoyer leurs jeunes filles ailleurs, ce qui est, tout à la fois, pour eux, un avantage et une économie. Il importe peu que, dans l'intention de la donatrice, cette école ne doive pas être gratuite, et que même l'institutrice ait le droit de fixer le prix d'admission comme elle le jugera à propos.

« Cela ne peut s'entendre, à coup sûr, que d'un prix *raisonnable,* puisqu'autrement la fixation d'un prix *exorbitant* serait un moyen d'éluder l'intention de la donatrice, qui a voulu que *toutes les jeunes filles* de Saint-Just de Claix pussent recevoir l'instruction nécessaire dans la maison qu'elle destinait à ce but.

« .....Par deux arrêts, l'un de la Cour de *Douai,* du 30 mai

1853 (Sirey, 53, 2, 625), et l'autre de la Cour de *Bordeaux*,
du 23 juin 1856 (Sirey, 57, 2, 180), il a été jugé que le legs
d'une somme, pour faire dire des messes dans une église désignée, ne constituait pas une fondation *au profit de la fabrique*
de cette église et qu'elle était non recevable à en poursuivre
le paiement ; mais on ne l'a décidé ainsi que parce que, non-
seulement *la fabrique n'était point nommée dans le testament*,
mais qu'encore *le testateur n'avait manifesté l'intention de
la gratifier, ni explicitement, ni implicitement*, d'une libéralité qui n'était dévolue à aucune personne déterminée, et
qui devait profiter seulement aux prêtres qui diraient les
messes dans l'église indiquée.

« Mais, au contraire, dans la cause actuelle, il est impossible d'indiquer aucun intérêt que la testatrice ait eu en vue,
si ce n'est celui de la commune de Saint-Just de Claix.

« Au surplus, et nous avons raisonné jusqu'ici en supposant, avec le tribunal, que l'avantage résultant, pour la commune, des conditions de la donation du 30 décembre 1846,
ne pouvait pas être considéré comme un bien ou comme
un droit *véritablement communal*; mais nous sommes loin
de faire une pareille concession.

« Il suffit, en effet, de remarquer, avec *Dalloz*, v. *Commune*, n° 1799, « que le mot *biens communaux*, dans sa
« véritable acception, est une dénomination générale *qui
« embrasse tout ce dont on peut tirer une utilité quelconque*,
« et qu'ainsi des meubles, des actions, des immeubles, des
« *droits incorporels*, tels que des servitudes et des droits
« *d'usage*, prennent la dénomination et le caractère de biens
« communaux toutes les fois qu'ils appartiennent à une
« corporation d'habitants. »

« Or, si l'on se pénètre de l'objet de la donation de 1846,
et des charges qui y sont apposées, on voit qu'en définitive
c'est une maison d'éducation, dont *l'usage perpétuel* est
affecté à toutes les jeunes filles de la commune de Saint-Just

de Claix, aussi bien qu'à l'institutrice elle-même qui doit diriger la maison.

« C'est donc un droit véritablement *communal*, qui, d'après la volonté de la testatrice, *affecte à toujours* le bâtiment à l'acquisition duquel doit être consacrée la somme donnée.

« En un mot, la commune, par l'effet de la charge stipulée, se trouve dispensée d'acquérir une maison pour recevoir l'institutrice et les jeunes filles. La donatrice a pourvu à ce besoin : si ce n'est pas là un droit *communal*, nous ne savons quel nom lui donner. »

GENS DE SERVICE. — PRIVILÉGES. — MEUBLES. — IMMEUBLES. — RÉDUCTION DE LEGS. — RATIFICATION. — USUFRUIT. — TUTELLE. — NOVATION. — HYPOTHÈQUE LÉGALE. — COLLOCATION PROVISOIRE. — HYPOTHÈQUE GÉNÉRALE. — HYPOTHÈQUE SPÉCIALE. — CONTRAT JUDICIAIRE. — SUBROGATION.

I. — *Les gens de service qui ne se sont pas présentés à la distribution du prix du mobilier, pour exercer leur privilége, ne peuvent réclamer le paiement de leurs créances sur le prix des immeubles, au préjudice des créanciers hypothécaires.* (Art. 2101, 2104 du Code Napoléon.)

II. — *La réduction d'un legs excédant la quotité disponible ne peut plus être demandée lorsque le testament a été volontairement exécuté; cette exécution ressort suffisamment du paiement des intérêts à la légataire, et de ce que le capital a constamment figuré au passif de la succession de la testatrice, dans les divers pactes de famille intervenus* depuis, enfin, de l'allocation du legs non contestée par les réservataires, dans un ordre ouvert pour la distribution du prix des immeubles des héritiers. (Art. 1338, 1340 du Code Napoléon.)

III. — Le mari légataire de l'usufruit de la moitié des biens de sa femme ne peut être considéré comme ayant fait un paiement fictif de ces biens à ses enfants, si ces derniers, placés sous sa tutelle, étaient mineurs, et, d'ailleurs, le tuteur ne peut être considéré comme les ayant ensuite reçus lui-même, s'il était tenu de fournir caution. Il n'y a donc pas de novation dans l'obligation dont il est tenu envers les héritiers de sa femme, et l'hypothèque légale de celle-ci continue à grever ses immeubles. (Art. 2121, 2180 du Code Napoléon.)

IV. — Le créancier qui a une hypothèque générale peut se faire payer sur l'immeuble dont il a intérêt à toucher de préférence le prix. (Art. 2114 du Code Napoléon.)

V. — Lorsque le créancier à hypothèque générale a produit dans un ordre, sans désigner l'immeuble ou les immeubles sur lesquels il entend faire porter son hypothèque générale, et que le juge-commissaire a procédé lui-même au classement de sa créance, il ne peut plus former opposition au rang qu'il a obtenu; il est lié par un véritable contrat judiciaire intervenu entre lui et les autres créanciers produisants.

VI.—Le créancier à hypothèque spéciale, qui a remboursé le créancier à hypothèque générale, et lui a été subrogé, n'est pas mieux admissible à soulever une telle prétention; le cessionnaire est l'image du cédant.

Mamert Rolland — C. mariés Dillon.

24 mars 1858, jugement du tribunal de Vienne, ainsi conçu :

1° Sur le privilége réclamé par les gens de service :

Attendu, en fait, que le mobilier d'Antoine Dillon a été vendu ; que, si la distribution du prix n'a pas été faite, les réclamants pourront exercer leur privilége ; que si, au contraire, cette distribution a eu lieu, ils ont à s'imputer de n'y avoir pas produit ;

Attendu que leur négligence ne saurait préjudicier aux créanciers hypothécaires ;

Attendu que la subrogation invoquée n'a pas été entourée des formalités prescrites par la loi ;

2° En ce qui concerne le legs de 2,000 fr. fait par Thérèse-Reine-Françoise Martignat, épouse du sieur Antoine Dillon, par son testament du 27 août 1829, à Alexandrine Martignat, femme de Louis Paquien, sa sœur, dont la réduction est demandée comme excédant la quotité disponible :

Attendu que le testament de Thérèse-Reine-Françoise Martignat a été volontairement exécuté par toutes les parties ; que cette exécution ressort du paiement des intérêts à la légataire, de ce que le capital a constamment figuré au passif de la succession de la testatrice, dans les divers pactes de famille intervenus depuis, et de la collocation de cette somme dans l'ordre, collocation non attaquée par Antoine Dillon ;

Attendu qu'aux termes des articles 1338 et 1340 du Code Napoléon, la ratification ou exécution volontaire d'une donation emporte renonciation à opposer, soit les vices de forme, soit les moyens ou exceptions qu'on pourrait élever contre cet acte ; que la doctrine et la jurisprudence assimilent les dispositions de dernière volonté aux donations entre-vifs ;

Attendu que l'ensemble des faits de la cause démontre au tribunal que les consorts Dillon connaissaient le vice de cet acte, et qu'ils ont eu l'intention de ne pas en user, soit à raison des bons rapports qui existaient entre eux et la dame Paquien, soit à raison du peu d'aisance de celle-ci, relativement à eux, à cette époque ;

Attendu qu'à supposer que l'exécution volontaire donnée au

testament de Thérèse-Reine-Françoise Martignat, fût insuffisante pour opérer la ratification de cet acte, Antoine Dillon
serait sans qualité pour demander la réduction du legs dont il
s'agit; qu'en effet, il résulte des divers actes passés entre les
parties, notamment du récépissé du compte tutélaire du 27 décembre 1845, de l'arrêté de ce compte du 16 septembre 1848,
du traité du même jour, du contrat de mariage d'Elisa Dillon
avec Mamert Rolland, du 7 mars 1849, d'un autre récépissé de
compte tutélaire, du 22 décembre de la même année, et du
partage contenant ratification d'André Dillon fils, du 4 janvier
1850, qu'aucune action relative à la réduction du legs de 2,000 fr.,
fait en faveur de la dame Paquien, dans le testament du 27 avril
1829, de Thérèse-Reine-Françoise Martignat, n'a été cédée à
Antoine Dillon;

Attendu, en ce qui concerne l'argument tiré de la novation
opérée au profit de ce dernier, par sa qualité d'usufruitier,
qu'aucun paiement fictif n'a pu avoir lieu, dans la cause, par le
tuteur Dillon, à raison de la minorité de ses enfants, et qu'à
supposer que les enfants eussent reçu les reprises de leur mère,
Dillon n'a pu en toucher le montant, à raison de ce qu'il était
tenu de fournir préalablement caution;

Attendu, en fait, qu'aucun paiement n'a eu lieu, puisque
après la majorité de ses enfants, dans le compte de tutelle, Dillon
fait figurer à son débit, non-seulement la portion de ses reprises,
dont il avait l'usufruit, mais encore la moitié qui en était
affranchie, moitié dont il n'aurait pas été débiteur, si le paiement sur lequel est fondée la novation avait été effectué; que,
d'autre part, Dillon étant débiteur dès le principe, en sa qualité
de tuteur, l'hypothèque légale de ses enfants aurait pris naissance au moment d'un paiement fictif;

3° Sur la question de savoir si la créance de la dame
Paquien est ou non destituée d'hypothèque :

Attendu que, d'après le principe de l'indivisibilité de l'hypothèque, proclamée par l'art. 2114 du Code Napoléon, le créancier qui a une hypothèque générale a le choix de se faire
payer sur l'immeuble dont il a intérêt à toucher de préférence
le prix;

Attendu qu'en vertu d'un autre principe consacré par l'article 1251 du même Code, le créancier qui paie un autre créancier qui lui est préférable, à raison de ses priviléges et hypothèques, lui est subrogé de plein droit ;

Mais, attendu que, dans l'espèce actuelle, la dame Paquien a produit dans l'ordre ouvert pour la distribution du prix des biens ayant appartenu à Antoine Dillon, sans désigner l'immeuble ou les immeubles sur lesquels elle voulait faire porter son hypothèque générale et dont elle avait intérêt à toucher de préférence le prix; que M. le juge-commissaire a donc ainsi procédé au classement de sa créance sur sa demande, et que la division opérée par ce magistrat est à l'abri de toute critique;

Qu'en effet, il ne saurait être permis à un créancier, qui obtient la collocation par lui sollicitée, de former opposition au rang qu'il a obtenu et de contredire un acte qui fait droit à ses prétentions; qu'il ne lui appartient plus de changer la convention intervenue entre lui et les autres créanciers produisants, d'en modifier le caractère et les effets; qu'il a lui-même épuisé la faculté qu'il avait de désigner l'immeuble sur lequel il voulait faire porter de préférence son hypothèque, ou qu'il a renoncé volontairement à cette faculté, puisqu'il ne s'est pas prévalu du principe de l'indivisibilité; qu'il a donc ainsi fait son option;

Attendu que la dame Paquien n'ayant plus ni intérêt ni qualité pour contredire l'état de collocation du 27 août 1857, au moment où elle a subrogé Mamert Rolland dans ses droits, par l'acte du 13 novembre 1857, celui-ci ne peut en réclamer de plus étendus que ceux appartenant à la subrogeante, le cessionnaire étant l'image du cédant; que, dès-lors, la convention par laquelle elle a cédé son rang hypothécaire à Mamert Rolland, créancier postérieur, ne peut avoir d'autre résultat que de substituer le subrogataire au lieu et place qu'occupait dans l'ordre la créance de la cédante;

Par ces motifs, le tribunal, ouï M. Sornin, juge-commissaire, en son rapport fait publiquement, et M. Desvial, substitut du Procureur impérial, en ses conclusions motivées, faisant droit aux contredits formés envers la collocation obtenue au troisième degré des priviléges, par les sieurs Buissonnet, Conjard et autres, rejette et supprime cette collocation; condamne ces derniers en leurs propres dépens; rejette au contraire les contredits formés envers les collocations obtenues, aux premier et deuxième degrés des hypothèques, au profit d'Alexandrine Martignat, épouse Paquien; maintient ces collocations; dit que Mamert Rolland, subrogé à ses droits, s'en prévaudra pour la somme payée, avec les intérêts et accessoires de droit, et que ses collocations s'exerceront, ainsi que le porte le règlement provisoire, au centime le franc, sur les divers prix mis en distribution.

Il y a eu appel de ce jugement.

ARRÊT.

Sur l'appel de Mamert Rolland :

En ce qui concerne sa prétention de faire allouer la dame Paquien, pour la totalité de sa créance, sur le prix de l'adjudication tranchée au profit de la dame Dillon :

Attendu qu'il résulte de toutes les circonstances de la cause que c'est dans l'intérêt unique de Mamert Rolland, et pour faire prévaloir son hypothèque spéciale, postérieure à celle de la dame Dillon, au détriment de l'hypothèque de cette dernière, qu'est intervenu l'acte du 13 novembre 1857,

Et adoptant au surplus les motifs exprimés par les premiers juges ;

Sur l'appel personnel de Dillon :

Attendu que, des actes intervenus entre Dillon et ses enfants, en 1848 et 1849, il résulte non-seulement que le testament du 27 avril 1829 avait été ratifié par ces derniers, mais qu'ils avaient soumis Dillon, leur père, à payer ce legs et la somme de 2,050 fr., par eux due à la dame Paquien, en maintenant, au profit de cette dernière, l'hypothèque légale de leur mère, et qu'ainsi Dillon est tout à la fois non recevable et mal fondé dans ses prétentions ;

II   16

Adoptant, au surplus, les motifs des premiers juges ;

Par ces motifs,

La Cour confirme.

Arrêt du 7 avril 1859 — 1re chambre — M. Royer, premier président; M. Alméras-Latour, premier avocat général; — MM. Chollier, Michal, avoués; — MM. Cantel, Auzias père, avocats.

Sur la cinquième et sixième question :

Le tribunal a considéré que la femme Paquier avait été allouée conformément à sa demande ; qu'elle l'avait été selon la loi, au marc le franc, qu'elle n'aurait plus été recevable à former de contredit, et que Rolland, son subrogé, n'avait pu avoir plus de droit qu'elle.

A cela on opposait, en appel : 1° que l'allocation provisoire, conforme à la demande, n'entraîne de forclusion qu'après l'expiration du délai des contredits, art. 759, Code de procédure ; que de nombreux arrêts ont admis à varier dans la demande. — Cassation, 4 mars 1833 ; Bourges, 18 janvier 1851 ; Grenoble, 26 mai 1855. — L'ordre n'est qu'une indication de paiement, qui n'empêche pas le créancier alloué d'user, comme il l'entend, de son hypothèque générale, bien qu'il n'ait pas contredit. — Paris, 31 août 1815 ; Cassation, 28 mai 1828, 25 février 1839 ;

2° Qu'au surplus, la femme Paquien avait intérêt à faire l'acte du 13 novembre, car elle échappait ainsi aux chances du contredit élevé contre l'existence de son hypothèque par le sieur Grange, contredit que tous les autres créanciers produisants pouvaient faire valoir ;

3° Que, par cet acte, l'hypothèque générale n'existant plus que sur les immeubles adjugés à la femme Dillon, ce n'était plus le cas de la jurisprudence, qui veut que les hypothèques générales soient réparties de manière à faire sortir effet, autant que possible, aux hypothèques spéciales, selon leur rang de date. *(Note communiquée.)*

———

DOT. — POURSUITES. — SURSIS. — PRÉSOMPTION DE PAIE-MENT. — ABANDON DU DOMICILE CONJUGAL. — PERTE DE LA DOT. — MARI. — RESPONSABÌLITÉ.

Le mari n'est pas censé avoir reçu la dot, quoiqu'il se soit écoulé dix ans depuis le mariage, lorsqu'il a dirigé des poursuites contre son beau-père qui en était débiteur, et qu'il a été sursis à ces poursuites jusqu'à ce que la femme eût fait statuer sur l'appel du jugement rejetant sa demande en séparation de corps; et il en est ainsi quoique la femme ait abandonné son appel. (Art. 1569, Cod. Nap.)

Lorsque la femme a quitté le domicile conjugal et n'y a pas reparu pendant de longues années, le mari peut se considérer comme réellement séparé d'elle, comme dispensé de gérer ses affaires, et, dès lors, il n'est pas responsable de la perte de la dot, causée par le défaut de renouvellement de l'inscription hypothécaire prise sur les biens du constituant. (Art. 1580, Cod. Nap.)

Héritiers Nicolas — C. veuve Nicolas.

Il résulte du contrat de mariage d'Antoine Nicolas avec Marie-Thérèse Carpentras, passé devant Mᵉ Jouve, notaire au Buis, le 13 septembre 1826, 1° que Carpentras père fît donation, à titre d'avancement d'hoirie, à sa fille, d'une somme de 2,000 fr., payable, 1,000 fr. dans neuf mois, et les autres 1,000 fr. dans dix-huit mois; 2° que, pour sûreté de cette somme, Carpentras donna hypothèque sur ses biens, et qu'inscription fut prise par le mari ; 3° que Nicolas donna à sa future un gain de survie de 400 fr. ; 4° que la future se constitua un trousseau ; et, 5° que le régime dotal fut adopté.

Quelques années après le mariage, la femme Nicolas retourna auprès de son père et intenta à son mari une action en séparation de corps.

Par jugement du 26 décembre 1828, le tribunal repoussa cette demande.

Dès le 13 juin 1827, Nicolas avait fait donner un commandement à son beau-père, pour obtenir paiement de la dot de sa femme ; ce dernier y avait formé opposition en se fondant sur ce que sa fille était auprès de lui pendant l'action en séparation.

Le 6 juillet, la femme Nicolas intervint dans l'instance liée à la suite de ce commandement, se joignit à son beau-père, et demanda, au besoin, de son chef, que la dot restât entre les mains de son père jusqu'à ce que l'instance en séparation de corps qu'elle avait intentée eût reçu une solution.

Le 31 décembre 1828, à la suite du jugement qui rejetait la demande en séparation de la femme Nicolas, le tribunal rendit un jugement par lequel il décida que la dot resterait entre les mains de Carpentras jusqu'à ce que le jugement sur la séparation eût passé en force de chose jugée, ou que la Cour eût statué sur l'appel relevé par la femme Nicolas.

Depuis lors, les époux Nicolas sont restés séparés.

Carpentras père a été exproprié en 1847 ; un ordre s'est ouvert sur ses biens ; Nicolas n'a point produit dans cet ordre, où la somme de 2,000 fr. aurait pu être allouée utilement, si l'inscription de 1826 avait été conservée.

Nicolas est décédé le 9 septembre 1856, et, le 3 décembre suivant, Marie Carpentras, sa veuve, a pris inscription, au bureau des hypothèques de Nyons, contre la succession de son mari, pour la conservation de sa dot et de ses avantages matrimoniaux.

Le 5 septembre 1857, les mariés Marcellin et le sieur Long, héritiers du sieur Nicolas, firent assigner, devant le tribunal de Nyons, Marie Carpentras, veuve Nicolas, en radiation de cette inscription.

Par jugement du 24 novembre 1858, leur demande fut repoussée.

Le 28 février 1859, les mariés Marcellin et le sieur Long ont appelé de cette décision.

ARRÊT.

Attendu que c'est avec raison que les premiers juges ont décidé que Jean-Antoine Nicolas n'avait pas reçu la dot de 2,000 f. constituée à sa femme, et ne pouvait pas être censé l'avoir reçue, aux termes de l'art. 1569 du Cod. Nap., puisqu'il est constant, au procès, que le mari avait dirigé des poursuites contre son beau-père, pour en obtenir le paiement, et que, sur ces poursuites, et à cause d'une demande en séparation de corps formée par la femme Nicolas, le beau-père et la fille avaient obtenu deux jugements du tribunal de Nyons, en 1828, qui avaient sursis jusqu'à ce qu'il eût été statué par la Cour, d'une manière définitive, sur la demande en séparation de corps, et que cette décision définitive n'est pas intervenue;

Attendu, dès lors, que, comme l'ont encore décidé les premiers juges, le mari ne pourrait avoir encouru que la responsabilité qui naîtrait de ce que, par sa faute ou sa négligence, sa femme aurait perdu le droit et le moyen de se faire payer sa dot;

Attendu que la seule faute ou négligence qui peut lui être reprochée, c'est de n'avoir pas renouvelé l'inscription qu'il avait prise le 30 décembre 1826, et d'avoir, par ce défaut de renouvellement, laissé perdre le droit qu'aurait eu sa femme d'être payée dans l'ordre ouvert pour la distribution du prix des biens de son père, débiteur et constituant de la dot, mais qu'il y a lieu, avant tout, d'examiner et de décider si, dans les circonstances de la cause, cette faute du mari est assez grave pour entraîner sa responsabilité et obliger ses héritiers à payer à la veuve Nicolas tout ou partie de la dot non reçue ;

Attendu, à cet égard, qu'étant certain, en fait, que, peu de mois après le mariage, la veuve Nicolas avait quitté le domicile conjugal et formé une demande en séparation de corps; que cette demande avait été rejetée par jugement du 26 décembre 1828; qu'après avoir appelé de ce jugement, elle a quitté son pays et abandonné son appel, et que cet état de choses a duré jusqu'au décès du mari, arrivé le 9 septembre 1856, c'est-à-dire, pendant 28 ans; qu'il est permis d'admettre que Jean-Antoine Nicolas a pu se considérer comme réellement séparé de sa femme et comme dispensé de gérer ses affaires, et que, par suite, l'oubli, par lui commis, de renouveler l'inscription prise en 1826, ne saurait constituer une faute assez grave pour entraîner la responsabilité, qui seule pourrait l'obliger à payer à sa femme une dot qu'il n'a pas reçue, ou à l'indemniser de la perte que lui a causée ce défaut de renouvellement ;

Attendu que c'est d'autant plus le cas de l'admettre et de décider ainsi, que le mari, qui avait les mains liées pour exiger le capital de la dot, n'a jamais usé du droit qu'il avait d'exiger les intérêts, et que cette circonstance venant démontrer qu'il avait laissé à son beau-père et à sa femme l'administration de la dot, et que c'était à eux, en fait, plus qu'au mari, qu'il incombait de veiller à la conservation de la constitution dotale, il y a lieu, pour la Cour, de reconnaître qu'il est juste et moral, en pareille hypothèse, d'affranchir le mari de toute responsabilité, et, par conséquent, que sa veuve est sans action contre ses héritiers ;

Attendu que, par suite de la solution qui précède, il devient inutile d'examiner le point de savoir si le mari ou ses héritiers, dans le cas où la responsabilité aurait été admise, auraient été tenus de payer la dot en entier, ou seulement la part de la dot dont elle aurait profité au décès de son père, si elle avait été payée, et qu'il échoit de réformer la disposition du jugement à cet égard, qui est la seule mise en question par l'appel interjeté, et de déclarer que l'inscription prise par la veuve Nicolas, le 3 décembre 1851, ne vaut que pour la somme qui lui a été allouée, à titre d'augment, par les premiers juges ;

Par ces motifs,

La Cour, faisant droit à l'appel des mariés Marcellin et consorts, envers le jugement du tribunal de Nyons, du 24 novembre 1858, et le réparant en ce qu'il a été appelé, dit et prononce que Jean-Antoine Nicolas n'a jamais reçu la dot de 2,000 fr., constituée à sa femme; qu'il n'a encouru aucune responsabilité envers cette dernière, pour le paiement de cette dot; met lesdits Marcellin et consorts, héritiers dudit Nicolas hors de Cour et de procès sur la demande de la veuve Nicolas à cet égard; déclare, en conséquence, que l'inscription prise par elle, le 3 décembre 1856, au bureau des hypothèques de Nyons, pour la conservation de cette somme, est mal intervenue et nulle quant à ce, la maintient seulement en ce qui concerne l'augment dû à la veuve Nicolas, et pour la somme qui lui a été adjugée de ce chef par le jugement dont est appel; ordonne qu'après le paiement, par les intimés, des sommes dont ils restent débiteurs envers elle, elle sera radiée pour le tout.

Arrêt du 16 août 1859. — 1re chambre. — M. Royer, premier Président; M. Pagès, substitut de M. le Procureur général; MM. Chollier, Perrin, avoués; MM. Auzias fils, Cantel, avocats.

HYPOTHÈQUE GÉNÉRALE. — ORDRE. — COLLOCATION. — ACQUÉREUR. — PAIEMENT.

Le créancier ayant une hypothèque sur plusieurs immeubles peut l'exercer sur chacun d'eux, dans l'ordre qui lui paraît le plus conforme à ses intérêts, mais il ne lui est pas permis, après avoir demandé et obtenu sa collocation sur un acquéreur qui offre son prix, d'abandonner le bénéfice de cette collocation et de poursuivre un autre acquéreur, au préjudice des créanciers de celui-ci, et surtout au préjudice d'un paiement qu'il aurait fait.

Michallon — C. consorts Blanc et autres.

ARRÊT.

Attendu que, dans l'état de collocation provisoire de l'ordre ouvert à Vienne, à la requête des héritiers Vincendon, pour la distribution du prix d'immeubles provenant des mariés de Mont-chenu, ceux-ci ont été colloqués, comme premiers vendeurs, au deuxième degré des créanciers privilégiés, et Lambert Blanc, à un degré subséquent, comme cessionnaire de Joseph Rey-mond, second vendeur ; que, le 21 juin 1853, Lambert Blanc a contredit cette allocation en soutenant qu'elle ne devait pas porter en entier sur le prix en distribution, et qu'il y avait lieu à une répartition pour déterminer la part à mettre à la charge des autres tiers détenteurs d'immeubles provenant aussi des mariés de Montchenu et grevés de leur privilége, ce qui lais-serait libre, au profit des collocations subséquentes, une partie du montant de l'allocation contredite ;

Attendu que cette opposition détermina les mariés de Mont-chenu à reprendre, devant le tribunal de Vienne, une instance en résolution qu'ils avaient précédemment introduite contre divers acquéreurs de leurs biens ; que, de leur côté, les héritiers de Lambert Blanc mirent en cause d'autres tiers détenteurs, dans l'objet de faire ordonner contre tous la répartition demandée par le contredit du 21 juin 1853 ; que, pendant le cours de ces instances jointes à la contestation sur l'ordre, et par acte aux minutes de Mᵉ Bertholy, notaire à Lyon, du 14 mars 1855, plu-sieurs de ces tiers détenteurs, désignés au procès sous le nom de Mognat et consorts, payèrent la créance des mariés de Mont-chenu et furent subrogés à leurs droits, notamment à la colloca-tion et à l'action en résolution précitées; qu'à l'audience, des tiers détenteurs subrogataires prirent des conclusions par les-quelles, restreignant l'action en résolution aux sous-acquéreurs non libérés du prix de leurs acquisitions, qui étaient les héri-tiers Vincendon, les héritiers Brenier et Antoine Michallon, ils demandèrent que les sommes restant dues par ces derniers fussent versées en leurs mains, à concurrence du montant de leur subrogation du 14 mars 1855, sans avoir égard aux cessions faites par le premier acquéreur Reymond, savoir : à Lambert

Blanc, sur Vincendon; à la veuve Martinais, sur Brenier; et à Perrioud, sur Antoine Michallon ; cessions qui, au besoin, seraient annulées en tant qu'elles pourraient préjudicier aux droits subrogés par les mariés de Montchenu, et qu'à défaut de paiement, la résolution fût prononcée contre ces trois sous-acquéreurs ;

Attendu que ceux-ci, après avoir pris des conclusions principales, inutiles à rappeler, déclarèrent subsidiairement qu'ils étaient prêts à se libérer entre les mains des subrogataires Mognat et consorts, à condition d'être déchargés de l'obligation de payer le montant des cessions sus énoncées ; que cette déclaration de la part des héritiers Vincendon s'appliquait non-seulement au prix en distribution dans l'ordre ouvert à Vienne, mais encore au prix d'autres immeubles de la même origine qu'ils avaient acquis dans l'arrondissement de Saint-Marcellin, et qui était aussi l'objet d'un ordre ouvert devant le tribunal de cet arrondissement ;

Attendu que les héritiers de Lambert Blanc conclurent, conformément au contredit du 21 juin 1853, à ce que la créance des subrogataires fût supportée proportionnellement par tous les tiers détenteurs en cause, les subrogataires compris, et que, par suite, la collocation de cette créance dans les ordres de Vienne et de Saint-Marcellin fût réduite à une part contributive, pour laisser un excédant libre en faveur des collocations subséquentes ;

Attendu que, sur ces conclusions respectives, le tribunal de Vienne a rendu, le 6 juin 1855, un jugement où il est dit, dans les motifs concernant les héritiers Blanc, qu'ils ne sont nullement fondés à exciper de la cession de J. Reymond, ni de leurs droits hypothécaires du chef des seconds vendeurs, pour recevoir tout ou partie du prix dû par les héritiers Vincendon, et dont le dispositif porte que les subrogataires Mognat et consorts ne seront tenus de souffrir aucune déduction ou imputation sur le montant de leur créance qu'ils pourront faire valoir pour le tout et sur la totalité des portions de prix restant dues par les héritiers Vincendon, les héritiers Brenier et Antoine Michallon, sans avoir égard aux cessions des héritiers Blanc, de la veuve Martinais et de Perrioud, lesquelles sont au besoin annulées ; et qu'en conséquence, les trois sous-acquéreurs se libéreront entre les mains de Mognat et consorts, dans le délai de six mois, sous peine de résolution, toutes les parties étant mises hors d'instance sur leurs plus amples demandes, fins et conclusions ;

Attendu que, dans la clôture de l'ordre, le juge-commissaire a contrevenu à ce jugement et aux articles 759 et 767 du Code de procédure, en imputant sur l'allocation définitivement maintenue des mariés de Montchenu, soit des consorts Mognat, dans l'ordre de Vienne, les prix restant dus par les héritiers Brenier et par Antoine Michallon, et en attribuant aux héritiers Blanc la partie de la somme à distribuer, rendue libre par cette imputation ;

Attendu que cette manière de procéder n'est point justifiée par les comparutions du 27 février 1857, de Mognat et consorts, et des héritiers Blanc, dans cette procédure d'ordre, puisqu'il en résulte seulement qu'au moyen d'une réduction de 1,000 fr. sur la créance des consorts Mognat, en faveur des héritiers Blanc, ceux-ci se sont désistés d'un appel qu'ils disaient avoir formé envers le jugement du 6 juin 1855 ; que le désir d'éviter de plus amples contestations, quelque mal fondées qu'elles fussent, explique cette réduction d'une importance relativement minime ; qu'on objecte, à la vérité, que la créance des consorts Mognat, dépassant de plus de 1,000 fr. la somme restant à distribuer dans l'ordre, cette réduction n'aurait profité en rien à la collocation subséquente des héritiers Blanc, si les imputations aujourd'hui contestées n'avaient pas dû la faire venir en rang utile ; mais qu'il faut entendre les comparutions en ce sens que la réduction devait s'opérer sur le montant du bordereau lui-même, plutôt que d'en conclure, par une interprétation évidemment contraire à la volonté des consorts Mognat, que sur une collocation prête à recevoir son exécution, et dont le montant leur était offert, ils ont consenti à imputer des prix de vente non encore mis en distribution ;

Attendu que l'interprétation des héritiers Blanc est d'autant moins admissible, qu'Antoine Michallon, l'un des subrogataires dénommés dans la comparution des consorts Mognat, comptant sur l'exécution du jugement du 6 juin 1855, et sur une clôture d'ordre conforme à l'état provisoire et à ce jugement, s'était lui-même libéré, le 26 décembre 1855, de son prix d'acquisition entre les mains du cessionnaire Perrioud, suivant une quittance aux minutes de M⁰ Montchevet, notaire à Beaurepaire, et qu'il serait contraire à toute vraisemblance, que, le 27 février 1857, il eût consenti à une imputation qui l'aurait obligé à payer une seconde fois entre les mains des consorts Mognat;

Attendu, d'ailleurs, en droit, qu'il n'aurait pas été au pouvoir de ces derniers et des héritiers Blanc, par un pacte intervenu entre eux seuls, de modifier, au préjudice de Perrioud, qui avait été partie au jugement du 6 juin 1855, les effets de ce jugement qui maintient intégralement la collocation des mariés Montchenu sur les héritiers Vincendon; que si le créancier ayant une hypothèque sur plusieurs immeubles, peut l'exercer sur chacun d'eux, dans l'ordre qui lui paraît le plus conforme à ses intérêts, il ne lui est pas permis, après avoir demandé et obtenu sa collocation sur un acquéreur qui offre son prix, d'abandonner le bénéfice de cette collocation et de poursuivre un autre acquéreur, au préjudice des créanciers de celui-ci, et surtout au préjudice d'un paiement qu'il aurait fait;

Attendu, au surplus, que Michallon fils, devenu, depuis le jugement dont est appel, cessionnaire des consorts Mognat, ne fait qu'user de son droit, et remplit d'ailleurs une obligation que le présent arrêt lui imposerait, en déclarant qu'il entend se prévaloir de l'intégralité de l'allocation qui avait été faite aux mariés de Montchenu sur les héritiers de Vincendon, mais que les consorts Mognat ont eu, devant les premiers juges, le tort de persister à agir contre Antoine Michallon père, nonobstant l'opposition de celui-ci, en sorte que leurs dépens de première instance doivent rester à leur charge;

Attendu que, d'après ce qui précède, il n'y a pas lieu de statuer sur l'action en garantie de Michallon père, contre Perrioud et Juvéneton, si ce n'est pour reconnaître, quant aux dépens, qu'Antoine Michallon père a eu un juste motif de mettre en cause Perrioud, mais non son mandataire Juvéneton, qui, dans la quittance du 26 décembre 1855, avait donné une suffisante connaissance de son mandat;

Par ces motifs, la Cour, ouï M. Alméras-Latour, premier avocat général, en ses conclusions motivées, faisant droit à l'appel émis par Antoine Michallon père, envers le jugement du tribunal civil de Vienne, du 20 janvier 1858, met l'appellation et ce dont est appel au néant, et, par nouveau jugement, faisant ce que les premiers juges auraient dû faire, c'est-à-dire faisant droit à l'opposition d'Antoine Michallon père, envers l'ordonnance de clôture de l'ordre dont il s'agit, déclare nulle ladite ordonnance, en ce qu'au lieu d'accorder aux consorts Mognat un bordereau pour la totalité de la somme restant libre sur le prix à distribuer, au rang de leur collocation provisoire, il les a renvoyés à exiger préalablement des prix d'autres biens qui n'étaient pas en distribution, et spécialement le prix des immeubles vendus à Michallon ; ordonne, en conséquence, que les consorts Mognat, soit Michallon fils, leur cessionnaire, qui, dans ses conclusions d'appel, déclare y adhérer, se prévaudra d'abord du montant de la collocation faite dans l'état provisoire aux mariés de Montchenu, sur Vincendon, à concurrence de tout le prix restant libre, arrivant à 17,313 fr. 19 c., valeur du jour de la clôture définitive, sous la seule déduction consentie par les consorts Mognat, au profit des héritiers Blanc, de la somme de 1,000 fr. valeur audit jour ; ordonne que le présent arrêt tiendra lieu de bordereau de collocation sur les héritiers Vincendon ; condamne les héritiers Blanc aux dépens, tant de première instance que d'appel, envers toutes les parties, à l'exception seulement de ceux de première instance des consorts Mognat, qui resteront à leur charge ou à celle de leur cessionnaire, et à l'exception aussi de tous ceux de Juvéneton, auxquels Antoine Michallon est condamné ; ordonne la restitution de l'amende consignée.

Arrêt du 25 janvier 1859 — 1re chambre — M. Royer, premier président; M. Alméras-Latour, premier avocat général ; — MM. Allemand, Michal, Chollier, avoués ; MM. Louis Michal, Mathieu de Ventavon, Cantel, avocats.

RELIGIEUSE. — LEGS UNIVERSEL. — RÉDUCTION. — INTERPOSITION DE PERSONNE. — COMMUNAUTÉ RELIGIEUSE. — NULLITÉ.

Une religieuse est incapable de recevoir un legs universel d'un autre religieuse appartenant à la même communauté.

Toutefois, le legs universel n'est pas nul; il doit seulement être réduit au quart des biens de la défunte, ou à la somme de 10,000 fr.

La sœur instituée légataire universelle ne doit pas être réputée de plein droit personne interposée. Mais s'il est établi que, sous le nom de cette sœur, c'est la communauté, incapable elle-même de recevoir à titre universel, qui a été instituée, de telle sorte qu'il y ait interposition de personne et fraude à la loi, le legs est nul et de nul effet. (Loi du 24 mai 1825.)

Consorts Bonnet — C. consorts Commarmond.

Par acte reçu Durand, notaire, du 11 décembre 1826, Marguerite Bonnet, sœur de l'ordre de Saint-Joseph, demeurant à Virignieux, institua pour sa légataire universelle Catherine Ferlay, sœur de la même maison de Virignieux.

Au décès de Marguerite Bonnet, survenu le 28 janvier 1848, Catherine Ferlay se mit en possession des biens délaissés par elle.

Catherine Ferlay mourut quelques mois après, laissant un testament olographe, daté du 30 avril 1847, par lequel elle instituait pour ses héritières universelles Marguerite Tezenas et Reine Huguet de Madore, sœurs de Saint-Joseph, à Lyon.

Au mois de juin 1850, les héritiers naturels de Catherine Ferlay intentèrent, contre les dames Tezenas et Huguet de Madore, et aussi contre Mme Simonet, supérieure du couvent de Virignieux, une action en nullité du testament de Catherine Ferlay.

Par son jugement du 30 mars 1854, le tribunal de Montbrison considéra les légataires comme personnes interposées, et le legs universel comme fait à la communauté religieuse de Virignieux, et annula le testament du 30 avril 1847, par application de l'art. 5 de la loi du 14 mai 1855.

Un arrêt de la Cour impériale de Lyon, du 8 novembre 1854, confirma purement et simplement ce jugement.

D'autre part, et à la date du 13 mai 1854, les héritiers naturels de Marguerite Bonnet, avaient à leur tour, fait assigner tant les héritiers naturels de Marguerite Ferlay, que les dames Tezenas, Huguet de Madore et Simonet, pour entendre déclarer que le testament de Marguerite Bonnet, était nul, aussi bien à l'égard des héritiers Ferlay, qu'à l'égard des religieuses précitées. Outre le délaissement des biens, les héritiers Bonnet réclamaient 11,000 fr. apportés, disaient-ils, par Marguerite Bonnet à la communauté.

Par jugement du 20 juillet 1855, le tribunal de Montbrison rejeta la demande des héritiers Bonnet, et dit qu'il n'y avait pas lieu de réduire, comme excessif, le legs contenu dans le testament.

Voici les motifs de ce jugement :

JUGEMENT.

En ce qui concerne le testament de Marguerite Bonnet :

Considérant qu'il institue Catherine Ferlay légataire universelle, sans aucune charge apparente ; mais que les héritiers légitimes de la testatrice soutiennent que Catherine Ferlay n'est qu'une personne interposée au profit de la communauté mère de Saint-Joseph, de Lyon, laquelle serait incapable, d'après la loi du 24 mai 1825, de recevoir aucun legs *universel*, et qu'ainsi le testament devait être annulé ;

Considérant, en droit, que, dans un intérêt d'ordre public, et surtout pour éviter aux communautés religieuses de femmes les embarras et les risques de liquidations souvent compliquées, la loi dont il s'agit prohibe en termes formels toute institution *universelle* au profit de ces communautés, quelle que soit la

personne de la donatrice ou testatrice, et lors même qu'il s'agirait d'une disposition faite par une religieuse en faveur de sa
congrégation; qu'à cet égard, l'art. 4 crée une prohibition absolue, à laquelle il n'est pas dérogé, pour les communautés, par
l'art. 5; mais que cette prohibition ne s'étend, ni par les termes,
ni même par l'esprit de la loi, aux dons ou legs que les religieuses d'une même congrégation pourraient se faire entre elles;
que ces religieuses, au contraire, restent, quant à la forme de
disposer, sous l'empire du droit commun; que seulement, quant
à la quotité de leurs libéralités, l'art. 5 ne leur permet pas de
donner plus du quart de leurs biens, à moins que le don ou le
legs n'excède pas 10,000 fr.; d'où il suit qu'une religieuse peut
donner à une autre religieuse l'*universalité* de ses biens, *pourvu
que* le montant de la libéralité ne dépasse pas la *somme de*
10,000 *fr.*; que la loi, faisant une distinction entre le cas où la
religieuse donne à un membre de la communauté et celui où
elle donne à la communauté même, il s'ensuit évidemment
qu'il n'y a aucune présomption légale d'interposition au profit
de l'établissement; qu'il ne suffit donc pas aux héritiers Bonnet
d'alléguer une prétendue interposition de personne; qu'ils doivent, en fait, établir, sinon par preuves écrites ou orales, au
moins par un ensemble de présomptions graves, précises et
concordantes, l'interposition dont il s'agit; que, dans l'espèce,
ils ne produisent ni preuve, ni document, ni articulation de
faits; qu'ils se contentent d'invoquer la qualité de coreligieuses
du même ordre de la testatrice et de la légataire, et la volonté
présumée de Marguerite Bonnet;

Considérant que s'il suffisait d'une aussi vague présomption,
aucune institution universelle par une religieuse à un membre
de la communauté, même pour une fortune inférieure à
10,000 fr., ne pourrait être maintenue; que, d'une part, une
présomption, quelque puissante qu'elle soit, quand elle est
isolée, reste inefficace; que, d'autre part, dans l'espèce, loin
d'être corroborée, elle est affaiblie par d'autres indices; qu'il
existe de sérieux motifs de croire que la testatrice a entendu
gratifier Catherine Ferlay personnellement, et qu'en tous cas
il n'existe aucune raison de penser qu'elle ait voulu créer une
libéralité déguisée au profit de l'ordre de Saint-Joseph; que
nées dans la même condition, originaires du même canton,

soumises à la même règle et réunies dans le même couvent, elles ont pu s'attacher l'une à l'autre par des liens affectueux qui expliquent suffisamment la disposition testamentaire; qu'en effet, quelque temps après le décès de Benoîte Saigne, en 1822, Catherine Ferlay s'était adjoint Marguerite Bonnet pour continuer l'œuvre de bien commencée par la première; *que le testament incriminé a été fait le 11 décembre 1826, à une époque où Catherine Ferlay, simple religieuse de l'ordre de Saint-Joseph, n'avait pas le titre de supérieure, et où l'établissement de Virignieux n'était pas encore légalement autorisé;* que, confiante dans la sagesse et la piété de sa légataire, Marguerite Bonnet a voulu la laisser entièrement maîtresse de disposer des biens légués, et n'a entendu lui imposer aucune condition; que Catherine Ferlay a bien compris ainsi les intentions de la testatrice; qu'elle s'est si peu considérée comme personne interposée au profit de la communauté mère de Lyon, qu'elle a affermé et vendu une partie des biens légués, en se qualifiant de propriétaire, et ne prenant pas même la qualité de religieuse; que rien ne vient donc justifier, ni même rendre vraisemblable l'interposition alléguée; que, d'ailleurs, Marguerite Bonnet est décédée en 1848; *que ses héritiers ont, en pleine connaissance de cause, laissé Catherine Ferlay appréhender l'hérédité; que les époux Serre, suivant leurs propres déclarations, auraient, même après le décès de Marguerite Bonnet, fait une sorte de transaction verbale pour obtenir de la légataire universelle une réduction sur la somme de 1,000 fr., dont ils étaient débiteurs envers la succession; que les héritiers Bonnet ont donc tacitement consenti à l'exécution du testament;* qu'il résulte même des explications des parties qu'ils n'ont formé leur demande que pour atténuer, dans l'intérêt de la communauté de Saint-Joseph, les conséquences du jugement qui a annulé le testament de Catherine Ferlay;

Considérant que les demandes doivent être jugées telles qu'elles ont été introduites; que les héritiers Bonnet n'ont demandé, ni par l'exploit primitif, ni par des conclusions subsidiaires, la réduction du legs au profit de Catherine Ferlay, comme dépassant la quotité disponible fixée par l'art. 5 de la loi du 24 mai 1825; qu'ils ont seulement et toujours réclamé la nullité du testament, comme entaché d'interposition de personne ;

Considérant, d'ailleurs, que les documents du procès permettent, dès à présent, d'apprécier que l'importance du legs ne dépassait pas 10,000 fr.

Mais la Cour de Lyon, par arrêt du 23 mai 1856, décida que l'institution universelle, renfermée dans le testament de Marguerite Bonnet, avait été faite au profit de la communauté, sous le nom d'une personne interposée, et prononça la nullité de ce testament du 11 décembre 1826.

Les motifs de l'arrêt sont ainsi conçus :

Considérant que le testament dont il s'agit a été fait par une religieuse, au profit d'une autre religieuse du même ordre, administratrice principale de l'établissement de Virignieux, auquel toutes deux étaient attachées, et prenant, ainsi que le montre un acte du 15 juillet 1846, le titre de supérieure de cet établissement ;

Considérant qu'il n'apparaît pas que la testatrice, faisant ses dispositions peu de temps après son entrée dans l'établissement de Virignieux, ait été guidée par des motifs de libéralité personnelle ;

Considérant que le testament transmet à la légataire universelle la totalité du patrimoine, sans rien laisser à ses parents, de condition pauvre ou peu aisée, dont la testatrice n'avait pas à se plaindre ;

Considérant que, peu de temps auparavant, Marguerite Bonnet avait projeté une fondation pieuse à Bellegarde ;

Que les circonstances du procès révèlent qu'elle a été mue par les mêmes intentions dans ses dispositions en faveur de l'administratrice principale de l'établissement des sœurs de l'ordre de Saint-Joseph à Virignieux ;

Considérant que, par d'autres actes qui ont précédé le testament, spécialement par celui à la date du 15 juillet 1846, elle avait déjà fait passer à l'établissement religieux de Virignieux une partie de sa fortune ;

238

Considérant que ce qui signale de la manière la plus manifeste que Catherine Ferlay n'était que personne interposée et ne recevait le bénéfice du legs que pour le transmettre à la communauté religieuse de Saint-Joseph, c'est qu'elle l'a effectivement transmis à cette communauté, en faveur de qui elle a fait elle-même un testament qui a été annulé par les tribunaux;

Considérant que, de tous ces faits et des légitimes inductions à en tirer, résulte un ensemble de présomptions graves, précises et concordantes, démontrant que le testament de Marguerite Bonnet renferme une libéralité à titre universel, faite contrairement à l'art. 4 de la loi du 24 mai 1825, au profit de la communauté religieuse de l'ordre des sœurs de Saint-Joseph, sous le nom d'une personne interposée.

Les héritiers Ferlay se pourvurent en cassation contre cet arrêt.

Par décision du 15 juillet 1857, la chambre des requêtes a admis le pourvoi formé par les héritiers Ferlay.

Par arrêt du 26 juillet 1858, la chambre civile, considérant que l'arrêt attaqué ne donne aucun motif à l'appui du rejèt de l'exception tirée par les demandeurs de faits d'exécution du testament de Marguerite Bonnet, qu'ils attribuaient à ses héritiers naturels, a cassé l'arrêt de la Cour de Lyon, pour violation de l'art. 7 de la loi du 20 avril 1810, et renvoyé les parties devant la Cour impériale de Grenoble.

En vertu de ce renvoi, les héritiers Bonnet ont, suivant exploit du 14 décembre 1858, assigné les héritiers Ferlay devant la Cour impériale de Grenoble, à l'effet de voir réformer le jugement du tribunal de Montbrison, du 20 juillet 1855, dont ils étaient appelants par exploit du 7 janvier 1856.

ARRÊT.

Attendu que les parties sont d'accord que leur contestation est régie par la loi du 24 mai 1825, parce que la communauté de Virignieux était autorisée avant l'ouverture de la succession de Marguerite Bonnet, décédée le 28 janvier 1848 ;

Attendu que des dispositions des articles 4 et 5 de cette loi il résulte clairement que les communautés religieuses de femmes autorisées ne peuvent pas recevoir à titre universel ;

Attendu que, d'après l'art. 911 du Code Napoléon et les principes généraux du droit, ce qui ne peut être fait directement ne peut pas l'être indirectement par des actes simulés, au moyen de personnes interposées ;

Attendu que si la loi de 1825 permet aux membres de ces communautés de disposer, soit en faveur de l'établissement, soit en faveur d'un autre membre de la communauté, jusqu'à concurrence du quart de leurs biens ou de la somme de 10,000 fr., et si, par suite de cette faculté, la sœur qui a été instituée héritière par une autre sœur n'est pas une personne légalement réputée interposée, et s'il est vrai, comme l'ont dit les premiers juges, qu'une semblable institution ne soit pas nulle, mais seulement réductible, le cas échéant, il est vrai aussi que ce ne peut être que lorsque cette institution universelle a été réellement faite pour donner à la sœur instituée, et qu'il doit en être autrement si elle renferme une simulation, et s'il est établi que, sous le nom de cette sœur, c'est la communauté, incapable de recevoir à titre universel, qui a été instituée, et qu'il y a eu, par conséquent, interposition de personne et fraude à la loi ;

Attendu, dès lors, que, dans la cause, tout se réduit à savoir si les héritiers Bonnet, appelants, prouvent, par des présomptions graves, précises et concordantes, que lorsque Marguerite Bonnet fit son testament, le 11 décembre 1826, en faveur de Catherine Ferlay, ce n'est pas à cette sœur qu'elle transmit l'universalité de ses biens, mais que, par un accord tacite entre elle et Catherine Ferlay, elle déguisa, sous cette institution, une disposition universelle en faveur de la communauté des sœurs de Saint-Joseph, établie à Virignieux ;

Attendu, toutefois, qu'avant d'examiner et de résoudre cette question, il est indispensable de décider si la fin de non-recevoir proposée par les intimés, contre l'action des héritiers Bonnet, et tirée de ce qu'ils auraient exécuté et ratifié le testament dont ils demandent la nullité, doit être accueillie ou écartée ;

Attendu, sur ce point, que les héritiers de Catherine Ferlay
soutiennent d'abord que les héritiers Bonnet doivent être déclarés non recevables, parce que ceux-ci ont gardé le silence pendant six ans et ont laissé le testament attaqué recevoir son
exécution pendant cet espace de temps ; mais que leur prétention, à ce premier point de vue, doit être repoussée , non-seulement parce que ce silence n'a été accompagné d'aucun acte
emportant renonciation à quereller ce testament, et qu'il aurait
fallu un silence de trente ans pour prescrire leur action, mais
encore parce que ce n'est pas vis-à-vis des héritiers Ferlay
qu'ils ont gardé ce silence, mais bien vis-à-vis la communauté
religieuse de Virignieux, qui était encore en possession de l'hérédité de Catherine Ferlay ;

Attendu que les héritiers Ferlay appuient ensuite leur fin de
non-recevoir sur ce qu'un des cohéritiers Bonnet aurait payé à
Catherine Ferlay une somme qu'il devait à Marguerite Bonnet,
et l'aurait ainsi reconnue pour légitime héritière de cette dernière ; mais qu'un pareil paiement, fait purement et simplement,
et qui, dans tous les cas, ne pourrait être opposé qu'à celui qui
l'a fait, et pour la part dont il est héritier de Marguerite Bonnet,
ayant eu lieu avant la demande en nullité du testament de cette
dernière, et sans qu'il apparaisse d'aucune intention de renoncer
à cette demande, il ne saurait constituer, contre celui qui l'a fait,
une fin de non-recevoir ;

Attendu, d'ailleurs, que ce n'est pas aux héritiers Ferlay que
ce paiement a été fait ; que, lorsqu'il l'a été, le testament de
Catherine Ferlay n'avait pas encore été annulé ; que l'héritier
Bonnet pouvait vouloir respecter le testament de cette dernière
en faveur de la communauté religieuse de Virignieux, et non en
faveur des héritiers Ferlay, et que ceux-ci, par conséquent, ne
sont pas eux-mêmes recevables à tirer de ce paiement une fin
de non-recevoir qui, sous tous les rapports, doit être repoussée ;

Attendu, au fond, qu'il est établi et reconnu, dans la cause,
que lorsque Marguerite Bonnet, religieuse de Saint-Joseph,
quitta la communauté de Bellegarde pour venir dans celle de
Virignieux, fondée par Catherine Ferlay, conformément aux
intentions de Benoîte Saigne, elle y vint pour favoriser cet
établissement naissant, à l'aide de sa fortune qu'elle y apporta
tout entière ;

Attendu qu'il est également établi, par divers actes intervenus en 1845, que c'est à l'aide de cette fortune que la communauté de Virignieux, sous la direction de Catherine Ferlay, put s'agrandir et s'établir dans un plus vaste local ;

Attendu que Marguerite Bonnet, qui avait des sœurs, des neveux et des nièces dans une position peu aisée, et qui n'avait jamais eu à se plaindre d'eux, n'a pu avoir l'intention de deshériter d'aussi proches parents, pour faire à Catherine Ferlay, qui lui était étrangère et avec qui elle ne vivait en communauté religieuse que depuis deux ans au plus, une libéralité personnelle ;

Attendu qu'il est naturel, au contraire, de penser que cette religieuse fut déterminée à faire son testament en faveur de Catherine Ferlay, parce qu'elle voulait assurer à la communauté de Virignieux, qu'elle était venue concourir à fonder, les biens qu'elle laisserait à son décès, et parce que l'héritière qu'elle choisissait pour l'accomplissement de ses pieuses intentions, qu'elle faisait passer avant ses affections de famille, était celle qui les connaissait et qui, comme fondatrice de cette communauté, lui inspirait la plus grande confiance et lui garantissait le mieux que ses intentions et ses véritables volontés seraient respectées et suivies ;

Attendu que les actes de 1845, déjà invoqués, sont la confirmation évidente de cette vérité, puisque, par ces actes, Marguerite Bonnet se dépouilla d'une partie de son avoir en faveur de la communauté de Virignieux ;

Attendu que le testament de Catherine Ferlay, du 30 avril 1847, en faveur des dames Tezenas et Muguet de Madore, sœurs de Saint-Joseph, qui a été annulé, non-seulement contre elles, mais contre la supérieure de la communauté de Virignieux, la démontre encore davantage et ne permet pas de douter que Catherine Ferlay, par ce testament, avait assuré et rempli les véritables intentions de Marguerite Bonnet ; qu'elle n'était que l'héritière interposée de cette dernière, et qu'elle n'avait institué ses deux sœurs, les dames Tezenas et Muguet de Madore que pour faire parvenir à la communauté de Virignieux sa succession et celle de Marguerite Bonnet ;

Attendu que si, devant les premiers juges, les dames Tezenas, Muguet de Madore et Simonet, assignées par les héritiers Bon-

net, se sont défendues de manière à faire croire que Marguerite
Bonnet n'avait institué Catherine Ferlay que pour que celle-ci
fît parvenir sa succession à la communauté de Virignieux, on ne
saurait voir dans cette défense, comme dans les autres documents versés au procès devant la Cour, que la preuve que ces
dames ont voulu rendre hommage à la vérité, afin que les
héritiers Ferlay ne recueillissent pas, dans la succession de
Catherine Ferlay, les biens de Marguerite Bonnet, qui ne lui
avaient pas été donnés pour elle, et qui, à défaut de la communauté de Virignieux, véritable instituée, sous le nom de Catherine Ferlay, devaient appartenir aux héritiers naturels de Marguerite Bonnet ;

Attendu que la défense et les dires des dames Tezenas, Muguet de Madore et Simonet sont, dans les circonstances de la
cause, une raison décisive pour reconnaître que Catherine
Ferlay, dans le testament de Marguerite Bonnet, du 11 décembre 1826, a été personne interposée, et que, sous son nom,
c'est bien la communauté de Virignieux qui, contrairement à la
loi, a été instituée son héritière universelle ;

Attendu, dès lors, que ces faits et circonstances constituant,
dans leur ensemble, des présomptions graves, précises et concordantes, qui démontrent que le testament renferme une libéralité à titre universel, au profit d'une communauté, autorisée,
de religieuses de l'ordre de Saint-Joseph, sous le nom de
Catherine Ferlay, personne interposée, c'est le cas de réformer
la décision des premiers juges, qui n'ont pas apprécié, comme
ils le devaient, ces faits et ces circonstances, et d'annuler, au
profit des héritiers Bonnet, le testament par eux attaqué, comme
fait en fraude de la loi ;

Attendu que, d'après les solutions qui précèdent, il ne saurait
y avoir lieu de s'occuper des conclusions subsidiaires des appelants ;

Par ces motifs,

La Cour, statuant en vertu du renvoi de la Cour de cassation,
porté par son arrêt du 26 juillet 1858, disant droit sur l'appel
interjeté par les héritiers de Marguerite Bonnet, envers le jugement rendu le 20 juillet 1855 par le tribunal de Montbrison,
sans s'arrêter aux fins de non-recevoir proposées par les héritiers Ferlay, contre la demande des héritiers Bonnet, ni à aucune

de leurs conclusions au fond, de tout quoi ils sont déboutés, réforme ledit jugement, et, faisant ce que les premiers juges auraient dû faire, déclare nul et de nul effet le testament de Marguerite Bonnet, du 11 décembre 1826, comme fait en réalité au profit de la communauté religieuse de Virignieux, au moyen de l'interposition de Catherine Ferlay, et comme fait, par conséquent, en fraude de la loi, qui prohibait à cette communauté de recevoir à titre universel ;

Ordonne que les héritiers de Marguerite Bonnet, appelants, sont envoyés en possession de la succession de cette dernière ; condamne les intimés à la leur relâcher, avec restitution de fruits telle que de droit

Arrêt du 24 mars 1859, — audience solennelle. — M. Royer, premier président ; M. Alméras-Latour, premier avocat général ; — MM. Allemand, Michal, avoués ; — MM. Casimir de Ventavon, Dulac, avocat du barreau de Lyon, avocats.

DÉCISIONS ADMINISTRATIVES.

FORÊTS COMMUNALES. — AFFOUAGE. — ROLE DE TAXE.

La taxe pour droit d'affouage ne constitue pas un impôt personnel et direct; elle n'est que le prix d'un droit d'usage, qui n'est pas dû lorsque le droit n'a pas été exercé.

Billat — C. la commune du Monestier du Percy.

Vu la pétition, en date du 3 février 1857, par laquelle le sieur Billat, curé du Monestier du Percy, expose que, bien qu'il n'ait pas exercé son droit d'affouage dans le courant de l'année 1858, il a cependant été imposé au rôle de cette année pour une somme de 1 fr. 25, dont il demande décharge ;

Vu la délibération du 8 du même mois, par laquelle le conseil municipal du Monestier du Percy, tout en concluant au rejet de la demande, reconnaît que le requérant n'a pas profité de l'affouage pour 1858;

Vu la loi du 18 juillet 1837 ;

Considérant que la taxe ne constitue pas un impôt personnel et direct, mais qu'elle est le prix d'un droit d'usage exercé dans les forêts communales, et qu'elle n'est pas due lorsque le droit n'est pas exercé ;

Considérant qu'il résulte des pièces du dossier que le sieur Billat n'a pas profité de l'affouage dans les bois communaux pendant l'année 1858 ; que, par conséquent, c'est à tort qu'il a été imposé au rôle de cette année ;

Arrête :

Il est accordé décharge, au sieur Billat, de la somme de 1 fr. 25 c., à laquelle il a été indûment imposé au rôle de la commune du Monestier du Percy pour l'année 1858.

Arrêté du 26 mars 1859. — M. Petit, rapporteur.

ARRÊTS.

VENTE. — RÉSOLUTION. — CRÉANCIER DE L'ACQUÉREUR.

Les subrogataires du vendeur conservent, même vis-à-vis du créancier hypothécaire de l'acquéreur, le droit de faire résoudre la vente pour défaut de paiement du prix, quoiqu'ils se trouvent en possession de l'immeuble vendu par suite d'une revente à eux faite par l'acquéreur, et nonobstant l'offre du créancier hypothécaire de faire monter le prix de l'immeuble à une somme égale à celle du privilége subrogé.

Dames Burdet et Silvy — C. Fayollat et demoiselle Guttin.

Le 5 février 1838, les héritiers Trousset vendirent au sieur Fayollat une maison sise à Grenoble, au prix de 29,000 fr. L'acquéreur payant 9,000 fr., les vendeurs restaient créanciers de 20,000 fr. M. Xavier Breynat en fit les fonds et fut subrogé par les vendeurs dans tous leurs droits, actions et priviléges. Le privilége fut inscrit et renouvelé.

Le 11 septembre 1841, le sieur Fayollat concéda à Mlle Guttin, sa créancière de 4,500 fr., une hypothèque sur tous

II   18

ses biens, et notamment sur l'immeuble ci-dessus. Il y eut inscription et renouvellement en temps utile.

Le 29 mars 1848, Fayollat vendit à l'Œuvre de la Providence, représentée par Mme Burdet et Mlle Silvy, une portion de maison et cour, dépendante de l'acquisition du 5 février 1838, au prix de 15,000 fr. Fayollat s'y engagea à rapporter dans un délai fixé la radiation des inscriptions grevant la portion vendue.

Au même acte intervint M. Breynat, qui, recevant des dames Burdet et Silvy les 15,000 fr. du prix de vente, les subrogea à tous les droits qu'il tenait lui-même des vendeurs primitifs, par l'acte du 5 février 1838.

Les dames Burdet et Silvy se trouvaient donc à la fois ; d'une part, acquéreurs de Fayollat ; d'autre part, pour sûreté de l'acquisition et garantie de la validité du paiement du prix, subrogées à tous les droits et actions des vendeurs primitifs.

Sur ces entrefaites, le sieur Fayollat étant devenu insolvable, et Mlle Guttin n'ayant pu arriver en temps utile dans un ordre ouvert contre lui, pour la distribution du prix des autres immeubles de son débiteur, fit signifier, le 1er avril 1857, sommation hypothécaire aux dames Burdet et Silvy, comme détenteurs d'immeubles par elles acquis de Fayollat. En effet, aucune dénonciation de contrat, aucune purge n'avaient eu lieu.

Sur cette sommation hypothécaire, au lieu d'user de leur droit d'acquéreur et de dénoncer leur contrat, elles voulurent user du droit des vendeurs primitifs non payés, résultant de la subrogation du 29 mars 1848.

En conséquence, Fayollat fut assigné, le 30 avril 1857, en résolution de la vente à lui passée le 5 février 1838, et la demoiselle Guttin fut assignée, le 6 mai suivant, en déclaration de jugement commun, avec défense de donner suite à sa sommation hypothécaire, à laquelle opposition était formée au besoin.

Le 3 février 1858, le tribunal civil de Grenoble a rendu le jugement suivant :

JUGEMENT.

Attendu qu'aux termes de leur contrat d'acquisition du 29 mars 1848, les dames Burdet et Silvy, en payant leur prix de 15,000 fr. à Xavier Breynat, ont été subrogées au privilége et à l'action résolutoire des héritiers Trousset, premiers vendeurs, qui les avaient conférés à ce dernier par l'acte du 5 février 1838 ;

Attendu que si l'exercice de ces droits se trouve nécessairement suspendu, tant que les dames Burdet et Silvy ont en leur pouvoir l'immeuble qui leur a été vendu, il en serait autrement si, par suite de la sommation hypothécaire qui a été signifiée à ces dames, au nom de la demoiselle Guttin, cet immeuble était saisi et vendu à un prix insuffisant pour couvrir celui qu'elles ont payé ; qu'étant exposées, en ce cas, à perdre l'immeuble et tout ou partie de leur prix, elles seraient incontestablement fondées à user de leur action en résolution, action qui aurait pour effet de faire disparaître l'hypothèque de la poursuivante ;

Que pour éviter cette conséquence, celle-ci n'a qu'un moyen, qui est de s'engager à faire porter le prix de l'immeuble à une somme suffisante pour assurer aux dames Burdet et Silvy le remboursement de ce qu'elles ont payé ;

Par ces motifs, le Tribunal, ouï, en ses conclusions motivées, M. Giraud, substitut du procureur impérial, joint les instances liées sur les exploits des 30 avril, 6 et 19 mai 1857, et statuant sur le tout par un seul jugement, vidant le renvoi de référé prononcé par l'ordonnance du 22 mai, et ayant tel égard que de raison aux conclusions respectives des parties, autorise la demoiselle Guttin à donner suite à la sommation hypothécaire du 1er avril dernier, à la charge par elle de prendre l'engagement de faire porter le prix de l'immeuble à une somme suffisante pour faire face au privilége de vendeur des dames Burdet et Silvy ; compense les dépens entre les parties, les leur adjuge néanmoins pour les faire valoir, le cas échéant, comme accessoire de leur créance, ceux du présent supportables entre elles par moitié.

Les dames Burdet et Silvy ont appelé de ce jugement.

ARRÊT.

Attendu que le droit des dames Burdet et Silvy, subrogées aux héritiers Trousset, vendeurs primitifs, à concurrence de 15,000 fr. qu'elles ont déboursés, de faire résoudre la vente de 1838 passée par lesdits héritiers Trousset à Fayollat, et ce, pour la maison qui leur a été vendue à elles-mêmes, en 1848, par ledit Fayollat, a été expressément et justement reconnu par le Tribunal; que néanmoins la demoiselle Guttin a été autorisée, par le jugement dont est appel, à continuer ses exécutions sur la sommation hypothécaire qu'elle avait fait signifier le 1er avril 1857 aux dames Burdet et Silvy, c'est-à-dire de faire mettre la maison dont s'agit aux enchères publiques, et en dépossédant les dames Burdet et Silvy;

Attendu que la principale conséquence de la résolution d'une vente est de replacer les parties dans l'état où elles se trouvaient auparavant, de donner au vendeur le droit de reprendre la chose au lieu du prix, franche, libre et exempte de toutes les charges et hypothèques dont l'acquéreur l'avait grevée pendant sa jouissance; que tel est précisément le but de la résolution du contrat; qu'en faisant à la cause l'application de ces principes, il s'ensuit que les dames Burdet et Silvy devaient obtenir, non pas seulement la certitude de recouvrer les 15,000 fr. qu'elles avaient payés, mais leur maintien dans la possession de la maison dont la propriété était rentrée dans leurs mains du chef des héritiers Trousset, auxquels elles se trouvaient subrogées; que l'hypothèque de la demoiselle Guttin, qui avait prévalu contre la vente de 1848 consentie par Fayollat, ne pouvait que subir le sort du droit réel de Fayollat lui-même, auquel elle avait été subordonnée, et l'anéantir en même temps que ce droit était frappé par la résolution; que l'autorisation de continuer les exécutions et de faire mettre aux enchères publiques la maison dont il s'agit, en en dépossédant les appelantes, supposait l'intégrité de son droit hypothécaire et était inconciliable avec la résolution dont le cas était reconnu ; que la condition imposée à la demoiselle Guttin, d'assurer le paiement aux dames Burdet et Silvy des 15.000 fr. qu'elles avaient comptés aux représentants des héritiers Trousset, ne saurait évidemment leur tenir lieu de l'immeuble auquel elles ont droit.

Sur la fin de non-recevoir opposée par la demoiselle Guttin aux dames Burdet et Silvy, tirée de ce que, se trouvant en possession, en vertu de la vente qui leur en a été passée en 1848 par Fayollat, elles ne peuvent demander cette possession avant d'en avoir opéré le délaissement par déclaration faite au greffe, conformément à l'art. 2174 du Code Napoléon, en sorte que leur demande à cet égard serait prématurée :

Attendu que le but des dames Burdet et Silvy, dans le procès actuel, est uniquement de se garantir des effets de l'action hypothécaire exercée contre elles par la demoiselle Guttin, et commencée par la sommation du 1er avril 1857 ; que la résolution de la vente de 1838 qu'elles font valoir n'est qu'un moyen d'atteindre ce but ; que leur demande est une exception opposée à l'éviction dont elles sont menacées ; que par conséquent il leur suffirait de démontrer à la demoiselle Guttin l'antériorité de leur droit pour faire tomber celui dont elle excipe ; que d'ailleurs, en reconnaissant, comme elles l'ont toujours fait, que le droit hypothécaire de la demoiselle Guttin primerait incontestablement celui qu'elles pourraient tirer de la vente de 1848 ; qu'en déclarant que ce n'est pas en vertu de cette vente à elles passée par Fayollat qu'elles prétendent agir, mais qu'elles entendent se prévaloir exclusivement du titre des héritiers Trousset, lequel remonte à 1838, elles ont satisfait aux vœux de l'article 2174 précité ; que cette déclaration remplace suffisamment l'acte au greffe, qui n'est prescrit par la loi que pour les cas ordinaires, et qui serait dans la cause une formalité évidemment inutile et frustratoire ;

Qu'ainsi la demande en résolution des dames Burdet et Silvy, formée au moment où elles étaient menacées d'éviction par la sommation hypothécaire de la demoiselle Guttin, et pour repousser l'effet de cette sommation, est régulière et recevable ;

Attendu, par les mêmes raisons, que les dames Burdet et Silvy ne se trouvaient évidemment pas au cas de dénoncer leur contrat d'acquisition de 1848 afin d'arriver à la purge de l'hypothèque de la demoiselle Guttin, conformément à l'art. 2183 du Code Napoléon, puisqu'au contraire le but de leur action en résolution de la vente de 1838 était, en abandonnant le droit qu'elles tenaient de Fayollat, de faire déclarer l'hypothèque dont il s'agit inefficace à leur égard, comme anéantie par un droit antérieur ;

Attendu qu'indépendamment de ce que la demoiselle Guttin n'a point pris de conclusions subsidiaires tendant à faire accorder le délai de grâce autorisé par l'art. 1655 du Code Napoléon, lorsque la demande en résolution de la vente a été formée, aucune des circonstances de la cause ne permet au juge d'user de la faculté que lui laisse l'art. 1655 précité, par une considération d'équité ; qu'en effet les dames Burdet et Silvy ne font que défendre une propriété dont elles ont entièrement payé le prix ; qu'elles ont fait dans la maison par elles achetée des dépenses considérables d'appropriation, qui perdraient leur valeur si l'immeuble était revendu, et que la demoiselle Guttin ne représente Fayollat, dont l'insolvabilité est notoire, que pour un faible reliquat de sa créance ;

Par ces motifs, la Cour prononce la résolution de la vente passée à Fayollat le 5 février 1838, en ce qui concerne l'immeuble revendu en 1858 par lui aux dames Burdet et Silvy, ordonne, en conséquence, que cet immeuble restera dans leurs mains affranchi de l'hypothèque de la demoiselle Guttin, condamne les intimés aux dépens.

Arrêt du 26 janvier 1859 — 2me chambre — M. Blanchet, président; M. Proust, avocat général ; — MM. Eyssautier, Rabatel, avoués ; MM. Burdet, Dupérou, avocats.

L'arrêt qui précède a sans doute bien jugé. Mais ses motifs sont-ils à l'abri de toute critique, et en les prenant à la lettre, ne serait-on pas exposé à méconnaitre plus ou moins les droits d'un créancier hypothécaire, vis-à-vis de l'acquéreur de l'immeuble hypothéqué, droits dont l'exercice ne saurait être modifié par le fait que l'acquéreur aurait amélioré l'immeuble par lui acquis?

N'eût-il pas été plus simple et plus juridique de considérer que si bien l'action résolutoire de la première vente, exercée par les subrogataires du vendeur non payé, aurait pu être suspendue par la demande d'un délai, si la justice avait cru devoir y accéder, ou mise à néant par une offre réelle de ce qui restait dû par l'acquéreur, elle ne pouvait être arrêtée par la simple offre que faisait le créancier hypothécaire de faire monter le prix de l'immeuble sur l'expropriation, qu'il en poursuivrait à une somme suffisante pour désintéresser le vendeur ou ses subrogataires? Cette offre, en effet, qui n'était pas même accompagnée d'un bail de caution, pouvait ne pas aboutir à sauvegarder pleinement les intérêts du vendeur qui restait dès lors toujours armé du droit de résolution à défaut de paiement.

(*Communiqué.*)

PARTAGE,— PARTAGE PROVISIONNEL, — PREUVE PAR ÉCRIT.

Le partage entre cohéritiers non constaté par un acte écrit, n'est que provisionnel.

Le partage provisionnel peut être prouvé par la preuve testimoniale et par les présomptions.

Consorts Lambert et Monin — C. Chavanne.

Benoîte Albert avait épousé en premières noces Antoine Charvet, propriétaire à Châbons.

De cette union, est né un seul enfant, Marguerite Charvet.

Celle-ci épousa M. Jean-Claude Chavanne, négociant à Lyon, et en eut un fils unique, Antoine Chavanne.

Bientôt après, elle décéda, laissant cet enfant sous la tutelle légale de Jean-Claude Chavanne, son père.

Cependant, les mariés Charvet avaient survécu à leur fille, la dame Chavanne.

Le 20 juin 1818, Antoine Charvet, aïeul du mineur Chavanne, fit un testament public, par lequel il disposa en faveur de Benoîte Albert, sa femme, d'un quart en propriété et d'un quart en usufruit.

Le testateur décéda en cette volonté quelques jours après, laissant pour héritier de droit Antoine Chavanne, son petit-fils.

La succession d'Antoine Charvet, indépendamment de quelques valeurs mobilières, se composait d'immeubles situés à Châbons et de deux maisons à Lyon.

Moins d'un mois après le décès d'Antoine Charvet, et le 15 juillet 1818, il fut procédé à un inventaire familier de sa succession, entre Chavanne père, agissant comme tuteur de son fils mineur, et Benoîte Albert, veuve Charvet.

Cet inventaire ne contient que la description des objets mobiliers, proprement dits.

Il est ajouté « que, pour ce qui concerne les dettes actives « et passives, les parties déclarent se les être divisées en « proportion du droit de chacun. »

Le 24 août 1822, devant Guéraud, notaire, Benoîte Albert, veuve Charvet, régla ses conventions matrimoniales avec Joseph Lambert, sous le régime dotal ; elle se constitua en dot tous ses biens meubles et immeubles, ainsi qu'une somme de 12,000 fr.

Le 20 novembre suivant, aux mêmes minutes, Joseph Lambert et Benoîte Albert, sa femme, firent procéder à un inventaire qui comprend exactement les mêmes objets mobiliers déjà décrits dans l'inventaire familier de 1818.

Cet inventaire, étant fait en l'absence du sieur Chavanne, tuteur, ne pouvait être opposé au mineur Chavanne, héritier de droit du sieur Charvet, son aïeul.

On ne pouvait non plus opposer valablement au mineur l'inventaire familier fait en 1818, bien qu'il eût été fait contradictoirement avec le tuteur; car, outre que cet inventaire, fait sous seing privé, était dénué de toutes les formes légales et n'était point sanctionné par la présence du subrogé-tuteur, sa rédaction ne présentait aucune garantie pour le mineur, puisqu'en ce qui touche l'actif et le passif de la succession inventoriée, on s'était contenté de dire, en termes vagues et généraux, que les parties s'en étaient fait la division suivant les droits de chacune d'elles.

Lambert, pour n'être pas recherché plus tard par le mineur Chavanne, se fit garantir la validité de l'inventaire de 1822, par convention intervenue le 1er janvier 1823, entre lui et Jean-Claude Chavanne, agissant *comme père et administrateur légal d'Antoine Chavanne, son fils*, pour lequel *il se porte fort.*

« 1° Le sieur Chavanne approuve et promet de faire ap-
« prouver par son fils, lorsqu'il sera parvenu à l'âge de la
« majorité, l'inventaire que les mariés Lambert ont fait faire
« dans le courant de 1822, devant Me Guéraud, notaire au-
« dit Châbons ;

« 2° Le sieur Lambert, de son côté, s'engage, en sa qua-
« lité d'usufruitier, de tenir et de faire tenir quitte le sieur
« Chavanne de tout le surplus des revenus que ce dernier
« retire à Lyon, aussi en sa qualité d'usufruitier.

Après cette convention, Lambert perçut les fruits des immeubles de Châbons; — et Chavanne, qui était à Lyon, conserva la jouissance des deux maisons qui s'y trouvaient, et qui étaient d'une beaucoup plus grande valeur que les immeubles de Châbons.

Chavanne fils, devenu majeur, a continué à jouir des maisons de Lyon et les a même vendues, du consentement des mariés Lambert.

Benoîte Albert, femme Lambert, est décédée en 1857. Lambert décéda quinze jours après.

Par exploit des 25 et 26 août 1858, le sieur Chavanne fils a fait assigner les héritiers Lambert, devant le tribunal, en paiement, avec intérêts légitimes, des reprises de Benoîte Albert.

Les héritiers Lambert soutinrent qu'il y avait un compte de liquidation à faire entre les parties des produits de l'hoirie Charvet, à l'effet d'attribuer au défunt Lambert, ou à ses représentants, la moitié des fruits et revenus de toute espèce courus pendant son mariage avec Benoîte Albert, et l'autre moitié être attribuée au sieur Chavanne.

Ce dernier soutint au contraire qu'il y avait eu partage à l'égard des fruits.

Le tribunal de Saint-Marcellin a accueilli ce système par jugement du 18 février 1859, dont voici les motifs :

Attendu que tout cohéritier d'une succession peut en demander la division, s'il n'y a eu un acte de partage ou possession suffisante pour acquérir la prescription ; que de cette disposition de l'art. 816, Cod. Nap., découlent deux conséquences : la première, que s'il y a eu entre cohéritiers un précédent partage non constaté par un acte, ce partage n'a été que provisionnel ; la seconde, que le partage provisionnel n'ayant d'autre garantie de durée que la volonté des parties, n'a besoin, pour produire les effets qu'elles y ont attachés, que de la preuve de son existence et de celle des conditions qu'il a renfermées ;

Attendu que cette existence peut être établie par la preuve testimoniale ou par les présomptions, dans le cas où la loi admet ce genre de preuve et dans celui ou ces présomptions réunissent les conditions exigées pour légitimer leur admissibilité ;

Attendu que si, dans la déclaration du 15 juillet 1818, enregistrée à Lemps le 19 novembre 1822, intervenue entre Benoîte Albert, veuve Charvet, et Jean-Claude Chavanne père, administrateur légal de la personne et des biens de son fils Antoine, les parties n'ont pas désigné les immeubles dont jouissait chacune d'elles, ou mentionné que ces immeubles ne peuvent pas être détériorés, ce qui semble indiquer, dans la pensée des signataires de cet acte, que la veuve Charvet va se mettre immédiatement en possession de quelqu'un d'entre eux ; que, quels que soient ceux qui lui seront dévolus, alors même qu'ils seraient ruraux, et dès lors plus susceptibles de détérioration que des maisons dont on ne peut obtenir un revenu par la location qu'à la charge d'un entretien convenable, une description de ces immeubles ruraux est superflue ; que la possession, même immédiate, de la part de la veuve Charvet, d'une partie de ces immeubles, ne pourrait donner lieu plus tard à une réclamation à raison de l'omission des formalités prescrites par l'art. 600, Cod. Nap. ;

Attendu que cette déclaration isolée serait insuffisante pour indiquer l'accord des parties d'attribuer une jouissance à la veuve Charvet des immeubles de Châbons, et à Chavanne, des immeubles de Lyon, quoique le fait ait suivi cette intention présumée, et pour fermer la porte à toute réclamation de la part de l'une envers l'autre, à raison de leur jouissance respective, si une longue possession n'avait pas suivi cette situation sans donner lieu à aucune demande, et si surtout un écrit postérieur n'eût exprimé clairement le fait de cette attribution de jouissance au 15 juillet 1818, sans arrière-pensée de réclamation ultérieure, et n'eût indiqué l'intention, ou même l'engagement, de proroger cette attribution ;

Attendu que l'écrit postérieur, destiné à légitimer la possession respective des parties, à partir de 1818, et sa continuation pour l'avenir, est celui du 1er janvier 1823, enregistré à Saint-Marcellin le 17 février 1859, dans lequel Lambert, usufruitier des biens de la veuve Charvet, devenue sa femme, s'engage, en cette qualité, de tenir et de faire tenir quitte Chavanne de tout le surplus des revenus que ce dernier retire à Lyon, sous la condition que Chavanne ferait ratifier à son fils, à l'âge de sa majorité, l'inventaire fait par les mariés Lambert en 1822 ;

Attendu que la déclaration qui précède, en se bornant à dire que Lambert fera tenir quitte Chavanne du surplus des revenus qu'il retiré, ne fixe pas la durée de cet affranchissement de restitution de ce chef ; mais ce silence ne lui donne pour limite que la manifestation par les parties, ou leurs ayants cause, d'une intention contraire ou le refus de ratification par le mineur Chavanne, parvenu à sa majorité ; que, d'une part, cette intention contraire ne s'est jamais produite, ni de la part de Lambert, ni de celle de Chavanne père ou de Chavanne fils ; que l'exécution, de la part de ce dernier, de cet accord, et son respect pour l'inventaire tardif de la succession de son aïeul, ont été une ratification suffisante qui a prorogé les effets de la convention du 1er janvier 1823 jusqu'au décès de la femme Lambert, époque de la cessation de son usufruit et du droit de son mari à réclamer l'anéantissement de cet accord ; que, d'autre part, l'exétion constante donnée à cet acte pendant près de trente-cinq ans, dont vingt-huit après la majorité d'Antoine Chavanne, justifie suffisamment l'interprétation ci-dessus donnée au silence des parties sur la durée de l'attribution à celui-ci, ou à son père, du surplus des revenus de Lyon, silence qui ne pouvait résulter de l'oubli, puisque les parties avaient eu à s'occuper plusieurs fois ensemble de ces derniers immeubles à l'époque des ventes publiques dont ils avaient été l'objet en 1830 et en 1837, et des déclarations privées intervenues entre elles ;

Attendu que cette solution laisse entière la créance d'Antoine Chavanne contre la succession de Lambert, à raison des reprises de Benoîte Albert, veuve Charvet, son aïeule, dont il ne reste plus qu'à fixer le chiffre.

Par ces motifs, le tribunal condamne les héritiers Lambert à payer au sieur Chavanne, avec intérêts dès le jour du décès de Benoîte Albert, sous la déduction de la moitié de ces intérêts à partir de cette époque jusqu'au décès de Lambert, son second mari, la somme de 12,677 fr., montant de la dot constituée et du trousseau.

Les héritiers Lambert ont appelé de ce jugement.

Ils ont produit devant la Cour un mémoire imprimé, savamment élaboré par M. Denantes, avocat, ayant pour but d'établir ce qui suit :

1° En droit, l'existence d'un partage définitif ou même provisionnel ne peut être prouvé que par la représentation d'un acte écrit, authentique ou sous seing privé.

L'honorable jurisconsulte invoquait en faveur de cette proposition l'arrêt de la Cour de cassation du 6 juillet 1836. (S. 36, 1, 876).

Dans le sens de cette doctrine, il citait encore un arrêt de Bourges, du 3 mars 1823, Devill., collection nouvelle (7-2-178); un arrêt de Bastia, du 29 novembre 1830 (D. 1831-2-5); un arrêt de Colmar, du 24 janvier 1832 (S. 32-2-657); un autre arrêt de Bastia, du 9 juin 1833 (D. 33-2-57); un arrêt de Toulouse, du 30 août 1837 (S. 38-2-384); un arrêt d'Orléans, du 16 juillet 1842 (S. 42-2-452); un arrêt de Riom, du 10 mai 1855 (S. 56-2-1); et un 3e arrêt de Bastia, du 2 février 1857 (S. 57-2-129).

A cette jurisprudence on ne peut opposer que quatre arrêts : l'un, de la Cour de Bourges, du 4 avril 1839 (S. 39-2-422); le second, de la Cour de Montpellier, du 16 août 1842 (S. 43-2-148); le troisième, de la Cour de Bordeaux, du 20 novembre 1852 (S. 53-2-56), et le quatrième, de la Cour d'Amiens. Mais le pourvoi contre ce dernier arrêt a été admis par la Cour de cassation, section des requêtes, le 19 juillet 1858, ainsi qu'en fait foi la *Gazette des Tribunaux* du 20 juillet de la même année, et tout porte à croire que la section civile persistera dans sa jurisprudence.

La grande majorité des auteurs enseigne également que l'existence d'un partage ne peut se prouver que par un acte écrit. Ce sont : Merlin, *Répert.*, v° *Partage*, § 1, n° 2., et v° *Prescript.*, section 2, § 13, n° 6 ; Duranton, tom. 7, n° 96 *bis* ; Chabot de l'Allier, sur l'art. 816, n° 1 ; Belost-Jolimont, *Observations* I, Malpel, n° 243 ; Poujol, sur l'art. 816, n° 6 ; Vazeilles, sur l'art. 811, n° 1-3, et sur l'art. 819, n° 9 ; Marcadé, sur l'art. 816, n° 1 ; Ducaurroy, Bonnier et Roustaing, Massé et Vergé, sur Zachariæ, tom. 2, pag. 365 ; Gilbert, dans ses notes sur l'arrêt de la Cour de Riom, de 1855 (S. 56, 2, 1).

L'opinion contraire est soutenue par Malleville, sur l'art. 816 ; Duvergier, sur Toullier, tom. 2, n° 407, note 1 ; Mourlon, tom. 2, pag. 129 ; Demante, tom. 3, n° 140-*bis*-1 ; Aubry et Rau, sur Zachariæ, tom, 5 pag. 249 ; Dutruc, n°s 19-20 ; Rodière, dans ses notes sur l'arrêt de la Cour de Riom ; *Journal du Palais* de 1857, tom. 1, pag. 14 et 15, et Dalloz, v° *Success.*, n° 1621.

M. Demolombe, dans son ouvrage le plus récent, 3e volume des *Successions*, n° 515 et suiv., résume avec son impartialité ordinaire les deux opinions opposées, et tout en convenant que la thèse d'après laquelle le partage doit être fait par écrit est fort accréditée dans la jurisprudence et dans la doctrine, il se range néanmoins à la thèse contraire, qu'il défend avec beaucoup d'habileté.

Le mémoire établit ensuite que la doctrine qui exige un partage écrit s'applique au partage provisionnel ou partage de jouissance, que le mari a le droit de demander pour les biens de sa femme, aussi bien qu'à un partage définitif de la propriété elle-même, et qu'il n'y a aucune distinction à faire à cet égard, en se fondant sur l'arrêt de la Cour de cassation de 1836, cité plus haut.

2° On repoussait les inductions tirées de la continuation de possession de Chavanne fils, par le motif que la renonciation à un droit ne se présume pas ; que la non réclamation de Lambert s'expliquait par des déclarations de Chavanne fils, pour réserver les droits de sa grand'mère, et par le désir de Lambert, d'éviter toute contestation avec le petit-fils de sa femme.

Mais ce système n'a point prévalu.

ARRÊT.

La Cour, adoptant les motifs des premiers juges, confirme.

Arrêt du 1er décembre 1859 — 2e chambre — MM. Duport-Lavilette, président; M. Berger, substitut de M. le procureur général; MM. Keisser, Numa Michal, avoués; MM. Cantel, Louis Michal, avocats.

FAILLITE. — CAPACITÉ PERSONNELLE DU FAILLI. — APPEL. — VÉRIFICATION DES CRÉANCES. — RECEVABILITÉ DU JUGEMENT DÉCLARATIF. (Art. 443-494, Cod. com.)

PROCÉDURE. — DÉMISSION DE L'AVOUÉ. — INTERRUPTION D'INSTANCE QUAND LA CAUSE EST EN ÉTAT. (Art. 342-343, Cod. procéd.)

Un failli, banqueroutier frauduleux en fuite, n'est pas recevable à faire appel du jugement déclaratif de faillite;

Il ne peut non plus agir personnellement contre un créancier vérifié, pour faire réduire sa créance ;

La démission de l'avoué ne peut retarder le jugement d'une cause en état.

Didier — C. Dépit et Chapot.

, Le 10 décembre 1857, Didier fils a disparu de son domicile, et il a prévenu par sa lettre du même jour, enregistrée à Romans, le 3 février suivant, MM. Louis Dépit et Chapot, ses créanciers, qu'il cessait ses paiements, et qu'il avait déposé entre les mains de Me Pain, avocat, ses livres, papiers et son bilan.

Ces derniers, créanciers d'après le bilan de Didier, d'une somme de 128,000 fr., ont provoqué sa déclaration de faillite, qui a été prononcée par jugement du tribunal de commerce de Romans, du 16 janvier 1858.

Par exploit du 18 dudit mois de janvier, signifié au syndic, Didier fils a formé opposition à ce jugement.

Jugement du 3 février 1858, en ces termes :

Attendu que la demande de Didier a pour objet :

1° D'établir qu'une société pour l'achat des cocons existe entre les parties ;

2° Que leurs comptes relatifs à cette société n'étant pas réglés, selon son dire, il échoit de nommer des experts liquidateurs pour procéder à ces mêmes comptes ;

3° A ce qu'il plaise au tribunal joindre cette instance à celle introduite par lui devant le même tribunal, le 18 janvier 1858, comme annexe, et annuler le jugement déclaratif de faillite, du 16 janvier ;

Attendu que Didier, déclaré en état de faillite le 16 janvier 1858, a bien pu, le 18 du même mois, en vertu de l'art. 580 du Code de commerce, former opposition contre ce jugement ; mais que là se borne son droit ; qu'il est sans qualité pour exercer toute autre action, aux termes de l'art. 443 du même Code, portant qu'à partir de la date du jugement déclaratif de faillite, le failli est dessaisi de plein droit de l'administration de tous ses biens, et qu'aux termes de l'art. 440, Code de commerce, ce même jugement est exécutoire provisoirement ;

Par ces motifs, le tribunal déboute Didier de sa demande, pour défaut de qualité et de droit, et le condamne aux dépens.

Le 1er dudit mois de février, les sieurs Trouillet frères ont formé une opposition au jugement du 16 janvier, tant contre le syndic de la faillite Didier, que contre MM. Dépit et Chapot, créanciers, à la requête desquels cette faillite avait été déclarée.

Il a été soutenu que Trouillet frères, créanciers, ayant payé à la décharge de Didier, sont recevables et fondés à contester l'état de faillite, parce qu'il ne dépend pas du débiteur de faire qu'il y eût état de faillite, alors que cet état n'est pas, si l'actif excède le passif.

Arrêts : 1814, S. 2, 183; 1825, S. 1, 102; 1832, 1, 143; 1849, 2, 610.

Le 3 mars, jugement :

Attendu, en fait, que par son jugement du 3 février 1858, le tribunal a débouté le failli lui-même de son opposition au jugement déclaratif du 16 janvier; que, pour soutenir leur opposition, les intervenants ne sauraient avoir les mêmes droits que Didier; que les circonstances n'ont pas changé; qu'au contraire, elles se sont aggravées contre le failli, qui ne peut même se présenter pour distribuer à ses créanciers ce prétendu excédant d'actif, mis en avant par les intervenants;

Attendu, d'ailleurs, que ce n'est pas la question qui doit occuper le tribunal; qu'il résulte pour lui, de toutes les pièces produites, entre autres, de la lettre de Didier à Dépit et Chapot, du 10 décembre 1857, enregistrée, *qu'il leur déclare qu'il est dans la nécessité de cesser ses paiements;*

Que par autre lettre du 13 janvier 1858, aux mêmes, enregistrée, il leur demande une réduction de 50 p. % sur leur créance, qui était inscrite dans le bilan communiqué à MM. Louis Dépit et Chapot; qu'ainsi la cessation de paiements de Didier, notoire, avouée par lui, ne peut être contestée;

Qu'il est de plus évident que les intervenants n'ont ni qualité ni droit pour venir à cette heure mettre en question la créance Dépit et Chapot, qui ont provoqué la déclaration de faillite;

Attendu, en droit, art. 440 du Code de commerce : « La « faillite est déclarée par jugement du tribunal de commerce, « rendu, soit sur la déclaration du failli, soit à la requête d'un « ou plusieurs créanciers. »

Attendu que Dépit et Chapot, en cause, combattent les pré-

II   19

tentions des intervenants en opposition au jugement rendu à leur requête, et que par les causes ci-devant énoncées, en fait, ils sont fondés dans leur demande ;

Par ces motifs, le tribunal déboute Trouillet de son opposition au jugement déclaratif de la faillite Didier, du 16 janvier dernier ; maintient ledit jugement dans toute sa forme et teneur, avec exécution provisoire, nonobstant opposition et appel ; condamne Trouillet frères, intervenants, à tous les dépens de l'instance.

En conséquence, les opérations de la faillite suivirent leur cours ; les titres de créance furent vérifiés le 25 mai 1858 ; MM. Dépit et Chapot furent reconnus créanciers, en présence du juge-commissaire, de 126,017 fr., malgré l'opposition de M. Pain, se disant mandataire du sieur Didier.

M. Pain assigna alors, toujours en sa qualité, le syndic et MM. Dépit et Chapot ; le tribunal ordonna la remise des pièces et conclusions, remise à laquelle M. Pain se refusa, voulant un débat à l'audience.

Le 7 juillet, jugement ainsi conçu :

Attendu, en fait :

Que le 25 mai 1858, après l'accomplissement des délais et des formalités fixées par la loi, il fut procédé, sous la présidence de M. le juge-commissaire, à la vérification contradictoire des créances de la faillite Didier ; qu'aucun créancier n'éleva de contestation sur la créance de MM. Dépit et Chapot ; que seulement Me Pain, se disant procureur fondé du failli, s'opposa verbalement en son nom à l'admission de cette créance ;

Attendu que le lendemain, 26 mai, Me Pain, aux qualités prises par lui, a, par exploit de Berruyer, assigné devant ce tribunal MM. Dépit et Chapot et le syndic de la faillite Didier, dans le but de faire admettre la créance de MM. L. Dépit et Chapot pour 101,050 fr., valeur du 30 septembre 1857, au lieu de 126,017 fr. 05, valeur du 12 décembre 1857 ;

Attendu que lors de l'appel de la cause à l'audience, le tribunal, voyant qu'il s'agissait de comptes qui avaient déjà été discutés devant lui, n'accueillit pas la demande de Mᵉ Pain en fixation des plaidoiries, mais décida seulement dans un délai rapproché la remise de toutes les pièces, avec conclusions motivées et notes écrites qu'il conviendrait aux parties de remettre;

Attendu que le syndic et MM. L. Dépit et Chapot ont remis leurs pièces; que Mᵉ Pain, qui avait également remis son dossier, l'a retiré d'entre les mains de M. le président, chez lequel il l'avait déposé.

En ce qui touche le mandat du sieur Didier, fait à Mᵉ Pain :

Attendu que le mandat enregistré, dont Mᵉ Pain excipe pour s'opposer à l'admission de la créance L. Dépit et Chapot, est une lettre de Didier, failli, à lui écrite de Lyon, le 16 janvier 1858, renfermant ces mots :

« Je vous en prie, continuez-moi votre ministère, aujour-
« d'hui plus que jamais. Je vous confie mes intérêts, faites de
« manière à arriver à la meilleure solution possible. »

Attendu que Didier a été déclaré en état de faillite par jugement de ce tribunal du 16 janvier 1858, et le dépôt de sa personne ordonné; par conséquent, la lettre dont s'agit, ANTÉRIEURE *de fait* à la déclaration de faillite, ne saurait être considérée comme titre de Mᵉ Pain pour intervenir au nom du failli dans la vérification des créances;

Que dans ce cas un mandat spécial et précis est nécessaire;

Attendu que Mᵉ Pain a semblé implicitement reconnaître ce principe, puisqu'il a fait défaut en retirant ses pièces;

En ce qui touche l'admission de la créance L. Dépit et Chapot, pour la somme 126,017 fr. 05, au passif de la faillite Didier :

Attendu que cette créance est régulièrement établie au chiffre de 126,017 fr. 05; qu'elle n'a été contestée par aucun des créanciers, qui étaient cependant *les seuls* véritables intéressés, puisque le failli est en fuite; qu'elle est admise et reconnue à ce chiffre par le syndic, représentant *légal* de tous les intérêts;

Attendu de plus que si, en droit, art. 494 du Code de commerce, le failli avait la faculté de fournir des contredits dans la vérification des créances, de signaler des erreurs aux syndics, à M. le juge-commissaire, là se bornait son droit; mais que la loi lui refuse, à lui ou à son mandataire, d'intenter en justice aucune action qui grèverait souvent la masse de frais considédérables, lui insolvable étant dépourvu de toute administration et gestion qui sont exclusivement confiées au syndic, sous la direction du juge-commissaire.

Par ces motifs, le tribunal, après avoir délibéré et ouï M. le juge-commissaire en son rapport, jugeant en premier ressort et par défaut,

Rejette l'opposition, soit de Didier, soit de Mᵉ Pain, son prétendu mandataire, à l'admission de la créance de MM. L. Dépit et Chapot, au chiffre de 126,017 fr. 05 centimes, au passif de la faillite Didier; dit que ladite créance sera admise pour ce chiffre au passif de la faillite.

C'est sur l'appel formé contre les jugements du 3 février et du 7 juillet que la Cour avait à se prononcer.

On verra, par les termes même de l'arrêt que nous rapportons, que la Cour, tout en proclamant la non recevabilité personnelle du failli, s'est surtout déterminée par les circonstances de fait qui étaient à tous les points de vue si défavorables au failli. Ces circonstances, et le défaut de droit au fond, diminuent donc de beaucoup l'autorité de l'arrêt sur la question de la recevabilité de l'action, qui, envisagée en théorie pure, demanderait peut-être une solution différente.

Mais à côté de la recevabilité personnelle du failli, d'autres questions s'élèvent relativement à la vérification des créances en matière de faillite.

Il est généralement admis, en principe, que les créances une fois vérifiées ne sont plus susceptibles de contestations. Cass. (S. 51, 1, 690); Pardessus, *Droit commercial*, n° 1186;

Renouard, *des Faillites*, t. 2, pag. 525 ; Gorget et Herger, *Dictionnaire de Droit commercial*, v° *Vérification de créances*, n° 45.

Mais sur les exceptions à apporter à ce principe, en cas de dol, de fraude, d'erreurs ou d'autres vices inhérents au fait de la vérification ou à la créance même, les auteurs, les Cours impériales et la Cour de cassation sont en divergence.

Ce n'est pas ici le lieu de traiter ces graves questions ; nous nous bornons à renvoyer à de savantes dissertations de M. Devilleneuve et de M. Le Gentil, insérées *in extenso* dans S., vol. 1853, 2, 224 ; 1855, 1, 705 ; 1856, 2, 257.

Nous citerons seulement les lignes suivantes de M. Devilleneuve (vol. 1853), comme se référant spécialement à l'espèce jugée par l'arrêt qui va suivre :

« Si donc, comme nous le pensons, il y a nécessité d'ad-
« mettre que les créances vérifiées sont encore susceptibles
« d'être attaquées pour certaines causes, il restera à savoir
« quelles personnes auront droit *et qualité* pour former une
« telle action.

« En ce qui touche le failli, son droit et sa qualité pour
« agir ne sauraient guère être mis en doute; l'inaction des
« syndics ne peut le priver du droit de faire effacer de son
« passif une créance admise ou vérifiée qu'il aurait payée,
« ou qui serait prescrite, ou dont le titre serait entaché
« d'un vice quelconque. »

Quoi qu'il en soit, voici l'arrêt de la Cour de Grenoble :

ARRÊT.

Attendu que d'après les art. 342 et 343 du Code de procédure civile, le jugement d'une affaire ne doit pas être différé par la démission des avoués, lorsque les plaidoiries ont été commencées et les conclusions contradictoirement prises à l'audience ;

Attendu qu'à l'audience du 28 août dernier, les conclusions

ayant été prises et les plaidoiries commencées dans la cause actuelle, la démission postérieure de Me Roux, avoué de Didier, et
le défaut de constitution d'un autre avoué ne peuvent en empêcher le jugement, et que c'est le cas de procéder à ce jugement
en présence des mêmes magistrats devant qui il a été conclu et
plaidé le 28 août dernier ;

Attendu qu'il y a lieu de prononcer la jonction de l'instance
liée sur l'appel des jugements rendus le 3 février 1858 par le
tribunal de commerce de Romans, avec l'instance liée entre les
mêmes parties sur l'appel du jugement rendu par le même tribunal le 7 juillet suivant, la connexité n'étant ni douteuse ni contestée.

Sur l'appel des jugements du 3 février 1858 :

Attendu que Didier, qui a suspendu ses paiements, pris la fuite,
fermé son établissement commercial, déposé son bilan, et qui, de
plus, a été condamné par contumace par la cour d'assises du département de la Drôme, à vingt ans de travaux forcés, comme
coupable de banqueroute frauduleuse, n'est ni recevable ni
fondé à demander la réformation du jugement du 3 février 1858
qui l'a débouté de son opposition à celui qui l'a déclaré en état
de faillite ;

Attendu que les documents produits devant la Cour ayant établi que la société pour achats de cocons, qui avait existé entre
Didier et Dépit et Chapot, a été dissoute et liquidée au mois
d'août 1857; et Didier, failli, aux termes de l'art. 443 du Code de
commerce, ne pouvant pas seul et sans l'assistance du syndic,
intenter une action principale, il ne saurait être non plus ni recevable ni fondé à demander, contre Dépit et Chapot, qu'il soit
fait une procédure pour la liquidation de cette société et le règlement de leurs comptes, et qu'ainsi c'est le cas de confirmer
également un second jugement du 3 février 1858 qui l'a débouté
de cette demande, et d'ordonner l'exécution de l'arrêt de défaut
rendu par la Cour le 20 juillet dernier ;

Adoptant au surplus les motifs exprimés par les premiers
juges.

Sur l'appel du jugement du 7 juillet 1858 :

Attendu que si d'après l'art. 494 du Code de commerce, le
failli a le droit d'assister à la vérification des créances et de four-

nir des contredits, il ne saurait, ainsi qu'on l'a déjà dit, aux termes de l'art. 443 du même Code, avoir celui d'intenter seul une action principale contre un créancier, et de demander la rectification de ce qui a été décidé par le juge-commissaire lors de cette vérification ; qu'ainsi, sous ce rapport, c'est avec raison que les premiers juges l'ont déclaré non recevable dans sa demande et dans ses conclusions contre Dépit et Chapot ;

Attendu d'ailleurs, et au fond, qu'étant établi et reconnu déjà par la Cour, qu'au mois d'août 1857 il y a eu partage et liquidation de la société qui avait existé entre Didier, Dépit et Chapot, et de plus étant prouvé que Didier a accepté le compte courant de Dépit et Chapot, du 30 septembre suivant, et que par suite, il s'est porté, sur ses propres livres, débiteur du solde de ce compte et des sommes pour lesquelles Dépit et Chapot ont été admis au passif de la faillite, il ne peut être fondé à critiquer leur créance vérifiée, ni à demander une nouvelle vérification par expert ou commissaire, comme il y conclut, et que dès lors, et sous ces rapports, c'est avec pleine raison que les premiers juges l'ont déclaré non recevable et mal fondé dans ses conclusions, et que c'est encore le cas de confirmer leur décision ;

Par ces motifs, la Cour, ouï M. Alméras-Latour, premier avocat général, en ses conclusions motivées, joint l'instance, et sans s'arrêter à l'opposition de Didier envers l'arrêt en défaut rendu contre lui par la Cour, le 20 juillet 1858, dont il est débouté, ordonne que ledit arrêt sortira son plein et entier effet ;

Et statuant sur l'appel interjeté par Didier, du jugement rendu par le tribunal de commerce de Romans, le 7 du même mois, met l'appellation au néant, confirme ledit jugement ; ordonne qu'il sera exécuté selon sa forme et teneur ; condamne l'appelant à l'amende de cet appel ; le condamne en outre, envers le syndic de la faillite et envers Dépit et Chapot, à tous les dépens faits devant la Cour, soit sur l'opposition à l'arrêt de défaut, soit sur l'appel du jugement du 7 juillet 1858.

Arrêt du 28 décembre 1858 — 1re chambre — M. Royer, premier président ; M. Alméras-Latour, premier avocat général ; — MM. Roux, Allemand, Rabatel, avoués ; MM. Sisteron, Casimir de Ventavon, Pain, avocats.

PRESCRIPTION DÉCENNALE. — RENONCIATION. — ACTION EN RETRANCHEMENT.

L'héritier qui a renoncé depuis plus de dix ans à la succession de son père, pour s'en tenir à une donation à lui faite, ne peut pas repousser par la prescription décennale l'action en retranchement dirigée contre lui.

Cette action est une pétition d'hérédité qui dure trente ans.

Eugénie Boulu, veuve Marguery, — C. Pierre Marguery.

Pierre Marguery et Françoise Jolland avaient eu de leur mariage cinq enfants : Joseph, Louis, Pierre, Marie et Geneviève.

Le 22 mai 1817, Marguery père fit donation, par contrat de mariage, à son fils Louis, du quart de ses biens ; le 2 avril 1827, il intervint un partage pour assigner à Louis le quart donné.

Le 20 juillet 1829, mourut Marguery père.

Le 19 juillet 1847, Louis Marguery, par déclaration au greffe, renonça à la succession de son père, pour s'en tenir à la donation contenue dans le contrat de mariage de 1817.

Enfin, Louis Marguery est mort en 1857, après avoir contracté, vers la fin de sa carrière, un second mariage avec Eugénie Boulu, et l'avoir instituée, par testament, héritière de toute sa fortune.

Le 25 août 1857, l'abbé Marguery, tant de son chef que comme succédant à ses deux sœurs, Marie et Geneviève, a fait assigner Eugénie Boulu, veuve Marguery, et Marie Marguery, veuve Michel, en partage des biens compris dans la donation du 22 mai 1817.

Le tribunal de Saint-Marcellin, par jugement du 21 avril 1857, ordonna le partage demandé.

Mais sur l'appel, la veuve Marguery a soutenu qu'au moyen de la renonciation faite par Louis Marguery à la succession de son père, il était devenu étranger à cette succession ; qu'il avait dès lors possédé les biens à lui donnés en 1817, en vertu de son contrat de mariage, avec titre et bonne foi, emportant prescription au bout de dix ans (Agen, 24 novembre 1842, S. 43, 2, 177) ; que sa renonciation était du 19 juillet 1847, et l'assignation en partage ou retranchement seulement du 25 août 1857 ; que, par suite, la prescription était acquise.

Il a été répondu de la part de l'intimé par les moyens ci-après, reproduits par la Cour de Grenoble, et par ceux d'un arrêt de la Cour de Rouen du mois de juillet 1835. (S. 36, 2, 98).

ARRÊT.

Sur l'appel d'Eugénie Boulu, du jugement du 21 avril, et en particulier sur l'exception de prescription opposée par elle aux demandes, tant de l'abbé Marguery que de la veuve Michel, et fondée sur ce qu'elle aurait possédé pendant plus de dix ans, avec titre et bonne foi, les biens donnés à Louis Marguery, son auteur, biens dont le partage est l'objet du procès :

Attendu que la répudiation faite en 1847 par Louis Marguery, de la succession du père commun, pour conserver les biens qui lui avaient été donnés, ne le rendait étranger à cette succession qu'à l'égard des créanciers dont l'action ne pouvait plus l'atteindre, et nullement vis-à-vis de ses cohéritiers, qui ne perdaient pas leurs droits de faire réduire la donation dans le cas où elle diminuerait leur réserve légale ; que le maintien de ce droit de réduction des cohéritiers excluait le titre et la bonne foi de la part du donataire renonçant, et s'opposait à la prescription décennale établie par l'art. 2265 du Code Napoléon ; que l'action en réduction constituait d'ailleurs une véritable pétition d'hérédité prescriptible seulement par trente ans.... (1).

Arrêt du 18 juin 1859, — 2ᵐᵉ chambre. — MM. Blanchet, président ; Proust, avocat général. — MM. Numa Michal, Chollier, avoués. — MM. Louis Michal, Casimir de Ventavon, avocats.

ASSURANCE CONTRE L'INCENDIE. — INDEMNITÉ. — PROPRIÉTÉ DE MARCHANDISES. — MOULINIERS.

Le moulinier en soie qui fait assurer contre l'incendie les marchandises qui se trouvent dans sa fabrique ou qu'il pourra recevoir par la suite, est réputé, à la différence du commissionnaire ou de l'entrepositaire, avoir contracté pour son propre compte. Dès lors, l'indemnité, en cas de sinistre, lui appartient, à l'exclusion de celui qui justifierait être le propriétaire des marchandises incendiées, et devient le gage commun de ses créanciers.

Milson et Poy — C. les héritiers Laporte et Léon Durand.

Un sieur Durand, locataire de Mme Laporte, exerçait à Saint-Nazaire la profession de moulinier en soie ; pour la sûreté des marchandises que renfermait sa fabrique, il avait

---

(1) Suivent d'autres motifs *en fait*, à l'aide desquels la Cour fait néanmoins droit à l'appel de la veuve Marguery et repousse l'action en retranchement de l'abbé Marguery ; mais elle accueille cette même action au profit de la veuve Michel.

contracté une assurance avec la compagnie *la Mutuelle;* la police, faite en son nom, portait, entre autres choses, des *soies en magasin ou fabrique pour* 25,000 fr.

Dans le courant de septembre 1857, des rapports s'établirent entre Durand et MM. Milson et Poy, négociants à Lyon. Ceux-ci consentirent à envoyer des soies à Durand, mais, toutefois, après avoir acquis de Durand la certitude que les marchandises étaient assurées. Le 22 décembre, un incendie consuma la fabrique et toutes les soies qui s'y trouvaient. Il est reconnu que ces soies appartenaient exclusivement à Milson et Poy, et l'indemnité, réglée d'un commun accord entre eux et la compagnie, allait leur être payée, quand survint une saisie-arrêt au nom de Mme Laporte, se disant créancière de Durand, pour les dommages que l'incendie avait occasionnés à ses bâtiments et pour loyers échus. MM. Milson et Poy firent aussi pratiquer une saisie-arrêt ; alors la compagnie consigna. Dans l'instance liée sur la validité de ces saisies, se présenta la question de savoir à qui, de Milson et Poy, ou de Mme Laporte, appartiendrait l'indemnité accordée pour les soies brûlées. Le tribunal de Valence rendit, le 24 février 1859, le jugement suivant :

JUGEMENT.

Attendu que le locataire est, aux termes de l'art. 1732, Code Napoléon, responsable envers le propriétaire de l'incendie qui se déclare dans les bâtiments qu'il a pris en location, et qu'en cette qualité Durand est tenu, vis-à-vis de la dame Laporte, de réparer le dommage que celle-ci a éprouvé par suite de l'incendie qui s'est déclaré le 23 décembre 1857 dans l'usine qu'elle lui avait affermée ;

Attendu, quant à la demande de loyers échus au jour du sinistre, qu'elle n'est pas contestée ;

Attendu que Durand est également responsable envers Milson

et Poy des soies que ceux-ci lui avaient données à ouvrer et qui ont péri dans le sinistre;

Attendu, quant à la prétention des parties de se faire attribuer chacune, à l'exclusion de l'autre, l'indemnité due par la société d'assurance, qu'il suffit, pour la repousser de rappeler que dans l'assurance l'objet du contrat est le risque et non le meuble ou l'immeuble à l'occasion duquel le contrat intervient; que l'indemnité ne représente pas la chose assurée; qu'elle est donnée seulement en compensation de la prime que l'assuré est tenu de payer, et qu'enfin il ne résulte du contrat d'assurance qu'une créance essentiellement mobilière qui, comme toutes les créances, est le gage commun des créanciers de celui auquel elle appartient;

Attendu, quant à la demande particulière de Milson et Poy, tendant à se faire déclarer propriétaires de cette même indemnité, par le motif que Durand aurait été leur mandataire et les aurait assurés eux-mêmes en cette qualité, qu'elle n'est pas mieux fondée; qu'il suffit de jeter les yeux sur les termes de la police, pour se convaincre que l'assurance ne concerne que Durand et qu'elle ne contient aucune mention qui permette de supposer que celui qui l'a souscrite a agi dans un autre intérêt que le sien propre; qu'en cet état de choses, il y a donc lieu de décider que la dame Laporte et MM. Milson et Poy n'ont aucun droit de préférence à invoquer les uns vis-à-vis des autres sur le montant de l'indemnité due par la *Mutuelle*, et que dans le cas où cette indemnité ne suffirait pas à les désintéresser complètement, ils auront à venir en concurrence, au marc le franc de leurs créances.....

Les sieurs Milson et Poy ont appelé de ce jugement.

Dans l'intérêt des appelants, on a dit : L'erreur du tribunal tient à ce qu'il a regardé Durand comme ayant assuré les soies pour lui, tandis qu'il n'a assuré que pour le compte des propriétaires des marchandises. Quoiqu'il ait pris, dans la police, la qualité de propriétaire, sa profession de moulinier indiquait suffisamment qu'il n'agissait pas pour lui, mais dans l'intérêt de ceux qui lui confiaient des soies, et pour leur éviter l'embarras de contracter des assurances partielles. Aussi quand MM. Milson envoient des soies, les rapports ne s'établissent-ils que sur la foi de l'assurance. MM. Milson et Poy sont admis à la participation du contrat, qui ne devenait complet que par l'entrée des marchandises dans la fabrique de Durand.

Puis, quand le sinistre arrive, l'intention des parties se révèle tout entière; comme les soies brûlées appartenaient toutes à MM. Milson, c'est à eux que l'indemnité doit revenir, et ceci ne fait pas l'objet d'un doute entre Durand et la compagnie.

Tel est donc, en fait, le sens du contrat. Mais, en droit, les principes seraient-ils inconciliables avec cette interprétation ? Non. Deux grands principes dominent la matière des assurances : 1° l'assurance ne peut être pour l'assuré l'occasion d'un bénéfice ; 2° l'assurance peut être faite par tout autre que par le propriétaire.

Voir Alauzet, pages 171, 178, 243, 247, 253 à 259, 407 à 415.

Il résulte de là que si on fait assurer la chose d'un autre, l'assurance n'est pas nulle, mais c'est alors le véritable propriétaire qui en profite. Ici s'appliquent les principes du mandat tacite et du négoce géré.

C'est ainsi qu'on l'a jugé pour l'usufruitier, dont la propriété grevée d'usufruit avait été assurée par le nu propriétaire; Colmar, 25 août 1826; S. 28, 2, 16;

Pour le propriétaire dont l'immeuble avait été assuré par le locataire ; Cassat., 7 mars 1843; S. 43, 1, 307 ;

Pour le propriétaire dont la marchandise avait été assurée par le commissionnaire chargé de la transporter ; Colmar, 27 novembre 1848; Dáll., v° *Commissionnaire*, p. 90 ;

Pour un négociant dont les marchandises confiées à un autre négociant, pour leur faire subir une préparation, ont été admises à profiter de l'assurance contractée par ce dernier négociant pour les marchandises qui se trouvaient dans sa fabrique; jugement de Marseille, du 1er septembre. 1859.

C'est ainsi, enfin, qu'on le juge pour les assurances contractées par un commissionnaire ou un entrepositaire.

Gilbert, sur art. 332, Code comm., nᵒˢ 74 et 81.

Dans toutes ces espèces, si pleines d'analogie avec le procès actuel, l'assuré n'avait été que le *negotiorum gestor* du propriétaire.

Tout se borne donc à consulter les circonstances. Or, cet examen déjà fait montre que Durand n'avait contracté que pour ceux qui seraient propriétaires des marchandises au moment de l'incendie.

A la vérité, on objecte que Durand avait un intérêt à l'assurance parce qu'il était responsable des marchandises. Mais il était aussi responsable envers Mme Laporte, et s'il avait fait assurer la fabrique, Mme Laporte ne serait-elle pas venue réclamer l'indemnité?

Si Durand n'avait agi qu'en vue de sa responsabilité, il n'aurait fait assurer que son risque; mais il fait assurer les marchandises, c'est donc pour le propriétaire des marchandises que l'assurance a été contractée. En faire profiter un autre, ne serait-ce pas violer ce principe, que l'assurance ne peut jamais devenir l'occasion d'un bénéfice?

L'intimé a reproduit le système du tribunal sur le caractère de l'indemnité.

Il n'a pas contesté que l'assurance pût être faite pour autrui par un gérant d'affaires, mais il a soutenu qu'il n'en était pas ainsi dans l'espèce; que les exemples cités ne permettaient pas le moindre doute sur l'intention des parties, tandis que dans l'espèce il fallait des efforts d'interprétation pour rattacher MM. Milson au contrat d'assurance de Durand.

Or, les héritiers Laporte sont des tiers ; — pour leur arra-
cher leur gage, il faudrait quelque chose de plus positif ; il
faudrait, par exemple, que l'assurance eût été faite pour
compte ; or, elle est faite par Durand, pour marchandises,
comme propriétaire.

ARRÊT.

Attendu que Léon Durand, en assurant, par la police du
5 juillet 1857, des marchandises à concurrence de 25,000 fr.,
et en admettant qu'il s'agissait de marchandises à venir qui ne
devaient entrer que successivement dans son usine, était censé,
à défaut de toute explication contraire, s'assurer, soit à raison
des marchandises qui lui appartiendraient en propre, soit contre
les risques qu'il pourrait courir à l'occasion de marchandises
d'autrui, dont il serait responsable ;

Que sa profession de moulinier, à la différence de celles de
commissionnaire ou d'entrepositaire, n'était nullement exclusive de l'intention d'opérer sur des marchandises qui seraient sa
propriété personnelle ; que cette profession, exercée ainsi qu'elle
l'est ordinairement, comportait même cette possession ;

Attendu que l'assureur devait naturellement le comprendre
ainsi ; qu'il suffirait qu'il y eût des cas dans lesquels Léon
Durand pouvait avoir un intérêt personnel à s'assurer, pour que
le contrat qu'il faisait fût valide en soi, la compagnie assurante
pouvant toujours réclamer contre une extension abusive de la
convention, et se prévaloir du principe reconnu, que l'assuré
ne peut que se préserver de risques, sans jamais réaliser de
bénéfice ;

Attendu que le résultat démontre que Léon Durand ne faisait
qu'un acte de prévoyance utile en contractant l'assurance du
5 juillet 1857, telle qu'elle est entendue ;

Que s'il ne s'est pas assuré aussi contre les risques locatifs ou
ceux des voisins, c'est que la précaution portée à ce point est
moins ordinaire et le danger moins à craindre ;

Attendu que la nature de l'assurance, irrévocablement fixée au moment du contrat, n'aurait pu changer à l'égard des tiers, par une stipulation particulière avec Milson et Poy, qu'autant que ces derniers auraient accompli, ce qu'ils n'ont pas fait, les formalités prescrites pour qu'ils pussent s'attribuer exclusivement le bénéfice de l'assurance ;

Que d'ailleurs il ne s'en suit, ni des termes de leur lettre du 23 septembre 1857, à Léon Durand, ni de la réponse de celui-ci, du 26 du même mois, qu'ils aient eu d'autre intention que celle de savoir si Léon Durand, à qui ils envoyaient leur soie à mouliner, offrait la garantie qui résulte généralement d'une assurance, et qu'ils aient voulu avoir une garantie particulière et spéciale sur laquelle la profession de Léon Durand ne leur permettait pas de compter ;

Qu'il est ainsi démontré que Milson et Poy ne sont pas fondés dans leur prétention de prendre la totalité de l'indemnité dont il s'agit, à l'exclusion des autres créanciers de Léon Durand.

Sur l'appel incident de Ferdinand Durand :

Attendu que c'est sans raison qu'il se trouve condamné aux dépens envers Milson et Poy ;

Par ces motifs, la Cour, ouï M. Proust, avocat général, en ses conclusions motivées, sans s'arrêter à l'appel émis par Milson et Poy, envers le jugement rendu par le tribunal civil de Valence, le 21 février dernier, confirme ce jugement quant à ce, et faisant droit à l'appel incident de Ferdinand Durand, le décharge de tous dépens envers Milson et Poy ; condamne ces derniers à l'amende et aux dépens d'appel....

Arrêt du 3 décembre 1859, — 4ᵐᵉ chambre. — M. Blanchet, président ; M. Proust, avocat général. — MM. Lerat, Michal, Rabatel, Allemand, avoués. — MM. Sisteron, de Ventavon aîné, Auguste Arnaud, Longchamp, avocats.

HYPOTHÈQUE LÉGALE DISPENSÉE D'INSCRIPTION.—CRÉANCIERS ACQUÉREURS. — NOTIFICATION DE CONTRAT CONTENANT COMPENSATION. — LOI SUR LA TRANSCRIPTION. — RÉTROACTIVITÉ. — DÉFAUT D'INSCRIPTION.

Le créancier à hypothèque légale dispensée d'inscription avant la loi de 1855, qui achète l'immeuble hypothéqué et notifie son contrat énonçant compensation entre le prix de vente et sa créance, sans que les autres créanciers surenchérissent dans les délais, ou contredisent la notification, fait produire par là un effet irrévocable à son hypothèque légale;

La loi sur la transcription qui survient ne peut porter atteinte à ses droits, l'obliger à inscrire et le frapper de déchéance, à défaut d'inscription dans le délai de l'art. 11; et cela, alors même que l'ordre ne s'ouvre et ne se clôt que postérieurement à l'échéance de ce délai.

Marguerite Cot, femme Joubin — C. Archambault et Joubin.

Le sieur Joubin, veuf, était débiteur du montant des reprises matrimoniales de sa femme, représentée par sa fille, veuve Picard, et plus tard femme Archambault. L'hypothèque légale, assurant la restitution de ces reprises, frappait une maison dont il était propriétaire à Briançon; elle n'avait pas été inscrite.

En 1850, Joubin contracta un second mariage avec Marguerite Cot, à laquelle il fit donation, par contrat, d'une somme de 1,000 fr., hypothéquant, pour ce, d'une manière spéciale, la maison dont il vient d'être parlé.

Le sieur Joubin ayant fait de mauvaises affaires, vendit cette maison à la dame Archambault, sa fille, par acte authentique du 22 décembre 1852. Le prix était fixé à la somme de 2,100 fr., que l'acte de vente déclara compensée avec pareille somme dont Joubin se reconnaissait débiteur envers sa fille, représentant sa mère.

La vente fut transcrite sans que la dame Archambault crût utile de faire inscrire l'hypothèque légale de sa mère.

Au contraire, dans la quinzaine de la transcription, Marguerite Cot, femme Joubin, fit inscrire son hypothèque le 29 décembre 1852; elle poursuivit ensuite sa séparation de biens, que le tribunal de Briançon prononça le 14 août 1854, et fut reconnue créancière de 1,000 fr. portés en son contrat de mariage.

En cet état, et le 12 octobre 1854, Marguerite Cot fit sommation hypothécaire à la dame Archambault, acquéreur de la maison sur laquelle avait été inscrite son hypothèque.

La dame Archambault répondit, le 6 novembre 1854, par des notifications, aux créanciers inscrits, de son contrat d'acquisition; elle offrait son prix, sous la réserve de se retenir : 1° le montant des frais privilégiés ; 2° les sommes garanties par l'hypothèque légale de sa mère, et dont son contrat d'acquisition l'avait reconnue créancière.

Aucune surenchère n'eut lieu, dans le délai de la loi, de la part des créanciers inscrits.

Survint la loi de 1855 sur la transcription, dont les art. 8 et 11 obligent les héritiers de créances garanties par des hypothèques légales, jusqu'alors dispensées d'inscription, d'inscrire dans le délai d'un an, à partir du 1er janvier 1856. La dame Archambault ne fit pas inscrire.

Le 3 février 1857, Marguerite Cot fit assigner la dame Archambault et les autres créanciers, pour voir déclarer nulles les notifications du 6 novembre 1854, et, par suite,

voir continuer les poursuites en expropriation commencées
par la sommation hypothécaire du 12 octobre 1854.

On soutint pour elle, devant le tribunal de Briançon :

1° Que la notification était nulle, parce que l'offre du prix,
faite sous la réserve de se le retenir, était ainsi conditionnelle et ne pouvait être considérée comme sérieuse ;

2° Que la prétendue compensation n'avait pas pu avoir
lieu, soit parce que le prix de la vente dû par l'acquéreur
était supérieur à sa propre créance ; soit parce que ce prix
était frappé comme d'une saisie-arrêt, par suite des hypothèques inscrites ; soit parce que la dame Archambault,
étant exposée, par une surenchère, à se voir enlever l'immeuble, n'était débitrice du prix qu'éventuellement, et que
sa créance aurait repris naissance, en cas d'éviction de
l'immeuble ;

3° Que la notification de contrat, même supposée valable, avait bien eu pour effet de purger les hypothèques
inscrites et de leur donner effet, mais non de purger l'hypothèque légale de la dame Archambault, qu'elle n'avait pas
inscrite ; que, dès lors, cette hypothèque n'avait pas *produit
son effet* au moment où la loi sur la transcription lui avait
fait une obligation de l'inscrire, et l'avait frappée de déchéance à défaut d'inscription dans le délai voulu ; qu'en
conséquence, elle n'existait plus.

Malgré cette argumentation, le tribunal de Briançon
accueillit en ces termes la thèse contraire, par jugement du
21 juillet 1858.

JUGEMENT.

Attendu qu'il n'appert d'aucun document que l'acte de bail
en paiement du 22 septembre soit le résultat d'une collusion

ayant pour but la fraude ; que l'énonciation de vilité du prix est repoussée par la mise en demeure, qui a été faite aux créanciers, de surenchérir ;

Attendu qu'aucune cause de nullité n'est renfermée dans les notifications aux fins de purge ;

Attendu qu'il s'agit d'ordre en jugement et de la discussion des droits des parties ;

Attendu que la maison dont il s'agit ayant été vendue par Joubin à sa fille, moyennant une somme de 2,100 fr., il se présente la question de savoir si la compensation s'est établie et si elle a été dispensée de conserver son hypothèque ;

Attendu que la fille Joubin, ayant fait la notification voulue par les art. 2183 et 2184 du Cod. Nap., les droits des créanciers ont été réduits conformément à l'art. 2185 ; qu'alors la compensation entre ce qui était dû à la fille par son père, à raison de quoi elle avait une hypothèque légale, et le prix de la maison, s'est établie de plein droit jusqu'à due concurrence ;

Attendu que, par le fait de la compensation, l'effet de son droit hypothécaire a été certainement atteint et qu'elle n'a plus eu besoin de s'occuper de sa conservation ; que, dans tous les cas, son droit hypothécaire ayant été réglé par la purge serait entier ; qu'elle aurait droit à être colloquée au premier rang ;

Attendu que son hypothèque primait toute autre, et qu'il n'y a qu'à discuter la quotité de sa créance ;

Attendu qu'il résulte des pièces produites et communiquées, que la fille était créancière de son père, à raison des droits du chef de sa mère, d'une somme de 2,068 fr. 75 cent.; que le père était légataire de sa femme d'un quart en pleine propriété et d'un quart en usufruit ; que la soustraction du quart en propriété réduit cette somme à celle de 1,551 fr. 54 cent., à laquelle il faut ajouter les intérêts courus depuis la majorité de sa fille, et non prescrits, savoir : pour cinq ans, de la moitié seulement de la première somme, vu la jouissance d'un autre quart, soit de 258 fr. 5 cent., de sorte que le père devrait alors hypothécairement à sa fille la somme de 1,800 fr. 45 cent.;

Attendu que le père a pu valablement, comme il le fait dans ledit acte, se désister envers sa fille de son droit de jouissance, qui était chose mobilière ne pouvant être frappée d'hypothèque ;

Attendu qu'il résulte de ce qui précède, que la fille Joubin a droit d'obtenir, sur le prix de la maison, la somme de 1,800 f. 45 c., et qu'il n'y a en distribution que celle de 290 fr. 55 cent.;

Attendu qu'il ne s'agit pas de la succession de Joubin père; que, dès lors, la demande de sa fille, tendant à obtenir les trois quarts de cette somme, est sans fondement; qu'elle n'est pas même fondée à demander la conservation entre ses mains du capital à diviser, capital qui est la propriété exclusive des créanciers;

Attendu que la femme Joubin est donataire de son mari d'une somme de 1,000 fr. qu'il est tenu de lui payer, aux termes du jugement qui prononce leur séparation de biens; qu'elle peut, dès lors, exiger cette somme, outre les autres chefs de créances, sauf aux héritiers à réserve à demander le rapport lors de l'ouverture de la succession de son père;

Attendu qu'aucun autre créancier ne se présentant, il y a lieu d'allouer à la femme Joubin le reliquat ci-dessus, sous la distraction des frais qui doivent être considérés comme frais d'ordre et payés par préférence;

Par ces motifs, etc.

Il y a eu appel de ce jugement.

La femme Joubin a reproduit son système devant la Cour, et écartant surtout l'argument de la compensation, elle a cherché à démontrer que la cause devait être placée sous l'empire de la loi de 1855, dont l'art. 11 eût alors amené forcément la réformation du jugement. Pour cela, il fallait rechercher à quel moment *l'effet de l'hypothèque légale de la dame Archambault avait été produit;* car, s'il était produit par la notification du contrat et le défaut de surenchères, faits antérieurs à la loi, la loi ne pouvait l'atteindre. La femme Joubin s'est attachée à démontrer, au contraire, que l'hypothèque ne produit son effet, quand il n'y a pas purge régulière, que par la détermination, dans l'ordre, du droit de préférence; que la jurisprudence de la Cour de cassation (S. 28, 1, 142 et 301) et celle de la Cour de Grenoble (S. 32, 2, 408), obligeaient l'acquéreur subrogé aux droits d'un créancier hypothécaire par lui payé, ou l'acquéreur créancier hypothécaire, à renouveler leurs inscriptions pour conserver leurs rangs (v. aussi Gilbert, art. 2154, nᵒˢ 31 et suivants); que, par suite, en supposant l'acquéreur créancier dispensé d'inscription, si une loi nouvelle vient l'obliger à inscrire, il sera contraint d'inscrire, comme les premiers de renouveler, à peine de déchéance; que dans l'espèce l'ordre était postérieur à la loi de 1855, et que la dame Archambault s'y présentant, c'était à ce moment qu'il fallait examiner la validité et l'effet de son hypothèque, d'après cette loi; que s'y présentant sans inscription, elle était évidemment frappée par la déchéance de l'art. 11.

Les intimés ont soutenu le système contraire, en produisant à l'appui un jugement rendu, le 24 mars 1858, par le tribunal de Grenoble, 1ʳᵉ chambre, entre les consorts Daday et le sieur Poutot.

Voici ce jugement, qui avait été frappé d'appel suivi de désistement :

JUGEMENT.

Attendu que, par acte du 20 mai 1833, Daday père a vendu à ses enfants divers immeubles, pour le prix de 3,000 fr., et qu'il a été stipulé que cette somme était compensée à due concurrence avec plus forte somme que le vendeur devait aux acquéreurs en leur qualité d'héritiers de Anne Cuynat sa femme;

Attendu que le 12 août de la même année, les enfants Daday ont notifié leur contrat aux créanciers inscrits, et qu'il n'est point survenu de surenchère;

Attendu qu'il est constant et reconnu que les enfants Daday avaient, sur les immeubles vendus du chef de leur mère, une hypothèque légale préférable à celle de tout autre créancier; qu'il suit de là que le paiement qui leur a été fait par compensation était légitime et valable; que ces derniers étaient sans droit à le critiquer, et que si l'ordre avait été ouvert à l'ex-

piration du délai de surenchère, c'est-à-dire, avant la loi de 1855,
l'allocation des enfants Daday au rang de l'hypothèque légale
de leur mère, n'aurait été ni contestée ni susceptible de l'être ;

Attendu que l'art. 11 de cette loi, en prescrivant l'inscription
des hypothèques légales des femmes décédées antérieurement,
n'a pu apporter aucun changement à ces droits des parties; que
cette disposition, en effet, n'a eu évidemment en vue que les
hypothèques légales que pouvaient avoir intérêt à connaître
les tiers qui contracteraient, à l'avenir, avec le débiteur, et non
celles qui avait atteint leur but, par le paiement des créances
qu'elles protégeaient ;

Qn'en ce qui touche ces dernières, les tiers ne peuvent avoir
qu'un intérêt, celui de savoir si le paiement des créances garanties par ces hypothèques, a ou non porté atteinte à leur droit,
c'est-à-dire, lorsque, comme au cas présent, le prix de l'immeuble a été compensé avec une créance à hypothèque légale,
si ce prix représente suffisamment la valeur de l'immeuble, et
si l'hypothèque légale avait un droit de préférence sur les leurs ;

Attendu qu'à la vérité, ce droit de préférence n'est régulièrement constaté que par l'ordre, et que, dans l'espèce, cet
ordre, intervenant après la loi de 1855, les enfants Daday s'y
présentent dépourvus d'inscription ;

Mais que cette circonstance ne peut pas priver de son efficacité
l'hypothèque légale de ces derniers, car cette hypothèque *ayant
produit son effet par un paiement*, qui était valable en lui-
même, c'est à l'époque où ce paiement a été fait, ou, tout au
moins, à celui où il a été *connu des tiers*, qu'il faut se reporter,
pour juger si ces derniers peuvent le contester ;

Qu'à cette époque les droits de tous les créanciers hypothécaires se sont trouvés fixés, en ce sens, qu'il n'a pu dépendre
d'aucun d'eux d'en changer la nature et de se donner un rang
qu'il n'avait pas ;

Que c'est là un principe constant en doctrine et en jurisprudence, et qu'il n'est pas possible d'admettre que cette situation
ait pu être modifiée par l'effet d'une disposition législative postérieurement émise ;

Que vainement on objecte que, dans la notification de leur
contrat d'acquisition, les enfants Daday n'ont pas fait connaître la
nature de leur créance compensée dans cet acte ; car, d'une part,

les créanciers n'ont pas ignoré qu'il s'agissait de reprises dotales de la mère Daday ; que, d'autre part, cette omission n'a pu être poux eux une cause de dommages ;

Qu'il importe peu aussi que, dans cette notification, les acquéreurs aient offert de payer leur prix aux créanciers, puisqu'ils ont suivi, en cela, la formule commandée par la loi, et que cette dénonciation, d'ailleurs, n'a pu être la source d'une erreur préjudiciable à ces derniers ;

Par ces motifs, le tribunal ordonne que les enfants Daday seront alloués au rang de l'hypothèque légale de leur mère.

Il est permis de croire que la Cour, dominée, comme on va le voir, par le fait de la notification et du défaut de surenchère, antérieur à la loi sur la transcription, a dû considérer cette notification, non contredite, comme une sorte d'inscription de l'hypothèque légale de la femme Archambault; et, en effet, la notification et l'offre du prix n'étant faits que sous la réserve expresse de se retenir les sommes garanties par cette hypothèque légale, valaient dénonciation de cette hypothèque aux autres créanciers ; et le silence de ces créanciers, pendant quarante jours, constituait, de leur part, acquiescement et reconnaissance de l'effet compensatoire produit par la validité et le rang de cette hypothèque légale alors dispensée d'inscription. C'est peut-être en ce sens qu'il faut reconnaître que l'effet de l'hypothèque avait été produit d'une manière irrévocable.

ARRÊT.

Attendu que les notifications faites par la femme Archambault aux créanciers inscrits sur l'immeuble par elle acquis de son père, ont eu lieu en 1854, et qu'elles ne sont pas arguées de nullité ou d'irrégularité ; que le délai de quarante jours s'étant écoulé sans surenchère, la purge a été opérée, et ce, avant la loi de 1855 sur la transcription ; que, par l'effet de cette purge, le droit des créanciers inscrits a été irrévocablement fixé et réduit, conformément à l'art. 2186; qu'il n'a pu s'exercer sur la chose, mais seulement sur le prix de vente; que la femme Archambault, acquéreur, notifiant et ayant une hypothèque légale sur l'immeuble par elle acquis, a été, comme les autres créanciers, dispensée d'inscrire; qu'elle a un droit de préférence sur la femme Joubin; que, dès lors, la compensation par elle consentie dans son acte d'acquisition a reçu son effet;

Adoptant, au surplus, les motifs des premiers juges;

La Cour, ouï M. Gautier, avocat général, en ses conclusions motivées, sans s'arrêter à l'appel émis par Marie-Marguerite Col, femme Joubin, envers le jugement rendu par le tribunal civil de Briançon, le 21 juillet 1858, confirme ledit jugement; condamne l'appelante à l'amende et aux dépens.

Arrêt du 25 juin 1859. — 4e chambre. — M. Petit, président; M. Gautier, avocat général; MM. Rabatel, Eyssautier, avoués; MM. Cantel et Eyssautier, avocats.

INSCRIPTION DE FAUX. — INCIDENT DE PARTAGE. — COMPÉTENCE.

Quand un tribunal statue sur quelques-unes des difficultés d'un partage par lui ordonné, il reste encore saisi de l'instance en partage et de toutes les autres difficultés qui peuvent s'y rattacher. L'appel ne saisit la Cour que des questions spéciales tranchées par ce jugement.

Et alors même que ce jugement a repoussé divers moyens de nullité élevés contre un testament produit, mais en réservant l'inscription de faux, c'est devant le tribunal et non devant la Cour que cette procédure incidente doit être portée, malgré l'appel.

Laurent Vaysse — C. mariés Odde.

Dans une instance en partage pendante devant le tribunal de Nyons, au sujet de la succession du père du sieur Laurent Vaysse et de la dame Odde, il fut rendu, le 16 décembre 1857, un jugement qui statua sur diverses difficultés relatives à la composition de masse. Ce jugement rejeta aussi divers moyens de nullité élevés par les mariés Odde contre un testament du sieur Vaysse père, du 16 mai 1850, tout en donnant aux mariés Odde acte de leur réserve de s'inscrire en faux contre ledit testament.

Les mariés Odde ont appelé de ce jugement le 30 octobre 1858.

Mais, nonobstant cet appel, ils ont, dans le mois suivant, saisi le tribunal de Nyons d'une demande tendant à faire écarter par la voie du faux incident civil le susdit testament.

Le sieur Laurent Vaysse souleva un déclinatoire et prétendit que le tribunal de Nyons, dessaisi par l'appel des mariés Odde, n'était plus compétent, et qu'il fallait porter le faux incident à la Cour, saisie de l'instance principale.

Le 16 mars 1859, le tribunal statua en ces termes :

Considérant que le faux incident civil n'est qu'une procédure incidente qui se produit dans le cours d'une instance principale; que le seul tribunal compétent pour connaître de cet incident est celui devant lequel se meut l'instance principale ; que ces principes incontestables sont posés dans les art. 214 et suivants du Code de procédure ;

Considérant qu'en faisant l'application de ces principes à la cause actuelle, il n'est pas douteux que le tribunal de céant est le seul devant lequel puisse être porté le faux incident civil proposé par les mariés Odde contre le testament de l'auteur commun, reçu Roustan, notaire à Mirabel, le 16 mai 1850 ;

Qu'en effet ce tribunal est saisi de la demande en partage de la succession de Vaysse père, partage qu'il a ordonné par son jugement du 13 juillet 1853 ; qu'en vertu de cette décision les parties s'étant retirées devant Me Roustan, notaire-commissaire, des difficultés se sont élevées entre elles sur la composition de masse, sur les prélèvements et autres points ; qu'étant retournés devant le tribunal, afin qu'il statuât sur ces difficultés, les demandeurs, en même temps qu'ils ont conclu à la nullité dudit testament, ont demandé acte des réserves qu'ils faisaient pour agir contre ce testament par la voie de l'inscription de faux ;

Que c'est sur ces divers chefs de demande que le tribunal a statué par son jugement du 16 décembre 1857, en donnant formellement acte aux mariés Odde de leur réserve de se pourvoir par la voie du faux incident civil contre ledit testament ; que ce même jugement a renvoyé les parties devant un nouveau notaire, Me Roche, à Vinsobres, pour les opérations ultérieures des parties ; qu'il ressort de cet exposé des faits que le tribunal, saisi primitivement de l'action en partage, se trouve encore saisi de cette même action et que c'est lui qui devra homologuer les dernières opérations du partage par lui confiées au notaire Roche ;

Que la mission donnée à ce notaire subsiste toujours comme subsiste toujours la nomination du juge-commissaire sous la surveillance duquel doit opérer le notaire commis ;

Considérant que peu importe que les mariés Odde aient frappé d'appel le jugement du 16 décembre 1857 ; que la conséquence de cet appel n'est pas et ne peut pas être de dessaisir le tribunal de l'action principale de l'instance en partage ; que la Cour n'a à statuer que sur les questions posées aux premiers juges, relatives aux divers prélèvements que les parties se demandent ; mais que, quelle que soit la décision de la Cour, instance et parties reviendront devant le notaire commis et ensuite devant le tribunal, qui statuera sur les nouvelles difficultés qui peuvent se présenter devant le notaire lors de la composition des lots et de leur tirage au sort ;

Qu'il est faux de soutenir, comme Vaysse le prétend, que les avoués de première instance ont fini leur rôle ; qu'il est hors de tout contexte qu'ils sont toujours constitués et continueront à occuper après la décision de la Cour ; qu'ils peuvent même incidemment occuper et faire des actes de leur ministère pendant l'appel; par exemple, qu'ils peuvent, par acte d'avoué à avoué, former une demande en séquestre des biens à partager ; faire ordonner la vente de récoltes ou d'objets mobiliers pouvant dépérir ; que ces diverses demandes pendant l'appel seraient portées devant le tribunal et non devant la Cour ; qu'il en est de même de la demande incidente en faux; que le tribunal, toujours saisi de l'instance principale en partage, est donc seul compétent pour connaître de toutes les demandes incidentes ;

Que c'est donc à bon droit que les mariés Odde ont appelé Vaysse devant le tribunal, pour voir statuer sur le faux incident civil dont s'agit ;

Que cette manière de procéder, la seule légale, a d'ailleurs l'avantage de faire parcourir au litige les deux degrés de juridiction ;

Considérant que si le tribunal d'appel peut, en thèse générale, être saisi d'une pareille demande, ce n'est que lorsque le droit des parties se trouve perdu en première instance, quand les premiers juges sont complètement dessaisis de l'action principale; mais que tel n'est pas le cas dont s'agit, puisque le tribunal n'est pas dessaisi ; et, le serait-il, les mariés Odde, grâce à leur réserve, pourraient encore, après l'appel, porter devant lui leur demande en faux incident civil, ainsi que l'a jugé la Cour suprême le 21 avril 1840 ;

Par ces motifs, le tribunal se déclare compétent, retient la cause.

Il y a eu appel de ce jugement.

On remarquera qu'il ne s'agissait pas ici de la recevabilité de l'inscription de faux, mais seulement de la compétence du tribunal.

Sur la recevabilité, des objections, plus ou moins sérieuses, pourront être faites en présence d'un arrêt de cassation (S. 45, 1, 742), de l'arrêt de Bordeaux cassé (S. 42, 2, 147), et d'un autre arrêt de cassation (S. 40, 1, 295), statuant sur la grande question de savoir quel doit être l'effet de jugements ou arrêts rejetant divers moyens de nullité proposés contre un acte que l'on veut attaquer ensuite par l'inscription de faux, et des réserves faites et octroyées quant à ce.

Sur l'option entre la compétence du tribunal et celle de la Cour, il n'y avait ici, ce semble, pas à hésiter. Le tribunal de Nyons était compétent pour toutes les difficultés de l'instance en partage; la Cour n'était saisie par l'appel que de celles tranchées par le jugement du 16 mars 1859; ce jugement n'était lui-même qu'un incident de l'instance en partage, comme l'inscription de faux par lui réservée. Cette inscription de faux échappait donc à la compétence donnée à la Cour par l'appel.

ARRÊT.

Adoptant les motifs exprimés dans le jugement dont est appel ;

La Cour, ouï M. Alméras-Latour, premier avocat général, en ses conclusions motivées; sans s'arrêter à l'appel émis par Jean-Laurent Vaysse, envers le jugement rendu par le tribunal civil de Nyons, le 16 mars 1859, confirme ce jugement; ordonne qu'il recevra sa pleine et entière exécution, et condamne l'appelant à l'amende et aux dépens.

Arrêt du 14 novembre 1859. — 1re chambre. — M. Marion, président ; M. Alméras-Latour, premier avocat général ; — MM. Perrin, Amat, avoués ; — MM. Sisteron, Auzias fils , avocats.

DÉCISIONS ADMINISTRATIVES.

———

CHEMIN DE FER. — STAGNATION DES EAUX. — ENCLAVE.
PERTE D'ARROSAGE. — VIABILITÉ DE CHEMINS. — DOM-
MAGES. — COMPÉTENCE.

*La stagnation des eaux dans une propriété privée cons-
titue un dommage direct et matériel.*

*Il en est de même du retard apporté à la mise en état d'un
chemin privé, concédé à un propriétaire pour l'exploitation
de ses propriétés.*

*Le conseil de préfecture est incompétent pour connaître
d'une demande en dommages-intérêts fondée sur une enclave
et sur une perte d'arrosage, occasionnés par l'établissement
d'un chemin de fer.*

*Un propriétaire est sans qualité pour se plaindre du dom-
mage que lui cause le défaut d'empierrement d'un chemin
qui figure au nombre des voies publiques.*

Casimir Mounier — C. Compagnie du Chemin de fer de
Saint-Rambert à Grenoble.

Le conseil de préfecture de l'Isère,
Vu l'assignation donnée le 27 juillet 1857, à la requête de
M. Casimir Mounier, propriétaire à Voreppe ;

A la Compagnie du chemin de fer de Saint-Rambert à Grenoble, tendant à faire condamner ladite Compagnie à lui payer, à titre d'indemnité, la somme de 4,761 fr. 50 cent., et en outre aux dépens;

Pour réparation des dommages causés à ses propriétés situées à Voreppe :

1° Par le changement des conditions d'écoulement des eaux d'un fossé d'assainissement, A B, existant le long de la terre qu'il possède au mas des Jacquins, n° 463 du plan cadastral; lesquelles eaux s'écoulaient au travers du chemin de Veurey, au point B, en traversant une clapisse, B C, et sont maintenant obligées de suivre les sinuosités d'un nouveau canal, B E F G, ouvert par la Compagnie pour se rendre dans le ruisseau de Valaize, au point G, plus élevé que le point B de onze centimètres, ce qui occasionne une stagnation causant un très-grave préjudice à sa terre complantée en treillages;

2° Par l'enclave de la prairie n°ˢ 228 et 233 du plan cadastral, dont le chemin a été coupé par la gare, ce qui obligera le requérant à construire un pont sur le ruisseau des Moulins, et à acheter l'emplacement d'un chemin de vingt-cinq mètres de longueur sur la propriété de M. Burdet;

3° Par la perte de l'arrosage de la partie au levant du n° 233 du plan cadastral, d'une contenance de 34 ares 70 centiares, qui ne pourra être recouvré que par l'aqueduc P. R. ou par un canal le long du chemin latéral;

4° Par la perte de l'arrosage des parcelles n°ˢ 233, 234, 236, d'une étendue d'un hectare 4 ares, causée par l'abaissement de l'aqueduc établi sous le chemin de fer;

5° Par l'insuffisance des talus donnés aux berges du canal des Moulins, en amont du chemin latéral;

6° Par le mauvais état du chemin donné au requérant sur les propriétés Gérente et Leborgne, pour l'exploitation des n°ˢ 233, 234, 235, 236, lequel chemin a été impraticable pendant environ trois ans, par suite du défaut d'empierrement;

7° Par les dommages résultant du défaut d'empierrement du chemin des Glairons, dont le mauvais état a rendu plus difficile et plus dispendieuse l'exploitation de ses propriétés situées dans ce mas ;

Vu le plan des lieux ;

Vu le rapport dressé le 20 juin 1858 par MM. Andrieu, expert de la Compagnie du chemin de fer, et Charut, expert de M. Mounier, lesquels n'ont pu s'accorder sur les bases de l'indemnité à accorder au requérant ;

Vu le rapport dressé le 26 janvier 1859, par M. Bonon, tiers expert, lequel a évalué les dommages soufferts par M. Mounier, pour les premier et sixième chefs de ses réclamations, à la somme de 478 fr. 96 cent., et déclaré qu'il n'avait pas à se prononcer sur les 1er, 2e, 3e, 4e, 5e et 7e chefs, par le motif qu'ils avaient été précédemment soumis à la décision du jury, qui avait dû les apprécier ;

Vu les lois des 28 pluviôse an VIII, 16 septembre 1807, et les articles 302 et suivants du Code de procédure civile ;

Ouï Me Sisteron, avocat, assistant M. Mounier, lequel a conclu à l'homologation du rapport de l'expert Charut, au paiement, avec intérêts légitimes, des dommages soufferts; et à la condamnation de la Compagnie à tous les dépens ;

Ouï, pour la Compagnie du chemin de fer, Me Louis Michal, avocat, qui a conclu à l'homologation du rapport du tiers expert, et en conséquence à la fixation de l'indemnité à payer à M. Mounier, à la somme de 478 fr. 96 cent., valeur du 1er février 1859, et attendu que le rapport du tiers expert n'alloue que le dixième de la somme demandée par l'assignation introductive d'instance, à ce que les dépens soient partagés dans la même proportion ;

Sur le 1er chef :

Considérant qu'il est résulté de l'instruction et des débats que la terre de M. Mounier, située aux Jacquins, no 463 du plan cadastral, complantée en treillages, éprouve, par suite de la stagnation des eaux, un dommage direct et matériel, et qu'il y a lieu de liquider ce dommage à la somme de 700 fr. ;

Sur les 2e, 3e et 4e chefs :

Considérant que le Conseil est incompétent pour en connaî-

tre, et qu'au surplus, il résulte de l'instruction que les réclamations dont ils font l'objet ont été portées, par M. Mounier,
devant le jury d'expropriation, qui les a tranchées par sa décision du 11 mars 1856;

Sur le 5e chef :

Considérant qu'il a été abandonné par M. Mounier ;

Sur le 6e chef :

Considérant que le tiers expert a fait une juste appréciation
en liquidant à 75 fr. le dommage souffert par le requérant, par
le retard apporté par la Compagnie à la mise en état de viabilité du chemin privé qui lui a été concédé ;

Sur le 7e chef :

Considérant que le chemin qui en fait l'objet figure au nombre des voies publiques imposées à la Compagnie par la commission d'enquête ; que, dès lors, M. Mounier n'a pas qualité
pour réclamer ;

Sur les dépens :

Considérant qu'en l'absence d'offres faites par la Compagnie,
elle doit être condamnée aux dépens ;

Sur la demande relative à l'usage réclamé par M. Mounier, de l'aqueduc P R :

Il est donné acte à M. Mounier de la déclaration qui, sur sa
demande, a été faite à la barre du Conseil, au nom de la Compagnie, qu'elle ne s'oppose à ce qu'il use, pour l'irrigation de
ses propriétés, de l'aqueduc P. R., établi sous le sol de la gare
et du chemin de fer, à la condition toutefois de ne pas nuire
aux travaux de la Compagnie ;

Par ces motifs, le Conseil, après délibéré,

ARRÊTE :

ART. 1er. — La Compagnie du chemin de fer de Saint-Rambert à Grenoble est condamnée :

1° A payer à M. Casimir Mounier, propriétaire à Voreppe,

avec intérêts légitimes à partir de ce jour, la somme de 775 francs, montant des dommages qu'il a éprouvés.

2° En tous les dépens, y compris les frais d'expertise et de tierce expertise, et ceux d'intimation du présent arrêté.

Art. 2. Toutes plus amples conclusions des parties sont rejetées.

Arrêté du 19 mars 1859. — M. Lesbros, rapporteur.

PATURAGES — RÔLE DE TAXE.

Le propriétaire qui envoie sur les pâturages d'une commune le nombre d'animaux pour lequel il a été imposé, et qui en ramène ensuite chez lui une partie, n'en doit pas moins la taxe entière.

Didier — C. Commune de Saint-Laurent en Beaumont.

Le Conseil de préfecture de l'Isère,

Vu la demande formée le 28 septembre 1859 par le sieur Didier (Hippolyte), propriétaire aux Terrasses, commune de Saint-Laurent en Beaumont, exposant qu'il a été imposé au rôle des pâturages communaux de l'exercice 1859 de ladite commune pour cent bêtes à laine, tandis qu'il n'a envoyé sur ces pâturages que vingt-cinq bêtes à laine et trois chèvres, et demandant une réduction de 16 fr. sur la somme de 25 francs, montant de son imposition au rôle précité ;

Vu la délibération du conseil municipal de Saint-Laurent en Beaumont, du 1er mai 1859, votant un rôle de pâturage pour l'exercice 1859, ladite délibération approuvée le 16 août 1859 ;

Vu la délibération, en date du 23 octobre 1859, par laquelle le conseil municipal de Saint-Laurent en Beaumont, répondant à la demande en réduction du sieur Didier, expose que ce propriétaire a envoyé paître sur les pâturages de la commune le nombre de bêtes à laine pour lequel il a été imposé, et que si, dans le mois de juillet, il a ramené chez lui une partie de son troupeau, il n'en doit pas moins la taxe entière qui lui est demandée, et conclut au rejet de sa réclamation ;

Vu les lois des 18 juillet 1837 et 28 pluviôse an VIII ;

Considérant qu'il résulte de la demande même du sieur Didier que les soixante-quinze bêtes à laine pour lesquelles il demande une réduction ont été conduites, après le recensement, sur les pâturages de la commune, et doivent y demeurer jusqu'aux époques accoutumées, fin octobre ordinairement ; que, dès lors, il a été régulièrement cotisé.

ARRÊTE :

La demande en réduction sur le rôle des pâturages communaux de Saint-Laurent en Beaumont, exercice 1859, formée par le sieur Didier (Hippolyte), propriétaire au même lieu, est rejetée. Le sieur Didier est condamné aux dépens, y compris les frais de notification du présent arrêté.

Arrêté du 10 décembre 1859. — M. Roman, rapporteur.

CHRONIQUE.

*Communauté religieuse non autorisée. — Personne inter-
posée. — Contrat à titre onéreux.*

Sont valables les contrats à titre onéreux passés par un
tiers personnellement capable de s'obliger, comme prête-
nom ou se faisant fort pour une communauté religieuse
non autorisée.

Leur validité est d'ailleurs incontestable lorsque, d'après
les circonstances, ils se trouvent passés pour le compte
d'une maison générale autorisée, de laquelle dépend la
communauté locale non autorisée.

Icard. — C. Rosier et Rey.

Le 10 novembre 1835, la dame Icard vendit, par acte
authentique, une maison qu'elle avait à Orange, à la dame
Dreveton, religieuse de l'ordre de la Nativité, dont la maison-mère est établie à Valence. Une communauté fut établie
dans ce local, dont la propriété fut transmise, par une autre
vente du 15 septembre 1851, aux dames Rosier et Rey, également religieuses.

Le 2 mars 1855, la dame Icard assigna ces dernières pour

A

voir dire qu'elles détenaient la maison sans titre valable ; elle
en demandait le délaissement avec fruits depuis 1833.

Un décret du 1er décembre suivant accorda l'autorisation
à la communauté d'Orange.

Un jugement du 30 août 1856, lors duquel la demanderesse offrit de rendre les sommes par elle reçues, annula
la vente avec fruits, sous l'imputation du prix payé. Il considéra que la dame Dreveton avait été prête-nom pour la
congrégation non autorisée ; que le droit public s'unit au
droit civil pour proscrire les donations et ventes à des êtres
collectifs que la loi ne reconnaît pas ; que l'autorisation
obtenue le 1er décembre 1855 ne pouvait rétroagir et qu'il
importait peu que pendant l'instance le transport de la propriété eût été fait au nom de la communauté dans le délai de
l'art. 5 de la loi du 24 mai 1825.

La cour de Nîmes a réformé ce jugement par arrêt du
5 août 1857.

ARRÊT.

Attendu que le contrat à la date du 10 novembre 1835, par
lequel la demoiselle Icard transmit à la dame Dreveton la possession de l'ancien couvent des Capucins et de ses dépendances,
situés dans la commune d'Orange, est un contrat à titre onéreux,
soit que l'on s'arrête à la dénomination qui lui a été donnée,
soit que l'on recherche la commune intention des parties dans
les clauses et conditions qui y furent stipulées ; que toutes les
conventions ont été fidèlement exécutées et que la venderesse
ne se trouve dans aucun des cas prévus par la loi pour faire
prononcer la résiliation du contrat ;

Attendu que la demoiselle Icard n'est pas fondée à soutenir
que le contrat est nul parce qu'il aurait été consenti par personne interposée à une communauté religieuse non autorisée
et par conséquent incapable de recevoir à quelque titre que ce
soit ; que la règle qui veut que toute disposition au profit d'un
incapable soit nulle, lorsqu'elle sera faite sous le nom d'une

personne interposée, n'est applicable qu'aux dispositions à titre gratuit et non aux dispositions à titre onéreux ; que l'on ne comprendrait pas, en effet, pourquoi le vendeur serait autorisé à demander la nullité d'un contrat qui n'a pas été consenti en considération de la personne, et lorsque l'acquéreur véritable a fidèlement rempli tous ses engagements ; que, dans la cause, il y a d'autant plus lieu de le décider ainsi, que la demoiselle Icard, lorsqu'elle vendit sa propriété à la dame Dreveton, n'ignorait pas que celle-ci n'accepterait pas pour elle, mais bien pour la communauté religieuse, dite congrégation ordre de la Nativité ; qu'il importerait peu dès lors de savoir si la congrégation pour le compte de laquelle l'acquisition a été faite était ou non autorisée, puisque la venderesse aurait connu l'incapacité de son acquéreur et qu'elle ne pourrait jamais être recevable à s'en prévaloir ;

Attendu, d'ailleurs, et surabondamment, que de tous faits, actes et documents de la cause, il résulte que c'est à l'ordre général de la Nativité que la demoiselle Icard a entendu vendre l'immeuble qu'elle possédait à Orange ; que cet ordre, dont la maison-mère est à Valence, a été régulièrement autorisé par ordonnance royale à la date de 1828 ; qu'il est représenté par une religieuse générale, qu'il forme un être moral, qu'il est capable de tous les actes de la vie civile, sauf l'autorisation du gouvernement pour les cas prévus par la loi et les statuts ; que l'autorisation d'acquérir n'a pas été accordée par le gouvernement, il est vrai, mais qu'on va la solliciter et l'obtenir, et que si elle n'était pas accordée, le contrat tomberait par cela seul, puisqu'il serait privé de ce qui doit lui donner la vie et la force ;

Par ces motifs, la Cour, parties ouïes, et M. Ligier, avocat général, en ses conclusions, faisant droit à l'appel, réforme le jugement attaqué rendu par le tribunal civil d'Orange, le 30 août 1856, et, par nouveau jugé, déclare la demoiselle Icard irrecevable à exercer l'action qu'elle a intentée ; déclare, au besoin, cette action mal fondée ; relaxe les dames religieuses de la congrégation de la Nativité de toutes les demandes à elles faites, fins et conclusions contre elles prises ; ordonne la restitution de l'amende et condamne l'intimée aux dépens, tant de première instance que d'appel.

Cour impériale de Nîmes. — 5 août 1857, — 1re chambre. —

M. Bousselier, conseiller président; — M. Ligier, premier avocat général; — MM. Boyer et Redares, avocats.

La doctrine de cet arrêt ne paraît donner lieu à aucun doute, dès lors que le caractère licite des congrégations non autorisées n'est pas contestable ; la constitution de 1848, non réformée quant à ce par celle de 1852, la loi sur l'enseignement de 1850, le décret du 6 juin 1857, qui accorde certains avantages au monastère de la Grande-Chartreuse, qui y est appelée maison de retraite, et tant d'autres qui reconnaissent la liberté des associations, qui les admettent à tenir des écoles, colléges, séminaires, etc., ne permettent plus d'y voir rien de contraire à l'ordre public, rien qui implique aucune idée de délit ou de quasi délit.

Non seulement la loi du 24 mai 1825, dans son texte comme dans ses motifs et dans sa discussion, a reconnu leur caractère licite en leur conférant certains avantages et dispenses, mais cette loi a été reproduite dans le décret du 31 janvier 1852, qui a force de loi d'après l'art. 58 de la constitution.

Il considère qu'il y a lieu de favoriser ces maisons qui se consacrent au bien des pauvres et à l'enseignement; il résulte de ses dispositions que celles qui existent sans autorisation pourront être autorisées par décret, quelle que soit l'époque de leur fondation, du consentement de l'évêque, en se conformant aux articles 2 et 3 de la loi de 1825, et en déclarant adopter des statuts déjà vérifiés en conseil d'Etat.

Il en sera ainsi alors même qu'elles présenteraient des statuts nouveaux, si l'évêque atteste que leur existence de fait remonte à une époque antérieure au 1er janvier 1825.

Elles sont si peu illicites, qu'une circulaire du ministre de l'instruction publique aux évêques, du 21 juillet 1852, rappelle une décision du ministre des finances du 25 juin précédent, où il est posé en principe qu'on ne prendra point de droit de mutation pour les actes contenant la déclaration expresse que les propriétaires ne possédaient que pour l'association de fait.

Cette décision, prise pour le cas où une association de femmes se fait autoriser et où il s'agit de faire passer sur la tête de la communauté les biens qui étaient possédés individuellement par les membres de l'association, prouve que le ministre et la régie sont loin de considérer comme actes non valables les actes d'acquisition qui ont lieu avant l'autorisation, puisqu'aucun nouveau droit de mutation n'est exigé lorsque les biens sont mis sur la tête de la communauté.

On peut encore rappeler l'arrêt de cassation du 5 juillet 1841, où il est jugé qu'une communauté religieuse, bien que non autorisée, peut valablement acquérir, au moyen d'un prête-nom, qui plus tard, lors de l'autorisation, lui fait donation des biens acquis. (S. 41, 1, 650.)

C'est que sous la législation actuelle ces sociétés de fait ne sont pas mieux en contravention que celles qui ont lieu en attendant le décret d'autorisation, dans les matières civiles et commerciales, où un décret est pareillement requis, comme les assurances, les syndicats et toute société anonyme. Celles-là contractent aussi par le moyen de l'un ou de plusieurs de leurs membres. C'est le simple exercice du droit commun qui permet de stipuler pour autrui ou de se rendre fort pour un incapable. Si ici il y a plutôt non existence qu'incapacité, tout ce qui s'ensuit, c'est que la stipulation ou le porte fort sont alors, par le droit, présumés concerner chacun des associés, individuellement pour sa part, et si les associations mues par l'esprit religieux sont susceptibles de durer plus longtemps que les autres avant l'autorisation, on a vu, notamment par le décret du 31 janvier 1852, que cela importe peu ; et en effet, cela ne peut rien changer aux règles de notre droit commun tel qu'il se trouve résulter des lois en ce moment.

Du reste, avant de recourir à la demande d'autorisation il faut bien commencer par réunir les ressources exigées par le gouvernement lui-même, sans quoi il ne l'accorde pas ; et cela ne se fait pas sans de nombreux actes de toute nature.

Avant 1848, on croyait pouvoir alléguer des lois d'ordre public contre les congrégations non autorisées ; mais on répondait que déjà la charte de 1814 avait aboli le décret du 3 messidor an XII, auquel aboutissait toute la législation de la révolution en cette matière, comme incompatible avec la loi fondamentale qui assurait la liberté individuelle et civile, ainsi que la liberté religieuse ; que la loi du 24 mai 1825 reconnaissait directement la légalité des associations avant l'incorporation légale, car elle veut *une loi* pour autoriser celles non encore existantes de fait, tandis que pour celles qui ont cette existence de fait, une *ordonnance* suffit ; elle donne aux membres de ces dernières un délai de six mois pour transmettre les propriétés placées sur leur tête comme prête-nom. Aussi Merlin, *Répertoire*, v°, Mainmorte, n° 58, disait que le décret de l'an XII était *remplacé* par la loi de 1825, et de même Portalis, à la chambre des pairs, le 23 avril 1823 (S. 23, 2, 137).

L'adage selon lequel la loi générale n'abroge pas la loi spéciale n'a d'effet que lorsqu'il s'agit d'une loi spéciale qui aurait pu être promulguée sous l'empire de la nouvelle loi générale. Sans cela une foule de lois absurdes ou sanguinaires de la révolution auraient encore pleine vigueur. Or, si on lit tout le texte du décret, on comprend aussitôt son incompatibilité avec nos constitutions et lois modernes. Une loi du 4 nivose an VIII contient au surplus la sanction formelle de ce qui est dit ici sur l'abrogation implicite de certaines lois spéciales.

Cela posé, on ne saurait raisonnablement contester la validité des actes à titre onéreux que passent les membres des communautés de fait ou non autorisées. Ils valent, parce que ceux qui y stipulent sont eux-mêmes personnellement obligés ; qu'ils ne pourraient s'en dédire envers leurs costipulants, lesquels sont, par conséquent, de même obligés envers eux ; parce qu'ils ont pu se porter fort pour l'incapable, ou stipuler pour leurs associés individuellement considérés ; parce que si leur costipulant pouvait se dédire, sous le prétexte que la partie intéressée est incapable, ce serait en vertu d'une nullité qu'on prétend être d'ordre public et absolu, dont l'effet serait de permettre aux deux parties également de rompre l'engagement, sans dommages ni indemnités ; parce qu'il s'en suivrait logiquement que la propriété vendue n'étant ni à l'incapable qu'on a eu en vue, ni à l'acquéreur nominal prête-nom, chacun pourrait s'en emparer, l'usurper ou la voler, sans que nul eût action pour se plaindre et la revendiquer ; parce que le mandataire, exprès ou tacite, qui achète en promettant le fait de son, mandant, reste personnellement lié et propriétaire s'il ne peut se faire relever par son mandant.

Théod. AUZIAS, *avocat, ancien bâtonnier.*

Nous avons rapporté ci-dessus, page 13, un arrêt de la Cour de Grenoble, qui jugé que l'impôt des digues jouit du même privilège que l'impôt foncier. Nous réunissons ici, sur la véritable nature de cet impôt, les divers documents que nous avons annoncés.

I. Jugement du tribunal de Saint-Marcellin, du 31 août 1849.

Attendu que les priviléges sont de droit étroit et doivent être restreints aux différentes natures de créances énumérées par la loi, que l'art. 2103 du Code civil, qui énonce les diverses catégories de créanciers privilégiés sur les immeubles, n'a pas compris, dans cette nomenclature, les entrepreneurs ou constructeurs de travaux de la nature de ceux dont le paiement est réclamé par le sieur Humbert et le sieur Giraud-Millioz ;

Attendu qu'en admettant que les entrepreneurs et constructeurs de digues puissent, par analogie, être assimiliés aux architectes-entrepreneurs dont parle le paragraphe 4 de l'art. 2103 précité, le privilège du sieur Giraud-Millioz n'aurait pu être conservé à l'encontre des autres créanciers Charmeil, qu'à la condition de se conformer aux exigences de cet article, et de prendre l'inscription prescrite par l'art. 2110 du même Code : ce qui n'a pas eu lieu ;

Attendu que l'hypothèque naissant de l'arrêté du conseil de préfecture, qui a créé le titre de la dette du sieur Charmeil père, ayant seule été inscrite, l'allocation du sieur Giraud-Millioz doit être admise à la date seulement de cette inscription, dès qu'il est hors de doute, et d'ailleurs non contesté par les autres créanciers, que cet arrêté a conféré l'hypothèque, comme aurait pu le faire une décision judiciaire émanant d'un tribunal civil ;

Attendu qu'aucune inscription n'ayant été prise pour sûreté de la créance réclamée par le sieur Humbert, ce dernier ne peut être alloué qu'au rang de créancier chirographaire.

II. Jugements du tribunal de Grenoble, première chambre, du 6 juillet 1854.

Ordre Arnol.

Sur le rejet de la contribution des digues.

Attendu qu'il s'agit de contribution payée par Colombe Arnol, l'une des héritières bénéficiaires, et de ses deniers, pour les exercices 1851 et 1852, c'est-à-dire, partie à la décharge du défunt et partie à la décharge de l'hoirie bénéficiaire, puisque Paul Arnol est décédé le 19 juin 1852 ;

Attendu que, si aucune loi ne déclare cette nature de créances privilégiée, il faut reconnaître, néanmoins, qu'elle constitue une charge réelle qui affecte l'immeuble et, par conséquent, en déprécie la valeur; qu'en faisant l'avance de cette contribution, et en affranchissant l'immeuble, l'héritier bénéficiaire a amélioré le gage des créanciers inscrits; qu'en effet, s'il n'eût pas agi ainsi, il serait arrivé de deux choses l'une : ou cette charge n'aurait pas été déclarée à l'adjudicataire avant l'adjudication, et celui-ci, *qui eût été obligé, comme détenteur, de l'acquitter,* aurait eu son recours en indemnité, au moyen d'une diminution du prix; ou elle lui eût été déclarée, et alors il aurait donné de l'immeuble un moindre prix,

Attendu qu'il faut, dès lors, considérer que cette dépense, ayant profité à la masse hypothécaire, l'héritier bénéficiaire doit être admis à s'en faire rembourser sur le prix.

Nota. Dans cette espèce, l'adjudication avait eu lieu le 16 avril 1853.

Même jour, même chambre, autre jugement dans l'ordre Bert.

Attendu que le directeur du syndicat des digues du Bourg-d'Oisans demande à être alloué en privilége pour la somme de 92 fr. 17 cent., montant des contributions des digues dues par Etienne Bert, aujourd'hui insolvable;

Attendu, en droit, que, comme l'a décidé déjà le tribunal, on ne trouve, ni dans le droit commun, ni dans les lois spéciales, aucune disposition qui permette de déclarer l'impôt des digues privilégié sur le prix ou sur les fruits de l'immeuble pour la protection duquel les travaux ont été exécutés;

Attendu, néanmoins, que l'art. 33 de la loi du 16 septembre 1807, déclare la défense des digues supportable *par les pro-priétés protégées,* dans la proportion de leur intérêt aux travaux; qu'il suit de là que cette dépense constitue *une charge réelle, assise sur l'immeuble même, et qui le suit, en quelque main qu'il passe,* à la différence des contributions publiques ordinaires, qui ne sont assises que sur les fruits ou revenus des biens du contribuable, ou sur sa personne, et qui affectent plutôt le caractère de charges personnelles et mobilières;

Attendu que l'adjudicataire, *comme détenteur des fonds, pourrait, en conséquence, être contraint à payer la contri-bution des digues que n'a pas acquitté l'ancien propriétaire;*

qu'il a droit, par conséquent, d'examiner s'il ne lui compéterait pas une action en réduction du prix, à raison de ce paiement;

Attendu que l'art. 4 du cahier des charges dispose que l'ajudicataire paiera les contributions publiques et charges locales, de quelque nature qu'elles soient, *à partir de l'adjudication ;*

Attendu, en conséquence, *que, s'il est obligé de payer la contribution des digues, pour le temps qui a précédé l'adjudication*, ce paiement constitue, à son préjudice, *une véritable éviction partielle*, procédant *d'une charge réelle* non déclarée, et ouvre, à son profit, une action en réduction du prix, aux termes des art. 1626 et 1638 du Code Napoléon.

Attendu que, pour éviter un circuit d'action, le directeur du syndicat doit, en conséquence, être admis, aux lieu et place de l'adjudicataire, à demander, par voie *de distraction sur le prix* en distribution, l'allocation de la somme de 92 fr., *qu'il pourrait contraindre l'acquéreur à payer*, et dont celui-ci devrait être indemnisé, ainsi qu'il vient d'être dit.

III. Jugement du tribunal de Saint-Marcellin, du 27 juillet 1858, deuxième chambre.

Attendu que les individus non portés nominativement sur les rôles peuvent se refuser au paiement des taxes, d'où il suit que les contraintes décernées par les receveurs particuliers, et les commandements qui suivent ces contraintes, doivent être forcément dirigés contre les individus dont le nom figure au rôle, et les exécutions postérieures aux commandements doivent nécessairement être faites, ou sur les effets mobiliers de l'individu nominativement imposé, ou sur l'immeuble pour lequel la taxe a été créée; que ce principe, vrai pour les contributions directes, est surtout applicable en matière de paiement de digues, suivant la loi du 16 septembre 1807, dont l'art. 33 a mis à la charge des propriétés protégées par les digues les dépenses nécessitées par les constructions de ces moyens de protection ;

Attendu que le nom de Tête (Joseph) figurant seul sur le rôle des digues de Pierre-Perret, pour l'immeuble qui serait devenu postérieurement la propriété de Blanc et de la veuve de Claude

Tête, la contrainte décernée contre les contribuables en retard de payer l'impôt dû par leurs fonds a dû, pour la part de l'immeuble dont il s'agit, comprendre le nom seul de Joseph Tête, et le commandement a dû être également donné à ce nom, puisqu'il était seul légalement connu ; ainsi cette mise en demeure était, non seulement régulière, mais forcée, d'après les principes ci-dessus posés ;

Attendu que la saisie-brandon des récoltes existant sur l'immeuble imposé était également légale et régulière, puisque cet immeuble était débiteur, et devait, par ses produits comme par sa valeur foncière, faire face à sa dette ; que pour l'administration financière, comme pour le percepteur chargé du recouvrement de l'impôt, Tête (Joseph) était toujours censé propriétaire, et l'immeuble, en changeant en réalité de propriétaire, n'en était pas moins, pour l'administration, dans les mêmes mains et emportait avec lui l'obligation de se libérer ; ainsi, la saisie pratiquée sur les récoltes qu'il a produites est bien intervenue ;

Attendu que si le sieur Blanc et la veuve de Claude Tête, devenus acquéreurs de l'immeuble porté au rôle des digues ne peuvent, à raison de cette acquisition, être exécutés dans leurs objets mobiliers et leurs autres immeubles, comme aurait pu l'être Joseph Tête, débiteur primitif, ils ne peuvent s'opposer à l'exécution de l'immeuble dans son produit, puisqu'en réalité c'est l'immeuble, et non pas les acquéreurs, qui est l'objet des exécutions du percepteur de Saint-Quentin.

Même jour, même chambre.

Jugement semblable, entre Marie Cottin-Pigneret, veuve de Claude Tête, et le syndicat des digues de Pierre-Perret.

IV. Dès 1813, M. Duport-Lavillette, dont le souvenir est impérissable et dont le nom fera toujours autorité, avait saisi et développé les véritables principes dans une consultation inédite, que nous sommes heureux de publier aujourd'hui.

Le conseil soussigné est d'avis que lorsque la construction

d'une digue a été autorisée par le pouvoir administratif, et qu'elle intéresse un grand nombre de propriétaires, la dépense de cette contribution se paie par le moyen de la répartition qu'on en fait sur les divers fonds qui doivent profiter des réparations. Cette répartition est plus ou moins forte, selon le plus ou moins d'utilité de la digue à l'égard des fonds qu'elle sert à préserver. On dresse un rôle de répartition qui est rendu exécutoire dans la même forme que celui des contributions publiques, et un collecteur est désigné pour en faire le recouvrement.

Les contributions de cette nature ne peuvent pas être mises au rang des dettes personnelles ou hypothécaires dont il est question dans le Code Napoléon. Ce sont de véritables charges foncières et réelles qui, comme les contributions ordinaires et les servitudes, affectent uniquement les héritages qui doivent les supporter et sont dues directement par les possesseurs de ces héritages, quels qu'ils soient.

En conséquence, toutes les fois qu'on a fait des réparations contre une rivière, il a toujours été d'usage et de jurisprudence de faire payer les contributions imposées sur chaque fonds par les possesseurs de ces fonds, en conformité de la loi 2, *Cod. de immunitate nemini concedenda* (lib. X, tit. xxv), qui dispose que, quand il s'agit de payer la dépense des réparations faites contre les rivières, ce sont les possesseurs des fonds qui en profitent qui doivent être contraints à ce paiement, en proportion de l'étendue de leurs héritages, sans qu'aucun d'eux puisse en être affranchi sous prétexte d'immunité et de privilége.

La raison en est sensible : les réparations contre une rivière, ayant pour objet de garantir les héritages voisins des irruptions de cette rivière et de rendre à l'agriculture ceux qu'elle avait déja emportés, augmentent par cela même la valeur de ces héritages : il est donc juste qu'ils *supportent la dépense des réparations qui servent à les conserver*. Ce n'est pas là une dette du propriétaire, mais une dette des fonds mêmes, une charge naturelle dont le fonds se trouve affecté et sans laquelle il n'aurait peut-être aucune valeur.

Cette charge étant purement réelle , passe de plein droit aux nouveaux possesseurs du fonds; il n'est point nécessaire de la faire inscrire au bureau des hypothèques pour la conserver, car la loi sur les hypothèques n'a aucune disposition qui conserve les charges de cette nature, et l'acquéreur ne peut pas mieux s'en exonérer en cherchant à purger les hypothèques, qu'il ne pourrait s'affranchir d'une servitude.

Il peut se faire que lorsqu'un fonds sujet au paiement des frais de réparations autorisées par l'administration vient à être vendu, l'acquéreur puisse avoir des garanties à exercer contre le vendeur à raison de la contribution qu'on lui demande, si ces contributions avaient dû être payées antérieurement à la vente et que l'acquéreur n'eût pas été prévenu que cette charge extraordinaire était encore due.

Mais cela n'empêche pas que les entrepreneurs de réparations, ou ceux qui ont fait le paiement, n'aient leur action directe contre le possesseur actuel du fonds, puisque c'est sur ce fonds même que les réparations doivent être payées comme charges réelles, sauf le recours du possesseur contre qui de droit, s'il se trouve dans le cas d'exercer quelque recours.

Cette question a été présenté très-souvent devant les tribunaux, tant anciens que modernes, et jamais elle n'a souffert la moindre difficulté.

Le Code Napoléon prescrit bien des mesures aux entrepreneurs et aux ouvriers qui veulent conserver un privilége sur les immeubles dans lesquels ils font des constructions ou des réparations; ils sont obligés pour cela de faire inscrire au bureau des hypothèques le procès-verbal qui constate l'état des lieux, et successivement le procès-verbal de réception d'œuvre.

Mais cette disposition ne peut être relative qu'aux ouvrages entrepris par les particuliers et par leur ordre seul, et non pas aux frais des réparations contre les rivières, autorisées par l'administration publique, et supportables par une grande masse de propriétaires-qui sont forcés d'y contribuer malgré eux, lors même qu'ils n'auraient pas voulu y consentir. Ces réparations doivent être mises au rang des servitudes réelles établies par la loi dont il est question à l'art. 650 du Code Napoléon; elles sont essentiellement inhérentes aux fonds qui en sont l'objet et ne peuvent pas en être séparées.

Ainsi, le sieur Davin, créancier des réparations entreprises contre l'Isère, d'après l'autorisation de M. le préfet du département, provoquée tant par lui que par plusieurs autres intéressés, n'a pas besoin de faire inscrire sa créance au bureau des hypothèques pour conserver le droit d'être payé ; il doit solli-citer la permission de faire un rôle de répartition pour recou-vrer ce qui lui est dû ; il doit faire déclarer le rôle exécutoire de la même manière que ceux qui ont déjà été faits, et le collecteur chargé du recouvrement de ce rôle en poursuivra le paiement contre les possesseurs des fonds cotisés, qui seront obligés de payer le montant de leur cotisation, tant sur les anciens que sur les nouveaux rôles, sauf recours contre les précédents propriétaires, en cas que, par la nature de leurs titres, ils fussent fondés à exercer ce recours.

Les créanciers hypothécaires, les possesseurs des fonds coti-sés, ne peuvent avoir eux-mêmes aucun moyen pour obtenir la préférence sur les mêmes fonds, car leurs hypothèques ne peuvent porter que sur ce qui appartient à leur débiteur, et les fonds cotisés pour les réparations ne sont les propriétés des possesseurs que sous la distraction de la cote des contributions à laquelle ils ont été imposés ; il faut par conséquent que cette cote soit payée avant que les autres créanciers du possesseur puissent rien prétendre.

Mais il faut remarquer que la dépense des réparations ne peut affecter réellement que les héritages cotisés à raison de ces réparations, et non pas les autres biens des possesseurs. Le sieur Davin pourrait seulement avoir une action personnelle contre ceux des intéressés aux digues qui ont eux-mêmes contracté avec lui, et qui se sont obligés de payer ; pour que cette action pût donner une hypothèque sur les biens des débiteurs autres que les héritages cotisés, il faudrait qu'il eût obtenu quelque jugement de condamnation contre eux, en vertu duquel il peut faire inscrire une hypothèque judiciaire qui porterait sur tous leurs biens présents et à venir, ou il faudrait qu'ils eussent passé quelque contrat public, dans lequel ils auraient hypothéqué spécialement tout ou partie de leurs immeubles.

S'il n'y a ni jugement ni contrat public portant hypothèque spéciale, le sieur Davin ne peut avoir qu'un privilège sur les fonds cotisés pour le paiement des réparations, et le privilège est, comme on l'a déjà dit, une charge réelle de ces mêmes fonds, qu'il n'a pas besoin de faire inscrire et qui lui assure une action directe contre les possesseurs et un droit de préfé-rence sur les créanciers.

Si le sieur Davin voulait prendre une inscription par exubé-
rance de droit, il devrait faire inscrire le privilége résultant des
divers actes d'association, des arrêtés administratifs qui autorisent la construction des digues et des arrêtés qui ont ordonné
l'exécution des rôles faits jusqu'à présent, et faire porter cette
inscription sur les immeubles qui doivent y contribuer, en les
désignant par leur nature et situation, et en indiquant les noms
des possesseurs ; mais le conseil ne croit pas qu'il ait besoin de
prendre cette précaution, qui serait parfaitement surabondante.

Le conseil observe, au surplus, que ceux des redevables qui
ont déjà payé leur cote part des rôles, en tout ou en partie, et
qui ont été ensuite expropriés des immeubles sujets à la dépense des réparations, ne peuvent avoir aucune action contre
l'adjudicataire pour le remboursement de ce qu'ils ont payé,
car ils se sont libérés d'autant et ne peuvent pas être leurs
propres créanciers.

Ce sont, au contraire, les adjudicataires qui pourraient avoir
un recours contre eux, pour se faire rendre ce qu'ils seront
obligés de payer eux mêmes, en vertu des rôles déjà faits, si le
paiement en était échu avant l'adjudication et qu'ils n'en eussent
pas été chargés dans le cahier des charges.

Mais les adjudicataires, comme possesseurs de fonds, sont toujours directement soumis à payer tout ce que ces fonds doivent
encore pour la contribution aux digues, et ils doivent même
supporter sans répétition leur cote part des rôles de cotisation
qui n'auront été faits que depuis l'adjudication, parce que toutes
les dépenses de ce genre qui n'échéeront que depuis leur possession sont naturellement à leur charge, comme devant seuls
profiter de l'augmentation de valeur que le perfectionnement
des digues procurera aux immeubles dont ils sont devenus
propriétaires; ils ont dû s'attendre à supporter cette charge en
acquérant les fonds sujets aux irruptions de la rivière, et pour
la conservation desquels il y avait des digues commencées et
non encore payées.

Délibéré à Grenoble le 18 août 1815. — Signé DUPORT-LA-
VILLETTE.

V. Enfin, on trouve dans un article de M. Clément, ancien
procureur du roi à Saint-Marcellin, publié par l'*Album du*

Dauphiné (3ᵐᵉ année , pag. 120) les détails historiques suivants, très-dignes d'être recueillis.

En Dauphiné, des réclamations nombreuses, élevées contre l'injuste répartition de l'impôt des tailles, firent naître
un procès fameux dans nos annales, qui, pendant deux siè-
cles, agita la province, et pour lequel les états furent réunis
à Saint-Marcellin.

Il s'agissait de savoir si la taille serait réelle ou personnelle; si l'on imposerait la terre ou le possesseur..... Les
roturiers étaient seuls chargés de la payer. La noblesse
et le clergé s'en étaient fait exempter sous le prétexte d'un
service de guerre; ils voulaient même en faire affranchir
toutes les terres qu'ils achetaient des roturiers, ce qui
rejetait la totalité de l'impôt sur celles qu'ils n'achetaient
pas.....

Ce fut en 1595 que les états se réunirent à Saint-Marcellin.
L'agitation des esprits et l'importance de la question à
résoudre avaient amené une foule de curieux, avides de
savoir si les malheureux roturiers, faute de pouvoir payer
la taille, seraient obligés d'abandonner leurs terres..........
L'assemblée devint orageuse, jusqu'à la violence. Mais une
voix conciliatrice proposa la médiation d'Henri IV, alors à
Lyon, et les états se séparèrent en envoyant une députation
au roi.

Le roi renvoya la cause à son conseil, et les classes privi-
légiées l'emportèrent....... Les défenseurs du peuple redou-
blèrent d'énergie, se réunirent à Crest, recoururent de
l'arrêt du conseil et provoquèrent de nouvelles assemblées.

Le succès couronna de si généreux efforts. La taille fut
définitivement déclarée réelle par deux arrêts du conseil
rendus en 1634 et 1639, sous l'autorité de Richelieu. La
noblesse fut obligée de s'y conformer. Mais elle suscita
tant d'entraves à l'exécution des arrêts, que les parcellai-
res furent seulement achevés au commencement du XVIIIᵉ
siècle.

CHRONIQUE.

Notaires. — Honoraires. — Compétence.

Un juge de paix est incompétent pour statuer sur la demande d'un notaire en paiement de frais et honoraires, alors même qu'ils n'excèdent pas 200 fr. et qu'ils ont été taxés par le président du tribunal civil. De telles demandes, quel qu'en soit le chiffre, sont toujours de la compétence du tribunal. (Art. 51 de la loi du 25 ventôse an XI.)

Bettou — C. Sorrel.

M. le juge de paix du canton de l'Oisans a rendu, le 14 mars 1857, le jugement suivant :

Attendu que les juges de paix connaissent les demandes en paiement des frais et honoraires dus aux notaires, seulement lorsqu'ils n'excèdent pas la somme de deux cents francs, et qu'ils ont été taxés par le président du tribunal civil ;

Que ce n'est que lorsqu'ils n'ont pas été taxés que la demande en règlement et en paiement doit être portée devant le tribunal ; que la compétence des juges de paix sur ce point a été proclamée par plusieurs décisions du garde des sceaux ;

B

que la Cour de cassation s'est prononcée dans ce sens, notamment par son arrêt du 21 avril 1845 (1);

Attendu que les honoraires objets de la demande sont inférieurs à 200 fr., et qu'ils ont été taxés par le président du tribunal ;

Attendu que, s'il est admis en principe que des parties ne peuvent être contraintes de lever les expéditions, elles n'en sont
pas moins dans l'obligation de les prendre et d'en payer le coût
lorsqu'elles les ont demandées ; qu'il est de jurisprudence que
la représentation de l'expédition est une présomption que cette
demande a été faite, présomption devant laquelle s'effacent les
déclarations contraires des parties; que, d'ailleurs, Me Bettou af-
firme, par l'organe de son mandataire, que la pièce en question
a été demandée ;

Attendu, dès lors, que l'offre de 8 fr., faite à l'audience par
Sorrel, doit être considérée comme insuffisante;

Attendu que la partie qui succombe doit supporter les frais;

Par ces motifs,

Nous, juge de paix du canton de l'Oisans, statuant contradictoirement,

Retenons la cause qui nous est soumise, et, sans nous arrêter aux conclusions du défendeur, dont il est débouté, le con-
damnons à payer à Me Bettou, avec intérêts à partir du jour de
la citation, la somme de 28 fr. 95 c., et en outre aux dépens
liquidés de 7 fr. 45 c., outre enregistrement, expédition et notification du présent jugement.

Ainsi prononcé en audience publique du 14 mars 1857.

Cette décision a été confirmée, avec adoption des motifs,
par jugement du tribunal civil de Grenoble, en date du 17
juin 1857.

Le jugement du tribunal a été déféré à la Cour de cassation.

---

(1) Pal. I, 1845, p. 876.

Nous publions la discussion de M⁰ Albert Christophle à l'appui du pourvoi.

Violation de l'art. 51 de la loi du 25 ventôse an XI, de l'art. 60 du Code de procédure civile, de l'art. 173 du décret du 16 février 1807, et fausse application de l'art. 1ᵉʳ de la loi des 25 mai — 6 juin 1838, en ce que le jugement attaqué a décidé que le juge de paix du Bourg-d'Oisans était compétent pour connaître d'une demande en paiement d'honoraires inférieurs à 200 fr., formée par le notaire Bettou contre le demandeur en cassation.

I.

L'art. 51 de la loi du 25 ventôse an XI dispose : « Les honoraires et vacations des notaires seront réglés à l'amiable entre eux et les parties, *sinon par le tribunal civil de la résidence* du notaire, sur l'avis de la chambre et sur simple mémoire sans frais. »

Un commentaire ne ferait qu'obscurcir ce texte si clair. Dans l'espèce, un règlement amiable n'est pas intervenu entre les parties ; les honoraires devaient donc être réglés par le tribunal civil de la résidence du notaire : tels sont les termes de la loi.

D'autre part, la loi ne distingue pas entre les demandes inférieures ou supérieures au taux ordinaire de la compétence des juges de paix ; d'où suit que, quel que soit le chiffre de la demande, elle doit être portée devant le tribunal civil.

L'art. 60 du Code de procédure civile contient une disposition générale qui a confirmé, en ce qui touche les notaires, la disposition spéciale de la loi de ventôse. Cet article est ainsi conçu :

« Les demandes formées pour frais par les officiers ministériels seront portées au tribunal où les frais ont été faits. »

On a voulu contester au notaire le droit d'invoquer l'application de ce texte. — On a prétendu, d'une part, que les notaires sont des fonctionnaires publics, non des officiers ministériels; de l'autre, que l'art. 60 concerne seulement les demandes en paiement de frais faits devant le tribunal, et non ceux faits dans le ressort.

Mais la doctrine et la jurisprudence ont unanimement proscrit cette thèse aujourd'hui abandonnée. Carré, q. 276, Pigeau, com. 1, p. 172; Rolland de Villargues, v° *Honoraires*, n° 241; Boncenne, t. II, p. 253, émettent formellement l'opinion que l'art. 60 est applicable aux notaires; et leur doctrine a reçu la sanction de la jurisprudence. — On peut consulter notamment un arrêt de Toulouse du 7 août 1819, Dev. c. n. 6, 2, 126. — Et un autre arrêt d'Orléans du 15 mars 1832. — S. V. 32, 2, 671. — « D'après l'art. 60, « Code procédure civile, lisons-nous dans ce dernier arrêt, « les demandes formées pour frais par les officiers ministé- « riels sont portées au tribunal où les frais ont été faits; « ce qui s'entend tout à la fois, et du cas où le notaire a ins- « trumenté par suite d'un renvoi ou d'une commission éma- « née du tribunal devant lequel le notaire porte sa demande, « et du cas où le notaire, *sans renvoi ni commission, par le* « *choix libre des parties,* a instrumenté; le ressort dans « lequel l'acte a été reçu est, à l'égard du notaire, attributif « de juridiction. » — (Voir Code annoté de Gilbert, où un grand nombre d'autorités en ce sens sont mentionnées, art. 60.)

La raison de décider est ainsi formulée par Boitard :

« . . . En laissant de côté ces raisons de texte, qui peuvent se balancer l'une l'autre, il est aisé de reconnaître que les mêmes motifs qui ont dicté l'art. 60, les mêmes motifs qui nous l'ont expliqué en matière de frais judiciaires, nous en rendront compte aussi pour les frais extrajudiciaires. C'est qu'il importe d'éviter tout d'abord un déplacement, d'éviter des pertes de temps à l'officier ministériel ; il importe ensuite de soumettre ses prétentions au tribunal près duquel il exerce, au tribunal sous la surveillance et sous la censure duquel il est placé. »

S'il pouvait rester un doute, ce doute serait levé par l'art. 173 du tarif de 1807. Cet article est venu, en effet, corroborer les principes posés par les lois antérieures. Il dispose :

« Tous les autres actes du ministère des notaires (c'est-à-dire ceux non tarifés par le décret), notamment les partages et ventes volontaires qui auront lieu par-devant eux, seront taxés par le président du tribunal de leur arrondissement, suivant leur nature et les difficultés de leur rédaction, et sur les renseignements des notaires et des parties. »

Cet article ne modifie pas les textes ci-dessus cités. Il y ajoute ceci, savoir : que la taxe des frais dus à l'officier sera faite par le président. Et de là cette conséquence nécessaire : c'est que, toutes les fois qu'à défaut de règlement amiable il y a lieu de faire taxer les honoraires, la demande en paiement doit être portée, quel qu'en soit le chiffre, devant le tribunal civil. Et en effet, il est parfaitement dans l'ordre que le tribunal entier connaisse de l'opposition faite à la taxe par l'une ou l'autre des parties intéressées. C'est ce qui a lieu, en ce qui touche les frais dus aux avoués, par application de l'art. 6 du second décret du 16 février 1807, et ce qui doit être étendu aux notaires pour identité de motifs : *Ubi eadem ratio, ibi eadem lex.* C'est aussi ce qu'ont décidé souverainement deux arrêts rendus par la Cour de cassation, le 21 avril 1845, aff. Delaunay, S. V. 45, 1, 340, et le 15 mars 1847, aff. Varnier, S. V. 47, 1, 366. D. P. 47, 1, 152.

Ces deux arrêts, conçus en termes à peu près identiques, disent formellement « que l'art. 173 du décret de 1807, en « chargeant le président du tribunal de taxer les frais, n'a « en cela abrogé, ni explicitement ni implicitement, l'art. 51 « de la loi de ventôse, et n'a aucunement modifié l'attribu-« tion de compétence que cette loi faisait au tribunal en « cas de contestation judiciaire entre les parties. »

La question sur laquelle ces deux arrêts avaient à se pro-noncer n'est pas la même, sans doute, que celle qui est en ce moment soumise à la Cour. Mais les principes qu'elle a admis préjugent invinciblement la solution dans le sens du pourvoi.

On avait prétendu que le recours contre la taxe faite par le président devait être porté, non devant le tribunal, mais devant la Cour impériale ; on soutenait que le président constituait, en cette matière, une sorte de juridiction subs-tituée par l'art. 173 du tarif à celle du tribunal. La Cour de cassation, en faisant justice de ce système, a implicitement jugé la question du procès. Car si la Cour d'appel n'a pas qualité pour maintenir ou réformer la taxe du président ; si le tribunal civil seul est compétent pour connaître du re-cours formé contre elle, à plus forte raison le juge de paix ne peut-il pas être saisi des difficultés qui s'élèvent à son occasion. Le juge de paix, magistrat inférieur, ne peut pas connaître de l'appel d'une décision émanée d'un magistrat plus élevé dans la hiérarchie judiciaire. Ceci n'a pas besoin de démonstration.

II.

C'est cependant cette thèse que le jugement attaqué cher-che à faire prévaloir.

Suivant le tribunal de Grenoble, Il faut faire une distinction. Si les frais et honoraires dus aux notaires n'ont pas été
taxés, la demande en règlement doit être portée devant le
tribu al civil ; lorsque, au contraire, ils ont été réglés par le
président, le juge de paix seul est compétent.

Nous nous sommes demandé vainement sur quel texte de
loi le jugement attaqué fonde cette distinction. — Elle
n'est ni dans la loi de ventôse, ni dans l'art. 60 C. Proc.
civ., ni dans l'art. 173 du tarif. — Bien plus, elle est, dans
l'application, inconciliable avec ces lois, — et de nature à
bouleverser l'ordre des juridictions.

C'est surtout par ses conséquences qu'on peut juger de la
vérité ou de la fausseté d'un système. Or, ici, les conséquences sont tellement étranges, qu'il suffit de les indiquer pour
savoir à quoi s'en tenir sur le principe d'où elles découlent.

Et en effet, si l'on fait dépendre la compétence de ce fait
que la taxe a été ou non demandée, il sera loisible à l'une
ou à l'autre des parties de saisir telle juridiction plutôt que
telle autre. S'il plaît au notaire de ne pas faire taxer, il ac-
tionnera son client devant le tribunal ; s'il requiert taxe, le
juge de paix seul pourra être saisi. — La compétence peut-
elle être ainsi abandonnée au caprice ou au calcul de l'officier
ministériel ? Cela n'est pas possible ; le règlement des com-
pétences touche à l'ordre public, à l'organisation même des
juridictions ; il ne peut pas être subordonné par la loi à une
condition potestative dont l'événement dépendrait de la volonté des justiciables.

Maintenant, supposons (et, pour faire cette hypothèse,
nous n'avons qu'à nous souvenir des faits du procès), supposons que le notaire, avant d'avoir requis la taxe, porte sa
demande devant le juge de paix. — Ce magistrat ne peut
pas en connaître, dans ce cas, d'après la théorie du jugement ; — la partie assignée élève l'exception. Que va faire
le juge ? Se déclarer incompétent ? — Pourquoi donc ? Ne

se dira-t-il pas que ce serait faire perdre les frais qui ont
été faits? — Ne se dira-t-il pas qu'il vaut mieux, dans l'intérêt des parties, se borner purement et simplement à surseoir jusqu'à ce que la taxe soit intervenue? En conséquence,
il ordonnera le sursis : — on requerra la taxe du président,
puis l'on reviendra plaider devant le juge de paix, devenu
compétent. — Voilà ce qui arriverait fréquemment, il n'en
faut pas douter ; voilà ce qui est arrivé dans l'espèce.

Or, nous le demandons, n'est-ce pas quelque chose d'anor-
mal et de vraiment bizarre, que de voir une juridiction, ori-
ginairement incompétente, ressaisissant ainsi, au moyen
d'un expédient, l'affaire qui va lui échapper? Sa compétence
peut-elle donc être soumise à de pareilles fluctuations? —

Si elle ne dépend pas de la volonté des parties, dépend-
elle davantage de la volonté du juge ? — Peut-il être permis
au juge, même dans le but excellent d'éviter des frais, de se
donner le droit de statuer sur des questions qui, dans le
principe, ne devaient pas lui être dévolues?— N'y a-t-il pas
à craindre que ses bonnes intentions soient mal comprises,
et que la partie qui a élevé l'exception, surtout si, en fin de
cause, elle perd son procès, ne voie (à tort, sans aucun doute),
mais enfin ne voie, dans le sursis, un parti pris de partialité?
— Ce n'est pas là le moindre inconvénient du système du
tribunal de Grenoble : il expose, dans un cas donné, la justice, qui, comme la femme de César, ne doit même pas être
soupçonnée, à des récriminations injustes, mais pour ainsi
dire inévitables.

« Eh bien! dira-t-on, le juge n'ordonnera pas le sursis ; il
se déclarera incompétent! » — Soit! Mais la partie qui aura
succombé sur l'exception restera libre de faire taxer et de
revenir alors, puisque la taxe aura changé la compétence,
devant le magistrat déjà saisi. — Voilà bien des frais pour
n'être pas plus avancé qu'au point de départ!

Ce n'est pas tout encore. — Prenons toujours le cas où

l'instance a été engagée avant la taxe : le juge a ordonné le
sursis ; la taxe a eu lieu. Nécessairement ce règlement dé-
plaît à l'une des parties. — Le *quantum* des frais dus est
contesté. — Le juge de paix va-t-il le fixer définitivement
par voie d'augmentation ou de réduction ? Va-t-il réformer
l'œuvre de son supérieur hiérarchique ? Evidemment, cela
n'est pas possible ! — Il faudra donc qu'il renvoie de nouveau les parties devant le tribunal civil pour faire statuer
sur les discussions relatives à la taxe ; — et, comme ce tribunal, toujours d'après le système du jugement, n'a pas
compétence pour rendre la taxe exécutoire, les parties reviendront devant le juge de paix, qui prononcera la condamnation. On voit à quelles involutions de procédure sin-
gulières, frustratoires, conduit la théorie du jugement
attaqué.

III.

Nous n'eussions pas insisté si longuement sur cette théorie
si l'on n'eût prétendu lui donner pour base un arrêt de la
Cour de cassation du 21 avril 1845. (Auger c. Audiger, S. V.
45, 1, 337). Chose singulière, cet arrêt décide précisément
le contraire de ce qu'y a vu le tribunal de Grenoble !

Me Auger, notaire à Chatellerault, était créancier, sur un
sieur Audiger, de frais et honoraires montant à 80 fr. —
Audiger souscrivit un billet au profit de Me Auger ; mais ce
billet n'ayant pas été payé à l'échéance, le notaire cita son
client devant le juge de paix.

Audiger opposa l'incompétence de ce magistrat ; mais le
déclinatoire fut repoussé par le motif qu'il y avait eu un
règlement amiable, résultant du billet ; — que l'intervention
du président et du tribunal n'étant requise qu'au cas où il
n'y a pas eu règlement, et la demande étant, dans l'espèce,
purement personnelle et mobilière, rentrait, à raison de
son chiffre, dans la compétence du juge de paix.

Sur l'appel, le tribunal de Chatellerault infirma la sentence du premier juge, en se fondant sur ce qu'il s'agissait de frais et honoraires dus à un notaire, et que les dispositions des art. 60 du Code criminel, 51 de la loi de ventôse et 173 du tarif, ne laissent pas de doute sur la compétence exclusive du tribunal civil.

Pourvoi par le notaire. — On reproduisit à l'appui du pourvoi le système adopté par le juge de paix. — On prétendit que l'on n'est obligé de recourir au président du tribunal, et au tribunal lui-même, que lorsque les parties ne sont pas d'accord sur le règlement des frais ; et qu'il en doit être autrement lorsque le paiement a été promis par billlet ; ce billet devenant alors une obligation personnelle soumise, quant au règlement des difficultés qui pouvaient surgir à son occasion, aux règles ordinaires de la procédure.

Mais la Cour rejeta cette distinction en ces termes :

Attendu que la demande portée par Auger contre Audiger, devant le juge de paix de Chatellerault, avait pour cause unique le solde des honoraires et frais d'un acte de vente passé devant Auger père, notaire, et sur lesquels un à-compte avait été payé au moment même dudit acte ; — attendu que la défense d'Audiger a consisté à alléguer que lesdits frais et honoraires n'avaient pas été taxés par le président, comme ils auraient dû l'être aux termes de l'art. 173 du décret du 16 février 1807, et à soutenir qu'aux termes de l'art. 51 de la loi du 25 ventôse an XI, la demande en paiement de frais et honoraires ne pouvait être régulièrement portée que devant le tribunal civil de la résidence du notaire, et que, par suite, le juge de paix ne pouvait en connaître ; — attendu qu'en décidant, dans cet état des faits et des conclusions respectives des parties, que *le juge de paix de Chatellerault était incompétent pour connaître d'un litige*

dont l'art. 51 *de la loi du 25 ventôse an* XI *attribue* LA CON-
NAISSANCE EXCLUSIVE AU TRIBUNAL CIVIL, le jugement attaqué n'a violé aucune des lois invoquées et a fait, au contraire,
une saine application des art. 51 de la loi du 25 ventôse
an XI et 60 du Code de procédure civile ; — Rejette.

Tel est l'arrêt dans lequel M. le juge de paix d'Oisans, et,
après lui, le tribunal civil de Grenoble, ont cru trouver la
justification de leur décision. — Sans doute dans cette affaire
il n'y avait pas eu de taxe ; mais ce n'était pas pour cela
qu'Audiger soutenait que le juge de paix était incompétent :
c'était uniquement à raison de la nature même de la créance.
De son côté, le notaire Auger ne méconnaissait pas, en
principe, la compétence du tribunal civil ; il opposait seulement une sorte novation qui, d'après lui, devait influer sur
la compétence.— La Cour de cassation n'a pas tenu compte
de cette dernière circonstance, et elle ne s'est pas fondée
sur la première, c'est-à-dire sur l'absence de taxe, pour
attribuer compétence au tribunal civil.

Le système du jugement attaqué nous semble inspiré par
une erreur fondamentale. Autant du moins qu'il est permis d'en juger, à raison du laconisme de ses motifs, il nous
paraît que le tribunal de Grenoble a pensé que le règlement
des honoraires par le président n'était pas susceptible de recours, et fixait définitivement le montant de la créance du
notaire.— Si cela était, on comprendrait, jusqu'à un certain
point, la distinction que le jugement a consacrée.—Si, après
la taxe, toute discussion sur le chiffre des honoraires devait
être close, il ne s'agirait plus pour l'officier que d'obtenir
un exécutoire, et, dès lors, on concevrait, à la rigueur, que
le juge de paix pût prononcer la condamnation. — Mais il
en est tout autrement : la taxe du président est susceptible
d'être modifiée ; aucun texte n'accorde à ce magistrat un
pouvoir souverain ; il prononce à charge d'appel. — La juridiction qui est chargée d'apprécier son règlement n'est

donc pas indifférente; — et n'y eût-il pas de textes formels, les principes élémentaires de l'organisation judiciaire attribueraient forcément compétence au tribunal civil. — Mais c'est assez insister sur une thèse que la Cour a tant de fois condamnée.

Bornons-nous, en terminant, à rappeler la jurisprudence, aujourd'hui unanime, des Cours impériales (Voir surtout Poitiers, 27 janvier 1846, S. V. 46, 2, 461) et l'opinion des auteurs. (M. Dalloz, *Nouv. répert.* vs *notaire*, nos 537 et 538, et *Compét. civile des Trib. d'arrondissement*, no 159.)

Albert CHRISTOPHLE,

Docteur en droit, Avocat à la Cour de cassation.

La *Gazette des tribunaux*, du 26 janvier 1859, annonce que le jugement a été cassé par arrêt de la Cour de cassation du 25 janvier, rendu sous la présidence de M. le premier président Troplong, au rapport de M. le conseiller Gauthier et conformément aux conclusions de M. l'avocat général Sevin.

Régime dotal. — Retrait d'indivision. — Ventes et hypothèques.

L'article 1408 du Code Napoléon, qui consacre, en faveur de la femme, le retrait d'indivision, est applicable au régime dotal.

Ce retrait peut être exercé par la femme, quoique le mari ait vendu ou hypothéqué les immeubles indivis; alors les ventes ou hypothèques consenties par le mari deviennent sans effet.

Veuve Sorrel — C. Porte.

JUGEMENT.

Attendu qu'il n'est pas contesté que l'art. 1408 du C. Nap. est applicable au régime dotal ;

Attendu que le droit concédé à la femme par le 2e § de cet article subsiste, alors même que le mari a vendu ou grevé d'hypothèque les immeubles par lui acquis, indivis avec ceux de la femme....., que c'est là la conséquence nécessaire de la reconnaissance même du droit ;

Que si, en effet, la femme n'était plus admise à exercer ce droit, au cas où le mari aurait vendu ou hypothéqué les immeubles, il dépendrait toujours de ce dernier de le faire évanouir, c'est-à-dire que, en réalité, ce serait le mari qui jouirait de l'avantage que la loi a expressément conféré à la femme ;

Qu'une telle inconséquence ne peut se supposer ; qu'elle ne saurait être admise qu'en présence d'une disposition expresse ;

Qu'il faut donc reconnaître que, par son acquisition, le mari n'a été investi que d'un droit conditionnel et résoluble, et que les ventes et hypothèques qu'il a pu consentir, soumises à la même condition, seront maintenues si la femme abandonne sa portion de l'immeuble indivis, anéanties si elle préfère devenir propriétaire de tout l'immeuble ;

Que, dans ce dernier cas, l'option de la femme a un effet rétroactif, le mari étant censé n'avoir jamais été propriétaire, étant au contraire présumé avoir acheté pour la femme, ce qui implique tout à la fois que les ventes et hypothèques consenties par le mari deviennent sans effet, et que la femme n'est point tenue des charges hypothécaires.....

1er juillet 1858. — Tribunal de Grenoble. — 1re Chambre. — M. Bertrand, président.

Notaires. — Enregistrement. — Timbre. -- Répertoire. — Bourse commune. — Expédition. — Exécutoire du juge de paix.

Il peut être délivré exécutoire aux notaires par le juge de paix du canton pour le remboursement des droits d'enregistrement et de timbre, mais non pas pour droits de répertoire, de bourse commune et d'expédition.

V. — C. Consorts Rambert.

Attendu que les oppositions des consorts Rambert sont fondées : 1° sur l'irrégularité du titre en vertu duquel ont procédé les exécutions de V.....; 2° sur le chiffre indéterminé et la non-liquidité des divers chefs de créances réclamés par V.... et, par suite, l'impossibilité où chacun d'eux s'est trouvé de faire offre de part dans la dette ;

Attendu, sur le premier moyen, que le titre en vertu duquel V.... a fait faire la saisie et les commandements dont s'agit, est un exécutoire qui lui a été délivré, le 4 février 1857, par M. le juge de paix du canton de V.... pour une somme de 252 fr. 37 cent.;

Attendu que cette somme totale de 252 fr. 37 cent. se compose : en premier lieu, de deux sommes qui seraient dues, pour : 1° *timbre-minute ;* 2° *répertoire ;* 3° *bourse commune*, relativement à deux actes reçus par V...., mais sans distinction entre le chiffre de chacun des trois éléments qui composent ces deux sommes ; en second lieu, de deux sommes pour avances de droits d'enregistrement ; en troisième lieu, de deux sommes pour le coût de deux expéditions ;

Attendu que le droit attribué au notaire de se faire délivrer par le juge de paix un exécutoire est un droit exorbitant, exceptionnel, qui doit être restreint dans les termes de la loi qui l'a créé ;

Attendu que l'article 30 de la loi du 22 frimaire an VII, sur l'enregistrement, dispose « que les officiers publics qui auraient « fait, pour les parties, l'avance *des droits d'enregistrement*

« pourront prendre exécutoire du juge de paix de leur canton
« pour leur remboursement. »

Attendu que le motif de cette disposition législative se comprend aisément; que le chiffre de l'avance faite par le notaire pour
l'enregistrement des actes n'est susceptible, de la part du client,
d'aucune discussion; qu'il est invariablement fixé par la relation
même de l'enregistrement et la quittance du receveur sur la minute de l'acte ; qu'on a pu même, avec raison, soutenir que ce
motif s'appliquait également à l'avance du timbre de la minute,
ainsi que cela paraît résulter des considérants d'un arrêt de la
Cour de cassation du 4 avril 1826 (Sirey, 26, 1, 385); mais que
la loi dont il s'agit n'a pour objet général que l'enregistrement
et le timbre; et qu'il ressort évidemment, et de l'esprit et du texte
de son article 30, que l'exécutoire ne peut être délivré que pour
l'enregistrement et le timbre avancés par le notaire ;

Attendu, par conséquent, que c'est mal à propos qu'il a été délivré à V..... un exécutoire pour d'autres chefs de créances prétendus par lui pour *répertoire, bourse commune et expéditions ;*

Attendu, d'une part, que les parties ne sont aucunement
débitrices des notaires de prétendus droits de *répertoire* ou de
bourse commune ; et que, d'autre part, fussent-ils dûs, il n'appartiendrait pas au notaire de fixer lui-même ses droits et d'obtenir, pour leur recouvrement, un titre paré, pas plus que pour
le coût des expéditions, qui, comprenant et une dresse de rôles
et des honoraires, est aussi essentiellement sujet à liquidation ;

Attendu qu'il résulte de ce qui précède que le premier moyen
d'opposition des consorts Rambert est fondé ;

Attendu que le deuxième moyen l'est également ; qu'en effet,
l'exécutoire délivré à V.... comprenant, comme il a été dit plus
haut, deux sommes totales, pour *timbre-minute*, *répertoire
et bourse commune*, sans indication de la fraction de la
somme totale se rapportant à chacun de ces trois éléments, et
comprenant, en outre, des intérêts du total général de 252 fr.
37 cent. depuis le 4 août 1857, il a été matériellement impossible aux cohéritiers Rambert, et à chacun d'eux en particulier,
de fixer le chiffre de sa dette légitime et d'en faire offre aux
créanciers pour se tirer de demeure ;

Attendu, dès lors, que les oppositions dont il s'agit sont bien
intervenues et qu'il y a lieu d'y faire droit ;

Par ces motifs, le tribunal, ouï M. Collin, procureur impérial, en ses conclusions motivées, joint les instances liées sur les exploits des 14 et 27 août 1858, et statuant sur le tout, casse et annule les commandements des 23 et 24 juin 1858, ainsi que la saisie-exécution du 7 août suivant; défend à V.... de donner suite à ses exécutions, et le condamne à tous les dépens.

Jugement du tribunal de Saint-Marcellin, du 2 décembre 1858.

MM. Simian, *président* ; Collin, *procureur impérial* ; — MM. Grimaud et Métat, *avocats*.

CHRONIQUE.

QUELQUES RÉFLEXIONS PRATIQUES

SUR

L'EXPROPRIATION POUR CAUSE D'UTILITÉ PUBLIQUE,

A L'OCCASION D'UN LIVRE DE M. DE LALLEAU (1).

Lorsque la première édition de ce traité parut, en 1828, la restriction posée à l'étendue du droit de propriété par l'art. 545 du Code Napoléon avait déjà donné naissance à la loi du 16 septembre 1807, et, peu de temps après, à celle du 8 mars 1810. Ces deux lois, fondées sur le principe de l'expropriation *par les tribunaux*, et non *par la préfecture*, selon l'expression de l'empereur, ces deux lois, disons-nous, fournirent à M. de Lalleau la matière d'un livre qui a toujours été considéré comme un commentaire devant faire autorité, bien qu'on ait pu adresser à l'au-

---

(1) *Traité de l'expropriation pour cause d'utilité publique*, par M. le chevalier de Lalleau ; 5e édition, entièrement refondue par M. Jousselin, continuée et terminée par M. Rendu. 2 vol. in-8; Cosse, Paris, 1858.

teur, avec quelque apparence de fondement, le reproche d'avoir recherché dans les cas douteux les arguments à invoquer par l'administration expropriante, de préférence à ceux qui auraient pu tourner au profit du propriétaire exproprié.

Mais le système introduit par la loi de 1810 avait des inconvénients que l'ouvrage de M. de Lalleau lui-même avait signalés avec force, et que le temps rendait chaque jour plus évidents. Une réforme partielle fut tentée, d'abord par la loi du 30 mars 1831, et généralisée bientôt par celle du 7 juillet 1833, qui substitua définitivement aux tribunaux civils un jury spécial chargé de régler les indemnités.

Cette loi du 7 juillet 1833 ne fut pas de longue durée. La pratique et la jurisprudence y avaient rencontré des imperfections ; ainsi, on avait vu des jurys accorder au propriétaire un prix double de celui qu'il avait demandé. C'est la révision de la loi de 1833 qui a donné pour résultat celle du 3 mai 1841, à laquelle se rattachent diverses dispositions législatives, telles que celles relatives aux logements insalubres et à la voirie urbaine.

A chacune de ces phases de la législation sur l'expropriation pour cause d'utilité publique, correspondait, pour ainsi dire, un remaniement complet de l'ouvrage de de Lalleau, qui arrivait ainsi, en 1845, à sa quatrième édition, à peu près en entier modifié. Il faut même ajouter qu'il ne pouvait pas longtemps en rester là.

En effet, l'immense développement donné aux constructions de chemins de fer, et en général à tous les travaux d'utilité publique, a forcément amené en présence de la loi de 1841 tous les genres d'intérêts et toutes les natures de valeurs. Dans cette lutte du droit de propriété, sous toutes ses formes, contre l'intérêt public, on conçoit que les tribunaux ont dû être appelés à envisager successivement toutes les faces de la législation d'exception dont il s'agit, et dès lors il devenait utile de grouper ces décisions judiciaires, afin de mettre en lumière la solution qu'elles renferment.

C'est ce dernier travail, entrepris par M. Jousselin et terminé par M. A. Rendu, qui fait le principal mérite de la cinquième édition du traité de M. de Lalleau. Ces jurisconsultes, depuis longtemps connus par des publications justement estimées,

se sont attachés à classer avec méthode les décisions des tribunaux judiciaires ou administratifs, les circulaires ministé-
rielles, et, en un mot, tous les documents ayant trait à l'expropriation pour cause d'utilité publique, de manière à rendre
les recherches faciles, et surtout de manière à faire sortir de
ce classement lui-même un enseignement précieux, et, pour
ainsi parler, un corps de doctrine complet sur la matière.

Cette étude de la loi d'expropriation dans la jurisprudence
puise peut-être un degré d'utilité tout particulier dans le caractère exceptionnel de cette loi elle-même. Ici, tout est d'une
gravité extrême ; car cette loi est la seule attaque au droit de
propriété que le législateur ait permise. Aussi, des règles absolues ont-elles été tracées pour laisser à ce droit, qu'il fallait restreindre, toute l'étendue compatible avec les exigences du principe qu'il s'agissait d'appliquer ; on l'a respecté jusque dans ses
inspirations les plus égoïstes ; on a voulu lui laisser la possibilité
d'exposer toutes ses prétentions, d'en soutenir le fondement et
lui laisser la chance de les faire accepter par le jury.

Voilà quel a été l'esprit de la loi de 1841, de cette loi qui
résume, en les améliorant, toutes celles antérieures. Uniquement
destinée à faciliter l'exécution des grands travaux d'utilité publique, cette loi, dans la pensée de ses auteurs, devait être mise
en action par l'intérêt général lui-même, directement représenté et constamment personnifié dans une administration publique. Mais bientôt, sous l'influence du mouvement industriel
qui nous entraîne, cette arme a été confiée à d'autres mains.
L'exécution des chemins de fer, les élargissements de voies
publiques, les ouvertures de rues nouvelles ont été concédés à
des adjudicataires, individuels ou collectifs, ayant le plus grand
intérêt à se procurer à bas prix les propriétés soumises à l'expropriation. A partir de ce moment, les allures impartiales de
l'administration publique, qui cherche seulement à être juste,
ont disparu pour faire place aux calculs du spéculateur ; c'est un
intérêt personnel qui est venu attaquer un autre intérêt privé,
et cela avec toutes les ressources d'une loi qui, cependant,
ne devait profiter qu'à l'intérêt public. On ne peut contester
qu'il n'y ait dans ce fait une innovation tout à fait imprévue, et
si bien cette innovation n'offrait pas un danger bien grave en
ce qui touche le fait de déclaration d'utilité publique et de dé-

possession, il est certain qu'elle pouvait avoir des conséquences désastreuses en ce qui concerne le règlement de l'indemnité due à l'exproprié.

Au surplus, ce n'est pas en matière de législation, et surtout de législation d'exception, qu'il est permis de limiter la portée d'une altération de l'esprit ou de la lettre d'un texte. Quelles que soient les circonstances dans lesquelles elle se produit pour la première fois, une erreur est toujours un germe funeste, et c'est à la jurisprudence qu'il appartient d'en arrêter le développement. Sous ce rapport (et c'est là que nous voulions en venir), la cinquième édition de de Lalleau se recommande à tous les jurisconsultes par l'abondance des documents judiciaires qu'elle renferme et par le discernement avec lequel ils ont été recueillis. Bien plus, sans se renfermer timidement dans l'étude des difficultés sur lesquelles les tribunaux ont été déjà appelés à se prononcer, les continuateurs de de Lalleau abordent résolument les questions neuves et en recherchent la solution avec une autorité de savoir incontestable.

Qu'il nous soit permis, à l'appui de cette appréciation, de citer le passage suivant :

« 1119. Mais un abus d'un autre genre peut se produire. — « Il a été soutenu que, sauf l'observation de la formalité pres- « crite par l'art. 3 de la loi de 1841, l'exercice du pouvoir con- « féré à l'administration par l'alinéa 1 de l'art. 2 du décret du « 26 mars 1852, n'est soumis à aucune sorte de contrôle ni de « critique de la part des particuliers ; que l'administration, seul « juge de la question de savoir si les *délaissés* ou parties *res-* « *tantes* des propriétés atteintes par les alignements étaient sus- « ceptibles de recevoir des constructions salubres, a la faculté, « en y faisant porter l'enquête, d'étendre l'expropriation par le « décret déclaratif d'utilité publique, aux terrains d'une super- « ficie quelconque restant en dehors de la voie publique. « M. Dufour (1) signale une consultation insérée au journal

(1) *De l'expropriation*, n° 7, p. 15.

« *la Presse*, dans son n° du 21 novembre 1854, dont le signa-
« taire cherche à établir, qu'armé du décret du 26 mars 1852,
« le gouvernement serait en droit de transmettre à des con-
« cessionnaires le pouvoir d'exproprier successivement la ville
« de Paris tout entière, de manière à la rebâtir par quartiers.
« Il est à notre connaissance personnelle qu'un entrepreneur
« de travaux publics, cessionnaire des droits de la ville de Paris,
« a émis la prétention d'exproprier pour la totalité, par appli-
« cation du décret de 1852, un terrain de plus de 10,000 mètres,
« dont 3,000 seulement sont compris dans l'alignement d'un
« des boulevards récemment décrétés. Ces divers symptômes
« des tendances qui pourraient se révéler par les faits, autori-
« sent à se demander si le décret du 26 mars peut effectivement
« investir l'administration ou ses cessionnaires de la faculté
« d'exproprier, non seulement des parcelles minimes, comme
« l'a entendu assurément le décret, mais de vastes propriétés
« qui seraient occupées, non plus dans l'intérêt de la salubrité,
« mais purement et simplement dans un intérêt de spéculation,
« à l'effet de revendre, en les morcelant, les terrains acquis en
« bloc le long des nouvelles voies publiques.
  « A supposer qu'il intervienne un décret régulier en la forme,
« portant autorisation d'exproprier des immeubles d'une super-
« ficie considérable ; serait-il permis aux propriétaires de sou-
« tenir que l'intérêt de la salubrité ne peut motiver l'envahis-
« sement d'un terrain susceptible de recevoir des constructions
« spéciales ?
  « 1120. Nous ferons remarquer, à cet égard, que les termes
« mêmes de l'art. 2 du décret de 1852 offrent une première et
« importante garantie. Il en résulte, suivant nous, que toutes
« les fois que l'expropriation s'étendra, en vertu de cette dispo-
« sition, à des terrains situés en dehors de l'alignement, le décret
« impérial devra mentionner explicitement l'existence de la
« condition requise par ce décret, à savoir que les parties
« *restantes* ont été jugées ne pas être d'une étendue ou d'une
« forme qui permette d'y élever des constructions salubres. Si
« le motif de l'extension exceptionnellement donnée à l'expro-
« priation n'était pas exprimé, nous pensons que le décret
« pourrait être attaqué pour excès de pouvoir, par la voie con-
« tentieuse devant le conseil d'Etat, comme manquant d'une

« des conditions essentielles prescrites par le décret législatif
« du 26 mars 1852. Nous croyons même que le tribunal
« chargé de rendre le jugement d'expropriation étant investi,
« d'après les paroles précitées de l'empereur (nº 206), du droit
« de *vérifier si toutes les conditions ont été remplies*, et,
« d'après la jurisprudence de la Cour suprême, du devoir de
« *vérifier si l'utilité publique a été légalement déclarée*,
« devrait, en pareil cas, se refuser à prononcer l'expropriation
« et encourrait la cassation s'il la prononçait (1).

« Cette nécessité d'énoncer le motif tiré de l'intérêt de la
« salubrité des constructions à élever sur les terrains expro-
« priés, nous paraît devoir être, à elle seule, un obstacle réel
« à l'extension abusive de la faculté d'expropriation.

« 1121. Si, néanmoins, ce motif était énoncé, et que, par con-
« séquent, l'accomplissement *dans la forme* de la condition re-
« quise par le décret interdît, soit le pourvoi au conseil d'Etat
» pour inaccomplissement des formalités, soit le contrôle du
« tribunal, le propriétaire dépossédé d'un immeuble considé-
« rable, à peine entamé par la voie nouvelle, pour raison d'in-
« salubrité implicitement ou explicitement exprimée, serait-il
« privé de tout recours? Nous pensons que si l'abus était mani-
« feste, et que si le motif d'insalubrité n'était évidemment
« qu'un prétexte mis en avant pour éluder la loi et ouvrir les
« voies à une spéculation essentiellement contraire au vœu du
« législateur, le conseil d'Etat n'hésiterait pas à accueillir un
« recours fondé sur l'excès de pouvoir et à annuler le décret
« déféré à sa censure. »

Le cas particulier qui a donné lieu aux réflexions et à la discussion que nous venons de reproduire, n'est pas le seul exemple des abus auxquels le droit de propriété se trouve exposé,
lorsqu'il est attaqué par l'industrialisme moderne armé de la loi
sur l'expropriation pour cause d'utilité publique. Nous en
pourrions citer bien d'autres encore, parmi lesquels le plus
grave peut-être dérive de ce qu'on se croit dispensé de l'obligation de faire des offres sérieuses.

---

(1) V. *Ann. de la Cour de cass.* du 2 janv. 1844.

Ainsi, lorsqu'on s'est renseigné le mieux possible sur l'appréciation des indemnités à accorder au propriétaire exproprié, on prétend exécuter la loi en offrant la moitié ou les deux tiers de cette appréciation. Il est devenu de règle d'agir ainsi; c'est le système imaginé par les concessionnaires à forfait d'acquisitions pour l'établissement des chemins de fer et pour l'ouverture d'une rue, etc.; et comme, après tout, la loi ne prescrit pas d'expertise officielle et ne trace aucune règle à suivre dans les offres, la question se réduit à manquer de bonne foi et à offrir une somme moindre que celle qu'on sait être consciencieusement due; les scrupules une fois mis de côté, on va plus loin encore: si l'on a évalué à 50,000 fr. l'indemnité due à un propriétaire, on lui offre de vive voix 40,000 fr., en le menaçant de se réduire à 20,000 dans l'offre définitive, s'il ne se contente pas de ce chiffre. L'exproprié, justement irrité de la contrainte exercée sur lui, se réfugie devant le jury; mais celui-ci, placé entre des offres ridicules et une demande que ces offres ont forcément rendue exagérée, accorde, en effet, très-souvent moins que l'administration n'avait offert en réalité.

Quant aux raisons d'agir ainsi, elles sont loin de faire défaut.

On cite, à l'appui de ce système, les circonstances où le jury, ayant eu à tenir compte de quelques chefs importants d'indemnité en dehors de la *valeur vénale*, a alloué un chiffre évidemment supérieur à cette dernière valeur. On conclut de là, en règle générale, qu'une expropriation est toujours pour l'exproprié un événement heureux, parce que le jury paie toujours une propriété *plus qu'elle ne vaut*.

Comment en serait-il autrement, ajoute-t-on, lorsque le propriétaire peut régler sa demande sur l'offre qui lui est faite et élever ses prétentions d'autant plus qu'on lui a offert davantage?

Le seul moyen, dit-on encore, de corriger ces imperfections de la loi n'est-il pas, dès lors, de traiter la négociation comme une affaire ordinaire. Dans celle-ci, au moins, on ne se livre pas, on propose un prix qui, refusé aujourd'hui, mais accepté demain, sera retiré dès qu'on peut avoir l'espoir de finir à meilleur marché : en matière d'expropriation, la notification légale est la seule pièce qui lie, et l'expropriant doit rester libre d'employer en dehors toutes les manières de procéder qu'il juge convenable à ses intérêts, sans jamais pouvoir être engagé par ces négociations amiables.

Tels sont, en résumé, les arguments sur lesquels on s'appuie, et qui nous semblent reposer sur une interprétation erronée de la loi.

Sur quoi, d'abord, se fonde-t-on pour affirmer que le jury paie toujours une propriété *plus qu'elle ne vaut?* De quel droit accuse-t-on ainsi d'exagération les décisions d'un corps investi par la loi du droit souverain d'apprécier les indemnités en cas d'expropriation? Peut-on citer des faits? Pas le moins du monde. Sans doute, il est arrivé souvent que le jury a accordé des indemnités supérieures à la valeur vénale. Mais il n'y a rien de surprenant ni d'illégal à ce que cela ait pu arriver. La *juste indemnité* de l'art. 545 n'est nullement un prix de vente ordinaire ; elle doit comprendre, d'après la jurisprudence et d'après de Lalleau lui-même, ce qui peut être dû pour morcellement, dépréciation, perte d'industrie, privation de jouissance, frais de nouvelle acquisition, tout ce qu'il faut enfin pour que le propriétaire soit *indemne*. Cela est tellement vrai, que l'expropriant doit, dans son propre intérêt, détailler les offres, afin que les chefs d'indemnité sur lesquels on est tombé d'accord ne soient pas l'objet d'un débat devant le jury.

Dans un cas où ces divers chefs d'indemnité seraient tous réunis, le jury allouera certainement une somme totale supérieure à la valeur vénale, sans avoir cessé pour cela de se conformer strictement au vœu de la loi, et dès lors le premier argument invoqué à l'appui du système que nous attaquons reste sans portée.

L'inconvénient qui résulterait de ce que le propriétaire peut baser sa demande sur l'offre elle-même, est tout aussi peu sérieux, puisque cette position est celle que la loi lui a faite. Elle a voulu que, dans cette instance, le propriétaire fût défendeur, et c'était justice ; car, enfin, ce n'est pas lui qui veut vendre, c'est l'intérêt public qui veut acheter. L'exagération des demandes à laquelle on serait ainsi conduit constitue une hypo-

thèse qui peut se réaliser, il est vrai, mais dont le jury est précisément appelé à faire justice.

Si ces prétendues imperfections de la loi n'existent pas, à
quoi bon leur chercher un remède? Ce remède, d'ailleurs, est
bien pire que le mal imaginaire auquel on l'applique.

En effet, la loi de 1841 a voulu que le propriétaire eût le
droit de présenter toutes les raisons sur lesquelles il se fonde
pour obtenir des indemnités à divers titres. Ces raisons, si elles
sont jugées acceptables, peuvent amener la modification des
offres; dans tous les cas, leur discussion constitue la tentative
de négociation amiable que la loi suppose, qu'elle espère même
voir aboutir; et c'est en l'absence seulement de toute conclusion, que, prenant cette négociation inachevée dans l'état où
elle se trouve, la loi transporte au jury le droit de trancher
cette situation sans issue, en l'obligeant, toutefois, *à peine de*
cassation, à renfermer sa décision entre l'offre d'une part et la
demande de l'autre.

Et l'on voudrait que ces limites ainsi tracées au droit souverain du jury, la loi ne les eût pas voulues sérieuses, tout au moins
de la part de l'expropriant? D'autre part, comment ces offres
pourraient-elles être sciemment dérisoires dans la pensée de la
loi, lorsque le droit est donné au propriétaire de tout arrêter en
les acceptant? Le législateur aurait-il pu croire un instant qu'un
propriétaire, un seul, allait se rencontrer assez ignorant de son
intérêt pour se contenter d'une indemnité jugée insuffisante
par celui-là même qui la lui offre?

Comment admettre encore qu'une loi ait pu prescrire une
offre qui ne serait pas consciencieusement sérieuse de la part
de celui qui doit la faire? Elle aurait donc autorisé l'expropriant à tendre un piège à l'exproprié! Si elle n'a pu permettre
un acte semblable, que devient cette théorie des offres amiables
qui ne lient pas à côté des offres judiciaires ou légales qui seules
peuvent lier? Pour notre part, il nous semble qu'il n'y a pas
d'assimilation possible entre le cas où les contractants sont libres
tous les deux d'agir ou non, et celui de la loi de 1841 où l'expropriant, lorsqu'il négocie, n'est pas libre de ne pas acheter.
L'offre qu'il fait, amiable ou judiciaire, l'oblige dans tous les
cas également; car il ne peut renoncer au principe de l'acquisition; il ne peut pas dire que, puisque son offre n'a pas été

acceptée, il la retire, *et ne veut plus de la propriété*. Agir ainsi, c'est évidemment élargir les limites que la loi voulait poser au jury, en les resserrant autant que possible, afin d'amoindrir la chance d'erreurs qui seraient sans profit sérieux pour l'intérêt public, parce que les décisions du jury, prises en masse, sont toujours justes, mais qui pourraient devenir désastreuses pour la propriété privée dans le cas particulier où elles viendraient à se produire.

Nous n'avons pas besoin de dire que nous sentons avec quelle facilité un expropriant peu scrupuleux saura, malgré tout, se soustraire à ces arguments, et éluder la loi en ayant l'air de l'exécuter. Ce mal, s'il existe dans certains cas, n'a pu se produire que lorsque l'individu chargé d'appliquer la loi de 1841 a eu un intérêt direct et personnel à égarer le jury, et a pu être entraîné dans cette voie par l'appât d'un *bénéfice* à réaliser aux dépens des expropriés.

Si nous avons insisté sur ce point, c'est que les erreurs de doctrine ont des dangers; la bonne foi la plus scrupuleuse peut se laisser surprendre et faire entrer les administrations dans une voie où l'illégalité conduit directement à l'injustice.

En ramenant les esprits à la saine interprétation de la loi, l'ouvrage que nous annonçons aura donc contribué à rendre un véritable service à la propriété et à l'administration elle-même.

Henri GIROUD,
Notaire à Grenoble.

Voici le texte de l'arrêt de cassation que nous avons annoncé en publiant divers documents relatifs à une question qui intéresse vivement les notaires, page 17 ci-dessus de la Chronique :

ARRÊT.

La Cour, vu l'art. 51 de la loi du 25 ventôse an XI, ainsi

conçu : Les honoraires et vacations des notaires seront réglés à l'amiable entre eux et les parties, sinon par le tribunal de la résidence desdits notaires, sur l'avis de la chambre, et sur simples mémoires sans frais ;

Attendu que ces dispositions sont formelles et ne font aucune distinction quant au chiffre de la demande ;

Attendu que l'art. 173 du décret du 16 juin 1807, qui porte que tous les actes des notaires. non tarifés, seront taxés par le président du tribunal, loin de déroger à l'art. 51 précité, confirme au contraire la compétence générale et exclusive de ce tribunal établie par ledit article, puisque, dans le cas de contestations soulevées sur la taxe du président, l'on ne saurait admettre que ces contestations puissent être portées à une autre juridiction que celle à laquelle appartient le magistrat taxateur ;

D'où il suit qu'en déclarant la justice de paix compétente pour statuer sur la contestation entre les parties sur la taxe des honoraires du notaire Betton, réglée par le président du tribunal de Grenoble, le jugement attaqué a expressément violé l'art. 51 précité ;

La Cour casse.

Assignation à bref délai. — Délai ordinaire. — Délai des distances. — Nullité. — Constitution d'avoué. — Ecrit signifié.

Le président d'un tribunal, qui peut-abréger le délai ordinaire des ajournements, n'a pas le droit d'abréger le délai des distances. — En conséquence, l'assignation où ce dernier délai n'a pas été observé, est frappée de nullité. — La nullité n'est pas couverte par le fait qu'un avoué s'est constitué pour le défendeur, alors que, dans l'écrit signifié par lui, l'avoué a excipé de la nullité.

Béranger — C. Pascal.

Attendu que, si aux termes de l'art. 72 du Code de procédure civile, le président du tribunal peut abréger le délai ordinaire des ajournements, il n'en est pas de même de celui que l'art. 1033 du même Code accorde, à raison des distances, à la personne assignée; que ce délai doit, dans tous les cas, être observé;

Attendu, en deuxième lieu, que, par la requête par lui présentée au président du tribunal de Grenoble, Pascal ne demandait que l'abréviation du délai ordinaire, et non de celui relatif aux distances; que l'ordonnance qu'il a obtenue portant : *permis*, n'a eu pour objet que d'abréger à trois jours le premier, et ne s'applique pas au second;

Attendu, dès lors, qu'en assignant le 22 novembre pour le 25 du même mois le sieur Béranger, domicilié à Die, Pascal a doublement contrevenu à cette ordonnance et aux dispositions de la loi;

Attendu que c'est là une nullité qui n'a pas été couverte par le fait, qu'à l'audience du 25 un avoué s'est constitué pour Béranger, alors que, dans l'écrit signifié par lui, cet avoué a proposé cette nullité;

Par ces motifs,

Le tribunal, après avoir entendu M. Thibaud, juge suppléant pour le procureur impérial, en ses conclusions,

Déclare nulle l'assignation du 22 novembre 1854, signifiée à Béranger à la requête de Victor Pascal, déclare, en conséquence, ce dernier non recevable dans sa demande et le condamne aux dépens.

Tribunal de Grenoble. — 1re chambre. — Jugement du 26 février 1859. — M. Bertrand, président.

————

Ordre judiciaire. — Ouverture. — Délai. — Point de départ.

Quel est le point de départ du délai d'un mois à l'expiration duquel le juge-commissaire doit ouvrir l'ordre judiciaire ?

Cette question est très-bien traitée et nous paraît sagement résolue de la manière suivante, par M. Bioche, dans son *Journal de procédure*. (Livraison de février 1859, ou tome xxv, p. 61.)

Selon les uns, le délai court du jour de *la signification* du jugement d'adjudication, s'il n'est pas attaqué ; et, en cas d'appel, du jour de la signification de l'arrêt confirmatif. — Cette réminiscence de l'ancien art. 749 C. pr. n'aurait d'autre base qu'une induction bien péniblement tirée de quelques mots du rapport au corps législatif. — « Notre Code de procédure, disait M. Riché, ajournait l'ordre judiciaire *pendant un mois* après la signification de l'adjudication, en invitant les créanciers à s'entendre *durant cet intervalle ;* le projet du gouvernement (art. 750) contient la même disposition en réduisant le délai ; mais l'exposé des motifs exprime peu d'espoir d'obtenir la conciliation plus que par le passé. Votre commission a voulu tirer *de ce délai* un parti plus fécond, en créant ce qui manquait, c'est-à-dire le centre commun, l'agent désigné de la conciliation, le rendez-vous obligatoire auprès de cet agent. » Nous ne sommes pas de ceux qui voient dans ce passage une intention de la part de M. Riché de trancher la question proposée.

Selon d'autres, le délai court du jour de la présentation de la requête à fin de nomination d'un juge-commissaire, — ou du moins du jour de l'envoi des lettres de *convocation.* — Ce système a moins d'inconvénients que le premier, mais il en offre encore beaucoup. Si l'on prélève le temps nécessaire pour que l'avertissement parvienne à des créanciers dont le domicile sera souvent très-éloigné, pour que ces créanciers puissent rechercher leurs titres et comparaître, le délai d'un mois se trouvera réduit à quelques jours. Comment concilier un temps si court avec la nécessité d'examiner sérieusement les titres, d'entendre et de peser les objections, de proposer et de faire adopter un arrangement qui réunisse les suffrages? Comment le juge pourrait-il user de la faculté de prononcer une ou plusieurs remises?

D'autres, enfin, et nous sommes de cet avis, prennent pour point de départ le jour de la première *réunion* des créanciers devant le juge-commissaire.

Cette solution nous paraît résulter des termes de l'art. 752 et de la place qu'il occupe; elle est seule conforme à l'esprit de la nouvelle loi. Après avoir parlé, dans l'art. 751, de la *réunion* des créanciers devant le juge-commissaire, elle ajoute, dans l'art. 752, qui suit immédiatement, ces mots : « A défaut de règlement amiable *dans le délai d'un mois*, le juge constate sur le procès-verbal que les créanciers n'ont pu se régler entre eux....; il déclare l'ordre ouvert.... »

L'art. 752 n'ayant pas déterminé un autre point de départ, il est naturel de se reporter au jour de la réunion dont il vient d'être parlé.

Cette première induction se fortifie par des considérations puissantes. Qui veut la fin, veut les moyens. La loi désire un arrangement; il faut que les créanciers aient le temps de s'éclairer sur le mérite de leurs droits et de leurs titres respectifs. Or, c'est seulement à dater de la première réunion qu'ils sont mis en présence les uns des autres, et que le juge peut entendre et peser leurs observations.

Notre solution est conforme à l'usage suivi par MM. les commissaires aux ordres près le tribunal de la Seine.

*Avoué. — Huissiers. — Validité de l'exécution du mandat
après la mort du client.*

Les actes faits par un huissier (notifications à fin de
purge, dans l'espèce), d'après les ordres d'un avoué mandataire de son client, sont valables quoique faits postérieurement à la mort du mandant, s'ils ont été faits de
bonne foi dans l'ignorance de cette mort. (Art. 2008
Code Napoléon.)

Le 23 juillet 1858, le sieur Burdel achetait des époux
Beau, pour un prix de 50,000 fr., des constructions par eux
élevées sur un terrain sis aux Batignolles, et le 4 novembre, sur sommation qui lui était faite de payer ou de dé-
laisser par Sarrazin, créancier hypothécaire des vendeurs,
il chargeait Henriet, avoué, de faire faire les notifications
d'usage à fin de purge. Mais la mort le surprenait le 9 du
même mois, et les notifications n'étaient faites par l'huissier commis qu'après la mort de Burdel, mandant. Sur la
demande en nullité formée par les héritiers, la Cour a
rendu l'arrêt confirmatif suivant :

La Cour, considérant que l'huissier commis par justice pour
faire les notifications doit être considéré comme le mandataire
substitué de l'avoué Henriet, qui lui-même était le mandataire
de Burdel ;
Qu'aux termes de l'art. 2008 Code Napoléon, si le mandataire
ignore la mort du mandant, ce qu'il a fait dans cette ignorance
est valide ;
Que, dans l'espèce, il n'est nullement prouvé que le manda
taire connût le décès de son mandant Burdel;
Confirme.
Cour impériale de Paris. — Arrê. du 18 mars 1859.

Vente d'office. — Contre-lettre. — Cession du prix de vente.
— Répétition impossible contre le cessionnaire.

Dans une vente d'office, toute contre-lettre augmentant
le prix ostensible est frappée d'une nullité absolue qui permet au nouveau titulaire la répétition de ce qu'il a déjà
payé à ce titre illicite, ou la compensation avec ce qu'il
doit encore sur le prix ostensible ; mais cette répétition
et cette compensation ne peuvent s'exercer contre les cessionnaires de la créance en paiement du prix ostensible,
lorsqu'ils sont de bonne foi et légalement saisis par la notification faite au nouveau titulaire débiteur du prix.

En 1840, Blot avait cédé à Ledonné sa charge d'huissier,
moyennant le prix ostensible de 80,000 fr. ; mais une
contre-lettre augmentait ce prix de 8,190 fr. Ledonné s'était
déjà acquitté de ce supplément et, en outre, de 30,000 fr.
sur les 80,000 dus légalement, ce qui réduisait sa dette à
50,000 fr., lorsque Blot fut, en 1855, déclaré en faillite à
la suite d'opérations commerciales. Autorisés par le juge-
commissaire, les syndics de la faillite Blot vendirent alors
cette créance au sieur Mercier, moyennant un prix de
40,320 fr.: signification de la cession avait été faite, le 6
mai, à Ledonné, débiteur cédé; et Mercier, devenu ainsi
propriétaire *erga omnes* de cette créance, en avait lui-
même cédé une partie au sieur Prevoteau, qui fit faire à
Ledonné la notification légale le 14 mai 1855. La créance
de 50,000 fr. contre Ledonné avait donc passé de la tête de
Blot sur celles de Mercier et de Prevoteau, lorsque Ledonné prétendit opposer à ces derniers la compensation
qu'il pouvait opposer à Blot : compensation qui s'opérait
entre ce que Blot devait comme supplément de prix illici-

tement payé et ce dont il était créancier avant le 6 mai
1855 pour prix ostensible de vente.

Sur ces faits, la Cour vient de confirmer purement et simplement un jugement du tribunal civil de la Seine du 30 octobre 1857, ainsi conçu :

Le tribunal, attendu que si tous les actes, toutes les contre-
lettres portant stipulation directe ou indirecte d'un supplément
de prix en dehors du prix ostensible énoncé dans le traité officiel de la transmission d'un office sont entachés d'une nullité
absolue et d'ordre public, cette nullité ne saurait cependant al-
térer en rien le traité officiel qui, approuvé par l'autorité compétente et suivi de l'investiture du nouveau titulaire, a son
existence propre, légale et indépendante de toutes autres conventions; qu'il suit de là que le cessionnaire de la charge ne
saurait être tenu envers le cédant au paiement du supplément
de prix illicitement stipulé; que, s'il a payé, il a contre le cédant
ou ses héritiers, pendant trente ans, une action en répétition,
tant pour le capital que pour les intérêts, et que, par la même
raison, il peut opposer la compensation de la somme ainsi
payée avec celle dont il reste débiteur envers lui sur le prix ostensible et légitime du traité ; mais qu'il ne saurait plus évidemment opposer cette compensation , si ce prix est devenu, avant
toute réclamation de sa part, la propriété d'un tiers de bonne
foi, en vertu d'une cession régulière dûment signifiée;

Qu'on ne saurait, en effet, sans dépasser le but et sans méconnaître tout à la fois les principes du droit et de l'équité, accorder à celui-ci, au sujet d'un acte illicite auquel il a sciemment participé, la faveur d'une compensation ou d'une répétition contre le tiers qui n'a pris aucune part à cet acte, qui
n'avait aucun moyen de s'en garantir, et qui a suivi la foi d'un
traité parfaitement légal, sanctionné par le gouvernement; que,
de plus, un tel système aurait nécessairement pour effet , contrairement au vœu constant du législateur, de frapper d'inaliénabilité entre les mains des vendeurs le prix des offices, en
raison des dangers qui seraient inévitablement attachés à leur
transmission ; qu'il pourra se faire, il est vrai, que l'action en

II   d répétition du cessionnaire de la charge contre le cédant se trouve illusoire dans le cas particulier où celui-ci sera insolvable ; mais que l'ordre public est protégé autant qu'il est possible contre l'emploi des contre-lettres dans les cessions dont il s'agit par l'action en répétition qui est ouverte au cessionnaire contre le cédant, action qui a devant elle trente ans de durée et toutes les chances de solvabilité qui peuvent surgir dans cet intervalle.

Attendu que si, par suite de conventions secrètes, Ledonné s'était engagé à payer à Blot une somme de 8,190 fr. en sus du prix porté dans le traité susénoncé, et s'il a effectivement payé cette somme, il a évidemment le droit d'en demander le montant contre lui ; qu'il aurait eu également, avant l'adjudication du 7 février et la signification qui en a été faite le 6 mai, le droit d'opposer pour cette somme et ses intérêts la compensation avec ce qu'il restait devoir sur le prix porté dans son traité ; mais qu'il ne saurait plus l'opposer, d'après les mêmes principes, alors que, par la signification du 6 mai, Mercier, auteur de Prevoteau, a été saisi de la propriété de la créance ; qu'il est constant qu'aucune demande en restitution n'a été formée, aucune compensation opposée par Ledonné antérieurement à ladite signification.

Par ces motifs, condamne Ledonné à payer à Prevo · teau....

Cour impériale de Paris. — Arrêt du 22 mars 1859.

Notaire. — Honoraires. — Remise de la grosse. —
Paiement. — Présomption.

La présomption légale du paiement de la dette qui résulte, aux termes de l'art. 1283 du Code Napoléon, de la remise volontaire de la grosse du titre par le créancier au débiteur, est applicable au notaire, relativement aux honoraires et déboursés qui pouvaient lui être dus à raison d'actes passés devant lui et dont il a délivré des grosses ou expéditions aux parties.

N... — C. Ladieu.

Le sieur N....., notaire à Toulouse, a formé contre le sieur Ladieu une demande en paiement d'une somme de 4,772 fr., pour déboursés et honoraires à raison de divers actes notariés passés entre le défendéur et une dame Boyer. Mais cette demande a été rejetée définitivement par un arrêt de la Cour de Toulouse du 17 mars 1857, motivé sur ce que le notaire avait remis volontairement les grosses des actes dont il s'agissait, soit à l'une, soit à l'autre des parties, et qu'aux termes de l'art. 1283 du Code Napoléon, la remise volontaire de la grosse d'un titre de créance faite au débiteur emporte, en général, présomption légale, soit du paiement de la dette, soit de la remise de la dette même par le créancier. L'arrêt de la Cour de Toulouse se fonde, en outre, sur une présomption de fait tirée de relations étroites, dont il constate l'existence, entre le sieur N.... et la dame Boyer, laquelle ayant figuré en qualité d'acquéreur et d'emprunteur aux contrats intervenus entre elle et le sieur Ladieu, était la principale débitrice des frais et déboursés qui pouvaient être dus au notaire, relations dont l'arrêt infère que la dame Boyer a traité autant dans l'intérêt du notaire N.... que dans le sien propre, et que, par suite, il n'était rien dû à celui-ci à raison des actes en question.

Pourvoi en cassation par Me N...., pour : 1° fausse application et, par suite, violation des art. 1282 et 1283 du Code Napoléon, en ce que l'arrêt attaqué avait appliqué la présomption de libération établie par ces articles au cas de la remise de la grosse d'un acte notarié par le notaire à l'une des parties contractantes, débitrice du coût de cet acte;

2° Violation des art. 1315, 1319 et 1341 du même Code, en ce que l'arrêt attaqué s'était fondé sur de simples présomptions pour refuser à un acte authentique, non attaqué pour fraude, la foi qui lui était due, et pour admettre comme prouvée la libération d'une somme supérieure à 150 fr.

On a dit à l'appui du pourvoi : Le mot *titre* a, en droit, deux sens différents : il signifie également la *cause* qui fait naître un droit (titre de vente, titre de donation, etc.), et l'acte, la preuve écrite, l'*instrumentum* qui constate l'existence d'un droit. Or, d'une part, c'est uniquement dans le premier sens que la minute d'un acte notarié constitue pour le notaire un titre contre la partie débitrice du coût de cet acte, puisque ce n'est que parce qu'il l'a reçu qu'il est créancier; d'autre part, au contraire, c'est uniquement dans le sens d'un écrit, d'un *instrumentum*, que le mot *titre* est employé dans les art. 1282 et 1283. C'est ce qui résulte du texte et de l'esprit de ces articles, qui parlent de la remise du *titre original* sous signature privée, de la *grosse du titre*, et qui ne s'occupent évidemment que de la remise de l'acte même qui constate la créance: L'art. 1283 ne saurait donc être opposé au notaire qui a remis à la partie la grosse d'un acte par lui reçu, comme faisant présumer qu'il a été payé de ses déboursés et honoraires, puisque la minute de l'acte dont la grosse a été ainsi remise ne contient pas de clause mentionnant le coût de cet acte, et ne constitue pas, dès lors, dans le sens de la loi, le titre de la dette desdits déboursés et honoraires.

D'un autre côté, les actes notariés non attaqués directement pour fraude ou simulation, font foi de leur contenu jusqu'à inscription de faux. Or, ce sont des actes notariés qui établissaient le droit de Me N.... à la somme par lui réclamée au sieur Ladieu. L'arrêt attaqué n'a donc pu, sans violer la foi qui leur était due, se fonder sur de simples présomptions pour décider que cette somme avait été payée.

ARRÊT.

La Cour, attendu, sur les deux moyens, qu'aux termes de l'art. 1283 du Code Napoléon, la remise volontaire de la grosse du titre par le débiteur, constitue en faveur de ce dernier une présomption légale de paiement ;

Que ce principe est applicable au notaire, créancier pour déboursés et honoraires, qui remet au débiteur la grosse du titre dont les frais lui sont dus ;

Que, dans la cause, cette présomption légale se fortifie par tous les faits constatés par l'arrêt, et desquels il résulte que la femme Boyer, débitrice originaire, avait traité dans les actes autant dans l'intérêt et pour le compte de N... que pour son propre compte, et qu'ainsi N... n'avait rien à lui réclamer pour avances et honoraires à raison de ces actes ;

Que le même principe n'a rien de contraire aux dispositions des art. 1319, 1341, 1353 du Code Napoléon, et n'infirme pas la foi due au titre authentique, puisque, au contraire, la libération implique et suppose nécessairement l'obligation antérieure ;

Qu'ainsi l'arrêt attaqué, loin de porter aucune atteinte aux dispositions des articles invoqués, en a fait au contraire une juste application ;

Rejette, etc.

Du 28 janvier 1858. — Chambre req. — Président, M. Nicias-Gaillard.

Vente exclusive à une maison de commerce. — Concurrence commerciale.

Le fabricant qui s'est engagé envers une maison de commerce à ne pas vendre à d'autres qu'à elle ni mettre en vente jusqu'à une époque déterminée certains objets de sa fabrication, ne peut pas même, jusqu'à cette époque, remettre à d'autres commerçants des échantillons destinés à préparer la vente pour le temps qui suivra l'expiration de l'engagement.

Cette question, qui présente un grand intérêt pratique par suite des habitudes reçues dans le commerce, s'est présentée sur ces faits très-simples. Le sieur Dupont et Comp°, associé avec Blanchet pour la fabrication d'une espèce nouvelle de draps, s'était engagé envers la maison Devès et Comp° à ne pas vendre, de 1856 à 1857, à d'autres maisons de commerce que cette dernière, ce nouveau produit de sa fabrication ; cependant il crut pouvoir, avant l'expiration de l'engagement, répandre dans le commerce des échantillons à un prix inférieur pour assurer le débit ultérieur de ces produits. De là, demande en dommages et intérêts formée par la maison Devès, que le tribunal de commerce de la Seine avait repoussée ; mais, sur l'appel interjeté, la Cour de Paris vient de rendre l'arrêt infirmatif suivant :

Considérant que Dupont et Comp° s'étaient formellement engagés à ne pas vendre ni mettre en vente, à partir du courant d'avril 1856 jusqu'au 15 février 1857, à d'autres qu'à Devès frères les draps susdits ;

Que, nonobstant cet engagement, la maison Dupont a mis en vente lesdits articles bien avant l'expiration du délai déterminé ;

Considérant que vainement on oppose qu'en livrant les échantillons, la maison Dupont avait agi seulement en vue de la vente future de 1858 et pour la préparer ;

Qu'en admettant même que telle eût été son intention, il n'y en aurait pas moins, de sa part, une infraction actuelle à son engagement et une anticipation du terme avant lequel elle s'était obligée à ne pouvoir vendre qu'à Devès frères, et une concurrence illégale faite à ces derniers ;

Infirme.

Contributions directes. — Contribution foncière. — Revenu cadastral.

Le revenu cadastral d'une maison doit être déterminé eu égard, non pas à l'ensemble seulement des maisons du même quartier, mais à l'ensemble de toutes les propriétés bâties de la commune. (L. 3 frim. an VII, art. 2, 82.)

(Arthaud de la Ferrière.)

La réclamation du contribuable, dans l'espèce, avait été rejetée par ce motif que la contribution assise sur sa maison n'était pas exagérée, eu égard à l'ensemble des maisons du même quartier et d'après le revenu de ces maisons établi par des baux pendant une période de dix années.

NAPOLÉON, etc. ;

Vu la loi du 3 frimaire an VII, art. 2, 5 et 82, celle du 15 septembre 1807, art. 38;

Vu l'arrêté du Gouvernement du 24 floréal an VIII ;

Vu le règlement général sur les opérations cadastrales, en date du 10 octobre 1821, notamment l'art. 20;

Considérant qu'aux termes de l'art. 2 ci-dessus visé de la loi du 3 frimaire an VII, la répartition de la contribution foncière doit être faite par égalité proportionnelle sur toutes les propriétés foncières; qu'ainsi le revenu cadastral de la maison du requérant doit être déterminé eu égard à l'ensemble des propriétés bâties de la ville de Lyon ;

Considérant qu'il résulte de l'instruction que, dans ladite ville, le revenu cadastral des propriétés bâties représente 21,58 p. 100 du revenu net imposable, déterminé conformément à l'art. 32 de la loi du 3 frimaire an VII; qu'il résulte également de l'instruction que le revenu imposable de la maison du requérant est de 19,050 fr. ; d'où il suit que le revenu cadastral doit être fixé à 4,110 fr. 99 c. ;

Art. 1er. L'arrêté du conseil de préfecture du Rhône, du 7 novembre 1856, est annulé ;

Art. 2. Le sieur Arthaud de la Ferrière sera imposé, pour l'année 1856, à la contribution foncière, à raison de la maison qu'il possède à Lyon, rue Saint-Dominique, 24, d'après un revenu de 4,110 fr. 99 c. ;

Art. 3. Il est accordé au sieur Arthaud de la Ferrière décharge de la différence, etc.

Du 24 juin 1857. — Cons. d'État. — Rapp. M. David.

NOTICE HISTORIQUE

SUR LE

PREMIER PARCELLAIRE DE VIENNE.

(1634-1667),

Par Adolphe FABRE,

Président du tribunal d'Embrun, lauréat de l'Institut, membre de plusieurs sociétés savantes. — Vienne, imprimerie de Joseph Timon. 1857.

« L'établisssement du parcellaire dans la ville de Vienne, « dit l'auteur, n'est qu'un épisode de la lutte plusieurs fois « séculaire soutenue dans la question des impôts par le « tiers-état contre la noblesse et le clergé. » Or, c'est cet épisode que M. Fabre raconte dans sa brochure, qui, sous un titre modeste, est un véritable morceau d'histoire générale et locale, précis et élevé, substantiel et élégant, en un mot, plein d'intérêt. Tous ceux qui liront le travail de M. Fabre partageront le sentiment que nous sommes heureux d'exprimer.

Fréd. Taulier.

CHRONIQUE.

Nous avons publié, dans une livraison supplémentaire (juin 1858), la loi du 21 mai 1858, contenant des modifications au Code de procédure civile, en faisant suivre chaque article d'extraits de l'*exposé des motifs* et de la *discussion* au Corps législatif. Ce travail a été très-bien accueilli. Nous nous empressons de publier aujourd'hui une circulaire de M. le Ministre de la justice, relative à la même loi. MM. les magistrats, avocats, notaires, avoués et huissiers trouveront dans ce document remarquable les explications et les avertissements les plus utiles.

Paris, le 2 mai 1859.

Monsieur le procureur général, la loi du 21 mai 1858 a introduit dans la procédure de saisie immobilière et dans le règlement des ordres d'importantes modifications. Le texte clair et précis de cette loi portait avec lui-même ses enseignements et son commentaire. J'ai dû laisser aux magistrats le soin et le temps de mettre en œuvre le nouveau système, et attendre,

II   *e*

pour vous adresser des instructions générales, que l'expérience eût signalé les points à éclaircir et les difficultés à résoudre.

Le moment est venu de reprendre avec vous les principales dispositions de la loi nouvelle et de formuler les règles qui doivent en faciliter l'application.

Les lois de procédure intéressent profondément le crédit public. Si elles ne fixent pas le droit, elles en règlent l'exercice, et personne n'ignore qu'elles ont une action directe sur le développement de la richesse nationale.

Le Gouvernement de l'Empereur, qui recherche tous les moyens d'activer l'essor de la prospérité publique, n'entend laisser à l'écart aucune des forces du pays.

Quelle que soit la sagesse qui a présidé à la rédaction du Code de procédure civile et de la loi du 2 juin 1841 sur les saisies immobilières, l'expérience y avait signalé des lacunes et de graves imperfections. De nouveaux besoins exigeaient, d'ailleurs, de nouvelles dispositions. Enfin, il était urgent de satisfaire aux légitimes réclamations de la propriété foncière et de l'agriculture, car, si les chang-ments sont périlleux, l'immobilité est funeste.

Les modifications réalisées par la loi du 21 mai 1858 affectent plus particulièrement le titre de la saisie immobilière et le titre de l'ordre. Je dois m'occuper successivement de ces deux séries de dispositions.

PREMIÈRE PARTIE.

Modifications au titre de la saisie immobilière.

Les formalités des expropriations nuisent au crédit en écartant les capitaux des placements immobiliers et des prêts hypothécaires. Cependant la justice exige que le débiteur ne soit pas trop facilement dépouillé du bien qu'il possède.

De là, une double préoccupation qui a dominé tour à tour le législateur.

Pour éviter les lenteurs et les incidents qui rendaient, dans l'ancien droit, les saisies réelles interminables, la loi du 11 brumaire an VII avait adopté des formes expéditives qui ne garantissaient pas d'une manière suffisante le droit de propriété.

En voulant remédier à ce vice, le Code de procédure avait dépassé le but. La loi du 2 juin 1841, qui a modifié le Code, a réalisé de notables améliorations.

Le code Napoléon ne s'est occupé de l'expropriation forcée que pour poser des principes généraux : il détermine les personnes auxquelles il appartient de la poursuivre (art. 2092, 2209); les biens qui peuvent en être l'objet (art. 2204 ; — Loi du 21 avril 1810 sur les mines ; — Décret du 16 janvier 1808 sur les actions de la Banque de France ; — Décret du 16 mars 1810 sur les actions des canaux de Loing et d'Orléans). Il ne permet pas de saisir en même temps les immeubles du débiteur situés dans les arrondissements différents, sauf deux exceptions spécialement prévues. (Loi du 14 novembre 1808. — Code Napoléon, art. 2209, 2210, 2211.)

Mais les règles de procédure sont écrites dans le Code de 1806, modifié par la loi du 2 juin 1841.

Le commandement au débiteur (art. 673), le procès-verbal de saisie (art. 674, 675, 676), la dénonciation de ce procès-verbal au saisi (art. 677), la transcription de la saisie au bureau des hypothèques (art. 678, 679, 680), constituent les formalités essentielles qui mettent le gage sous la main de la justice.

Les effets de la saisie, en ce qui touche à l'administration et à la jouissance du saisi (art. 681 à 685), à l'immobilisation des fruits (art. 682), à la modification du droit de disposition dans la main du saisi (art. 686 à 689), sont nettement définis ; le cahier des charges que le poursuivant dépose au greffe fait connaître les conditions de la vente et la mise à prix; sommation est faite au saisi et aux créanciers inscrits d'en prendre communication et d'assister à la fixation du jour de l'adjudication (art. 691, 692).

Enfin la publicité de la vente résulte non seulement de la

lecture et de la publication du cahier des charges faites à l'audience du tribunal (art. 694 et 695), mais encore d'insertions dans les journaux (art. 696, 697 et 698) et d'affiches qui sont apposées à la porte du domicile du saisi, à la porte des édifices saisis, etc. (art. 699, 700).

Il n'y a plus qu'à régler le mode des enchères et à indiquer les personnes qui peuvent renchérir. C'est l'objet des art. 702, 703, 705, 706, 707 et 711.

L'art. 717 détermine les effets du jugement d'adjudication.

La seule analyse des articles qui viennent d'être rappelés suffit pour mettre en lumière les points dont l'expérience a démontré l'imperfection et pour faire saisir l'esprit et la portée des dispositions nouvelles.

Pour satisfaire à l'intérêt public qui réclame la célérité des aliénations judiciaires, on avait imprimé aux procédures de saisie une marche à la fois prudente et rapide, mais l'adjudication restait pour l'acquéreur une source d'embarras. Si les créanciers inscrits, mis en demeure de veiller à leurs intérêts, n'étaient plus admis à critiquer une adjudication faite sous leurs yeux, les hypothèques légales ne pouvaient être effacées que par la purge, et il fallait recourir, pour les faire disparaître, à une procédure longue et dispendieuse.

Cette inconséquence n'avait pas échappé à la commission de la chambre des pairs chargée de l'examen du projet de loi de 1841. Mais une proposition dont M. Persil s'était rendu l'organe avait échoué, et l'on avait dû laisser à l'avenir le soin de compléter une réforme heureusement accomplie sur d'autres points. Il y avait là, pour le crédit public, un danger que chaque jour a fait ressortir davantage et qui a fini par provoquer des mesures efficaces.

En soumettant au Corps législatif le projet qui est devenu la loi du 21 mai 1858, le Gouvernement de l'Empereur n'a pas eu pour objet de substituer une législation entièrement nouvelle à une loi qui a été elle-même un progrès sérieux et durable; il s'est donné la tâche plus simple et plus pratique de combler les lacunes et de perfectionner l'application de cette loi. Il a voulu, en un mot, compléter avec plus de hardiesse l'œuvre commencée en 1841.

Les formalités de la purge s'accomplissaient après l'adjudication. Aujourd'hui, tous les créanciers hypothécaires, avertis des conditions et du jour de la vente, sont mis en mesure de faire valoir leurs droits et de surveiller l'aliénation de leur gage. La même sommation qui est notifiée aux créanciers inscrits et qui les lie à la poursuite est faite aux créanciers à hypothèques légales.

Des annonces sont, en outre, insérées dans les journaux.

Ce n'est pas tout: le ministère public intervient directement pour la protection de ces droits sacrés, et requiert, sur les biens compris dans la saisie, l'inscription des hypothèques des femmes, des mineurs et des interdits existant du chef du saisi.

Ainsi, toutes les précautions sont prises pour que les droits soient rendus publics et pour que les créanciers soient appelés lors de la distribution des deniers; mais si, par son inertie et par sa faute, un créancier à hypothèque légale a laissé échapper le droit de critiquer l'aliénation, le législateur lui ouvre encore une voie de salut en lui réservant le moyen de ressaisir son droit de préférence sur le prix.

L'art. 717, aux termes duquel le jugement d'adjudication dûment transcrit purge toutes les hypothèques, fait passer dans les mains de l'adjudicataire un immeuble complètement affranchi. De quelque nature qu'ils soient, les droits hypothécaires sont, par le fait de l'adjudication, reportés sur le prix. L'acquéreur n'a plus à s'occuper que du soin de se libérer, ce qu'il peut faire aujourd'hui sans danger et presque sans frais, l'art. 777 ayant remplacé l'ancienne procédure en validité d'offres par une procédure tout à fait sommaire.

C'est ainsi que la loi consacre définitivement, en donnant toutefois aux incapables des garanties qu'ils n'avaient pas alors, une jurisprudence que la Cour de cassation n'avait elle-même abandonnée qu'en 1833, et qu'elle revient enfin, après bien des controverses et bien des difficultés pratiques, au principe de l'édit de 1551 et à la vieille maxime de Loysel : « Un décret nettoie toutes hypothèques. »

Cette amélioration n'est pas la seule que réalise la loi du 21 mai 1858.

Suivant les règles du droit civil, l'hypothèque légale des femmes, des mineurs et des interdits, qui frappe tous les biens immobiliers des maris et des tuteurs, existe par le fait seul du mariage et de la tutelle. Elle assure au créancier une cause de préférence sur le prix, en même temps qu'un droit de suite sur l'immeuble.

Ces deux effets de l'hypothèque, bien que différents dans leur but, étaient soumis aux mêmes causes d'extinction. Les dispositions absolues de l'art. 2180 du code Napoléon s'appliquaient à l'un aussi bien qu'à l'autre, et la Cour de cassation avait maintes fois décidé que le droit hypothécaire, anéanti par la purge, ne pouvait plus s'exercer, ni sur la chose, ni sur le prix.

Malgré l'autorité de cette jurisprudence, la doctrine contraire avait de nombreux partisans. D'éminents publicistes n'avaient pas hésité à proclamer que le droit de préférence survivait au droit de suite, et que les droits d'hypothèques légales pouvaient s'exercer sur le prix, tant que ce prix n'avait pas été distribué entre les créanciers. Ils voyaient là une conséquence du principe que l'hypothèque des femmes, des mineurs et des interdits, est indépendante de l'inscription.

La purge n'était pas d'ailleurs, à leurs yeux, un moyen d'interpellation assez sûr pour qu'on pût affirmer que le créancier eût été averti ; et, quel que fût l'avis des jurisconsultes sur le droit, c'était au moins une dernière ressource accordée aux incapables.

Cette doctrine pénétrait peu à peu dans l'opinion. En 1841, la commission de la chambre des pairs avait cherché à la faire prévaloir dans la loi sur les saisies immobilières, mais elle n'y avait pas réussi.

On avait cependant admis le même principe quelques jours auparavant dans la loi du 3 mai 1841 sur l'expropriation pour cause d'utilité publique, en décidant qu'à défaut d'inscription dans le délai déterminé, l'immeuble exproprié serait affranchi de tous priviléges et hypothèques, sans préjudice du droit des femmes, mineurs et interdits sur le montant de l'indemnité, tant qu'elle n'aurait pas été payée ou que l'ordre n'aurait pas été réglé définitivement entre les créanciers (Art. 17 de la loi du 3 mai 1841).

Il appartenait aux pouvoirs publics de 1858 de généraliser, autant que possible, ce salutaire et intelligent progrès, et de l'affranchir de ses dernières entraves.

Ici se présente une observation que je dois recommander à vos souvenirs.

Le nouvel article 717 ne s'applique qu'aux adjudications sur saisie immobilière. Il est cependant d'autres ventes qui s'accomplissent sous la sanction de la justice. Les ventes des biens des mineurs (953 C. de proc.), des interdits (509), des faillis (572 C. de comm.); les ventes sur conversion (743 C. de proc.), sur licitation (972-984), sur surenchère après aliénation volontaire (836), les ventes d'immeubles dotaux (997), d'immeubles dépendants d'une succession vacante (1001) ou d'une succession acceptée sous bénéfice d'inventaire (988), d'immeubles appartenant à une personne qui a fait cession de biens (904), ne peuvent également avoir lieu qu'aux enchères publiques , après un certain nombre de publications et d'affiches.

Les solennités dont ces ventes sont entourées ne leur enlèvent pas, il est vrai, leur caractère purement amiable et volontaire; les créanciers hypothécaires n'y sont point appelés, et, en l'absence d'un avertissement direct et personnel qui leur révèle la réalisation prochaine du gage, ils ne peuvent être dépouillés de leurs droits par une adjudication qu'ils n'ont pas officiellement connue.

Ces considérations, qui pouvaient atteindre, en partie du moins, les ventes sur saisie, n'ont pas arrêté le législateur dans la nouvelle voie où il s'est engagé.

Serait-il opportun d'attribuer aux adjudications dont nous venons de parler les mêmes effets qu'aux ventes sur saisie immobilière?

Conviendrait-il de leur appliquer la réforme que la loi du 21 mai dernier a portée dans les expropriations?

Les avantages qui résultent de la marche tracée par cette loi, et qui ne peuvent manquer d'attirer les capitaux vers les adjudications sur saisie , n'auront-ils pas pour résultat de les écarter de ces ventes volontaires, qui offrent moins de sécurité et que doivent suivre les doubles formalités de la purge , avec leurs frais, leurs lenteurs et leurs périls?

N'y a-t-il pas là , pour les biens des mineurs et des autres incapables, une cause d'infériorité et de discrédit?

Ce sont des questions que l'expérience seule pourra résoudre

mais qui doivent, dès à présent, fixer votre attention et devenir l'objet de vos études.

L'exécution de la loi du 21 mai 1858 a beaucoup à attendre,
monsieur le procureur général, de votre intelligente direction.
Je vous prie de me tenir exactement informé de tout ce qui
vous paraîtra de nature à en faciliter la marche, à en dévelop-
per les avantages et à en compléter, au besoin, les dispositions.

Sans chercher à pressentir quelles pourraient être, dans
l'avenir, toutes les conséquences des modifications que notre
Code de procédure vient de recevoir, tout annonce que ces
salutaires innovations tendront à ramener peu à peu vers les
placements immobiliers les capitaux que l'industrie et la spéculation sollicitent par de trop puissantes séductions. Restreinte
aux aliénations sur saisie immobilière, la loi nouvelle n'exercera encore qu'une action limitée sur l'ensemble des transactions civiles ; mais le principe qu'elle renferme est de ceux que
le temps mûrit et féconde, et il est dès à présent permis de
prévoir qu'il devra un jour être étendu à toutes les adjudications faites sous l'autorité de la justice.

Ces points généraux exposés, je dois reprendre avec vous
les détails de la loi et m'expliquer sur les principales mesures
d'exécution qu'elle réclame.

L'art. 692 veut que tous les créanciers hypothécaires soient
avertis de la poursuite et que le vendeur soit mis en demeure
d'exercer son action résolutoire. Il serait superflu de s'occuper
ici des créanciers inscrits, puisque la procédure qui les concerne n'a pas été modifiée. Quant au vendeur au profit duquel
a été prise d'office une inscription qui ne contient pas d'élection
de domicile, il doit être sommé à son domicile réel ; mais la
sommation n'est obligatoire qu'autant que ce domicile est situé
en France.

Le vendeur demeurant à l'étranger n'en reçoit aucune ; il
n'est informé directement ni des poursuites ni de l'adjudication ;
mais s'il éprouve un préjudice, il ne peut l'attribuer qu'à son
incurie, car il lui suffisait, pour l'éviter, de faire au bureau des
hypothèques une indication de domicile.

La remise de l'exploit au domicile réel peut donner lieu à
quelques difficultés dans la pratique. On ne peut douter que la

sommation ne soit valablement déposée au domicile du vendeur, bien que celui-ci n'y réside pas, de même qu'elle peut lui être faite en tout lieu en parlant à sa personne.

Mais si le domicile énoncé dans l'inscription est inexact, si le créancier ayant changé de demeure, on ignore son nouveau domicile, c'est au poursuivant qu'incombe le soin de le découvrir. « La loi, dit M. Delangle dans son rapport au Sénat, ne semble pas laisser la ressource créée par le droit commun d'une signification au dernier domicile connu. C'est du domicile réel que parle son texte; et c'est bien là que, dans son esprit, la mise en demeure doit atteindre le vendeur sous peine de manquer le but qu'on se propose. Toutefois, comme il s'agit d'éteindre, à l'aide d'une déchéance, un droit précieux, le moyen le plus efficace qui appartienne au vendeur non payé, on comprend que la loi ait voulu que la déchéance fût acceptée, et elle ne pouvait avoir ce caractère qu'autant qu'elle était précédée d'un avertissement personnel. »

Lorsque le vendeur a éprouvé quelque changement dans son état, il est sommé à son nouveau domicile; s'il est mort, l'exploit est valablement déposé au domicile indiqué dans l'inscription (art. 2156 du Code Napoléon), il est inutile de le notifier individuellement à chacun de ses héritiers.

Je n'ai pas besoin d'ajouter que tout ce qui vient d'être dit du vendeur s'applique également aux personnes subrogées dans ses droits, et dont les subrogations sont régulièrement inscrites.

Les art. 692 et 696 règlent ensuite les formalités de la purge qui doivent désormais s'accomplir avant l'adjudication et marcher concurremment avec la procédure de saisie.

La sommation qui ne s'adressait, jusqu'ici, qu'aux créanciers inscrits sera faite, à l'avenir, aux créanciers à hypothèques légales et contiendra, à l'égard de ces derniers, l'avertissement que, pour conserver leurs hypothèques sur les biens saisis, ils devront les faire inscrire avant la transcription du jugement d'adjudication.

Les créanciers inscrits sont sommés au domicile élu dans leurs inscriptions. Il n'en peut être ainsi à l'égard des créanciers à hypothèques légales : en l'absence d'une inscription régulière, ils sont sommés à leur domicile réel.

L'exploit est remis au subrogé tuteur, lorsque la tutelle du mineur ou de l'interdit appartient au saisi ; au nouveau tuteur, si la tutelle du saisi a cessé ; au créancier lui-même, s'il est devenu majeur. Ce point ne présente aucune difficulté ; il en est autrement quand il n'existe ni tuteur ni subrogé tuteur.

Frappée des inconvénients que pouvait amener l'exécution rigoureuse du nouvel art. 692, en obligeant le poursuivant à provoquer lui-même la nomination du tuteur ou du subrogé tuteur, la commission du Corps législatif avait proposé d'ajouter aux mots : *subrogé tuteur* ceux-ci : *s'il en existe un* ; mais le conseil d'Etat n'a pas accueilli cet amendement ; il est vrai que, dans la discussion, M. de Parieu, commissaire du Gouvernenement, a exprimé l'opinion qu'il n'était pas nécessaire d'instituer un subrogé tuteur lorsqu'il n'en existait pas.

Mais la jurisprudence, qui peut seule résoudre cette question ainsi que l'a reconnu M. le vice-président du conseil d'Etat, s'est déjà prononcée dans un sens opposé : la Cour de cassation, notamment, a décidé, dans un arrêt du 8 mai 1844 :

« Que le législateur n'a pas dû supposer que des mineurs ne fussent point pourvus de subrogé tuteur, puisque, aux termes de l'art. 420 du Code civil, dans toute tutelle il doit y avoir un subrogé tuteur ;

« Que, d'après les art. 406 et 421 du même Code, le conseil de famille peut, pour la nomination d'un subrogé tuteur, être convoqué sur la réquisition et à la diligence des parties intéressées, même d'office, par le juge de paix auquel toute personne peut dénoncer le fait qui donne lieu à cette nomination ;

« Que l'acquéreur qui connaît l'existence de mineurs pouvant avoir des hypothèques légales, l'acquéreur à qui, pour la consolidation de sa propriété, des obligations sont imposées, est évidemment partie intéressée à faire nommer le subrogé tuteur auquel il est tenu de faire la notification prescrite. »

Le ministère public peut, sans doute, provoquer cette nomination ; mais les mesures qu'il est autorisé à prendre, dans l'intérêt des incapables, ne sauraient diminuer les obligations imposées au poursuivant pour assurer la régularité de la procédure et mettre à couvert sa responsabilité.

Au cas de décès de la femme, du mineur ou de l'interdit, il a été entendu, dans la discussion au Corps législatif, qu'il n'était pas nécessaire de rechercher les héritiers au delà du

dernier domicile de l'incapable décédé. C'est, en effet, au lieu
de l'ouverture de la succession que doivent se concentrer les
investigations. Suivant le résultat des recherches, la sommation
est faite à tous les héritiers collectivement, comme dans l'hypothèse prévue par l'article 447 du Code de procédure civile, ou
à chacun d'eux, à son domicile réel. Lorsque les recherches
ont été tout à fait infructueuses, l'acte est signifié au parquet
suivant les règles ordinaires.

Cette sommation constitue, à l'égard des créanciers à hypothèques légales, l'interpellation directe et personnelle qui les
lie à la poursuite ; elle les met à même de surveiller l'adjudication et d'enchérir, s'ils le jugent à propos ; elle doit désormais
être faite, *à peine de nullité*, à la femme du saisi et au subrogé
tuteur du mineur ou de l'interdit, dont l'existence est révélée
au poursuivant par son titre.

Il est donc de l'intérêt autant que du devoir des officiers ministériels de se pénétrer des nouvelles obligations qui leur sont
imposées ; les omissions ou les erreurs dans l'accomplissement
de ces formalités engageraient gravement leur responsabilité.

Les notaires comprendront la nécessité de constater, avec
l'exactitude la plus scrupuleuse, dans les constitutions de créances, aussi bien que dans les prêts hypothécaires, non seulement l'état civil proprement dit du débiteur, mais encore la
date du décès de sa femme, l'époque et la cause de la cessation
de la tutelle, le nom du tuteur qui l'a remplacé dans la tutelle
et celui du subrogé tuteur.

C'est, en effet, dans l'acte qui forme son titre que le créancier doit puiser les renseignements dont il a besoin pour diriger
les poursuites de saisie immobilière.

Aux termes d'une disposition ajoutée à l'article 696, l'extrait
que l'avoué du poursuivant fait insérer dans un journal du département doit reproduire l'avertissement dont parle l'article
692, et qui est adressé d'une manière générale à tous ceux du
chef desquels il pourrait être pris inscription pour raison d'hypothèques légales. Cette inscription a pour effet de remplacer
l'interpellation qu'avait prescrite l'avis du conseil d'Etat du
1er juin 1807.

Il est bien entendu, et ce point a été formellement déclaré
dans le rapport de la commission au Corps législatif, qu'il n'est

en rien dérogé à l'article 23 du décret organique de la presse du 17 février 1852, et que ces insertions continueront à être faites, à peine de nullité, dans le journal désigné chaque année par le préfet pour recevoir les annonces judiciaires.

Toutes les insertions relatives à la même saisie doivent avoir lieu dans le même journal ; c'est le moyen de rendre la publicité plus certaine et les surprises presque impossibles. Néanmoins, si le journal qui a publié les premières affiches avait cessé, pendant le cours de la procédure, d'être chargé des annonces judiciaires, les insertions suivantes devraient être faites dans la feuille désignée pour le remplacer.

Enfin, et c'est là, monsieur le procureur général, un des points sur lesquels votre attention aura à se fixer le plus sérieusement; l'article 692 complète ces garanties en exigeant que copie de la sommation et de l'avertissement destinés aux créanciers à hypothèques légales soit notifiée au procureur impérial de l'arrondissement où les biens sont situés, et en créant pour ce magistrat, non plus la faculté, mais le devoir de requérir sur les biens saisis l'inscription des hypothèques légales existant du chef du saisi.

Lorsque la purge est opérée à la suite d'une aliénation volontaire, conformément à l'article 2194 du Code Napoléon, vos substituts n'interviennent qu'exceptionnellement et dans une mesure que la circulaire du 15 septembre 1806 a pu circonscrire sans danger. Dans le système qu'introduit la loi nouvelle et que dirige le créancier poursuivant, la sollicitude qui s'attache aux droits des femmes, des mineurs et des interdits, exigeait que l'intervention du ministère public devînt, non plus l'exception, mais la règle.

Je n'ai pas besoin d'insister auprès de vous sur l'importance des intérêts qui se trouvent ainsi confiés à l'exactitude et à la vigilance des procureurs impériaux.

L'inscription ne doit pas s'étendre au delà des immeubles compris dans la saisie, et le ministère public n'a pas à se préoccuper des hypothèques légales qui peuvent exister sur ces biens du chef des précédents propriétaires. La présomption d'insolvabilité qui frappe le saisi ne s'étend pas jusqu'à eux. Toutefois, le procureur impérial devra requérir une double inscription lorsque l'immeuble ne sera plus, au moment des poursuites, entre les mains du débiteur.

L'article 692 ne dit pas, il est vrai, s'il faut entendre par le *saisi* celui qui est tenu personnellement de la dette, ou le tiers dont la chose est expropriée. Mais, si le premier, contre lequel sont dirigés les actes d'exécution, est, dans le langage du droit, le véritable *saisi*, le second qui refuse de satisfaire aux causes de l'hypothèque, soit qu'il reste dans la procédure, soit qu'il délaisse l'immeuble, n'en subit pas moins l'expropriation d'un bien qui, en passant par ses mains, est devenu le gage de ses propres créanciers.

En imposant au ministère public un devoir plus rigoureux, la loi n'a eu rien modifié les dispositions de l'article 2153 du Code Nopoléon relatives aux inscriptions d'hypothèques légales. Le procureur impérial continue donc à indiquer dans les bordereau qu'il rédige les noms et le domicile réel de la femme, du mineur ou de l'interdit dans l'intérêt duquel il requiert; les noms, prénoms, profession et domicile du débiteur, ainsi que la nature des droits à conserver; il désigne les biens grevés, qui ne sont autres que ceux compris dans la saisie et dont il trouve la désignation soit dans la notification qui lui est faite, soit dans le cahier des charges déposé au greffe; il fait pour l'incapable une élection de domicile dans l'arrondissement, car les sommations de produire à l'ordre se font au domicile élu.

Les bordereaux sont dressés en double sur papier visé pour timbre en débet, et les frais des inscriptions sont avancés par l'administration de l'enregistrement, qui en poursuit le recouvrement contre le débiteur; le tout conformément aux articles 124 et 125 du décret du 18 juin 1811, et 2155 du Code Napoléon.

Le conservateur auquel les deux bordereaux sont transmis renvoie au procureur impérial l'un des doubles, au bas duquel il certifie que l'inscription a été prise.

Le procureur impérial ne peut se borner à requérir l'inscription d'une manière générale pour le cas où le saisi serait marié ou tuteur; il doit agir dès que l'existence de la femme, du mineur ou de l'interdit lui est révélée par la notification qui lui est faite, et il n'a pas à se préoccuper du point de savoir s'ils ont des droits à exercer contre le saisi, s'ils trouveront un avantage sérieux à manifester leur hypothèque, ou si la femme ayant contracté la dette solidairement avec son mari a intérêt à inscription. L'article 692 lui impose une obligation absolue : l'inscription fût-elle déjà prise, le renouvellement en serait toujours utile pour en empêcher plus tard la péremption.

Il convient de dire toutefois que par ces mots : *hypothèques légales*, la loi nouvelle n'entend parler que des hypothèques des femmes, des mineurs et des interdits, telles qu'elles sont réglées par l'article 2135 du Code Napoléon. L'intervention d'office du ministère public n'est donc exigée qu'autant que les hypothèques peuvent exister sans être inscrites ; elles cessent dès qu'elles sont soumises à la nécessité de l'inscription, c'est-à-dire, pour les femmes, une année après la dissolution du mariage, pour les mineurs ou les interdits, un an après l'avénement de la majorité ou de la levée de l'interdiction.

Lorsque, dans la notification qui lui aura été adressée, le procureur impérial trouvera la preuve de ces faits, il n'aura plus à requérir. Il s'abstiendra également, dans le cas où il lui serait justifié que l'hypothèque légale des femmes ou des mineurs a été restreinte à certains immeubles du mari ou du tuteur, conformément aux articles 2140, 2141, 2142, 2143, 2144 et 2145 du Code Napoléon, et que les biens saisis en sont affranchis.

D'un autre côté, si le saisi a été chargé de plusieurs tutelles, ou si, veuf depuis moins d'une année, il a contracté un second mariage, le procureur impérial requerra autant d'inscriptions qu'il y aura de droits à conserver.

Les sommations faites aux incapables sont les seules dont copie soit notifiée au ministère public. L'exploit ne doit rien contenir d'étranger aux personnes dans l'intérêt desquelles le procureur impérial est tenu d'intervenir ; mais il est essentiel qu'il relate exactement la saisie et la désignation des immeubles qui en sont frappés, la date, le volume et le numéro de la transcription. Il importe également que les originaux des sommations dont il s'agit soient distincts et séparés de ceux relatifs à toutes autres personnes, de telle sorte que la notification faite au parquet ne contienne que les énonciations nécessaires à la rédaction des bordereaux que le procureur impérial doit préparer.

D'un autre côté, afin que ces actes ne puisse être confondus avec les autres exploits qui sont déposés au parquet, j'ai décidé :

1° Que le visa préparé sur l'original serait placé en tête et en marge de l'acte et conçu dans les termes suivants : « Vu et reçu copie au parquet, en exécution de la loi du 21 mai 1858, n° du registre spécial. »

2° Que la copie porterait à la place correspondante cette mention : « Parquet, exécution de la loi du 21 mai 1858, n°   du registre spécial. »

3° Que le visa, en pareille matière, serait toujours revêtu, non d'un simple parafe, mais de la signature du procureur impérial ou de son substitut.

4° Enfin que, dans chaque parquet, il serait ouvert un registre particulier, conforme au modèle ci-annexé, n° 3, et sur lequel seront portés, dans des colonnes distinctes, suivant l'ordre de la réception de la copie, le nom du saisi, le nom du poursuivant, les dates de la transcription de la saisie, de la notification au parquet, de l'envoi des bordereaux au conservateur, et de l'inscription.

Les dispositions ajoutées à l'article 717 sont, sans contredit, les plus importantes de la loi, à raison des principes qu'elles consacrent et des conséquences qu'elles entraînent, mais elles comportent peu de développement sous le rapport des détails d'exécution.

D'une part, la transcription du jugement d'adjudication purge toutes les hypothèques ; d'un autre côté, les femmes, les mineurs et les interdits peuvent obtenir une collocation sur le prix, quoiqu'ils aient perdu tout droit de suite sur l'immeuble par défaut d'inscription.

En concédant ce droit nouveau, qui s'applique aussi bien aux aliénations volontaires qu'aux adjudications sur saisie, le législateur l'a réglementé et a, dans plusieurs articles, posé les conditions de son exercice. Ces conditions varient selon que l'ordre est réglé à l'amiable ou judiciairement. Lorsque, à la suite d'une vente forcée, l'ordre a lieu amiablement, la femme, le mineur et l'interdit sont admis à y faire valoir leurs droits jusqu'à la clôture, c'est-à-dire tant que le procès-verbal de distribution du prix n'a pas été dressé par le juge (articles 751, 752).

S'agit-il d'un ordre judiciaire, le terme imparti aux créanciers

inscrits pour produire leurs titres et pour former leur demande
en collocation entraîne de plein droit déchéance contre les
créanciers à hypothèques légales (art. 754 et 755).

Après une aliénation volontaire, quand l'acquéreur a accompli
les formalités de purge prescrites par les art. 2194 et 2195 du
Code Napoléon, il suffit, pour que les incapables soient colloqués:

1° Qu'un ordre soit ouvert dans les trois mois qui suivent
l'expiration du délai prescrit par l'art. 2195 pour l'inscription de
leurs droits ;

2° Qu'ils interviennent soit avant la clôture de l'ordre amiable,
soit, quand l'ordre est réglé judiciairement, avant que la déchéance n'ait été encourue par les créanciers inscrits.

L'art. 772, qui le décide ainsi, entraîne plusieurs conséquences, que M. Riché signalait en ces termes, dans son rapport
au Corps législatif (p. 27) : « Si cet ordre prompt n'intervient
pas, s'il n'y pas d'ordre, le droit de préférence est éteint, sans
qu'on ait besoin de lui opposer la barrière d'un transport du
prix de vente.

« Si les créanciers inscrits, voulant laisser le droit de préférence s'écouler et se perdre par le laps de temps, retardent
l'ordre à dessein, nul doute que le titulaire ou le défenseur de
l'hypothèque légale ne puisse provoquer cet ordre.

« Si même, avant l'expiration des trois mois, les créanciers
inscrits font entre eux un ordre amiable, notarié ou sous seing
privé, que l'art. 772 n'interdit pas, la clôture de cet ordre ayant
date certaine pourra être opposée à l'hypothèque légale. »

Enfin, lorsque les créanciers inscrits étant moins de quatre,
il y a lieu de procéder par voie de jugement d'attribution de
prix, en conformité de l'art. 773, les hypothèques légales ne
peuvent élever de réclamations qu'autant que les hypothèques
inscrites ont encore ce droit. (Rapp. de M. Riché, p. 26.)

L'art. 838, qui fixe les effets de l'adjudication après surenchère sur aliénation volontaire, a été modifié dans sa rédaction,
mais ce changement n'entraîne aucune conséquence qu'il soit
utile de signaler.

DEUXIÈME PARTIE.

Modifications au titre de l'ordre.

(Cod. de proc. civ. art. 749 à 779.)

Les procédures d'ordre qui ont pour objet de distribuer entre les créanciers le prix des immeubles aliénés, laissent en souffrance des capitaux considérables. Elles ont été jusqu'ici soumises à de regrettables lenteurs.

Malgré d'incontestables améliorations et de louables efforts, les résultats généraux laissaient encore beaucoup à désirer.

La statistique civile constate qu'avant la promulgation de la loi nouvelle, le tiers seulement des ordres était terminé dans les six mois de l'ouverture, et les mercuriales annuelles signalent des ordres qui ont duré cinq ans, huit ans ou même dix années.

La loi du 21 mai 1858 a eu pour but de remédier à cet état de choses, en abrégeant les délais, en simplifiant les formalités, en diminuant les frais.

« Ce que la loi a voulu surtout, et avec raison (a dit M. Delangle, dans son rapport au Sénat), c'est éviter des frais qui diminuent le gage commun, supprimer les lenteurs calculées ou involontaires, et faire en sorte que chaque créancier reçût, dans le plus bref délai possible, ce qui lui appartient. »

Le Code de procédure laissait à l'intérêt des parties et à la diligence des officiers ministériels le soin d'accélérer la marche de l'ordre et d'en hâter la conclusion. Mais l'expérience a démontré l'insuffisance de ce mode d'action. L'art. 749 permet de confier à un juge spécial la mission de présider à l'accomplissement des formalités de la procédure. Cette mesure, qui est depuis longtemps en vigueur au tribunal de la Seine, et qui a déjà pour elle la sanction de la pratique, a pour but de concentrer la responsabilité sur un seul magistrat et d'assurer à cette

II   f branche du service l'unité de direction et l'uniformité de principes dont elle à besoin.

Le juge spécial peut être choisi parmi les juges suppléants. Les jeunes magistrats trouveront là une occasion de mettre en relief leur zèle et leur capacité et d'appeler honorablement sur eux l'attention des chefs de la Cour au ressort de laquelle ils appartiennent.

J'apprécie, comme je dois le faire, tout ce que le règlement d'un ordre réclame de soin et d'instruction. Je sais que cette difficile et modeste tâche n'offre pas à celui qui s'y dévoue l'éclat et les brillantes compensations qui se rencontrent dans d'autres travaux. Vous me signalerez, monsieur le Procureur général, les juges-commissaires qui se seront fait remarquer par leur aptitude, par leur activité, par les résultats obtenus, et vous me trouverez toujours disposé à leur tenir compte de ces utiles efforts, comme un titre de plus à la bienvaillance du Gouvernement de l'Empereur.

La mission du juge spécial est temporaire. Nommé pour un an au moins, ou trois ans au plus, il peut, après l'expiration d'une première période, être chargé de nouveau des mêmes fonctions ou remplacé par un autre magistrat. Vous aurez à vous concerter avec M. le Premier Président afin de me faire, aux époques nécessaires et dans la forme tracée par ma circulaire du 22 juin dernier, les propositions que les besoins des tribunaux de votre ressort pourront réclamer. Vous ne perdrez pas de vue que la nomination par décret d'un juge spécial n'est pas une mesure obligatoire et générale, qu'elle n'est que facultative et subordonnée à des exigences de service qui doivent être sérieuses et constatées. Vous veillerez, enfin, à ce que les magistrats chargés de cette mission ne se croient pas, pour cela, dispensés du service de l'audience.

Dans les tribunaux où le nombre des ordres ne justifierait pas la nomination d'un juge spécial, il convient et il est dans l'esprit de la loi nouvelle que toutes les procédures d'ordre soient, autant que cela est compatible avec le bien du service, confiées par le président au même magistrat.

Les cas d'empêchement ou d'absence sont prévus et réglés. Vous tiendrez la main à ce que, dans chacun des tribunaux où il existe un juge spécial, le greffier ouvre immédiatement le registre prescrit par l'art. 749 et sur lequel doivent être portées les ordonnances du président qui pourvoient au remplacement du juge absent ou empêché.

La loi confie au juge-commissaire la direction de l'ordre, et l'arme de pouvoirs suffisants pour stimuler l'activité des officiers ministériels. Afin de rendre cette tâche plus facile, j'ai décidé qu'il serait ouvert au greffe un registre conforme au modèle n° 6 ci-joint, indiquant, dans des colonnes distinctes, toutes les phases de la procédure. Le juge-commissaire y fera mentionner successivement l'exécution des formalités accomplies, et pourra, par le seul examen des mentions qui y seront portées, se rendre exactement compte de l'état des procédures.

Le service des ordres est placé sous le contrôle direct et permanent du tribunal, sous celui du premier président et sous le vôtre. Vous ne devez négliger aucun moyen de vous assurer que les procédures sont dirigées avec toute l'activité désirable.

Vos substituts, en vérifiant chaque mois les minutes du greffe, se feront représenter le registre dont je viens de parler et lui consacreront une mention spéciale dans leur procès-verbal. Ils vous transmettront, en outre, dans les dix premiers jours de chaque trimestre, un extrait de ce registre, certifié par le greffier, contenant tous les ordres pendants et constatant la situation de chacun d'eux. Enfin, à la première audience civile des mois de janvier, avril, juillet et octobre, le président du tribunal fera faire publiquement l'appel de tous les ordres non terminés.

La loi du 23 mars 1855, qui a rendu obligatoire la transcription du jugement d'adjudication n'avait prescrit aucun terme pour l'accomplissement de cette formalité. Il n'en est plus ainsi : la transcription doit avoir lieu dans les quarante-cinq jours qui suivent le jugement, s'il n'est frappé ni de surenchère ni d'appel. Dans ces deux derniers cas, le délai court à partir du jour de l'arrêt ou de l'adjudication sur surenchère.

Aux termes de la loi nouvelle, l'adjudicataire négligent est poursuivi comme fol enchérisseur, sans préjudice, bien entendu, des cas prévus par l'art. 713 du Code de procédure; la poursuite a lieu, conformément à l'art. 735, sur le certificat délivré par le conservateur des hypothèques, constatant que la transcription n'a pas été faite.

Cette formalité, nécessaire pour arrêter le cours des inscriptions, est le préliminaire indispensable de l'ordre.

Bien que le jugement d'adjudication soit signifié au saisi suivant les régles ordinaires de la procédure (art. 716), ce n'est plus du jour de cette signification, mais du jour de la transcription au bureau des hypothèques que part le délai pour l'ouverture de l'ordre. Dès que cette transcription a été faite, l'adjudicataire, le créancier le plus diligent, ou le saisi lui-même, requiert l'ouverture du procès-verbal d'ordre ; mais il n'est admis à faire sa requisition qu'en remettant au greffe l'état des inscriptions, indispensable au juge pour faire convoquer les créanciers.

La remise de cet état et la réquisition d'ouverture du procès-verbal sont constatées dans un seul et même acte, qui est inscrit sur le registre des adjudications.

Le juge annexe l'état des inscriptions au procès-verbal, et le droit de 3 francs fixé par le décret du 18 juillet 1808 pour dépôt de cet état est perçu lors de l'enregistrement de l'ordonnance de clôture de l'ordre.

Le saisissant a, comme par le passé, la préférence pour la poursuite d'ordre ; mais s'il n'imprime pas à la procédure l'activité nécessaire, les autres créanciers en prennent à sa place la direction.

Dans les tribunaux où il n'y a qu'un juge spécial, le poursuivant n'aura à requérir la nomination du juge-commissaire que si le juge spécial est absent ou empêché.

Dans les autres tribunaux, il requerra la nomination du juge, qui sera faite par le président, à la suite de la réquisition, sur le registre des adjudications.

C'est au président qu'il appartient de répartir les ordres entre les divers juges spéciaux d'un même siége.

Le Code de procédure ajournait l'ordre judiciaire pendant un mois, pour laisser aux créanciers le temps de s'entendre entre eux ; mais ces tentatives d'arrangement échouaient le plus fréquemment. « Votre commission, disait M. Riché, dans son rapport au Corps législatif, a voulu tirer de ce délai un parti plus fécond en créant ce qui manquait, c'est-à-dire le centre commun, l'agent désigné de la conciliation, le rendez-vous obligatoire de cet agent. »

L'ordre amiable, introduit par la loi du 21 mai 1858 (art. 751), est donc une procédure toute nouvelle dans notre législation. Elle réclame des règles particulières.

Elle n'a pas pour objet de remplacer l'ordre fait devant notaire par suite de l'accord des créanciers avec l'adjudicataire et le saisi, accord qui peut toujours avoir lieu lorsque les parties sont majeures et maîtresses de leurs droits.

Entre cette convention et l'ordre judiciaire, dans un double but d'économie et de rapidité, le législateur a placé l'ordre amiable, qui n'est autre chose qu'un règlement fait en justice sans les formalités ordinaires. Il doit être tenté, quel que soit le nombre des créanciers inscrits.

Dans le délai de l'art. 751, le juge-commissaire fixe le jour et l'heure de la réunion. L'état des inscriptions déposé par le poursuivant sert de base aux convocations, qui sont préparées par le greffier et adressées par lui aux créanciers inscrits, à l'adjudicataire et au saisi.

D'après les dispositions arrêtées de concert entre le département des finances et le mien, les lettres seront conformes au modèle n° 4 ci-joint, tant pour le format que pour les énonciations. Elles seront délivrées par le greffier sur papier non timbré, au nom et sous la surveillance du juge-commissaire, et expédiées par la poste sous bande simple, scellée du sceau du tribunal, avec affranchissement.

Le greffier remettra les lettres au guichet du bureau de poste pour les faire charger. Cette remise sera accompagnée d'un bulletin sur papier libre, conforme au modèle n° 5 et énonçant le numéro de l'ordre, le nom du saisi ou du vendeur, le nombre de lettres et la suscription de chacune d'elles.

Toutes ces mentions seront inscrites sur le bulletin par le greffier, afin que le préposé de l'administration des postes n'ait plus à y porter que la date du dépôt des lettres, leur nombre et le montant de l'affranchissement perçu. Le préposé signera le bulletin ainsi rempli et le remettra au greffier. Chaque lettre sera passible, indépendamment de la taxe ordinaire (10 c. ou 20 c.), du droit fixe de 20 c. pour chargement, comme toute lettre chargée, mais elle est dispensée des formalités de fermeture spéciales qu'entraîne le chargement ordinaire.

Les frais seront avancés par le poursuivant au greffier.

Le bulletin sera représenté au juge, qui le joindra au procès-verbal et pourra ainsi constater la régularité de la convocation et prononcer l'amende contre les créanciers non comparants.

Il ne sera perçu aucun droit d'enregistrement ou de greffe pour l'annexe de ce bulletin au procès-verbal.

Chaque créancier est convoqué non-seulement à son domicile élu, mais encore à son domicile réel, pourvu qu'il soit fixé en France.

Les lettres adressées au domicile élu doivent porter sur la suscription, à la suite du nom du créancier, ces mots : *ou, en cas d'absence, à M.* (nom et qualité de la personne chez laquelle élection de domicile a été faite).

Celles qui ne parviennent pas au destinataire sont renvoyées au greffier du tribunal dont elles émanent, au lieu d'être remises au bureau des rebuts de l'administration centrale des postes.

Bien que l'art. 751 ne s'explique pas sur la rétribution due aux greffiers pour la préparation des lettres de convocation, je ne vois pas d'inconvénient à ce qu'il leur soit alloué 20 centimes par lettre, par analogie des dispositions de l'ordonnance du 9 octobre 1825, art. 1er, n° 17, et du décret du 24 mai 1854.

Vous ne perdrez pas de vue que les lettres de convocation ne doivent parvenir aux destinataires que par la voie de la poste. Afin d'éviter les fraudes auxquelles cette partie du service peut donner lieu, j'ai décidé que le greffier remettrait au poursuivant un état indiquant le numéro de l'ordre, le nom du saisi et celui du vendeur, le nombre des lettres de convocation, les déboursés pour droits de poste et les émoluments perçus.

Le juge, avant de taxer les frais, n'aura, pour s'assurer de la sincérité de cet état, qu'à le comparer avec le bulletin signé par le préposé de l'administration des postes et annexé au procès-verbal.

Les *créanciers* qui ne satisfont pas à la convocation qu'ils ont reçue sont condamnés à 25 francs d'amende. Il est dans le vœu du législateur qu'ils comparaissent en personne; toutefois, il a été entendu qu'ils pouvaient se faire représenter par des fondés de procuration, ou être assistés de conseils; mais ils ne peuvent, en général, se borner à faire connaître par lettre au juge-commissaire leurs prétentions ainsi que les concessions qu'ils sont prêts à faire.

Les termes généraux dans lesquels l'art. 751 est conçu comportent cependant, dans l'exécution, certains tempéraments qui rentrent manifestement dans l'esprit de ses dispositions. On peut donc admettre sans difficulté que le créancier qui a reçu son paiement, mais dont l'inscription n'a pas été radiée, ou celui qui, ne venant pas en ordre utile, renonce à faire valoir ses droits, ou enfin que la personne convoquée par erreur, évitent les frais d'un déplacement inutile ou d'une procuration, en faisant connaître par écrit au juge-commissaire qu'ils sont étrangers à l'ordre ou qu'ils sont désintéressés.

Mais c'est au créancier à prendre les mesures nécessaires pour que sa déclaration parvienne au juge-commissaire. Sa lettre, d'ailleurs, qui reste annexée au procès-verbal, doit être conçue avec clarté et précision et ne contenir aucune réserve ; enfin, sa signature doit être légalisée par le maire de la commune où il réside.

La loi n'autorise à accorder aucune indemnité de voyage ou autre à ceux qui ont satisfait à la convocation, bien qu'ils n'aient obtenu aucune collocation.

Quant à la personne appelée par erreur, elle a son recours, selon les circonstances, contre le greffier ou contre le conservateur des hypothèques.

Les considérations qui ont déterminé le législateur à tenter l'ordre amiable ne permettent pas de penser que les créanciers soient astreints à recourir au ministère des avoués ; le règlement a lieu sous la médiation du juge, mais il s'accomplit amiablement, c'est-à-dire sans procédure. Le créancier a donc le libre choix de son mandataire, et, lorsqu'il se présente en personne, il peut se faire accompagner d'un avocat ou d'un avoué ; mais les honoraires du conseil, comme ceux du mandataire, restent à sa charge, et ne peuvent, en aucun cas, être prélevés sur la somme en distribution.

Le délai pour la tentative de règlement amiable est d'un mois à partir du jour de la réquisition d'ouverture du procès-verbal, lorsqu'il existe un juge spécial, ou de la nomination du juge-commissaire. Si la première réunion est infructueuse, le juge en indique une ou plusieurs autres, sans nouvelles convocations et sans frais.

En l'absence d'un créancier, il apprécie s'il convient de renvoyer l'assemblée à un autre jour ou de la tenir immédiatement, sauf à régulariser ultérieurement le procès-verbal par l'adhésion que le créancier peut fournir dans le mois.

Les créanciers à hypothèques légales qui n'ont pas pris d'inscriptions doivent, s'ils veulent être colloqués, déposer au greffe leurs titres avec acte de produit, et faire mention de ce dépôt sur le procès-verbal d'ordre.

Il en est de même des créanciers chirographaires qui ont intérêt à surveiller la distribution du prix.

La réunion a lieu sous la présidence du juge-commissaire. Après l'appel des personnes convoquées, l'avoué poursuivant expose l'objet de la réunion. Chacun des créanciers justifie de son identité, fait connaître ses prétentions et dépose ses titres à l'appui.

Au surplus, la loi n'a prescrit aucune forme, n'a tracé aucune règle spéciale. Le juge auquel elle confie la direction du débat suit la marche qui lui paraît de nature à concilier tous les intérêts. Ne s'élève-t-il aucune difficulté, il dresse procès-verbal de la distribution du prix, ordonne la délivrance des bordereaux aux créanciers utilement colloqués et la radiation des inscriptions qui ne viennent pas en ordre utile.

Mais, si des contestations surgissent, il appelle l'examen sur chacune d'elles et cherche à rapprocher les parties; son expérience, l'autorité de son caractère, lui assurent une influence qui, dans la plupart des cas, rendent son intervention efficace et décisive.

Rien ne s'oppose à ce que le règlement amiable ne soit que partiel, car il est dans le vœu de la loi de hâter, par tous les moyens légitimes, le moment où les créanciers recevront leur paiement. Lors donc que tous les membres de l'assemblée sont d'accord pour reconnaître la justice des prétentions des créanciers premiers inscrits, et qu'il ne s'élève de difficulté qu'à l'égard des inscriptions postérieures, le juge arrête l'ordre pour les créanciers non contestés, et ordonne à leur profit la délivrance des bordereaux de collocation.

Il a même la faculté, selon les circonstances et quand les contestations ne s'adressent qu'à un nombre limité de créances, de régler l'ordre et de l'arrêter à l'égard des créanciers dont les demandes sont unanimement admises, à la condition toutefois de réserver somme suffisante pour désintéresser, suivant les éventualités du procès, ceux qui ne peuvent être dès à présent colloqués.

Cette manière d'opérer, que l'art. 751 n'interdit pas, a le double avantage de procurer à ceux dont les droits sont établis, un remboursement immédiat et sans frais, et de permettre en même temps aux créanciers contestés, lorsque leur nombre n'excède pas trois, de procéder par voie d'attribution de prix, au lieu de recourir aux formalités longues et dispendieuses de l'ordre judiciaire.

Quant aux créances conditionnelles ou indéterminées, elles sont réglées conformément aux principes du droit en cette matière.

Le règlement ne souffre aucune difficulté lorsque le créancier, mineur ou incapable, reçoit son paiement intégral ; mais s'il ne doit obtenir qu'un remboursement partiel ou s'il ne vient pas en ordre utile, le règlement amiable peut-il aboutir ?

Le représentant de l'incapable, qui n'a qualité que pour les actes d'administration, peut-il l'accepter sans recourir aux formalités prescrites pour les transactions ? C'est une question que la jurisprudence aura à résoudre. Constatons seulement que la commission du Corps législatif a paru considérer le consentement au règlement amiable, beaucoup moins comme une transaction que comme un acte d'administration ; en se bornant à reconnaître l'exactitude d'un fait dont le magistrat seul est appelé à tirer les conséquences, le tuteur n'abandonne ni ne compromet les intérêts dont la gestion lui est confiée.

Le juge, dans l'ordre amiable organisé par l'art. 751, n'est pas seulement chargé de constater l'accord des parties et de donner l'authenticité à leurs conventions. Bien qu'investi d'une mission de conciliation, il n'en conserve pas moins son caractère propre. Les créanciers sont convoqués devant lui pour se régler amiablement entre eux, c'est-à-dire pour établir ou contester contradictoirement et sans formalités de procédure la réalité de leurs droits et le rang qui appartient à chacun d'eux.

Mais c'est le juge seul qui procède à l'ordre, et il ne donne sa sanction à l'arrangement des créanciers qu'autant qu'il le trouve conforme aux règles de la justice.

Le procès-verbal qu'il rédige, le greffier tenant la plume,

relate l'exposé des faits présentés par l'avoué poursuivant sous sa responsabilité, la convocation des créanciers, l'annexe du bulletin de chargement, la comparution des parties, l'accord des créanciers, et, suivant les circonstances, renvoie les parties à l'audience, ou contient la distribution totale ou partielle du prix.

Il est signé par le juge et par le greffier, car c'est un acte du juge, et ne diffère point du règlement qui met fin à l'ordre judiciaire. Le conservateur des hypothèques est tenu d'exécuter l'ordonnance qui le termine.

A défaut d'ordre amiable, le procès-verbal n'est clos qu'à l'expiration du mois.

Il constate les incidents qui se sont produits et qui ont empêché la conciliation, et ce n'est qu'à ce moment que le juge prononce l'amende contre les non comparants. Il agit, d'ailleurs, sans nouvelle réquisition du poursuivant, déclare l'ordre ouvert et commet un ou plusieurs huissiers à l'effet de sommer les créanciers de produire. Pour empêcher le retour d'anciens abus, l'art. 752 déclare expressément que cette partie du procès-verbal ne pourra être expédiée ni signifiée.

L'état des inscriptions reste au greffe, car il est nécessaire au tribunal pour statuer sur la demande en attribution du prix, s'il y a moins de quatre créanciers inscrits, ou au juge-commissaire pour procéder au règlement de l'ordre judiciaire.

L'art. 753 fixe le délai (huit jours) dans lequel l'avoué poursuivant est tenu de dénoncer l'ouverture de l'ordre à l'avoué de l'adjudicataire, et de faire, à chacun des créanciers inscrits sommation de produire. Cet acte relate les circonstances principales de la poursuite, et contient, en outre, l'avertissement spécial que, faute de produire dans les quarante jours, le créancier sera déchu.

L'original en est remis au juge, qui en fait mention sur le procès-verbal, et qui s'assure que les huissiers commis ont accompli leur mission.

Le délai de la production, qui n'était que d'un mois, d'après le Code de procédure, est porté à quarante jours, par l'art. 754. Il court, pour chaque créancier, à partir de la sommation qui lui est faite.

Les créanciers à hypothèques légales qui n'ont pas fait inscriré leurs droits, mais qui veulent profiter du bénéfice de la disposition du nouvel art. 717, déposent au greffe leurs titres avec acte de produit signé par leur avoué et contenant demande en collocation. Mais ce dépôt, dont il est fait mention sur le procès-verbal, ne peut plus être effectué utilement lorsque le dernier créancier sommé a encouru la déchéance.

Aux termes de l'art. 755, les créanciers non produisants dans le délai sont déchus de plein droit. Aucune latitude n'est laissée au juge. A l'expiration des quarante jours, il constate la déchéance immédiatement et d'office sur le procès-verbal.

Le délai ne peut être prorogé sous aucun prétexte. Ainsi se trouvent supprimées ces productions tardives qui, dans l'ancienne procédure, entravaient si souvent la marche des ordres et en empêchaient la conclusion.

« Cette déchéance, encourue par les créanciers non produisants dans le délai, dit M. Riché, dans son rapport au Corps législatif, est l'une des plus graves innovations du projet de loi. Elle a excité des réclamations de la part de quelques officiers ministériels. Votre commission a pensé, avec le Gouvernement, que l'efficacité de la loi était surtout au prix de cette déchéance. L'expérience a condamné l'inconséquence du Code actuel qui, après avoir prescrit la production dans le mois de la sommation, permet en fait de ne produire qu'après ce délai, et même qu'après la confection de l'état de collocation…. La seule sanction sérieuse du délai est la forclusion. »

Il est prescrit au juge-commissaire de dresser l'état de collocation dans les vingt jours qui suivent l'expiration du délai de production. Mais c'est là un maximum qui ne doit être que rarement atteint ; et, dans la plupart des ordres où les créanciers sont peu nombreux et qui ne présentent pas de questions délicates, le travail peut être promptement terminé.

Une procédure d'ordre doit toujours être conduite avec célérité ; le bien public l'exige autant que l'intérêt des justiciables. Ce n'est, d'ailleurs, qu'en donnant l'exemple de l'activité que le juge stimulera le zèle des officiers ministériels et imprimera aux procédures une marche rapide.

La confection de l'état de collocation, qui doit être le résultat de son travail personnel, exige de sa part autant d'attention que de prudence. « La matière des hypothèques et la procédure d'ordre qui en est la mise en œuvre, *disait au Sénat M. Delangle*, sont au nombre des plus compliquées et des plus difficiles qu'offrent nos lois civiles. Pour s'y mouvoir avec rapidité et certitude, il est nécessaire de joindre, à une science vraie, des idées d'application que donnent seules l'habitude et l'expérience. »

Le juge ne peut donc abandonner ce travail aux soins du greffier ou de l'avoué poursuivant; si de semblables abus s'introduisaient dans quelques-uns des tribunaux de votre ressort, vous auriez à m'en rendre compte immédiatement. C'est un point que je confie à votre vigilance et à votre sollicitude.

Dans les dix jours de la confection de l'état de collocation, l'avoué poursuivant le dénonce aux créanciers produisants, ainsi qu'à la partie saisie, sous peine d'être déchu de la poursuite (art. 776).

L'art. 756 tranche une question controversée en déclarant que le saisi sera forclos comme les créanciers produisants, à défaut d'avoir contredit l'état dans les trente jours.

L'art. 2192 du Code Napoléon, prévoyant le cas où plusieurs immeubles ont été aliénés volontairement pour un seul et même prix, décide que le prix de chaque immeuble frappé d'inscriptions particulières et séparées, sera déclaré dans la notification du nouveau propriétaire qui veut purger, par ventilation du prix total exprimé dans le titre.

Mais, lorsque l'adjudication a lieu à la suite d'une saisie immobilière, il faut déterminer, après coup, la portion de prix afférente à chacune des parcelles qui sont grevées d'hypothèques différentes (art. 2211, Code Napoléon).

Le Code de procédure ne contenait aucune règle spéciale pour la ventilation, ce qui amenait dans la pratique beaucoup d'hésitation et d'incertitude. La loi du 21 mai 1858 trace une procédure sommaire qui permet au juge de réunir avec rapidité des éléments d'appréciation, et de résoudre la difficulté.

Sur la réquisition des parties, ou d'office, par une ordonnance inscrite sur le procès-verbal, il nomme un ou trois experts, fixe le jour où il recevra leur serment et le délai dans lequel ils devront déposer leur rapport.

L'expert qui ne remplirait pas sa mission, après avoir prêté serment, s'exposerait à une poursuite en dommages-intérêts, conformément à l'art. 316 du Code de procédure.

Le rapport, qui est rédigé d'une manière sommaire et qui est annexé au procès-verbal, ne peut être levé ni signifié; mais la partie qui n'en accepte pas les conclusions peut contester l'état de collocation dans les points qui lui font grief.

L'art. 757 ne s'applique pas au cas où la ventilation est requise après la dénonciation du règlement provisoire et par voie de contredit consigné au procès-verbal. Le juge-commissaire qui ne peut plus modifier l'état de collocation renvoie les parties à l'audience, et la ventilation est ordonné, s'il y a lieu, par le tribunal.

Plusieurs améliorations résultent de l'art. 758.

1° Tout contestant motive son dire, qui est daté et signé par son avoué, et qui tient lieu de ses conclusions (art. 761).

Il produit toutes pièces à l'appui, c'est-à-dire qu'il les dépose au greffe.

Désormais c'est le juge-commissaire qui fixe le jour où les contestations seront vidées, et commet un avoué pour suivre l'audience. Les contestants figurent seuls dans le débat avec les contestés et l'avoué du dernier créancier colloqué.

Ces mesures empêcheront des contestations irréfléchies, des lenteurs et des frais inutiles;

2° Avant de renvoyer les contestants à l'audience, le juge pourvoit à l'intérêt des créanciers dont les collocations ne sont point attaquées, comme il le faisait déjà sous l'empire du Code de procédure; il arrête l'ordre et ordonne la délivrance des bordereaux de collocation pour les créances antérieures à celles contestées.

Le nouvel article 758 l'autorise, en outre, à faire un règlement définitif pour les créances postérieures, en réservant une somme suffisante pour désintéresser les créanciers contestés. Mais c'est là une faculté dont le juge-commissaire usera avec prudence et lorsque la mesure lui paraîtra sans inconvénient.

Ces règlements partiels présentent des avantages réels, puisqu'ils assurent le remboursement immédiat des créances légitimes, et qu'ils simplifient notablement l'ordre, dans lequel on ne voit plus figurer que ceux dont les prétentions ont donné lieu à des contredits.

L'art. 759 détermine le délai dans lequel le juge-commissaire est tenu de faire la clôture de l'ordre, lorsqu'il ne s'est élevé aucune contestation.

En chargeant ce magistrat de liquider les frais de radiation et de poursuite d'ordre, aussi bien que ceux des créanciers colloqués en ordre utile, il reproduit presque textuellement l'ancien article du Code de procédure.

Il importe que les avoués déposent promptement au greffe leurs états de frais, afin de ne pas entraver le travail du juge-commissaire.

Quant à l'art. 761, il a pour objet de mettre un terme à l'abus des remises sollicitées sous prétexte de recherche ou de production de nouvelles pièces. Il décide, en outre, une question jusqu'alors très-controversée, en déclarant que les contestations sont jugées comme affaires sommaires, et régies, en ce qui touche la taxe des dépens, par l'art. 67 du décret du 16 février 1807. La procédure se borne à un simple acte signifié à la diligence de l'avoué commis, contenant avenir pour l'audience fixée par le juge, et à des conclusions motivées de la part des contestés.

Les art. 762, 763, 764, tranchent plusieurs questions importantes, mais ne comportent aucune explication particulière. Vous remarquerez seulement que la procédure devant la Cour est sommaire comme elle l'est en première instance.

L'époque du règlement définitif de l'ordre est déterminé par l'art. 765. « A ce moment, disait M. Riché au Corps législatif, les intérêts dus par le saisi cessent, et font place aux intérêts dus par l'adjudicataire ou par la caisse des consignations. C'est ce que votre commission, dont la rédaction est devenue plus substantielle entre les mains du Conseil d'Etat, a exprimé par une disposition moins équivoque que celle de l'ancienne loi, qu'avait copié le projet. »

L'art. 766 introduit d'excellentes réformes : Les dépens des contestations étaient souvent employés en frais d'ordre, et retombaient ainsi à la charge du dernier créancier colloqué ; désormais, ils ne pourront être pris sur les deniers provenant de l'adjudication, à moins qu'il ne s'agisse d'un créancier dont la collocation, rejetée d'office malgré une production suffisante, a été admise par le tribunal, ou de l'avoué chargé de repré-

senter les créanciers postérieurs aux collocations contestées.
A part ces deux exceptions, le principe est absolu.

Lors même que le contredit profiterait à la masse commune, le mobile de ce contredit n'en étant pas moins l'intérêt
du contredisant, celui-ci supporte les frais du procès qu'il a
soulevé et qu'il a perdu.

L'article va plus loin et autorise le tribunal à condamner aux
dépens celui qui obtient gain de cause, s'il est établi qu'il a mis
de la négligence dans la production des pièces : disposition
sévère, mais juste, puisque, en fournissant dès l'abord ces
pièces décisives, le créancier aurait évité le contredit et le jugement.

Enfin, les frais à la charge du contestant téméraire sont prélevés sur sa collocation.

On s'était demandé, sous le Code de procédure, s'il existait
un recours contre l'ordonnance de clôture de l'ordre.

Tout le monde s'accordait à refuser aux créanciers qui n'a-
vaient pas contesté le règlement provisoire, le pouvoir de
remettre en question les bases de ce règlement, l'existence, la
quotité, le rang des créances. Mais il n'était pas impossible que
des erreurs se fussent glissées dans le règlement définitif, ou
que le juge-commissaire eût excédé ses pouvoirs.

La jurisprudence était profondément divisée sur le point de
savoir si l'ordonnance de clôture devait être attaquée par la voie
de l'appel ou par la voie de l'opposition, et dans quel délai ce
recours pouvait être exercé.

La nouvelle loi « rend un triple service aux justiciables
(pour employer les expressions de M. Riché) en tranchant la
difficulté, en choisissant le mode d'opposition devant le tribunal même, comme le plus économique, et en organisant une
procédure assez simple pour la juger. » Le poursuivant dénonce l'ordonnance de clôture dans les trois jours de sa date
par acte d'avoué à avoué. L'opposition est formée, à peine de
nullité, dans la huitaine de la dénonciation ; elle est jugée dans
la huitaine suivante, comme affaire urgente et sommaire.

Bien que l'art. 767 ne s'explique pas sur ce point, l'oppo
sition est faite au greffe par un dire consigné au procès-verbal.

D'après l'art. 769, c'est l'avoué poursuivant qui fait radier les
inscriptions des créanciers non utilement colloqués, et, pour

assurer l'accomplissement de cette formalité, l'article suivant défend au greffier de délivrer le bordereau des frais de poursuite avant que l'avoué ait fourni les certificats de radiation qui demeurent annexés au procès-verbal.

Vos substituts, en vérifiant chaque mois les minutes du greffe. tiendront la main à ce que ces prescriptions soient ponctuellement exécutées.

Prévoyant le cas d'une aliénation volontaire, l'art. 772 autorise non-seulement l'acquéreur et le créancier le plus diligent. mais le vendeur lui-même, à requérir l'ouverture de l'ordre. Néanmoins, ce dernier ne peut user de cette faculté qu'autant que le prix est exigible.

Aux termes de l'ancien art. 775, l'ordre pouvait être provoqué après l'expiration des trente jours qui suivaient l'expiration des délais prescrits par les art. 2185 et 2194 du Code civil ; le nouvel article ne permet de l'ouvrir qu'après l'accomplissement des formalités prescrites pour la purge des hypothèques.

La commission du Corps législatif a considéré la purge des hypothèques inscrites comme le *précurseur de l'ordre.* « Mais, disait M. Riché, dans son rapport, pourquoi forcer l'acquéreur, surtout l'acquéreur d'un petit immeuble, à purger les hypohypothèques légales, si l'intérêt de sa sécurité ne lui paraît pas l'exiger, ou s'il recule devant les frais de cette purge assez rare dans la pratique. »

Quoi qu'il en soit, les termes généraux et absolus dans lesquels la disposition est conçue, ne paraissent pas admettre de distinction ; c'est une question que la jurisprudence aura à trancher.

Dans sa disposition finale, l'art. 772 réserve, sous certaines conditions, aux créanciers à hypothèques légales qui n'ont pas fait inscrire leurs hypothèques, le droit de préférence sur le prix.

L'article 773 n'autorise pas l'ordre judiciaire lorsqu'il y a moins de quatre créanciers inscrits ; le Code admettait déjà ce principe, mais seulement à la suite d'une vente volontaire ; désormais, quel que soit le mode d'aliénation, la distribution du prix sera faite directement par le tribunal, après une procédure économique dont la forme est tracée avec précision.

L'instance en attribution de prix n'a lieu, dans tous les cas, qu'à défaut de règlement amiable.

L'un des objets principaux de la loi du 21 mai 1858 est d'imprimer aux procédures d'ordre la rapidité qui leur a manqué jusqu'à présent. Mais, pour atteindre à ce but, il ne suffisait pas de fixer des délais et de les enchaîner après en avoir restreint l'étendue dans une exacte limite, il fallait encore imposer aux avoués la vigilance et l'activité. C'est à cette fin que l'art. 776 substitue à la subrogation, dont l'expérience avait démontré l'inefficacité, une déchéance, sans sommation ni jugement, contre l'avoué qui n'a pas observé les formalités et les délais prescrits par les art. 753, 755, § 2, et 769, et contre l'avoué commis qui n'a pas rempli les obligations à lui imposées par les art. 758 et 761.

Cette mesure que le juge-commissaire est autorisé à prendre, sur la réquisition d'une partie ou même d'office, est une sanction rigoureuse des dispositions de la loi. Le zèle que les officiers ministériels apportent habituellement aux affaires qui leur sont confiées en rendra, sans doute, l'application peu fréquente; mais si des négligences se produisent, le juge ne doit pas hésiter à y recourir; sa tolérance ou sa faiblesse engagerait sa responsabilité.

L'avoué poursuivant et l'avoué commis ayant à remplir certaines formalités à la suite de divers actes du juge-commissaire, le greffier, au nom et sous la surveillance de ce magistrat, donnera avis, par lettre chargée à la poste : 1° à l'avoué poursuivant, de l'ouverture du procès-verbal d'ordre, de la confection de l'état de collocation provisoire, et de la clôture de l'ordre; 2° à l'avoué commis, du renvoi à l'audience avec indication du jour fixé.

Aux termes des art. 777 et 778, il suffit à l'acquéreur qui veut faire prononcer la radiation des inscriptions avant la clôture de l'ordre, de consigner volontairement son prix :

« C'était là, disait M. Delangle, dans son rapport au Sénat, une occasion naturelle, et la loi l'a saisie, de trancher une question indécise, celle de savoir si la consignation, en cette matière, devait être précédée d'offres réelles.

« Le prix étant irrévocablement fixé par la purge de toutes

II   9

les hypothèques, les offres étaient une formalité complétement
inutile ; la loi nouvelle, fidèle à la pensée qui l'inspire, a évité
ces frais aux créanciers. »

Il est superflu de retracer ici la procédure simple et économique qui est prescrite ; il convient seulement de rappeler que,
dans le cas où l'ordre n'est pas ouvert, l'acquéreur ou l'adjudicataire qui veut consigner est tenu d'en requérir l'ouverture.

Le Code ne s'était pas expliqué sur l'effet d'une revente sur
folle enchère intervenant dans le cours de .l'ordre, et même
après le règlement définitif et la délivrance des bordereaux.
L'art. 779 met fin aux difficultés que cette lacune avait fait naître,
et décide qu'il n'est pas nécessaire de recommencer l'ordre, que
le juge-commissaire doit se borner à modifier l'état de collocation, suivant les résultats de l'adjudication, et à rendre les bordereaux exécutoires contre le nouvel adjudicataire.

Telles sont, monsieur le procureur général, les observations
que m'a suggérées la loi du 21 mai 1858 et les mesures que j'ai
cru devoir prescrire pour en faciliter et en assurer la complète
exécution. Les changements que le législateur a voulu intro-
duire dans le règlement des ordres ne sont pas seulement une
réforme utile de procédure ; ils ont, vous le savez, un intérêt
plus général et plus élevé. Vous aurez donc à faire appel à la
vigilance des magistrats comme au zèle des officiers ministériels
de votre ressort.

Je compte sur votre concours le plus actif pour donner à
cette partie du service, qui est particulièrement confiée à votre
surveillance et à votre sollicitude, une vigoureuse impulsion ;
et je ne doute pas que les principes nouveaux, maintenus dans
une sage limite, mais appliqués d'une manière large et ferme,
ne produisent d'excellents résultats.

Je désire que désormais vous fassiez connaître dans la mer-
curiale les mesures que vous aurez adoptées pour favoriser
l'application et le développement de ces principes.

Vous voudrez bien enfin me tenir exactement informé de
tout ce qui intéressera l'exécution d'une loi sur laquelle le

Gouvernement de l'Empereur fonde de légitimes espérances d'amélioration et de progrès.

Je vous prie de m'accuser réception de cette circulaire, dont je vous transmets des exemplaires en nombre suffisant pour que vous puissiez en adresser à M. le premier président de la Cour, aux présidents, aux procureurs impériaux et aux juges spéciaux de votre ressort.

Recevez, monsieur le procureur général, l'assurance de ma considération très-distinguée.

Le Garde des sceaux, ministre de la justice,

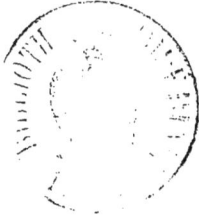

E. DE ROYER.

CHRONIQUE.

---

*Médecin. — Honoraires. — Epidémie. — Indigents. —
Commune.*

Le médecin qui a donné des soins aux indigents d'une
commune pendant une épidémie, sur la réquisition de l'autorité municipale, a le droit de réclamer des honoraires de
la commune. (Code Napoléon, 1999).

Andreux — C. ville de Bar-le-Duc.

Le contraire avait été décidé par un jugement du tribunal
civil de Bar-le-Duc, ainsi conçu :

Attendu que le choléra s'étant manifesté dans la ville de Bar-
le-Duc, le 1er août 1854, le maire a, par son arrêté du 2 du
même mois, requis les médecins de donner leurs secours aux
cholériques dans les circonscriptions qui ont été assignées à
chacun d'eux, et appelé un certain nombre de citoyens, à
tour de rôle, à veiller de jour et de nuit à ce que les soins
nécessaires fussent assurés aux malades ;

Attendu qu'Eugène Andreux, l'un des médecins requis, réclame aujourd'hui à la ville de Bar-le-Duc, une somme de
910 fr. pour honoraires des soins par lui donnés aux cholériques indigents, d'après cette réquisition ;

Attendu que la loi du 24 août 1790 confie à la diligence de
l'autorité municipale le soin de prévenir, par des précautions

convenables, et celui de faire cesser, par la distribution de secours necessaires, les accidents et fléaux calamiteux, tels que les épidémies ;

Attendu que l'art. 47, Code pénal, punit d'amende ceux qui contreviennent aux règlements légalement faits par l'autorité municipale en vertu de la loi précitée, et que l'art. 475, même Code, indique spécialement qu'une peine doit atteindre ceux qui refusent de prêter le secours dont ils auront été requis dans les circonstances d'accidents, inondations, incendies ou autres calamités ;

Attendu que si la loi frappe d'une peine ceux qui refusent d'obéir aux réquisitions de l'autorité municipale, elle n'établit nulle part que celui qui se sera conformé à ces réquisitions aura droit à un salaire, à une indemnité ;

Attendu que le silence de la loi est d'autant plus remarquable que, lorsqu'elle exige le sacrifice de quelque intérêt privé à l'intérêt public, elle dispose, soit comme dans l'art 545 Code Napoléon, et dans la loi d'expropriation publique de 1841, que le sacrifice ne devra être fait qu'après juste et préalable indemnité, ou comme dans le tarif des dépens en matière criminelle, que les médecins ou autres requis pour le service de la justice criminelle recevront une indemnité qu'elle détermine à l'avance ;

Attendu que la ville de Bar-le-Duc s'est trouvée, en 1832 comme en 1854, frappée par une épidémie de choléra ; que les médecins requis en 1832 de prêter leurs secours et de donner leurs soins aux malades n'ont reçu aucune rémunération; qu'ainsi, dans le silence de la loi, silence qui se fortifie encore de l'autorité des précédents, la demande d'Eugène Andreux, qui est contestée par la ville de Bar-le-Duc, manque d'une base légale, et que la réquisition du maire ne crée au demandeur aucun droit à indemnité contre la ville ;

Attendu que la ville de Bar-le-Duc déclare offrir à Eugène Andreux la somme de 300 fr. ;

Le tribunal donne acte à la ville de Bar-le-Duc de son offre ; déboute Andreux de sa demande, etc.

Pourvoi en cassation par le sieur Andreux, pour, 1° violation de l'art. 3, tit. 11 de la loi des 16-24 août 1790 ;

2° Violation de l'art. 1999, Code Napoléon, en ce que le jugement attaqué a refusé au sieur Andreux, qui avait obéi à la réquisition du maire, tout droit à des honoraires.

ARRÊT.

Là Cour, sur les deux moyens du pourvoi;

Vu l'art. 1999, Code Napoléon;

Attendu qu'il résulte des faits constatés par le jugement attaqué que Eugène Andreux, requis par le maire de Bar-le-Duc de donner ses secours aux malades atteints du choléra dans la circonscription à lui assignée, a obtempéré à cette réquisition;

Qu'il devait, dès lors, et par cela seul, recevoir un salaire pour les soins par lui donnés;

Que nul ne peut être tenu, en l'absence de toute disposition de la loi, de faire gratuitement le sacrifice de son temps, de son travail ou de son industrie, même à l'intérêt public ou communal;

Qu'aucune disposition de la loi n'a exigé ce sacrifice dans les cas de calamités publiques;

Que l'appel fait à tout individu exerçant une profession salariée, pour obtenir de lui un acte de cette profession, suppose nécessairement et implique la promesse et l'obligation de lui en payer le salaire;

Que, dans les faits de la cause, le maire de Bar-le-Duc, agissant en vertu des dispositions de la loi des 16-24 août 1790, pour arrêter dans ses progrès un fléau calamiteux répandu dans la commune confiée à son administration, exerçait l'un des pouvoirs attribués par cette loi à l'autorité municipale;

Qu'avant tout, et indépendamment de l'influence utile que les mesures par lui prises pouvaient avoir dans l'intérêt général, ces mesures avaient pour but l'intérêt de la ville de Bar-le-Duc et la conservation de ses habitants;

D'où il suit que la dépense à faire pour leur accomplissement et pour le paiement des salaires et indemnités auxquels elles pourraient donner lieu, était éminemment une dépense communale et devait être à la charge de la ville;

Et attendu que le jugement attaqué a décidé, au contraire, qu'il n'était dû aucune indemnité à Eugène Andreux pour les secours par lui donnés comme médecin, sur la réquisition du maire de Bar-le-Duc, aux malades atteints du choléra;

Qu'en jugeant ainsi, il a violé l'article précité;

Casse, etc.

Du 27 janvier 1858. — Ch. civ. — Président, M. Bérenger.

Huissier. — Protêt. — Reconnaissance.

L'huissier chargé de faire le protêt d'une lettre de change n'a pas qualité pour constater par sa seule attestation, surtout depuis le décret du 23 mars 1848, qui a décidé qu'à l'avenir les protêts seraient faits sans assistance de témoins, que celui sur qui la lettre de change était tirée s'en est reconnu débiteur. (Cod. Nap., 1315; Cod. comm., 173).

D'Albaret — C. Orliac.

Un protêt fait le 21 juin 1834, de deux lettres de change acceptées par le sieur Orliac et la dame Orliac, son épouse, mariés sous le régime dotal, énonçait que la dame Orliac, devenue veuve, avait déclaré que, son mari étant décédé depuis peu de jours, elle ne pouvait faire, quand à présent, le paiement de la lettre de change par elle acceptée, « mais qu'elle paierait et ferait honneur a sa signature plus tard ». — Le sieur d'Albaret, porteur, ayant poursuivi la dame veuve Orliac en paiement des lettres de change, celle-ci opposa qu'à l'époque où elle avait accepté, elle se trouvait dans les liens de la dotalité, et que, dès lors, elle ne pouvait être contrainte d'en payer le montant sur ses biens dotaux. — Quant au moyen tiré par le sieur d'Albaret de la promesse de payer

constatée dans l'acte de protêt, et lors de laquelle la veuve
Orliac n'était plus mariée, il fut écarté par un jugement
dont un arrêt de la cour de Toulouse, du 6 déc. 1853, prononça la confirmation par les motifs suivants :

« Attendu que la sommation de payer signifiée à la dame
Orliac peu de jours après la dissolution du mariage, n'a pas
été faite dans un acte régulier qui ne puisse être infirmé que
par l'inscription de faux ; que l'engagement personnel
qu'on lui attribue dans cet acte extrajudiciaire n'a point été
signé par elle, et que la réponse prétendue et consignée au
bas de la sommation a été désavouée en son nom devant la
justice. »

Pourvoi en cassation par le sieur d'Albaret, pour violation de l'art. 174, Cod. comm., et des règles sur la foi due
aux actes authentiques, en ce que l'arrêt attaqué avait refusé
de donner foi, jusqu'à inscription de faux, aux constatations
faites par l'huissier, dans un acte de protêt, bien que les
constatations litigieuses rentrassent dans les attributions de
l'huissier chargé de dresser le protêt, puisqu'elles n'étaient
autre chose que l'indication des motifs du refus de paiement
dont l'huissier est tenu de faire mention en rédigeant son
acte.

ARRÊT.

La Cour, attendu que la disposition de l'art. 174, Cod.
comm., qui veut que l'acte de protêt énonce les motifs du refus
de paiement, ne saurait être entendue en ce sens que, contrairement aux principes généraux du droit sur la preuve des
obligations, il puisse appartenir à l'huissier chargé de faire le
protêt, et procédant, aux termes de la loi du 23 mars 1848, sans
assistance de témoins, de donner force authentique aux réponses non signées de la partie, qui contiendraient des engagements autres et plus étendus que ceux qui résultent de la lettre
de change protestée, et, par exemple, comme dans l'espèce, à
une promesse de payer faite par la femme dotale après le décès

de son mari. et qui entraînerait, de sa part, renônciation au droit qui lui était acquis de ne pouvoir être poursuivie sur ses biens dotaux ;

Attendu qu'en le jugeant ainsi. l'arrêt attaqué. loin de violer aucune disposition de la loi. a, au contraire, fait à l'espèce une juste application des principes de la matière ; — Rejette. etc.

Du 17 nov. 1856. — Ch. req. — Présid., M. le cons. Bernard (de Rennes).

Office. — Priviléje. — Suppression.

Le vendeur non payé d'un office a privilége sur le prix de la cession de cet office, que son successeur a consentie à la corporation dont il faisait partie, et au profit de laquelle le gouvernement en a prononcé la suppression : ce cas ne peut être assimilé à celui d'une destitution du titulaire, ou d'une suppression de l'office spontanément prononcée par le gouvernement (Cod. Nap., 2102, § 4.)

Caumont — C. Coimet.

ARRÊT.

La Cour. attendu que le droit attribué à certains officiers publics. et notamment aux avoués. par l'art. 91 de la loi du 28 avril 1816, constitue en leur faveur une propriété. qui, d'une nature exceptionnelle, il est vrai. et sujette à des règles faites pour en circonscrire et en limiter l'exercice. passe à leurs héritiers ou ayants-cause ; que ce droit. qui consiste dans la transmissibilité des offices sur la proposition des titulaires. moyennant l'agrément du gouvernement et sous des stipulations pécuniaires soumises à son approbation. est incorporel et mobilier ; que le prix mis à la transmission est avec raison considéré comme un prix de vente, l'office cédé comme une chose vendue, donnant naissance au privilége de l'art. 2102, n° 4, Cod. Nap., et celui qui le cède comme un vendeur; qu'une jurisprudence constante l'a ainsi décidé en se fondant sur la loi précitée aussi bien que sur celle du 25 juin 1841 ;

Attendu que ce privilége subsiste au profit du cédant non payé, tant que l'office n'est pas sorti des mains de son successeur par une cession subséquente, suivie du paiement du prix; qu'en effet, à raison de la nature particulière de cette propriété, le privilége ne peut se réaliser que sur le prix de la nouvelle cession et jamais sur l'office sur lui-même, qui n'est susceptible d'être ni saisi, ni revendiqué ;

Attendu que Coimet avait cédé à Caumont son étude d'avoué à Pont-Audemer, moyennant un prix déterminé ; que leurs conventions ont été agréées par le gouvernement, et Caumont investi de l'office, dont il était encore titulaire au moment de son décès ;

Attendu que la veuve Caumont jeune a transmis à la corporation des avoués de Pont-Audemar l'office dont son mari était possesseur jusqu'à sa mort; que cette transmission, agréée par le gouvernement, a eu lieu moyennant le prix stipulé de 20.000 fr., qui n'est pas encore versé;

Attendu que la veuve de Coimet, cédant primitif, se prétend créancière d'une somme de 30,000 fr. sur le prix de la cession consentie par son mari; que la veuve Caumont mère ne conteste pas l'origine de la créance et n'en discute le chiffre que pour le réduire à 26.000 fr.; mais que cette différence est sans intérêt dans la cause, la somme au débat n'étant que de 20.000 fr. et le litige étant engagé sur le seul point de savoir si elle sera affectée par privilége à la créance de la veuve Coimet ;

Attendu que, d'après les principes ci-dessus posés, cette créance est privilégiée, et ce privilége subsiste sur le prix qui est la réalisation de l'office et qui n'est pas encore payé ;

Attendu que, par une vaine équivoque, la veuve Caumont mère, créancière ordinaire, prétend que le privilége n'existe pas en faveur de la veuve Coimet, parce que le prix n'aurait pas été stipulé pour la présentation d'un successeur, aux termes de la loi de 1816, seul cas, suivant elle, où il y aurait vente et privilége, et qu'il n'existerait, au lieu de prix, qu'une indemnité convenue pour la suppression du titre d'avoué ayant appartenu à Caumont;

Qu'en effet, la transmission faite par la veuve Caumont jeune a été entièrement libre de sa part ; que le prix de cette transmission, débattu entre elle et ses cessionnaires, a été agréé par le gouvernement, qui a prononcé au profit de ceux-ci la suppression du titre d'avoué ayant appartenu à Caumont, et la réduction du nombre des avoués exerçant près le tribunal de Pont-Audemar ; qu'il n'y a aucune assimilation possible entre ce cas et celui d'une destitution ou d'une suppression spontanément prononcée, mesure qui fait périr le droit de transmission dans les mains du titulaire qu'elle atteint, qui anéantit ainsi tout privilège du vendeur et qui ne laisse que le caractère d'une indemnité équitablement accordée en faveur de qui de droit, aux conditions pécuniaires imposées par le gouvernement à la personne ou à la corporation qui profite de la mesure ;

Par ces motifs, confirme le jugement de première instance en tant qu'il attribue à la veuve Coimet la somme de 20.000 fr., en principal et intérêts, due par les avoués de Pont-Audemer à la succession Caumont, et ce, par privilège et préférence jusqu'à la concurrence de 'a somme due à cette veuve, ès noms, etc.

Du 22 janv. 1858. — Cour imp. de Rouen. — 2e ch. — Prés., M. Tourville.

CHRONIQUE.

Ordre amiable. — Amende. — Ordonnance. — Opposition. — Appel. — Avoué. — Mandat spécial.

L'ordonnance du juge commissaire qui se borne à apprécier les motifs d'excuse d'un créancier qui ne comparaît pas n'est pas susceptible d'appel.

Ce créancier, condamné à l'amende et qui soutient avoir été valablement représenté, doit se pourvoir devant le tribunal.

Le jugement qui statue sur cette opposition est susceptible d'appel.

Le créancier dont l'avoué se présente à l'ordre amiable porteur de la lettre de convocation et des pièces, doit être considéré comme défaillant.

ARRÊT.

La Cour, — Considérant, sur la recevabilité de l'appel, que c'est le juge commissaire nommé pour régler l'ordre qui est chargé par l'art. 752 C. pr. civ., révisé par la loi du 21 mai 1858, de prononcer l'amende de 25 f. édictée par l'art. 751 contre les créanciers qui n'ont pas comparu par suite de la convocation à eux faite afin de se régler amiablement sur la distribution du prix ; que, d'après la nature même des choses et toutes les analogies

II   i

du droit, c'est également lui qui doit apprécier la légitimité des excuses qu'un créancier non comparant peut ultérieurement faire valoir pour justifier sa non-comparution et se faire décharger de l'amende ; et que la décision de ce magistrat, qui se borne à une simple appréciation de fait, ne peut, sous aucun rapport, donner lieu à l'appel ; qu'en effet, d'abord, ce n'est pas un jugement proprement dit, mais une simple déclaration portée sur le procès-verbal qui constate que les créanciers n'ont pu se régler entre eux, déclaration pour laquelle la loi a donné une mission spéciale au juge commissaire ; qu'en deuxième lieu, l'appel d'une pareille décision, quelque caractère qu'on lui attribue, ne saurait être autorisé ni par le Code d'instruction criminelle, parce que l'amende ainsi prononcée n'est pas une peine correctionnelle, dans le sens de l'art. 9 Cod. pén., mais un simple moyen civil de contrainte, ni par la loi du 11 avril 1838, parce qu'il ne s'agit que d'une somme déterminée, de beaucoup inférieure au taux au delà duquel seulement l'appel est permis ; qu'enfin l'appel en pareil cas répugne évidemment à l'esprit de la loi du 21 mai 1858 ;

Mais que, dans l'espèce actuelle, il ne s'agit pas seulement de savoir si en fait Hurel avait un motif légitime d'empêchement pour ne point comparaître devant le juge commissaire ; qu'il soutient avoir réellement comparu par un mandataire qui avait le pouvoir de le représenter, et qu'à tort le juge commissaire n'a pas essayé de régler amiablement les créanciers ; que la question ainsi élargie offre un intérêt grave et indéterminé, non-seulement pour Hurel, mais encore pour tous les autres créanciers, notamment pour celui sur lequel les fonds manqueront à l'état d'ordre, et dont la collocation se trouvera réduite du montant de tous les frais privilégiés que la tenue de cet état d'ordre entraînera, lesquels auraient été évités si le règlement amiable avait réussi ; que c'est par ce motif que le juge commissaire a renvoyé cette question devant le tribunal, et que le jugement qui a été rendu par suite de ce renvoi a pu, d'après les principes du droit commun, être frappé d'appel ;

Considérant, au fond, que le but unique du nouvel art. 751 Cod. proc. civ., en obligeant les créanciers à comparaître devant le juge commissaire avant l'ouverture de l'ordre, est de tâcher de les amener, comme l'a dit le rapporteur de la loi du 21 mai

1858, *sous l'influence d'une discussion contradictoire et de la médiation du magistrat, à abjurer des prétentions peu fondées,* et à faire au besoin des sacrifices réciproques pour arriver à un règlement amiable ; qu'il est clair que ce but ne peut être atteint qu'autant que les créanciers comparaissent en personne, ou au moins se font représenter par des mandataires ayant un pouvoir suffisant pour consentir à l'acte qui fait l'objet de la convocation, c'est-à-dire le pouvoir de transiger ; qu'il est hors de doute que M° X... n'était pas investi d'un pareil pouvoir ; qu'en admettant même que, dans l'intervalle de temps qui s'écoule entre la nomination du juge commissaire et l'ouverture réelle de l'ordre, et encore bien que, dans cet intervalle, il ne s'agit que d'une simple tentative de conciliation, un avoué pût se présenter comme avoué et justifier suffisamment de son mandat en cette qualité, par cela seul qu'il serait saisi de la lettre de convocation et des titres de son mandant, il n'aurait jamais que le pouvoir ordinaire des avoués, et que, d'après l'art. 352 Cod. proc. civ., il ne pourrait, sous peine de désaveu, faire aucune offre, aucune remise, aucune renonciation, aucune concession, et, par conséquent, concourir efficacement à un règlement amiable ; qu'inutilement dirait-on qu'il pourra transmettre à son client les demandes et propositions faites par les autres créanciers et obtenir ultérieurement un pouvoir spécial pour les accepter ; qu'il est évident qu'une transaction à laquelle on n'arrive habituellement que par degrés et au moyen de concessions partiellement et successivement faites dans le cours de la discussion, ne peut guère s'opérer par correspondance ; qu'il faudrait, pour y parvenir, l'échange d'un grand nombre de lettres et un temps plus considérable que celui qui est accordé par les art. 751 et 752 ; qu'elle serait même complétement impossible, si tous les créanciers étaient ainsi représentés par des avoués sans pouvoir spécial, aucun d'eux ne pouvant prendre l'initiative d'une proposition que les autres pussent soumettre à l'examen de leurs clients ; qu'il serait contraire à toutes les règles d'interprétation d'entendre ainsi l'art. 751, qui n'aurait alors ordonné qu'une mesure tout à fait illusoire ;

Au fond, confirme.

Cour impériale de Caen. — 29 mars 1859.

Ordre. — Matière sommaire. — Conclusions motivées. — Qualité. — Rédaction. — Exécutoire.

Les conclusions motivées, en matière d'ordre, peuvent être grossoyées, même depuis la loi du 21 mai 1858.

En matière sommaire, l'avoué a un droit de rédaction pour les qualités de l'arrêt.

Le coût de l'exécutoire levé par l'avoué, par suite des difficultés soulevées par la partie, doit être mis à la charge de celle-ci.

ARRÊT.

La Cour, statuant sur l'opposition formée par Lecène à l'exécutoire de dépens délivré contre lui au profit de M⁰ Perrin, le 18 juillet 1859 ;

En ce qui touche les conclusions motivées en vingt-deux rôles alloués par la taxe, art. 10 de l'état des frais ;

Considérant que si, de la combinaison des art. 761, 762 et 766 Cod. proc. de 1806, il résulte avec évidence que les frais d'appel doivent, en matière d'ordre, être taxés comme en matière sommaire, l'art. 765 du même Code contient une exception à ce prescrit de la loi, en autorisant les intimés à signifier des conclusions motivées ;

Considérant, d'une part, que le texte de cet article ne s'oppose pas à ce que les conclusions motivées soient grossoyées ; d'autre part, que le droit pour l'intimé de les signifier implique pour son avoué le droit à un émolument à raison de leur rédaction, sauf la proportion à observer entre le chiffre de cet émolument et l'importance des contestations et des intérêts en litige ;

Considérant que la loi du 21 mai 1858 ne déroge en rien aux principes ci-dessus énoncés ;

Qu'ils sont, au contraire, confirmés par les art. 761 et 763 de ladite loi ;

Considérant qu'en fait et dans l'espèce, la proportion entre l'émolument et l'importance du litige n'a pas été méconnue ; que, d'ailleurs, les conclusions de Lecène ne contestent pas subsidiairement, et pour le cas où l'allocation faite par l'art. 10 de l'état des frais serait maintenue en principe, le chiffre même de cette allocation ;

En ce qui touche le droit d'obtention d'arrêt alloué par l'art. 11 ;

Considérant que la demande faite par Lecène d'une réduction de 20 fr. sur cet article est basée sur une erreur matérielle, puisque la somme due dans l'espèce est, ainsi qu'il le reconnaît, celle de 40 fr.; et que la taxe, en n'allouant effectivement que 40 fr. au lieu de 60 fr., portés en demande au mémoire de M° Perrin, avait à l'avance donné satisfaction à Lecène sur ce point ;

Considérant qu'il en est de même, au moins pour partie, en ce qui regarde l'allocation faite, art. 14, de la signification des qualités de l'arrêt, puisque Lecène conclut au rejet des 18 fr. 75 c. portés en demande au mémoire, comme émolument de la rédaction, original et copie desdites qualités, et que la somme passée en taxe de ce chef n'est que de 12 fr. 50 cent.;

Considérant, il est vrai, que Lecène conteste sur ce point l'allocation de quelque somme que ce soit, par le motif que, suivant lui, il ne serait absolument rien dû pour l'émolument que représente la somme ci-dessus de 12 fr. 50 cent.;

Mais, considérant que l'art. 67 du tarif, en gardant le silence sur les qualités des jugements contradictoires, en matière sommaire, s'est évidemment référé, quant à la fixation du droit y attaché, à la règle générale établie par les art. 87 et 88 du même tarif, dont l'art. 14 de la taxe critiquée n'est que la juste application ;

En ce qui touche la contestation de Lecène relative à la liquidation des dépens ;

Considérant qu'à la vérité cette liquidation aurait dû, aux termes de l'art. 764 de la loi du 21 mai 1858, être faite par l'arrêt rendu contre Lecène, mais que les difficultés élevées par lui sur la taxe, et par suite, son refus d'en payer le montant, ont mis Mᵉ Perrin dans la nécessité d'en obtenir exécutoire, déclare ledit Lecène mal fondé dans les divers chefs de son opposition audit exécutoire, et le condamne aux dépens.

Cour impériale de Paris. — 1ᵉʳ juillet 1859.

Ordre. — Inscription, — Femme. — Frais.

Le conservateur n'a pas de privilége pour le coût de l'inscription prise par le procureur impérial dans l'intérêt de la femme mariée qui ne se présente pas à l'ordre.

Ces frais ne sont qu'un accessoire de la créance de la femme.

8 juillet 1859, jugement du tribunal de Saint-Omer :

Vu les art. 692 Cod. proc., 2135 et 2155 Cod. Nap.;

Considérant qu'en matière de privilége et d'hypothèque spéciale, tout est de droit étroit ;

Considérant que les frais de l'inscription prise par la femme ne peuvent être réputés faits dans l'intérêt de la saisie ni de la masse, et recouvrés dès lors par privilége comme frais de justice sur les biens du mari ;

Que le conservateur, pour leur recouvrement, a deux actions particulières : la première, contre ce dernier (art. 2155), — laquelle, sans préférence légale d'exécution, ne lui laisse que la chance d'une hypothèque judiciaire à obtenir ; la deuxième, contre la femme à raison du mandat ou délégation d'affaire gérée à son profit (art. 1375, 1999 et 2102, § 3, Cod. Nap.), action qui, jointe à celle de la femme, pourrait être, comme son accessoire, colloquée avec elle au rang déterminé par l'art. 2135 ;

Considérant qu'envisagé à ce dernier point de vue aux débats, ce droit du conservateur reste néanmoins sans objet, la femme ne réclamant rien et ne s'étant point présentée à l'ordre, il ne peut être colloqué comme accessoire, alors que le principal n'existe pas ;

Que vainement on objecte que l'hypothèque légale garantit aussi l'avenir avec ses éventualités ; qu'il faut reconnaître, en effet, que tant que cet avenir n'a amené aucune créance actuelle que l'on puisse produire à l'ordre, il manque jusque-là ce principal nécessaire à l'accessoire ;

Qu'ainsi les prétentions du conservateur sont mal fondées ;

Qu'enfin, et s'il est à désirer que la loi se complète en faveur du trésor par quelque disposition de préférence autre que celle du § 3 de l'art. 2102, ce n'est point au juge qu'il appartient de suppléer à son insuffisance ;

Déboute, etc.

Avoué. — Frais. — Prescription. — Suspension. — Appel.

La prescription biennale pour le payement des frais de l'avoué de première instance ne court, en cas d'appel, qu'à dater de l'arrêt.

27 novembre 1856, Forest, ayant pour avoué Mᵉ Legrand, perd son procès.

Il interjette appel.

13 novembre 1857, arrêt confirmatif.

1ᵉʳ avril 1859, Mᵉ Legrand demande le payement de ses frais.

Forest oppose la prescription.

Mᵉ Legrand répond :

La loi a voulu punir par la prescription la négligence de l'avoué ; celui-ci n'est réellement en demeure de régler une affaire que quand elle est terminée.

L'appel remet tout en question ; l'avoué de première instance confie à l'avoué de la Cour toutes les pièces; il est dessaisi de son dossier ; il ne peut pas faire taxer ses frais. La loi engage l'avoué à faire des avances à son client et à ne pas exiger le paiement de ses frais avant la fin du procès. Tel est le motif de la distraction accordée à l'avoué.

Au cas d'appel, l'arrêt prononce la distraction, et l'exécutoire comprend les frais de première instance et ceux d'appel. L'avoué de première instance a l'espoir d'obtenir paiement de ses frais par l'adversaire, sans être obligé de s'adresser à son client. Pendant l'instance d'appel, il peut et doit même attendre ; on ne saurait l'accuser de négligence.

Le délai de la prescription ne court contre l'avoué qui a occupé dans plusieurs affaires qu'à dater du jugement de la dernière affaire.

Si la simple connexité suffit pour retarder le cours de la prescription, à plus forte raison l'appel doit-il produire le même effet ; c'est la même affaire qui se continue ; elle n'est pas terminée.

31 mai 1859, jugement du tribunal civil de la Seine.

Attendu que Legrand est créancier de Forest d'une somme de 192 fr. pour frais faits dans une instance contre Chabot, terminée par jugement du 25 novembre 1856 ;

Attendu que la prescription opposée par Forest n'est pas acquise ; que moins de deux années se sont écoulées depuis les dernières poursuites, l'appel du jugement les ayant suspendues ;

Sans s'arrêter, etc.

CHRONIQUE.

Avoué. — Mandat. — Responsabilité. — Inscription hypo-
thécaire. — Renouvellement. — Dommages-intérêts.

Le mandat *ad litem*, donné à un avoué pour poursuivre le
recouvrement d'une créance hypothécaire, n'emporte pas
par lui-même obligation de veiller au renouvellement de
l'inscription. (Cod. Nap. 1987.)

L'arrêt qui décide qu'un avoué chargé de poursuivre le
recouvrement d'une créance hypothécaire n'a pas reçu de
plus le mandat spécial de veiller au renouvellement de l'inscription de cette créance, ne renferme qu'une appréciation
des circonstances de la cause et échappe à la censure de la
Cour de cassation.

La partie qui, ayant formé une action en responsabilité
contre un avoué, fondée sur deux chefs (une nullité de procédure et l'omission d'un acte conservatoire), succombe sur
le second chef, tout en obtenant gain de cause sur le premier, peut cependant être condamnée en des dommages-
intérêts contre l'avoué, à raison du préjudice que lui a causé
l'action en responsabilité en ce qui touche le second chef de
la demande. (Cod. Nap., 1382.)

II   *j*

Gibert — C. Aillaud.

Le sieur Gibert, créancier hypothécaire de la dame Brun et du sieur Chabert, avait chargé Mᵉ Aillaud, avoué au tribunal civil de Nîmes, de poursuivre le recouvrement de sa créance s'élevant à 4,672 fr.

Mᵉ Aillaud introduisit alors, contre divers autres créanciers hypothécaires qui primaient le sieur Gibert, une action en radiation de leurs inscriptions; mais la procédure suivie par Mᵉ Aillaud fut annulée faute du préliminaire de conciliation. Une seconde instance fut alors introduite par MᵉAillaud; mais la demande en radiation formée au nom du sieur Gibert fut déclarée mal fondée, par le motif que l'inscription de sa créance était périmée faute de renouvellement en temps utile.

Dans cet état de choses, le sieur Gibert a formé contre Mᵉ Aillaud une demande en dommages-intérêts à raison du préjudice qu'il lui avait causé, soit en introduisant une instance nulle pour défaut du préliminaire de conciliation, soit en ne renouvellant pas en temps utile l'inscription de la créance dont il était chargé de poursuivre le recouvrement.

De son côté, Mᵉ Aillaud, après avoir combattu les demandes du sieur Gibert, a formé une demande reconventionnelle contre ce dernier, à fin de dommages-intérêts, à raison de l'atteinte portée à son honorabilité par l'action dirigée contre lui.

18 avril 1855, jugement du tribunal de Nîmes qui rejette la demande principale et la demande reconventionnelle :

Attendu, sur le premier chef des conclusions principales, que, pour engager la responsabilité de l'avoué, il faut avoir griefs à lui reprocher; qu'il résulte des faits du procès que la première

instance a été annulée par suite d'une exception controversée
en droit, et de l'issue de laquelle l'avoué ne peut pas répondre ;
que cette instance et la seconde ont été dirigées par la partie
fort en état de connaître la route où elle s'engageait.... ;

Attendu, sur le deuxième chef, que rien ne prouve que
l'avoué ait reçu, même tacitement, le mandat de renouveler
l'inscription hypothécaire ; que le renouvellement d'une inscription ne fait pas partie du mandat *ad litem*, et ne peut être
renfermé dans les obligations générales de l'avoué ;

Attendu, sur la demande reconventionnelle, que l'honorabilité
de Me Aillaud ne peut souffrir et n'a pas souffert d'une pareille
demande ;

Par ces motifs, etc.

Appel de la part des deux parties ; et, le 24 juillet 1856,
arrêt de la Cour impériale de Nîmes qui, confirmant le jugement quant au second chef, déclare qu'il n'y a pas lieu à
dommages-intérêts contre Me Aillaud, pour défaut de renouvellement de l'inscription ; mais, qui, infirmant sur le premier chef et sur la demande reconventionnelle, met les frais
de la procédure annulée à la charge de Me Aillaud, et condamne le sieur Gibert à 800 fr. de dommages-intérêts au
profit de Me Aillaud. Cet arrêt est ainsi conçu :

Attendu que Me Aillaud, en sa qualité d'avoué près le tribunal
de première instance de Nîmes, avait été chargé par Gibert de
procéder au recouvrement de créances hypothécaires dont
Chabert était le débiteur ;

Attendu que toutes les procédures réelles ou frustratoires
sont à la charge de l'avoué ;

Attendu que Me Aillaud, en ne faisant pas précéder les poursuites dont il était chargé du préliminaire de la tentative de
conciliation, alors qu'elle était formellement prescrite par la
loi, a fait une procédure irrégulière, qui a été annulée par le
tribunal, et à l'occasion de laquelle Gibert fut condamné aux
dépens envers toutes les parties ;

Que les suites de cette procédure doivent retomber sur
Me Aillaud ;

Attendu que c'est à tort qu'il a été dit par les premiers juges
que le moyen de nullité qui avait été accueilli était controver-
sable, puisqu'il est, au contraire, universellement admis par les
auteurs et la jurisprudence qu'il y a lieu à essai de conciliation,
quand il y a plus de deux défendeurs ayant des intérêts indé-
pendants ;

Sur les autres questions soulevées par l'appel principal, adoptant les motifs des premiers juges ;

En ce qui concerne l'appel incident :

Attendu que la partie de la demande formée par Gibert, sur
laquelle il succombe, et l'obstination avec laquelle il l'a soutenue, devaient avoir pour résultat de porter atteinte à la considération professionnelle de Me Aillaud ; qu'une réparation lui est
due pour le préjudice par lui souffert, et qu'il y a lieu de lui
accorder des dommages-intérêts ;

Par ces motifs, réforme le jugement attaqué ; ce faisant, met
à la charge de Me Aillaud les frais de la procédure annulée par
le tribunal de première instance, le condamne en conséquence
à en payer le montant ;

Condamne Gibert à payer à Me Aillaud la somme de 800 fr.
à titre de dommages-intérêts ;

Dit que les autres dispositions du jugement porteront leur
plein et entier effet.

Pourvoi en cassation par le sieur Gibert : 1° pour violation des art. 1137 et 1192, Cod. Nap., en ce que l'arrêt
attaqué a décidé que le mandat donné à un avoué de poursuivre le recouvrement d'une créance hypothécaire n'emporte pas obligation de faire renouveler l'inscription de
cette créance qui est sur le point de tomber en péremption,
bien que cette obligation soit un accessoire du mandat de
poursuivre un paiement devenu impossible si, cette obligation n'étant pas remplie, le droit de préférence résultant

de l'inscription disparaît devant d'autres droits régulièrement conservés ;

2º Pour violation de l'art. 1382, Cod. Nap., et du principe
nemo injuriam facit qui jure suo utitur, en ce que la Cour
impériale a condamné le sieur Gibert en des dommages-
intérêts envers Mᵉ Aillaud, pour réparation du tort que lui
avait causé son action, tout en reconnaissant cependant que
cette action était partiellement fondée en ce qui touche
l'irrégularité de la procédure.

ARRÊT.

La Cour,

Sur le premier moyen, tiré de la prétendue violation des
art. 1137 et 1992, Cod. Nap., en ce que Mᵉ Aillaud n'aurait
pas renouvelé l'inscription de la créance dont il était chargé
de faire le recouvrement :

Attendu que l'arrêt attaqué, en rejetant la demande en responsabilité, par la raison que rien ne prouvait que Mᵉ Aillaud
eût reçu, même tacitement, le mandat de renouveler l'inscription de la créance Colomb, s'est livré à une appréciation
des circonstances de la cause ; que cette appréciation est sou-
veraine et ne peut être soumise à la censure de la Cour de
cassation ;

Attendu que si le défendeur éventuel avait été chargé de se
constituer dans deux instances introduites à la requête du
demandeur, ayant pour objet de faire radier les inscriptions qui
pesaient sur les immeubles du débiteur de celui-ci, le pouvoir
que Mᵉ Aillaud avait reçu et accepté d'agir, en sa qualité d'avoué,
dans ces deux instances, ne s'étendait pas au delà du mandat
ad litem, c'est-à-dire de celui de remplir les formalités prescrites
par la loi pour la régularité des procédures, ce qui ne comprenait pas, par conséquent, l'obligation de renouveler l'inscription
de la créance de son client ;

Sur le deuxième moyen :

Attendu que la demande de Gibert contenait deux chefs distincts ; que le premier tendait à faire condamner M⁰ Aillaud aux dépens de l'instance annulée, et de celle sur laquelle est intervenue la décision au fond, qui déclare la demande en radiation des inscriptions mal fondée ; le second, à faire condamner M⁰ Aillaud à la responsabilité du préjudice que ledit Gibert prétendait avoir souffert du défaut de renouvellement de l'inscription de la créance Colomb en temps utile ; que la Cour a pu, sans se mettre en contradiction avec elle-même, et en faisant une juste application de l'art. 1382, Cod. Nap., décider que M⁰ Aillaud avait commis une faute en ne faisant pas précéder la demande en radiation des inscriptions de la tentative de la conciliation, et lui faire supporter les frais de l'instance annulée ; et, s'occupant ensuite de la demande en responsabilité pour défaut de renouvellement d'inscription, déclarer que cette demande n'était pas fondée ;

Statuant sur la demande reconventionnelle, décider que l'action en responsabilité, poursuivie avec obstination par Gibert, avait nui à la considération de M⁰ Aillaud, et condamner Gibert à la réparation du préjudice qu'il avait causé à celui-ci ;

Rejette, etc.

Du 23 novembre 1857. — Ch. req. — Président, M. Nicias-Gaillard.

Office. — Traité secret. — Recouvrements.

Les recouvrements de l'étude d'un officier ministériel (et notamment de l'étude d'un notaire) étant la propriété privée de cet officier ministériel, peuvent être réservés par lui lors de la vente de son office : la convention qui a pour objet cette réserve est donc valable, et ne peut être annulée sous le prétexte que l'existence en a été célée au Gouvernement. (Cod. Nap., 1133 ; L. 25 vent. an XI, art. 59.)

Chanas —C. Bertrand.

Par un traité du 1er septembre 1838, le sieur Bertrand, notaire, céda son office au sieur Chanas, pour un prix de 24,000 fr. Ce traité ne contenait aucune stipulation sur les recouvrements; mais, par une convention particulière du même jour, le sieur Bertrand en avait fait réserve à son profit.

Le traité relatif à la cession de l'office fut approuvé par le Gouvernement, qui investit le sieur Chanas des fonctions de notaire ; quant à la convention particulière concernant la réserve des recouvrements, elle ne lui fut pas soumise.

Dix-sept ans après, en 1855, le sieur Chanas a demandé la nullité de la convention relative aux recouvrements, convention qui aurait constitué, suivant lui, une contre-lettre modificative du traité officiel.

2 août 1856, jugement du tribunal civil de Grenoble, qui repousse cette demande par les motifs suivants :

Attendu que la cession consentie, le 1er septembre 1833, par Eugène Bertrand à Chanas, de son office de notaire, ne comprend pas les recouvrements; qu'il y est stipulé, en effet, que Bertrand s'engage à présenter à l'agrément de Sa Majesté le sieur Chanas pour son successeur, et qu'aussitôt après la nomination de ce dernier, le sieur Bertrand lui remettra son notariat, sa clientèle et la suite de ses affaires; qu'il est bien impossible de trouver dans aucune de ces expressions la cession des recouvrements; que ce qui prouve, d'ailleurs, que l'intention des parties n'a point été de comprendre les recouvrements dans cette cession, c'est que, par un accord verbal, intervenu le même jour entre elles, Bertrand se les est réservés; qu'on ne peut pas prétendre que c'était là une convention contraire à la loi; car, d'une part, le Gouvernement n'exigeait pas, à cette époque, que les recouvrements fussent cédés avec l'office; et, d'autre part, il résulte des art. 54 et 59 de la loi du 25 ventôse an XI, que les recouvrements ne font pas partie de l'office, qu'ils en sont, au contraire, essentiellement distincts ;

Et attendu que si, en se réservant les recouvrements par l'accord verbal précité, Eugène Bertrand s'est engagé à les opérer avant le 1er novembre 1841 ; s'il a même été convenu que les sommes non recouvrées à cette époque appartiendraient à Chanas, il résulte des documents produits et des circonstances de la cause, que ce terme a été prorogé d'un commun accord entre les parties, et que c'est à la connaissance de Chanas, et sans opposition de sa part, que Bertrand a fait faire des recouvrements postérieurement au 1er novembre 1841 ;

Attendu, en effet, etc.

Appel ; mais, le 27 mars 1857, arrêt de la Cour impériale de Grenoble, qui confirme, en adoptant les motifs des premiers juges.

Pourvoi en cassation par le sieur Chanas, pour fausse interprétation de l'art. 59 de la loi du 25 ventôse an XI, et violation des art. 6, 1131 et 1133 du Code Napoléon.

On disait, à l'appui du pourvoi : L'arrêt décide, en droit, que la réserve des recouvrements, faite dans une contre-lettre intervenue entre les parties le même jour que le traité ostensible, n'était pas une convention contraire à la loi, parce que, à l'époque où le traité est intervenu (1er septembre 1838), le Gouvernement n'exigeait pas que les recouvrements fussent cédés avec l'office.

Cette proposition contient une double erreur : erreur de fait, erreur de droit ; la première a entraîné la seconde.

Erreur de fait ; car si, depuis 1848, la chancellerie a cessé d'exiger que les recouvrements fussent cédés avec l'office, antérieurement, elle l'exigeait de la manière la plus formelle, ainsi que cela résulte de documents officiels, tels qu'une circulaire du procureur général de Riom, du 10 décembre 1839, une instruction ministérielle du 10 août 1843, et une décision ministérielle du 17 janvier 1844.

Il faut donc tenir pour constant qu'en 1838, époque du traité dont il s'agit dans l'espèce, le notaire ne pouvait pas se réserver ses recouvrements et exprimer cette réserve dans le traité de cession, puisqu'elle était interdite, et que si elle y eût été exprimée, le traité n'eût pas été admis.

De là il résulte que, sous l'empire de cette jurisprudence prohibitive, la cession des recouvrements se trouvait nécessairement comprise dans celle de l'office, et que le prix fixé pour la valeur de l'office s'appliquait, sans qu'il fût besoin d'explication formelle à cet égard, non-seulement à l'office et à la clientèle, mais encore aux recouvrements à faire.

Or, ceci posé, et cette erreur de fait une fois rectifiée, l'erreur de droit apparaît dans tout son jour.

Si, par la force même des choses, le traité passé en 1838 comprenait nécessairement, et l'office et les recouvrements, il est bien évident que la convention particulière, passée en dehors du traité ostensible, par laquelle le cédant se réservait ses recouvrements, a porté une atteinte directe à ce traité, et tombe au premier chef sous le coup de la jurisprudence, aujourd'hui incontestable, qui déclare radicalement nulles, quel qu'en soit l'objet, et alors même qu'elles auraient pour but de diminuer les charges du cessionnaire, toutes les conventions secrètes dérogatoires à celles soumises à la chancellerie et approuvées par elle.

Au surplus, la Cour de cassation a déjà jugé plusieurs fois (*V.* arrêts des 8 janvier 1849 (S. 1849. 1. 32); 28 mai 1851 (S. 1851. 1. 395), et 22 février 1853 (S. 1853. 1. 215) que les contre-lettres dérogatoires au traité principal étaient nulles alors même qu'elles n'avaient trait qu'aux recouvrements et non au prix de l'office lui-même.

Il est vrai que, dans les espèces de ces arrêts, le traité principal s'expliquait au sujet des recouvrements en même temps que sur le prix de l'office, tandis que, dans notre espèce, ce traité était complètement muet à cet égard. Mais cette différence est sans importance dès qu'il est reconnu que, par la force même de la jurisprudence administrative suivie en 1838, le silence du traité équivalait à une cession implicite et nécessaire des recouvrements : dans ce cas, dès lors, aussi bien que si le traité principal eût parlé, il ne pouvait y avoir place pour une contre-lettre, et la nullité d'ordre public proclamée par la jurisprudence trouvait son application.

Pour le défendeur, on a répondu : Il est de principe reconnu par la jurisprudence que les recouvrements forment une propriété privée tout à fait distincte de celle de l'office, et susceptible de toutes les conventions qu'il plaît au titulaire et au cessionnaire de former à leur sujet. Ces conventions peuvent consister, soit dans la réserve des recouvrements au profit du cédant, soit dans la transmission de cette valeur au profit du cessionnaire. Mais, quelles qu'elles soient, elles sont étrangères au prix de l'office. Aussi, est-ce par une étrange confusion d'idées que l'on prétend soutenir qu'à défaut de réserve dans le traité principal, les recouvrements passent de plein de droit au successeur. Ce qu'il est, au contraire, vrai de dire, c'est qu'à défaut de transmission expresse de cette valeur par le cédant au cessionnaire, la réserve est de droit. Or, ceci posé, comment la jurisprudence relative à la nullité des contre-lettres en matière de stipulation de prix d'offices trouverait-elle ici son application ?

Cette jurisprudence suppose le cas où les conditions énoncées au traité ostensible sont modifiées par un traité secret. Mais lorsque, comme ici, le traité ostensible est muet quant aux recouvrements, le traité particulier qui intervient à cet égard ne saurait être réputé déroger à des stipulations qui n'existent pas, et devient au contraire l'exécution formelle de la réserve tacite résultant du silence du traité ostensible.

Et c'est précisément ce qui distingue la cause actuelle des espèces qui ont donné lieu aux arrêts invoqués par le demandeur, lors desquels le traité ostensible portait à la fois sur le prix de l'office et sur les recouvrements. On conçoit que, dans cette situation, les magistrats aient pu douter de la validité d'une contre-lettre ayant pour but de modifier, dans l'une de ses parties, un traité soumis à la chancellerie et sanctionné par elle.

Au contraire, dans l'espèce actuelle, où le traité ne portait que sur l'office, la chancellerie n'avait pas eu à se préoccuper des recouvrements ; leur valeur, quelle qu'elle fût, n'avait pu être considérée par elle comme élément d'appréciation ; dès lors, le traité relatif à ces recouvrements ne pouvait avoir, à aucun titre, le caractère d'une contre-lettre modificative du traité principal ; c'était un traité distinct, parfaitement valable, en vertu de l'art. 59 de la loi de ventôse an 11.

Il est vrai que, pendant un certain temps, le Gouvernement a exigé que les traités d'offices notariaux comprissent à la fois cession de l'office et cession des recouvrements ; mais, sans examiner jusqu'à quel point ces prescriptions purement administratives pourraient influer, en droit, sur la validité des traités qui ne s'y seraient pas conformés, il est certain, en fait, 1° que cette jurisprudence n'a été en vigueur qu'à une date postérieure au traité dont il s'agit dans l'espèce, ainsi que l'arrêt attaqué le reconnaît ; et 2° que ce traité a été sanctionné sans que les parties contractantes aient été mises en demeure de s'expliquer formellement au sujet des recouvrements.

Dans une pareille situation, comment une convention parfaitement conforme à la loi, portant sur une valeur séparée et distincte de celle que le traité ostensible a eue en vue et qui était, indépendamment de l'office lui-même, la propriété du cédant, pourrait-elle être annulée ?

ARRÊT.

La Cour, attendu que les recouvrements qui sont à faire au moment où il intervient un traité de cession d'office, et lorsque le successeur entre en fonctions, appartiennent de droit au cédant, comme une valeur qui lui est acquise indépendamment de l'office, de la clientèle et de la suite des affaires, qui passent de plein droit aussi au successeur, en vertu du traité de cession et de l'art. 91 de la loi du 28 avril 1816 ;

Attendu que la réserve de cette valeur constitue d'autant moins une convention illicite que, relativement aux offices de notaire, la loi du 25 ventôse an XI, dont l'art. 59 n'a été abrogé par aucune loi postérieure, prescrit aux titulaires qui donnent leur démission, ou à leurs héritiers, *de traiter de gré à gré* avec le successeur pourvu de l'office, à raison des honoraires qui sont encore dus ; qu'ainsi toute liberté à cet égard est laissée aux conventions des parties intéressées ;

Attendu, néanmoins, qu'il est justement interdit de dissimuler au Gouvernement, dans les traités relatifs aux transmissions d'offices, le véritable prix moyennant lequel elles sont consenties ;

Qu'en conséquence, toute contre-lettre contenant la preuve de telles dissimulations doit être annulée comme contraire à un principe d'ordre public, quand même elle ne serait relative qu'aux recouvrements ;

Mais que la convention dont il s'agit n'a pas eu un tel objet ; qu'en effet, il est constaté par l'arrêt attaqué que, dans le prix de 24,000 fr., stipulé entre les contractants, ne sont entrés pour aucune somme les recouvrements, dont leur traité principal ne faisait pas mention comme formant l'un des éléments du prix dû par le successeur ;

Qu'il résulte également de l'arrêt que la convention relative à la réserve des recouvrements a été souscrite conformément au traité principal lui-même, et qu'elle en a été l'exécution, loin qu'elle ait dérogé à aucune de ses clauses et en ait été la contre-lettre ;

Attendu qu'en l'état des faits et circonstances qui ont déterminé la Cour impériale de Grenoble, son arrêt n'a violé aucune des dispositions de loi citées à l'appui du pourvoi ;

Rejette, etc.

Du 20 avril 1858. — Chambre civile. — *Président*, M. Troplong, p. p.

———

1° *Vente judiciaire. — Remise proportionnelle. — Notaire.*
2° *Notaires. — Honoraires. — Taxe. — Cassation. — Mandat.*
3° *Motifs de jugement. — Notaire. — Honoraires.*

1° En matière de vente judiciaire d'immeubles renvoyée devant notaire, la remise proportionnelle du notaire doit être calculée sur la totalité du prix des biens vendus, sans distinction (ainsi que cela a lieu dans les ventes faites devant un tribunal, pour le calcul de la remise proportionnelle des avoués), entre le cas où les lots se composent de fractions d'un même immeuble, et celui où ils sont formés d'immeubles distincts. (Ordonn. 10 oct. 1841, art. 11 et 14.)

2° La taxe faite par le président du tribunal, ou, en cas d'opposition, par le tribunal lui-même, des frais et honoraires dus à un notaire pour actes non tarifés (décr., 16 fév. 1807, art. 173), ne peut être l'objet d'un pourvoi en cassation.

Un notaire n'a pas le droit de réclamer des honoraires à titre d'exécution de mandat salarié, pour des actes judiciaires prévus par le Code de procédure et portés aux tarifs. (Code Napoléon, 1999.)

3° Et le jugement qui refuse de donner acte au notaire de la réserve qu'il fait de réclamer d'un client des honoraires pour une telle cause, est suffisamment motivé sur ce point, par cela seul qu'il constate que les actes à raison desquels les honoraires sont réclamés, sont des actes judiciaires prévus au Code de procédure. (L., 20 avril 1810, art. 7 ; Cod. proc., 141.)

M... — C. Neus.

Après le décès du sieur Neus, la vente par licitation des immeubles composant sa succession fut ordonnée et renvoyée devant Mᵉ M..., notaire.

Au premier jour indiqué pour l'adjudication, le 21 septembre 1848, trois des immeubles seulement furent adjugés à trois acquéreurs différents. Une deuxième tentative amena, le 30 décembre 1848, l'adjudication de quatre autres corps d'immeubles au profit de différents acquéreurs. Enfin, sept corps d'immeubles restant à vendre furent adjugés, le 17 mars 1849, à des adjudicataires également différents.

Ces adjudications furent suivies du paiement des prix, paiement constaté par des quittances notariées rédigées par actes séparés aux époques des versements effectués à des intervalles plus ou moins longs.

Les frais et honoraires demandés par le notaire, à raison de ces diverses adjudications et des actes qui les avaient précédées ou suivies, lui furent payés.

Mais, quelques années après, la veuve du sieur Neus exerça contre lui une action en répétition des sommes qu'elle prétendait avoir payées en trop, et le tribunal, saisi de cette demande, ordonna la taxe.

Dans son état, le notaire réclamait, entre autres droits : 1° ses remises proportionnelles à raison de 1 p. 100 jusqu'à 10,000 fr., et au-delà, jusqu'à 50,000 fr., à raison d'un demi p. 100, sur le prix de chacun des différents corps d'immeubles vendus par les trois procès-verbaux d'adjudication, et

ce, en se fondant sur l'art. 11 de l'ordonnance du 10 octobre 1841 ; 2° un honoraire d'un 1/2 p. 100 sur le prix (conformément, disait-il, à l'usage du pays) pour chacune des
quittances de paiement ; 3° la restitution de deux sommes de
800 et de 300 fr., ensemble 1100 fr., déboursés, disait-il,
dans l'exécution de *son mandat d'administrateur*, qui lui
avait été conféré par les héritiers Neus.

La taxe eut lieu ; aucune des remises proportionnelles sur
les adjudications ne fut allouée ; aucun honoraire ne fut
accordé pour chacune des quittances ; les 1100 fr. demandés
comme déboursés pour l'exécution du mandat par lui allégué furent écartés : seulement, le président du tribunal
ayant formé une masse de tous les prix des 14 corps d'immeubles vendus lors des trois adjudications, accorda une
seule remise proportionnelle de vente, et un seul honoraire
pour les diverses quittances.

La taxe du président portait, en outre, sur de nombreux
articles relatifs à divers actes et au travail d'inventaire et de
liquidation se rattachant à la même succession, et détermi-
nait les honoraires applicables à chacun d'eux.

Me M... forma opposition à cette taxe, et demanda acte
de ses réserves de répéter de la famille Neus le remboursement de ses frais d'exécution de mandat rejetés de l'état des
frais d'actes.

23 juillet 1857, jugement du tribunal de Dunkerque, qui,
après avoir confirmé les allocations du présent, s'explique
ainsi qu'il suit en ce qui concerne les honoraires de remise
proportionnelle, ceux de quittance et ceux de liquidation :

Sur les art. 6, 8, 10, 11, etc., relatifs à la remise proportionnelle sur les adjudications :

Considérant que l'art. 11 de l'ordonnance du 10 octobre 1841,
qui permet de distinguer entre le cas où les lots se composent
de fractions d'un même immeuble et celui où ils se composent

d'immeubles distincts , est spécial à la remise proportionelle revenant aux avoués ;

Que l'art. 14 de la même ordonnance, qui fixe la remise revenant aux notaires, ne contient ni ne permet la même distinction ; qu'il se borne à dire que la remise doit être calculée sur le
prix des biens vendus ;

Que, dès lors, M. le Président, se basant d'ailleurs sur la
jurisprudence de la Cour de cassation, a justement rejeté la
prétention de M..... de percevoir la remise proportionnelle sur
chacune des quatorze adjudications partielles, et n'a alloué que
celle calculée sur le prix total des immeubles adjugés.

En ce qui touche les art. 7, 9, 12, etc., contenant les honoraires des quittances données aux acquéreurs :

Considérant que ce qui vient d'être dit pour la remise proportionnelle est applicable aux honoraires dus au notaire pour
la quittance du prix ; que ces honoraires doivent être calculés
sur la totalité du prix des diverses ventes et non sur les prix
partiels payés par chacun des acquéreurs ;

Que c'est donc avec raison que M. le Président a rejeté le calcul
erroné présenté par M...., et adopté celui basé sur la totalité du
prix payé.

En ce qui touche les conclusions de M..., tendant à avoir
acte de ses réserves de répéter en d'autres qualités les sommes rejetées de la taxe :

Considérant que les actes auxquels se rapportent les sommes
rejetées sont des actes judiciaires prévus par le Code de procédure, et portés aux tarifs, qui font expresse défense aux officiers
ministériels d'exiger au delà de ce qu'ils allouent ;

Qu'il s'agit précisément d'une instance de taxe, et que le tribunal, maintenant, après M. le Président, le rejet de prétentions
illégales, ne peut ni ne doit donner acte des réserves de M....
de les produire en d'autres qualités , parce que les veuve et
héritiers Neus ne les doivent à aucun titre ;

Par ces motifs, etc.

Pourvoi en cassation par le sieur M....

Premier moyen. — Violation de l'art. 11, et fausse application de l'art. 14 de l'ordonnance du 10 octobre 1841, en ce que la remise proportionnelle due dans l'espèce au notaire avait été basée, non sur le montant de chacun des immeubles distincts dépendant de la licitation, mais sur les prix additionnés et pris en bloc des quatorze immeubles différents vendus.

On soutenait que l'art. 11 de l'ordonnance, qui distingue entre le cas où les lots se composent de fractions d'un même immeuble et celui où ils se composent d'immeubles distincts, et qui, pour ce dernier cas, fait porter la remise proportionnelle sur le prix, pris séparément, de chaque immeuble adjugé, était seul applicable.

Deuxième moyen. — Violation de l'art. 173 du décret du 16 février 1807, et fausse application de l'art. 14 de l'ordonnance du 10 octobre 1841, en ce que, bien que, par suite de l'adjudication, le notaire eût été obligé de rédiger plusieurs quittances séparées, le jugement attaqué n'avait alloué qu'un seul et même honoraire pour ces actes en les réunissant en bloc.

Troisième moyen. — Violation de l'art. 173 du décret du 16 février 1807, et des art. 1998, 1999, 2000 et 2002, Code Napoléon, excès de pouvoir et défaut de motifs, en ce que, 1° le jugement attaqué avait refusé de donner acte au notaire de la réserve qu'il faisait de poursuivre ses clients en paiement d'honoraires à lui dus, non plus en qualité de notaire, mais en qualité de mandataire; 2° en ce que le rejet de ses réserves, fondé sur ce qu'il n'était rien dû au sieur M..., comme mandataire, et sans examen préalable, n'était nullement motivé.

II   *k*

ARRÊT.

La Cour, sur le premier moyen :

Attendu que l'art. 14 de l'ordonnance du 10 octobre 1841 est spécial aux avoués ; que les allocations dues aux notaires pour les ventes qui leur sont renvoyées par les tribunaux sont déterminées par l'art. 14 de la même ordonnance, qui enjoint de calculer la remise proportionnelle sur la totalité du prix des biens vendus ;

Qu'en procédant ainsi, le jugement attaqué s'est exactement conformé aux prescriptions de l'ordonnance du 10 octobre 1841 ;

Sur le deuxième moyen :

Attendu que, dans l'exercice du pouvoir que l'art. 173 du décret du 16 février 1807 confère au président du tribunal de première instance, ce magistrat et, après lui, le tribunal, en cas d'opposition à la taxe, doivent se décider d'après la nature des actes, les difficultés que leur rédaction a présentées et les renseignements qui leur sont fournis par les notaires et les parties ;

Qu'un tel mode d'appréciation n'est susceptible d'aucune critique utile devant la Cour de cassation ;

Sur le troisième moyen :

Attendu que le jugement attaqué constate que les actes auxquels se rapportent les sommes rejetées de la taxe sont des actes judiciaires prévus par le Code de procédure et portés aux tarifs ; qu'en refusant d'accorder acte au demandeur de ses réserves de répéter contre la défenderesse ces sommes rejetées comme exagérées, le tribunal, non-seulement a satisfait complétement au vœu de l'art. 7 de la loi du 20 avril 1810, mais encore s'est expressément conformé aux exigences des tarifs, qui interdisent aux officiers ministériels de rien exiger au-delà de ce qu'ils leur accordent ;

Rejette, etc.

Du 10 mai 1858. — Ch. req. — *Président*, M. Nicias-Gaillard.

Mariage. — Oncle et tante. — Neveu et nièce. — Alliance.

La prohibition de mariage entre l'oncle et la nièce, la tante et le neveu, établie par l'art. 163, Cod. Nap., ne s'étend pas aux *alliés* au même degré : il n'en est pas de cette prohibition comme de celle contenue en l'art. 162, relativement au mariage entre le frère et la sœur et les alliés au même degré.

De Chaptal — C. de Chaptal.

Le sieur de Chaptal fils, voulant contracter mariage avec la dame veuve de Chaptal, née Daruty, sa tante par alliance, fit notifier un acte respectueux à son père, qui refusait son consentement à cette union.

Opposition au mariage fut aussitôt formée par le sieur de Chaptal père, se fondant sur ce que, de la combinaison des art. 162, 163 et 164, Code Napoléon, il résultait que le mariage entre la tante et le neveu, même par alliance, était prohibé et ne pouvait avoir lieu qu'après l'obtention de dispenses.

28 janvier 1858, jugement du tribunal de Valence, et 21 juin suivant, arrêt de la Cour impériale de Grenoble, qui rejettent l'opposition :

Attendu, porte l'arrêt, qu'en fait de mariage, les prohibitions de la loi ne doivent pas être étendues ; qu'entre la parenté et l'affinité, il y a une différence profonde, et que le législateur, dans l'art. 163, Code Napoléon, n'ayant prohibé le mariage qu'entre l'oncle et la nièce, la tante et le neveu, il ne saurait être permis par assimilation d'étendre cette prohibition aux alliés au même degré.....

Pourvoi en cassation par le sieur de Chaptal père, pour violation de l'art. 163, Code Napoléon.

Le système adopté par l'arrêt attaqué, a-t-on dit, a pour unique base cet argument, que l'art. 162, qui prohibe le mariage entre le frère et la sœur, exprime d'une manière formelle que la prohibition s'étend aux alliés au même degré, tandis que l'art. 163 se borne à prohiber le mariage entre l'oncle et la nièce, la tante et le neveu, sans rien dire des alliés au même degré.

A cet argument nous répondons que, dans le langage ordinaire, la tante et le neveu par alliance sont qualifiés de tante et de neveu, et dès lors, les termes de l'art. 163 peuvent leur être applicables. Si l'art. 162 a été plus explicite, c'est que la qualification de frère et de sœur ne peut s'appliquer aux beaux-frères et belles-sœurs. L'absence dans l'art. 163 de ces mots : *et les alliés au meme degré*, qui se rencontrent dans l'art. 162, n'autorise donc pas à limiter aux parents personnellement une telle prohibition. C'eût été là une répétition inutile dont la loi s'affranchit souvent lorsqu'il s'agit de réglementer un principe déjà posé. L'article 163 est si peu limitatif que, dès les premières années qui suivirent la publication du Code Napoléon, on agita la question de savoir si sa disposition s'étendait au grand-oncle et à la petite-nièce, à la grand'tante et au petit-neveu. La question, soumise au conseil d'État en 1808, fut résolue négativement par un avis du 23 avril 1808 ; mais l'Empereur refusa d'approuver cet avis, et rendit, le 7 mai suivant, une décision portant que « le mariage entre un grand-oncle et sa petite-nièce ne peut avoir lieu qu'en conséquence des dispenses accordées conformément à ce qui est prescrit par l'art. 164. »

Les arguments de texte n'ont pas, réduits à eux-mêmes, une grande valeur, et lorsque aucune autre considération morale ou juridique ne vient leur prêter appui, il n'est pas rare de voir la jurisprudence passer outre. Nous en citerons un exemple : bien que l'art. 153, Code Napoléon, dispose seulement qu'après l'âge de trente ans, il suffit d'un seul acte respectueux, pour qu'il puisse être passé outre à la célébration du mariage, combien de fois n'a-t-il pas été décidé par les tribunaux que, comme une conséquence de l'art. 152, cet âge ne s'appliquait qu'aux fils, et que pour les filles il suffisait d'avoir vingt-cinq ans (V. *Table générale*, Devilleneuve et Gilbert, vº *Acte respectueux*, n. 1). Il faut donc remonter aux sources de la loi et en rechercher les motifs, au lieu de s'arrêter au texte.

Le droit mosaïque défendait le mariage entre la tante et le neveu par alliance ; il en fut de même en droit canonique : le mariage fut prohibé entre alliés à tous les degrés où il l'était entre parents ; la discipline ecclésiastique en donnait cette raison, que le mari était avec sa femme *una eademque caro*. Les conciles de Trente et de Latran, suivis quant à ce en France, prohibaient le mariage entre parents ou alliés jusqu'au quatrième degré. La loi du 20 septembre 1792 ne défendit le mariage qu'entre frères et sœurs, mais elle disparut avec tant d'autres lois de cette époque. Le Code civil revint à une règle plus morale. Si l'on interroge les travaux préparatoires, on y voit Portalis dire que le mariage est prohibé entre l'oncle et la nièce, la tante et le neveu, par les mêmes motifs qu'il l'est entre beaux-frères et belles-sœurs ; le principal de ces motifs était la nécessité de prévenir la corruption qui pourrait se glisser dans la famille, et qu'allumerait l'espérance d'un mariage entre des êtres qui vivent sous le même toit (surtout à une époque où le divorce était permis). Or, le même motif existe pour prohiber le mariage entre la tante et le neveu par alliance.

Si l'on consulte les divers textes de nos Codes, on voit toujours les alliés mis sur la même ligne que les parents, quand la loi les frappe d'incapacités, de prohibitions ; il est facile d'établir par de nombreuses citations qu'en principe l'alliance donne lieu aux mêmes empêchements et aux mêmes prohibitions que la parenté.

Ainsi, les alliés ne peuvent, en matière criminelle, être entendus comme témoins contre leurs alliés (art. 156 et 132, Cod. inst. crim.).

Les notaires ne peuvent recevoir des actes pour leurs alliés au degré de parenté prohibé. ni se servir de témoins qui seraient leurs alliés ou ceux des parties (L. 25 ventôse an 11, art. 8 et 10). Les juges et officiers de justice, parents ou alliés à un certain degré, ne peuvent faire partie de la même Cour ou du même tribunal, sans obtenir des dispenses du souverain (L. 20 avril 1810, art. 63).

Deux beaux-frères ne peuvent faire partie du même conseil municipal (L. 21 mars 1831, ar¹. 20).

On pourrait multiplier les citations des nombreux cas de prohibition ou d'empêchement déterminés par la loi, dans les actes des citoyens, des magistrats et des officiers publics, à l'occasion de leur degré de parenté et à l'égard desquels la prohibition s'étend aux alliés au même degré, parce que les mêmes raisons de morale, d'influence et de suspicion subsistent à l'égard de ceux-ci, comme pour leurs conjoints ou leurs parents propres.

Et rien n'excluant l'application de ce principe au mariage, c'est à tort que l'arrêt attaqué a décidé que le mariage entre la tante et le neveu était permis par la loi.

ARRÊT.

LA COUR, sur le moyen unique du pourvoi, tiré de la violation de l'art. 163, Code Napoléon :

Attendu que l'art. 163, Code Napoléon, ne prohibe le mariage qu'entre l'oncle et la nièce, la tante et le neveu ; que cet empêchement au mariage ne peut être étendu, par induction ou par analogie, aux alliés du même degré ; que les empêchements

sont de droit étroit, qu'ils ne peuvent résulter que d'une manifestation expresse de la loi ; que si le législateur eût voulu
étendre la prohibition du mariage entre l'oncle et la nièce, la
tante et le neveu, aux alliés du même degré, il l'aurait formellement exprimé comme pour les cas auxquels s'appliquent
les art. 161 et 162, même Code ; que, d'ailleurs, les raisons de
moralité et de pudeur publique qui ont déterminé le législateur
à assimiler, pour des empêchements au mariage, les alliés en
ligne directe, ascendants et descendants, et les beaux-frères et
belles-sœurs aux parents du même degré, n'existaient pas pour
les mariages entre les alliés au degré d'oncle et de nièce, de
tante et de neveu ;

Qu'ainsi l'arrêt attaqué, en décidant que l'art. 163 ne s'appliquait pas au mariage entre la tante et le neveu par alliance,
en a fait une juste application.

Rejette, etc.

Du 10 novembre 1858. — Ch. req. — Président : M. Nicias-
Gaillard.

Abus de confiance. — Prescription. — Délit successif.

L'abus de confiance n'est pas un délit successif qui se
continue tant que le prévenu fait des actes de jouissance
portant sur la somme obtenue à l'aide du délit : le délit est
consommé, et, par conséquent, susceptible de prescription,
dès l'instant du détournement même. (Cod. inst. crim., 638,
Cod. pén. 408.)

Lion.

Il s'agissait, dans l'espèce, du détournement, par un
notaire, d'une somme qui lui avait été confiée par l'un de
ses clients pour désintéresser un créancier. Le notaire avait
appliqué cette somme à ses affaires personnelles ; et, pour
dissimuler ce détournement, il avait eu le soin de servir les
intérêts de la créance pendant plusieurs années.

Poursuivi sous la prévention du délit d'abus de confiance,

il opposa l'exception de prescription, plus de trois ans s'étant écoulés depuis le détournement à lui reproché.

Mais cette exception fut rejetée par un arrêt de la Cour impériale de Paris, rendu, sur appel, le 27 août 1858, et motivé, en droit, sur ce que l'abus de confiance est un délit successif se continuant tant que le prévenu fait usage de la somme détournée, et qu'en fait, le prévenu avait usé depuis moins de trois ans de partie de la somme à lui confiée, sans qu'aucune mise en demeure antérieure de justifier de l'exécution du mandat lui eût été adressée; en conséquence, la Cour condamna le prévenu à un an de prison et 25 fr. d'amende.

Pourvoi en cassation par le prévenu, pour violation de l'art. 638, Code d'instruction criminelle, et fausse application de l'art. 408, Code pénal.

ARRÊT.

La Cour, vu les art. 408, Code pénal, et 638, Code d'instruction criminelle;

Attendu que, pour déclarer le demandeur en cassation coupable du délit d'abus de confiance, à raison des détournements auxquels les juges du fond paraissent attacher la date de 1853, et pour écarter l'exception péremptoire de prescription, l'arrêt attaqué s'est fondé, non sur ce que le délit n'aurait été consommé que moins de trois ans avant les poursuites introduites en 1857, ou sur ce que quelques-uns des éléments constitutifs du délit se seraient reproduits dans le même intervalle, mais sur la fausse théorie de droit que l'abus de confiance est un délit successif qui se continue tant que le prévenu fait des actes de jouissance portant sur la somme obtenue à l'aide du délit; qu'en le décidant ainsi, l'arrêt a donné à sa décision une base illégale;

Casse l'arrêt rendu par la Cour impériale de Paris, chambre des appels de police correctionnelle, le 27 août 1858, etc.

Du 12 novembre 1858. — Chambre criminelle. — Président: M. Vaïsse.

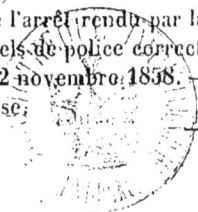

CHRONIQUE.

Surenchère. — Licitation. — Adjudication. — Délai.

La surenchère du sixième, en matière de vente sur licitation, est admissible, même de la part des colicitants. (Cod.
proc. 973.)

L'adjudication sur surenchère, en matière d'expropriation
forcée ou de licitation, doit avoir lieu à la première audience
après la quinzaine qui suit la dénonciation de la surenchère;
sauf au tribunal à accorder un délai plus long, s'il y a lieu,
sur la réclamation des parties intéressées. (Cod. proc., 709.

Quempel de Lanascol — C. Découvrant.

ARRÊT.

La Cour, considérant que, en matière de vente immobilière
sur licitation, l'art. 973, Code de procédure civile, admet toute
personne à surenchérir d'un sixième du prix principal, sous la
condition de se conformer aux dispositions des art. 708, 709 et
710, même Code;

Que la généralité de ces termes n'admet pas d'exception, et
que s'il eût été dans la pensée de la loi d'exclure les colicitants,
une disposition expresse eût dû paraître d'autant plus nécessaire
qu'il n'est pas contestable qu'ils ont la faculté de se porter ad-

judicataires; que leur opposer leur qualité de vendeurs et la garantie dont ils seraient tenus, c'est résoudre la question par la question, puisque la première adjudication n'a eu lieu que sous la condition de la surenchère admise par la loi, et, par suite, sous la condition de la surenchère qu'ils peuvent faire eux-mêmes si la loi les admet à surenchérir;

Qu'on ne peut pas davantage leur appliquer les dispositions de la loi relative à la partie saisie : d'abord, parce qu'il résulterait de cette assimilation, contre le texte précis de l'art. 883, Code Napoléon, qu'ils ne pourraient se porter adjudicataires sur la première vente, et, en second lieu, parce que les raisons péremptoires qui ont amené l'exclusion de la partie saisie, et qui ressortent de sa situation elle-même, ne s'élèvent pas contre le colicitant;

Considérant que Découvrant a fait la surenchère au greffe dans la huitaine de l'adjudication; qu'il l'a dénoncée dans les trois jours; et qu'en donnant avenir pour l'audience du 1er juillet et en indiquant pour ce jour la nouvelle adjudication, il s'est strictement conformé aux dispositions de l'art. 709, Code de Procédure civile;

Qu'on ne comprendrait pas que la loi eût exigé qu'un délai de plus de quinzaine s'écoulât entre le dénoncé de la surenchère et l'audience, si l'avenir donné n'avait pas eu d'autre objet que d'appeler le tribunal à statuer sur la validité de la surenchère et à déterminer le jour de l'adjudication;

Que ce délai ne peut avoir d'autre motif que l'innovation qui introduisait l'appel du public aux enchères;

Qu'il suffit, d'ailleurs, de rapprocher les termes de la loi du 2 juin 1841 des dispositions antérieures du Code de Procédure civile pour demeurer convaincu que, dans la pensée de la loi et sauf les dispositions que le tribunal conserve la faculté de prendre sur la réclamation des parties intéressées, c'est certainement à l'audience indiquée par l'avenir que doit avoir lieu l'adjudication;

Par ces motifs, met l'appellation au néant; ordonne que ce dont est appel sortira effet, etc.

Du 3 août 1858. — Cour impériale de Rennes. — 1re Chambre. — Président : M. Boucly, premier président.

Saisie immobilière. — *Appel.* — *Délai.* — *Signification.*
— *Incident.*

La demande en radiation d'une précédente saisie immobilière formée par un second saisissant, sur le refus du conservateur de transcrire la nouvelle saisie, est essentiellement
un incident à cette dernière poursuite, alors même qu'elle
aurait été formée par action principale, au lieu de l'être par
acte d'avoué à avoué. — Par suite, l'appel du jugement qui
a statué sur une telle demande doit, à peine de nullité, être
interjeté dans les dix jours de la signification dudit jugement, et être signifié au domicile de l'avoué, ainsi qu'au
greffier du tribunal, conformément aux articles 731 et 732,
Cod. proc.

Hulin — C. Testu et Bourguignon.

Le 10 mars 1857, les sieurs Bourguignon et Testu prati-
quèrent une saisie immobilière sur un immeuble appartenant
à la dame veuve Hulin, leur débitrice. — Mais le conservateur des hypothèques refusa de transcrire cette saisie, à
raison de l'existence d'une saisie antérieure effectuée, le
27 janvier 1856, à la requête d'un sieur Roussel, autre
créancier. — Les sieurs Bourguignon et Testu ont alors
demandé la radiation de cette première saisie.

4 mai 1857, jugement du tribunal civil de Rouen, qui
ordonne cette radiation.

Appel par la veuve Hulin. — A cet appel, les intimés opposent une fin de non-recevoir tirée de ce qu'il n'a été ni
interjeté dans les dix jours de la signification du jugement
attaqué, ni notifié au domicile de l'avoué et au greffier du
tribunal, conformément aux articles 731 et 732, Cod. proc.

ARRÊT.

La Cour, attendu que la demande en radiation d'une précédente saisie immobilière, formée par un second saisissant, sur le refus du conservateur de transcrire la nouvelle saisie, est essentiellement un incident à cette dernière poursuite, puisqu'elle est postérieure au procès-verbal de saisie suivi de dénonciation, et qu'elle a pour but de lever un obstacle survenu au cours de l'instance ;

Attendu qu'il n'importerait que les intimés eussent procédé par action principale, au lieu de le faire par acte d'avoué à avoué ; que cette circonstance ne changerait pas la nature de l'instance, mais qu'elle ne se rencontre même pas, puisque, aux termes de l'art. 718, Code procédure, la demande incidente est introduite par exploit d'ajournement contre toute partie n'ayant pas d'avoué en cause, ce qui a eu lieu dans l'espèce ;

Attendu que le jugement dont est appel, rendu en matière de saisie immobilière, par le tribunal civil de Rouen, le 14 mai 1858, a été signifié à domicile le 20 juin suivant; — que, par conséquent, aux termes des articles 731 et 732, Code procédure civile, l'appel de la veuve Hulin, signifié le 11 septembre 1857 au domicile réel des intimés, est non recevable, comme n'ayant pas été interjeté dans les dix jours à compter de la signification du jugement, comme n'étant pas signifié au domicile de l'avoué, et n'ayant pas été non plus notifié au greffier du tribunal; — Par ces motifs, déclare l'appel de la veuve Hulin non recevable, etc.

Du 9 octobre 1857. — Cour imp. de Rouen. — Ch. vac. — Prés., M. Letendre de Tourville.

Juge de paix. — Dommages aux champs. — Compétence.
— Fermier.

L'action formée, même par un fermier contre son propriétaire, en réparation du dommage causé aux récoltes du premier par le gibier existant sur des terres réservées par le second, rentre dans la classe générale des actions pour dommages aux champs, sur lesquelles le juge de paix peut statuer en premier ressort, à quelque somme que la demande s'élève (L. 25 mai 1838, art. 5, § 1er); elle ne constitue pas une action résultant du bail pour défaut de jouissance, dont le juge de paix ne pourrait connaître, même seulement en premier ressort, si la demande était d'une somme supérieure à 1,500 fr. (Ibid., art. 4, § 1er.)

De Lorges. — C. Mesnard.

ARRÊT.

La Cour; — Statuant sur le premier moyen, pris de l'incompétence du juge paix :

Attendu que, par la citation qu'il a fait donner au duc de Lorges, pour comparaître devant le juge de paix, Mesnard demandait la réparation du dommage que ses récoltes ont éprouvé par le fait du gibier entretenu et recélé sur les terres dudit duc de Lorges;

Attendu que Mesnard n'agissait point, dans cette instance, en qualité de fermier du demandeur, réclamant contre celui-ci l'exécution du bail qu'il lui avait consenti; mais qu'il procédait en tant que propriétaire lui-même de récoltes ravagées par le gibier du demandeur; que son action est donc indépendante des clauses du bail et est régie, quant à la compétence de la

juridiction qui doit l'apprécier, non par les dispositions de
l'art. 4, § 1er, de la loi du 25 mai 1838, mais par celles du § 1er
de l'art. 5 de cette loi ; que, pour l'avoir ainsi jugé, le jugement attaqué n'a ni violé l'art. 4, ni faussement appliqué
l'art. 5 de la loi précitée ;

Rejette le pourvoi formé contre le jugement du tribunal de
Romorantin, du 26 mars 1858, etc.

Du 5 août 1858. — Ch. req. — Prés., M. Nicias-Gaillard. —

Exploit. — Copies (interversion des). — Nullité.

L'interversion des copies d'un exploit, spécialement d'une
assignation à fin d'assistance à une enquête, interversion
par suite de laquelle la copie destinée à une partie a été
remise à l'autre, et *vice versá*, entraîne nullité de l'assignation à l'égard de ces parties ; et cela, alors même qu'elles
auraient un intérêt identique. (Cod proc., 61, 261.)

Monteilhet — C. Charlat et autres.

Les héritiers Charlat avaient formé une demande en nullité d'un testament authentique fait par leur auteur au profit
d'un sieur Dubien, représenté au procès par ses héritiers. Sur
cette demande, le notaire qui avait reçu le testament (Me Monteilhet) déclara intervenir ; et, le 5 déc. 1855, un arrêt de la
Cour de Riom, saisie de l'affaire sur appel, ordonna une
enquête, en fixant au 10 avril suivant l'audition des témoins.

Le 13 mars 1856, un exploit contenant assignation pour
être présent à l'enquête, avec notification des noms des témoins, fut remis chez Me Barse, avoué de Me Monteilhet ;

mais cet acte était notifié « au sieur Julien Dubien, proprié-
taire-agriculteur, demeurant au lieu de Chabrier-le-Bas,
commune d'Olliergue, au domicile de M⁰ Laime, son avoué
près la Cour impériale de Riom, habitant ladite ville, en son
domicile, où étant et parlant à M⁰ Barse. »

Le 7 avril, M⁰ Monteilhet protesta, par acte d'avoué à
avoué, contre toute audition de témoins en l'état, et fit sommation à M⁰ Laime, avoué des héritiers Dubien, d'exciper
de toute nullité de procédure que ses parties pourraient invoquer, déclarant qu'à leur défaut il entendait s'en prévaloir.

L'enquête ayant eu lieu dans ces circonstances, les héritiers Dubien ni M⁰ Monteilhet n'y comparurent, non plus
qu'à une prorogation d'enquête ordonnée par arrêt postérieur du 23 avril 1856.

Après la signification des enquêtes, M⁰ Monteilhet conclut
à ce qu'elles fussent annulées, comme n'ayant pas été précédées, quant à lui, de l'assignation à avoué prescrite par
l'art. 261, Cod. proc.

5 août 1856, arrêt de la Cour de Riom, qui repousse ce
moyen de nullité, par les motifs suivants :

« Considérant que l'exploit de signification du 13 mars 1856,
fait en exécution de l'art. 261, Cod. proc. civ., constate la délivrance, entre autres, de deux copies, l'une à Monteilhet, l'autre à Julien Dubien; que toutes deux ont été déposées aux do-
miciles des avoués; que toutes deux, produites aux débats, sont
régulières, sauf une erreur évidente dans le parlant à.... de
l'une d'elles;

Considérant que l'interversion et l'échange des copies entre
parties ayant le même intérêt au procès, ne sauraient porter
aucun effet préjudiciable à leur adversaire (sic);

Statuant sur le moyen de nullité, le rejette; autorise la lecture des enquêtes, et ordonne qu'il sera plaidé au fond, dépens
réservés. »

Pourvoi en cassation par M⁰ Monteilhet, pour violation de l'art. 261, Cod., proc., en ce que l'arrêt attaqué a refusé de prononcer la nullité d'une enquête à laquelle le demandeur n'avait pas assisté, faute d'assignation.

On a dit à l'appui du pourvoi : L'art. 261, Cod. proc., dispose : « La partie sera assignée, pour être présente à l'enquête, au domicile de son avoué....; les noms, professions et demeures des témoins à produire contre elle seront notifiés, le tout à peine de nullité. » Or, l'acte remis à M⁰ Barse, avoué de M⁰ Monteilhet, le 13 mars 1856, contient ajournement, à la requête des héritiers Charlat, non de M⁰ Monteilhet, mais du sieur Julien Dubien. Cet acte constate qu'il a été signifié au domicile de M⁰ Laime, avoué dudit Julien Dubien, demeurant au Chabrier-le-Bas, etc., en parlant à M⁰ Barse. Ce n'est pas là assurément une assignation quant au demandeur en cassation, et la même interversion ayant été commise à l'égard du sieur Julien Dubien, ce dernier ne peut pas davantage être considéré comme ayant été assigné.

L'arrêt objecte que l'échange des copies entre parties ayant le même intérêt ne saurait être préjudiciable à celui qui les signifie. Cette proposition, à supposer même l'existence, dans l'espèce, de l'identité d'intérêt dont parle la Cour, contient une erreur palpable. L'échange des copies est une irrégularité de procédure, et il est incontestable que la partie qui commet une irrégularité de cette nature en est responsable, à moins que la nullité qui en résulte ne soit purement comminatoire. Or, il est certain que les formalités prescrites par l'art. 261 sont essentielles, et que de leur accomplissement dépend la validité de l'enquête.

L'arrêt ajoute que les deux copies sont régulières, sauf une erreur dans le parlant à...; d'où il semble induire la conséquence que M⁰ Monteilhet ne peut dire qu'il n'a pas été assigné. C'est là une énonciation très-inexacte. Il n'y aurait d'erreur que dans le parlant à...! Mais c'est précisément tout le contraire qui est vrai ; car la copie énonce qu'elle a été remise au domicile de M⁰ Laime, en parlant à M⁰ Barse, et il est admis que c'est M⁰ Barse qui l'a reçue réellement. L'erreur n'est pas là, elle est dans le nom du destinataire. La copie contenait ajournement à comparaître à Julien Dubien, au domicile de M⁰ Laime, son avoué, et on la remet à M⁰ Barse, avoué de M⁰ Monteilhet. On voulait avertir ce dernier et lui faire connaître les noms des témoins, et on avertit Julien Dubien.

Dira-t-on que M⁰ Barse recevait cette copie, et que, par suite, M⁰ Monteilhet se trouvait suffisamment averti ? Mais il s'agit ici d'une nullité de procédure, nullité résultant de l'inaccomplissement d'une formalité que des équipollents ne peuvent remplacer, et il semble impossible de soutenir, en droit, que l'exploit signifié au sieur Dubien puisse valoir comme ajournement à M⁰ Monteilhet. C'est rayer d'un trait de plume les dispositions de l'art. 61, Cod. proc., exigeant, à peine de nullité, que l'exploit contienne les noms et demeure du défendeur; et c'est supprimer cet article, au grand préjudice des parties. En effet, que l'on suppose l'une des copies interverties régulière et l'autre nulle. La partie qui reçoit la copie irrégulière est négligente, ou elle n'a qu'un intérêt nominal. Elle n'excipe pas de la nullité. Est-ce que la partie vraiment intéressée et soigneuse de ses intérêts, à laquelle la copie régulière a été remise, n'éprouvera pas un préjudice très-réel de l'interversion ? Car, à coup sûr, elle eût invoqué la nullité, elle s'en fût fait une arme contre la demande: l'échange la prive de la possibilité d'exciper d'un moyen péremptoire. Il est facile d'appliquer cette supposition à notre espèce, car la nullité de l'enquête importait peu aux héritiers Dubien; leur attitude passive l'a bien prouvé, et leur négligence à exciper du vice résultant de l'interversion prouve qu'ils n'eussent pas davantage critiqué la notification, dans l'hypothèse où elle présenterait un autre vice de forme. La violation de loi reprochée à l'arrêt attaqué est donc évidente.

ARRÊT.

La Cour ; — Vu l'art. 261 , Cod. proc. civ. ;

Attendu qu'aux termes de l'article, la partie doit être assignée, pour assister à l'enquête, au domicile de son avoué , si elle en a constitué, avec notification des noms des témoins, trois jours avant leur audition ;

Attendu, en fait, qu'il résulte des constatations des qualités de l'arrêt attaqué que le demandeur n'a pas été assigné au domicile de son avoué, nulle copie à lui adressée n'ayant été remise et notifiée en ce domicile ;

Que, dès lors, Monteilhet n'a pas été assigné conformément aux prescriptions de cet article, et qu'en décidant le contraire, l'arrêt attaqué a ouvertement violé ledit article, dont l'observation est prescrite à peine de nullité ;

Casse, etc.

Du 27 avril 1858. — Ch. civ.— Prés., M. Bérenger.

Juges de paix. — Demandes reconventionnelles. — Dernier ressort.

Les juges de paix appelés à connaître des demandes reconventionnelles en dommages-intérêts fondées exclusivement sur la demande principale, à quelques sommes qu'elles puissent s'élever, n'en doivent cependant connaître qu'à charge d'appel, lorsqu'elles dépassent la somme de 100 fr., taux du dernier ressort ;... à la différence des tribunaux de première instance, qui, d'après l'art. 2 de la loi du 11 avril 1838, sont investis du pouvoir de statuer en dernier ressort dans tous les cas sur de telles demandes reconventionnelles.

Milleret — C. Fourier.

ARRÊT.

LA COUR ; — Vu les art. 7 et 8 de la loi du 25 mai 1838 ;

Attendu que si, aux termes de l'art. 7 de la loi du 25 mai 1838, les juges de paix connaissent, à quelques sommes qu'elles puissent monter, des demandes reconventionnelles en dommages-intérêts fondées exclusivement sur la demande principale, il faut, selon la disposition de l'art. 8 de la même loi, pour que le jugement ne soit pas susceptible d'appel, que la demande re-conventionnelle, comme la demande principale, ne dépasse pas les limites de leur compétence en dernier ressort ;

Attendu que la disposition de l'art. 2 de la loi du 11 avril 1838, qui donne aux tribunaux civils de première instance le pouvoir de statuer en dernier ressort sur les demandes en dommages-intérêts, lorsqu'elles sont exclusivement fondées sur la demande principale, ne peut être étendue aux justices de paix, dont la compétence est réglée par une loi séparée ;

Attendu que, non-seulement une règle analogue à celle de l'art. 2 de la loi du 11 avril 1838 ne se rencontre pas dans celle du 25 mai suivant, mais qu'une disposition contraire est écrite dans les art. 8 et 2 de cette dernière loi ;

Attendu, en fait, que la demande reconventionnelle de 150 fr. de dommages-intérêts formée devant le juge de paix excédait la limite en dernier ressort de la compétence de ce magistrat ;

D'où il suit qu'en déclarant que sa décision n'était pas susceptible d'appel, le jugement attaqué a violé les articles ci-dessus ;

Casse le jugement du tribunal de Péronne, du 2 janvier 1857, etc.

Du 27 juillet 1858. — Ch. civ. — Prés., M. Bérenger.

Juge de paix. — Compétence. — Reliquat de créance.

Le juge de paix est compétent pour connaître de la demande en paiement d'une somme inférieure à 200 fr., alors même qu'elle est le reliquat d'une créauce plus forte, réduite, notamment, au moyen de la compensation 'opérée par le demandeur avec une somme dont il se reconnait débiteur envers le défendeur, si d'ailleurs celui-ci ne forme point de son côté de demande reconventionnelle. (L. 25 mai 1838, art. 1 et 7).

Campet — C. Rilhac.

Le sieur Campet avait cité le sieur Rilhac devant le juge de paix de Castelnau, en paiement de 178 fr. 10 c., formant, au moyen d'une compensation établie avec le prix de marchandises à lui vendues par ce dernier, le solde d'une fourniture de viande s'élevant en totalité à 377 fr. 10.

Le sieur Rilhac se borna à répondre qu'il ne devait rien au sieur Campet, mais sans former de demande reconventionnelle en paiement de ses propres fournitures.

26 juillet 1856, jugement du juge de paix, qui condamne le sieur Rilhac à payer au demandeur la somme réclamée.

Appel par le sieur Rilhac, qui soutient que le juge de paix était incompétent pour connaître du litige, attendu que ce litige portait sur une créance s'élevant à plus de 200 fr., et déniée pour la totalité.

18 mai 1857, jugement du tribunal de Bordeaux qui accueille ce moyen d'incompétence dans les termes suivants :

« Attendu que Campet réclamait à Rilhac, devant le juge de paix du canton de Castelnau, le paiement d'un compte de fournitures de viande qu'il prétend lui avoir été faites depuis le 27 janvier 1853 jusqu'au 6 avril 1854, s'élevant en totalité à la somme de 377 fr. 10 c., et sur laquelle, faisant compensation d'une somme de 199 fr. qu'il reconnaissait devoir lui-même à Rilhac, pour fournitures à lui faites, il demandait une condamnation au paiement de la somme de 178 fr. 10 c. pour solde de ce qui lui restait dû ;

Attendu que Rilhac a dénié devant le juge de paix, comme il le fait devant le tribunal, la totalité de la fourniture que Campet prétend lui avoir faite ; qu'il a prétendu que ni lui ni personne de sa maison n'avait jamais rien pris chez Campet à crédit et qu'il avait toujours payé comptant ; que, par conséquent, il ne doit et n'a jamais dû la somme de 377 fr. 10 c. à laquelle s'élève le compte fabriqué par Campet ;

Attendu que, bien que la condamnation demandée se réduise à la somme de 178 fr. 10 c., les fournitures dont cette somme forme le reliquat étant pour le tout déniées par Rilhac, le litige porte en réalité sur la totalité de la somme à laquelle s'élève le compte des fournitures, puisque, pour décider si la somme de 178 fr. 10 c. est due, il faut examiner si la somme de 377 fr. 10 c., montant du compte, l'était réellement, et si Campet est fondé à compenser jusqu'à due concurrence, avec cette prétendue créance, la somme de 199 fr. dont il se reconnaît lui-même débiteur ;

Attendu qu'aux termes de l'art. 1er de la loi du 25 mai 1838, les juges de paix ne connaissent des contestations purement personnelles ou mobilières, en dernier ressort, que jusqu'à la valeur de 100 fr., et à charge d'appel que jusqu'à la valeur de 200 fr., d'où il suit manifestement que le juge de paix de Castelnau était incompétent pour connaître de la contestation qui lui était soumise, et qui portait sur une valeur de 377 fr. 10 c. ;

Par ces motifs, etc.

Pourvoi en cassation par le sieur Campet, pour violation de l'art. 1er de la loi du 25 mai 1838, en ce que le jugement attaqué a déclaré le juge de paix incompétent pour connaître d'une demande en paiement d'une somme inférieure à 200 fr., en se fondant sur ce que cette somme formait le re-

liquat d'une créance supérieure à ce chiffre, et qui était contestée pour la totalité, bien qu'il soit de règle que c'est le
taux de la demande qui détermine exclusivement la compétence du juge de paix.

ARRÊT.

LA COUR ; — Vu l'art. 1er de la loi du 25 mai 1838 ;

Attendu que l'action intentée par Campet contre Rilhac était
personnelle et mobilière ; qu'elle n'avait pour objet que le
paiement de la somme de 178 fr. 10 c. ; que, dès lors, le juge
de paix pouvait en connaître à la charge d'appel ; qu'il importe
peu que cette somme de 178 fr. 10 c. fût le reliquat de celle de
377 fr. 10 c., montant du compte signifié par le demandeur ;
qu'il reconnaissait dans ce compte même avoir reçu une somme
de 199 fr., ce qui réduisait sa créance à 178 fr. 10 c. ; que Rilhac
ne forma point de demande reconventionnelle, et qu'il ne s'a-
gissait, en définitive, que de cette dernière somme, soit d'après
l'exploit introductif d'instance, soit d'après les conclusions des
parties, soit d'après tous les éléments du litige ;

Attendu, dès lors, que ce litige était de la compétence, en
premier ressort, de la justice de paix, et qu'en décidant le contraire, le jugement attaqué a violé l'article ci-dessus visé ;

Casse, etc.

Du 23 août 1858. — Ch. civ.—Prés., M. Bérenger.

_____

Expertise. — Rapport. — Signification. — Référé.

L'art. 321, Cod. proc., d'après lequel, en cas d'expertise,
le rapport de l'expert doit être levé et signifié avant l'audience, n'est pas applicable en matière de référés : le juge
des référés peut ordonner qu'il sera statué par lui sur le
dépôt au greffe du rapport de l'expert, et dispenser par là
de la signification de ce rapport.

Beaudemoulin — C. Julien.

ARRÊT.

La Cour ; ... — Sur le moyen fondé sur l'art. 321, Cod. proc., et le défaut de signification du rapport de l'expert ;

Attendu que cet article statue pour les cas ordinaires et règle la procédure devant les tribunaux inférieurs dans une instance soumise aux dispositions du droit commun ;

Que, dans une instance en référé et lorsqu'il y a péril, il est nécessaire de procéder avec plus de célérité, et qu'en effet la loi simplifie la procédure et active la marche du procès ;

Qu'ainsi, l'art. 809, Cod. proc., déclare que l'appel sera jugé sommairement et sans procédure ; que l'art. 811, Cod. proc., autorise même le juge, en cas d'absolue nécessité, à ordonner l'exécution de son ordonnance sur la minute ;

Que, si le juge a pensé qu'il n'était pas nécessaire d'aller jusque-là, il a pu, mieux encore, se borner à ordonner qu'il serait jugé sur le dépôt au greffe du rapport de l'expert, entendant dispenser par là de la signification de ce rapport ;

Qu'en fait, le rapport a été déposé, levé et signifié, et que son expédition a été produite devant la Cour ;

Par ces motifs, rejette, etc.

Du 30 mars 1858. — Ch. civ. — Prés. M. Nicias-Gaillard.

———

Huissier. — Appel. — Nullité. — Garantie. — Compétence. — Responsabilité.

L'huissier signataire d'un exploit d'appel argué de nullité peut être assigné en garantie directement devant la Cour impériale saisie de l'appel. (Cod. proc., 71, 181 et 1031 ; décr. 14 janvier 1813, art. 73.)

Mais la responsabilité encourue par l'huissier à raison de
cette nullité doit être restreinte aux frais de l'exploit d'appel
et à ceux de sa mise en cause, si la Cour reconnaît que le
jugement eût dû être confirmé. (Cod. proc., 71 et 1031.)

Dupinet — C. Delacbre et Thiollin.

Les consorts Dupinet ont interjeté appel, suivant deux
exploits signifiés par les huissiers Delacbre et Thiollin, d'un
jugement qui rejetait la demande par eux formée contre les
héritiers Faurie, en paiement du montant d'un billet souscrit
par l'auteur de ces derniers.

Les intimés ayant argué les exploits de nullité à raison
de ce qu'ils ne mentionnaient pas si la personne à leur service à laquelle les copies avaient été remises, avait été trouvée à leur domicile, les appelants ont assigné les deux
huissiers en garantie devant la Cour de Nîmes, saisie de
l'appel.

Ces derniers ont décliné la compétence de la Cour, et soutenu, au fond, que le jugement ayant été bien rendu, leur
responsabilité devait dans tous les cas se restreindre aux
frais des exploits d'appel.

ARRÊT.

La Cour; — Attendu que la Cour, régulièrement saisie de la
demande originaire, est aussi régulièrement saisie de la demande en garantie, comme en étant un incident et un accessoire
inséparable, dont la cause a pris naissance depuis l'introduction
de l'instance et à l'occasion de l'instance même ;

Que cette attribution exceptionnelle de juridiction résulte des
art. 71, 181, 1031, Cod. proc. civ., et que, pour admettre qu'il
a été, quant à ce, dérogé à ces articles et aux principes généraux auxquels ils se rattachent, il faudrait que le législateur eût
nettement formulé une intention contraire ;

Attendu que l'art. 73 du décret du 14 janvier 1813 ne porte pas cette dérogation, parce qu'il n'est applicable que dans le cas spécial où l'officier ministériel est actionné, directement et comme partie principale, en réparation de la faute qu'il a commise;

Au fond :

Attendu que la faute dont les huissiers sont responsables n'a pas causé aux appelants le préjudice allégué, parce que le jugement entrepris est régulier et juste, et que la Cour l'aurait confirmé si elle eût pu en connaître ;

Qu'ils ne peuvent devoir aux appelants que les frais des deux exploits annulés, ceux de l'arrêt de jonction causés par leur défaut de constitution, ainsi que ceux de leur réassignation ;

Par ces motifs, etc.

Du 10 février 1850. — Cour imp. de Nîmes. — Prés., M. de Labaume, p. p.

Mineur. — Vente de biens. — Action résolutoire.

La vente des biens de mineurs, quoiqu'elle soit assujettie aux formalités des ventes judiciaires, n'en est pas moins susceptible de l'action résolutoire pour défaut de paiement du prix : le vendeur n'est pas tenu de prendre la voie de la folle enchère. (Cod. Nap., 1654; Cod. proc., 733, 964).

Desbès — C. Belot.

ARRÊT.

LA COUR; — Attendu que la vente judiciaire des biens de mineurs est une vente volontaire, bien qu'elle soit assujettie aux formes de la vente sur expropriation forcée;

Que, dans toute vente volontaire, le vendeur est propriétaire

II   *m* de l'objet vendu, et peut, dès lors, le reprendre par la voie de l'action résolutoire, ce qui ne se présente pas pour la vente par expropriation, dans laquelle les créanciers vendeurs n'ont qu'une action sur le prix, sans aucun droit de propriété sur l'immeuble ;

Que l'art. 733, Cod. proc. civ., en ouvrant aux créanciers un ordre d'action plus sûr et plus prompt que l'action résolutoire, n'a pas entendu les priver du bénéfice de cette action, si elle était compatible avec la nature de leurs droits et conforme à leurs intérêts ;

Qu'en déclarant cet article applicable aux ventes des biens de mineurs, le législateur n'a pas voulu le rendre obligatoire pour ceux-ci, quand il n'est pas même obligatoire pour les autres ;

Que, dans tous les cas, ce n'est pas à l'adjudicataire qu'il peut appartenir de contester l'action résolutoire pour donner sa préférence à la folle enchère, plus onéreuse pour lui ;

Attendu que la résolution de l'adjudication prononcée au profit de Delbès n'est pas seulement poursuivie pour défaut du paiement des intérêts de son prix, mais bien encore pour défaut de paiement du capital échu et exigible ;

Par ces motifs, déboute Delbès de son opposition, etc.

Du 22 février 1858. — Cour imp. de Montpellier. — 1re ch. — Prés., M. de la Baume, p. p.

Exploit, Coût, Mention, Frais, Avoué, Amende.

La mention du *coût* de l'exploit, que les huissiers sont tenus de mettre à la fin de l'original et de la copie, ne doit comprendre que ce qui est dû à l'huissier pour ses émoluments et ses déboursés : l'huissier n'est pas tenu d'y faire figurer, en outre, les frais de copie, de timbre et d'envoi des pièces, qui sont dus aux avoués (*C. Pr.* 67; *décr.* 16 *fév.* 1807, *art.* 66; 14 *juin* 1813, *art.* 48).

Enreg. C. d'Outreligne.

Ainsi décidé par un jugement du tribunal civil de Lille, du 7 août 1856, dont voici les termes :

« Attendu que l'art. 67, Cod. proc., en prescrivant aux huissiers de mettre à la fin de l'original et de la copie de l'exploit le coût d'icelui, a seulement voulu qu'ils fissent connaître ce qui leur était dû personnellement pour leurs salaires et leurs déboursés; que tel était le sens de l'ordonnance de 1667; que tel est aussi le sens que donnent à l'art. 67, Cod. proc., l'art. 66 du tarif de 1807 et l'art. 48 du décret du 14 juin 1813; que le § 6 du tarif défend aux huissiers de prendre de plus forts droits que ceux énoncés au tarif, et que l'art. 48 du décret, pour rappeler aux huissiers l'obligation qui leur est imposée par l'art. 67, se sert de ces termes : « La mention qu'ils doivent faire au bas de l'original et de la copie de chaque acte du montant de leurs droits; » que, dès lors, il est évident que dans l'esprit du législateur le coût de l'exploit n'est que le montant de ce que l'huissier a le droit de réclamer;

Attendu que, pour faciliter la taxe, le même art. 48 prescrit aux huissiers d'indiquer, en marge de l'original, le nombre des rôles de copies de pièces, et d'y marquer de même le détail de tous les articles de frais formant le coût de l'acte; mais que ce détail ne concerne que les copies de pièces faites par les huissiers eux-mêmes et les frais de leurs propres actes, puisqu'il ne s'agit dans cet article, comme dans le § 6 du tarif, que de leurs droits;

Attendu que l'on ne saurait prétendre avec fondement que le droit de copies de pièces faites par un avoué doit entrer dans le coût de l'exploit, par identification avec celui-ci; qu'il ne s'agit pas, au cas présent, d'apprécier les droits qui, pour la partie requérante, peuvent résulter de ces pièces, mais de l'acte de l'huissier et de son exploit, quel que soit le sort des prétentions de cette partie;

Attendu que les copies de pièces signifiées par l'huissier d'Outreligne ont été faites et certifiées par Me Vigneron, avoué, en vertu de son droit, fondé notamment sur les dispositions expresses des art. 28 et 89 du tarif; que celui-ci a fourni le papier timbré pour l'original et les copies de l'exploit, et qu'il a payé le port de renvoi; que d'après les motifs qui précèdent, le sieur d'Outreligne n'étant pas tenu de comprendre dans le coût de son exploit ce qui était dû à l'avoué, il s'est conformé aux art. 132,

Cod. proc., et 39 du décret précité, qui défendent aux huissiers d'excéder les bornes de leur ministère ; qu'ainsi donc, loin de contrevenir à l'art. 67, Cod. proc., l'huissier d'Outreligne en a fait une saine application.

Pourvoi de l'administration de l'enregistrement, pour violation de l'art. 67, Cod. proc.

Le tribunal de Lille limite l'application de l'art. 67, Cod. proc., à ce qui est dû personnellement à l'huissier pour son salaire et ses déboursés, et nie que cet article puisse être appliqué aux droits de copies de pièces faites par les avoués, au prix du papier timbré et aux autres articles de frais dus à ces officiers ministériels. Par cette interprétation, le jugement attaqué fait une distinction que ni le texte ni les motifs des lois interprétées ne sauraient justifier. En effet, les termes de l'art. 67, Cod. proc., sont généraux et absolus. Quant à ses motifs, ils ne sont pas moins favorables à la doctrine du pourvoi. « Le motif de cette disposition est fort clair, dit M. Boitard, sur l'art. 67, p. 171 ; elle a pour but d'établir, d'une manière précise et dès le principe, quel est le montant du coût de l'exploit que le demandeur, s'il triomphe en définitive, pourra répéter contre le défendeur condamné aux frais de l'instance, en vertu de l'art 130, Cod. proc. Elle a pour but aussi d'empêcher que l'huissier n'exige de la partie un droit supérieur à celui que lui alloue le tarif, et de le forcer lui-même, en déclarant le droit qu'il a touché, à se mettre immédiatement sous la surveillance et la censure du tribunal, s'il a perçu un droit trop considérable. » Or, ce double but ne serait point atteint si les huissiers pouvaient se dispenser d'énoncer à la fin de leurs exploits une partie du coût, et particulièrement celle qui a trait aux copies de pièces. Les frais de ces copies sont souvent, en effet, la partie la plus importante du coût de l'exploit. C'est donc l'élément des frais dus à raison de l'exploit qu'il importe le plus de ne pas laisser ignorer aux parties. On doit conclure de là que, contrairement à ce qu'a décidé le jugement attaqué, le coût à mettre au bas de l'original et de la copie d'un acte d'huissier est un coût entier, complet, comprenant tous les articles de frais de cet acte, c'est-à-dire le saláire afférant à l'exploit, les droits de timbre de l'original et des copies, les droits d'enregistrement, et même le coût des copies de pièces.

ARRÊT.

La Cour,

Attendu qu'il résulte des dispositions combinées des art. 67, Cod. proc. civ., 66, paragraphe dernier, du décret du 16 février 1807, et 48 du décret du 14 juin 1813, que l'obligation imposée à l'huissier, par l'art. 67, Cod. proc. civ., de mettre, à la fin de l'original et de la copie de l'exploit, *le coût d'icelui*, doit s'entendre seulement de ce qui est dû personnellement à l'huissier pour émoluments et déboursés ; que les huissiers, n'ayant pas à s'immiscer dans la taxe des frais dus aux avoués, ne sauraient être tenus de comprendre dans l'énonciation du coût de leurs exploits les frais de copie, de timbre et d'envoi des pièces, qui seraient dus aux avoués ;

D'où il suit qu'en le décidant ainsi, le jugement attaqué n'a violé aucune loi ;

Rejette.

Du 21 décembre 1858, chamb. civ., M. Troplong, premier président.

———

Fonctionnaire public : 1° *Autorisation de poursuites, percepteur, commune, paiement, garantie;* 2° *Exception, ordre public;* — *Cassation, moyen nouveau, fonctionnaire, autorisation de poursuites.*

Le percepteur des contributions directes d'une commune ne peut être poursuivi, sans l'autorisation de l'administration, pour des faits relatifs à ses fonctions, et, par exemple, comme garant d'un paiement qu'il aurait été chargé de faire à un particulier, pour le compte de la commune, et qu'il n'aurait opéré qu'en partie. (L. 22 frimaire an VIII, art. 75.)

L'exception tirée du défaut d'autorisation du conseil d'État, en cas de poursuites exercées contre un agent du Gouvernement, est d'ordre public, et peut, dès lors, être proposée pour la première fois devant la Cour de cassation.

Richard — C. Boileau et autres.

ARRÊT.

La Cour donne défaut contre Boileau et Drouet, et statuant sur le pourvoi :

Vu l'art. 75 de la constitution du 22 frimaire an VIII ;

Attendu, en fait, que Rivière et la demoiselle Nau ayant formé contre Boileau, en sa qualité de maire de la commune de Saint-Denis, une demande en paiement de la somme de 1,881 fr. 35 c., Boileau appela en garantie Richard, percepteur de ladite commune, comme ayant effectué en son acquit un paiement de la somme de 800 fr., dont la sincérité était contestée par les demandeurs ; que l'arrêt attaqué ayant à statuer sur la demande principale et sur celle en garantie, déclara que le paiement contesté ne vaudrait que pour 400 fr. à la décharge de la commune, et condamna Boileau, ès noms, envers Rivière et la demoiselle Nau, en tous les dépens de première instance et d'appel ; et Richard, à indemniser et garantir Boileau de toutes les condamnations prononcées contre lui ;

Attendu qu'aucune autorisation n'a été obtenue à l'effet d'exercer des poursuites contre Richard ;

Attendu, en droit, que Richard avait effectué, en acquit de la commune de Saint-Denis, le paiement dont il s'agit, en sa qualité de percepteur de ladite commune, chargé à ce titre, par la loi, des fonctions de receveur municipal ; qu'en cette qualité il ne pouvait être poursuivi pour faits relatifs à ses fonctions, commis même dans leur exercice, sans l'autorisation de l'administration ; que, dans le sens de l'art. 75 de la constitution de l'an vIII, sont agents du Gouvernement les fonctionnaires préposés par lui aux divers services publics des administrations financières, et notamment les percepteurs des contributions directes;

Attendu que l'exception, tirée du défaut d'autorisation, est d'ordre public, peut être proposée en tout état de cause et ne saurait être couverte par le silence des parties devant les juges du fait;

Mais attendu qu'aucunes conclusions n'étaient prises par les demandeurs au principal, contre Richard, et qu'aucune condamnation n'a été prononcée à leur profit contre lui; que s'il a bien eu droit de se pourvoir contre le chef de l'arrêt qui a statué sur la demande en garantie dirigée contre lui, et prononcé des condamnations à son préjudice, il était sans droit pour attaquer celles que Rivière et la demoiselle Nau ont obtenues au principal contre la commune; que celle-ci eût pu seule se pourvoir sur ce chef, ce qu'elle n'a pas fait;

Par ces motifs, casse l'arrêt de la cour impériale de Poitiers, en date du 6 août 1856, sur le chef seulement qui a statué sur la demande en garantie, et prononcé des condamnations contre Richard; rejette le pourvoi quant au reste.

Du 30 novembre 1858. — Chambre civile. — M. Troplong, premier président.

———

Expropriation publique, acquisition intégrale, réquisition, Délai.

La réquisition, par le propriétaire partiellement exproprié, ou cédant volontaire d'une partie de son immeuble, de l'acquisition intégrale de cet immeuble, est tardive, et, dès lors, non recevable, si elle est postérieure au délai de quinze jours fixé par l'art. 24 de la loi du 3 mai 1841, et, par exemple, si elle a eu lieu le jour de la décision du jury.

Préfet de la Drôme — C. Mercier.

ARRÊT.

La Cour :

Vu les art. 24, 37, 42 et 50 de la loi du 3 mai 1841 ;

Attendu qu'il résulte du jugement du 11 janvier 1858, rendu par le tribunal civil de Valence, qu'il a octroyé acte au préfet de la Drôme du consentement donné par Mercier à la cession volontaire de la partie de sa maison, nécessaire à l'élargissement de la route départementale n° 12, entre la route impériale n° 7 et la gare de Loriol ; et que les parties, n'ayant pu s'entendre sur la fixation du prix de la partie d'immeuble cédée, furent renvoyées devant le jury spécial appelé à régler l'indemnité due à raison de cette cession ;

Qu'il résulte du procès-verbal des opérations du jury désigné et convoqué à cet effet, que, devant lui, pour la première fois, à la date du 5 août 1858, Mercier déclara vouloir user de la faculté accordée par l'art. 50 de la loi précitée, requérant le jury de lui allouer une indemnité correspondante à la valeur totale de sa maison ; et que, conformément à cette réquisition, la somme de 23,000 fr. lui a été accordée pour cette indemnité ;

Attendu, en droit, que cette demande eût dû être précédée de la déclaration voulue par ledit art. 50, faite dans la forme indiquée par la loi, et dans le délai de quinzaine, à dater des offres faites par l'administration, conformément à l'art. 24 de ladite loi ; et que, faute de cette déclaration préalable dans les délais légaux, l'administration n'a pas été mise à même de signifier sa réponse, avec de nouvelles offres s'il y avait lieu, et que le magistrat-directeur n'a pu, non plus, mettre sous les yeux du jury le tableau régulier des offres et demandes, conformément à l'art. 37, comme aussi l'agent chargé de représenter l'administration devant le jury était sans pouvoirs pour consentir à la demande imprévue formée par Mercier ;

D'où il suit qu'en statuant comme il l'a fait, le jury, dans sa décision, et le magistrat-directeur, dans son ordonnance qui l'a rendue exécutoire, ont faussement appliqué l'art. 50 et violé les art. 24, 37 et 42 de la loi du 3 mai 1841 ;

Casse la décision du jury de l'arrondissement de Valence, du 5 août 1858, ensemble l'ordonnance du magistrat-directeur, qui a suivi.

Du 18 janvier 1859. — Chambre civile. — M. Bérenger, président.

Expropriation publique, indemnité, tréfonds.

L'indemnité à régler par le jury d'expropriation doit comprendre, à peine de nullité, non-seulement la valeur de la superficie, mais encore celle du tréfonds, et, par exemple, la valeur des richesses minérales dont le propriétaire est dépossédé par suite de l'expropriation, alors même que le jugement d'expropriation n'en ferait pas une mention spéciale. (*C. Nap.* 545; *L. 3 mai 1831, art. 22 et 32.*)

Veuve Clerget de Saint-Léger et sieur Boudry — C. chemin de fer d'Orléans.

ARRÊT.

La Cour,

Attendu la connexité, joint les causes ;

Et vu les art. 545 Code Napoléon, 28 et 32 de la loi du 3 mai 1841 ;

Attendu que l'expropriation pour cause d'utilité publique ne peut avoir lieu que moyennant une juste et préalable indemnité ;

Que cette indemnité doit nécessairement comprendre toute la valeur du sol frappé de l'expropriation ;

Que la propriété du sol comportant la propriété du dessous aux termes de l'art. 552 du même Code, l'indemnité doit comprendre, non-seulement la valeur de la superficie, mais encore celle des richesses minérales qu'il renferme et dont le propriétaire est dépossédé par suite de l'expropriation ;

Que, suivant les art. 28, 30 et suivants de la loi du 3 mai 1841, c'est au jury spécial institué par cette loi qu'il appartient de statuer sur l'indemnité due par suite de l'expropriation, et, par conséquent, d'apprécier la valeur entière du sol exproprié ;

Que, dans les faits de la cause, la dame de Saint-Léger et Boutry demandaient une indemnité, non pour le tort ou préjudice que l'exploitation du chemin de fer pouvait causer à une propriété contiguë ou à une exploitation voisine non comprise dans le tracé du chemin de fer, mais bien pour la valeur du sous-sol ou tréfonds se trouvant dans le parcours de ce chemin et dont ils étaient dépossédés ;

Qu'il suit de là que le jury devait connaître de cette demande, et qu'en se déclarant incompétent, celui-ci a violé les articles précités ;

Casse.

Du 21 décembre 1858. — Chambre civile. — M. Troplong, premier président.

————

Autorité municipale. Quêtes à domicile. Prohibitions.

L'arrêté par lequel un maire interdit toute quête publique à domicile, excède les pouvoirs de l'autorité municipale. (*L. 16-24 août 1790, tit. 11, art. 3.*)

Rolland.

ARRÊT.

La Cour, — Sur le premier moyen, tiré de la violation des lois de 1790 et 1791 ;

Vu les art. 3 et 46 desdites lois ;

Attendu qu'aux termes de ces lois, l'autorité municipale ne peut réglementer par des arrêtés que ce qui intéresse la sûreté, la salubrité publique, l'ordre, la viabilité, la police des lieux publics ;

Attendu qu'une quête faite à domicile ne rentre dans aucune de ces matières, et ne peut y être assimilée ; que cet acte en lui-même ne porte aucune atteinte à l'ordre public ; que s'il était l'occasion d'exigences ou de manœuvres frauduleuses, il tomberait sous la répression de la loi pénale ;

Attendu que l'arrêté du maire d'Aumessas, en date du 20 février 1856, interdisant toute quête publique à domicile, excédait les limites de l'autorité municipale ; que, dès lors, il n'a pu être la base d'aucune poursuite ni d'aucune peine ; qu'en se fondant sur cet arrêté pour condamner le demandeur à une amende, le tribunal de simple police d'Alzon a violé l'art. 471, n° 15, Cod. pén.;

Sans qu'il soit nécessaire de statuer sur les deux autres moyens, casse.

Du 13 août 1858. — Chamb. crim. — M. Vaïsse.

NÉCROLOGIE.

M. Emblard, avoué à Valence, est décédé dans cette ville le 18 décembre dernier. Une suite nombreuse assistait à ses funérailles. On y remarquait le préfet de la Drôme, le maire de Valence, le président et plusieurs membres du tribunal, les vicaires généraux du diocèse; enfin, la corporation des avoués et l'ordre des avocats, *en robe*, témoignant ainsi de la confraternité de leurs sentiments et de l'unanimité de leurs regrets.

M. Montal, avoué, a prononcé sur la tombe du défunt un discours remarquable par sa touchante simplicité, dont les passages suivants trouveront de l'écho à Grenoble et dans tout le ressort, où M. Emblard comptait de nombreux amis.

« Avoué depuis 1830, formé à cette vieille école de nos « prédécesseurs, il avait appris d'eux tout ce que comporte « la dignité du corps : la loyauté, le respect des droits « acquis, une légitime émulation pour s'attirer la confiance, « le culte des bons rapports entre confrères.

« Pendant sa longue postulation, M. Emblard a vu la « corporation se renouveler presque tout entière; il nous « transmettait dans toute leur pureté les bons principes « qu'il avait recueillis et dont son âme droite et honnête « savait si bien s'inspirer.

« Aimé et vénéré de tous, entouré du respect et des égards « du barreau, depuis longtemps il ne cessait d'être appelé « dans les conseils de la chambre des avoués. A plusieurs « reprises, il en a été élu président. Cet honneur venait « même encore de lui être décerné cette année. Ce suffrage « réitéré, ce juste hommage rendu à son mérite et à ses « qualités ne sont-ils pas la preuve irrécusable qu'il était « aussi bon confrère qu'il était bon ami ?..... »

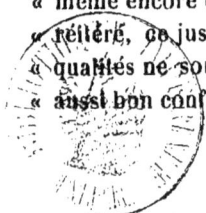

TABLE

DU

DEUXIÈME VOLUME.

I.

TABLE DES ARRÈTS.

A.

ASSURANCES (CONTRAT D'). — Lorsque plusieurs choses distinctes ayant été assurées à une première compagnie par un seul contrat, l'une de ces mêmes choses a été ultérieurement l'objet d'une assurance spéciale par une seconde compagnie, on ne peut étendre une clause pénale stipulée dans le premier contrat à tout ce qui était compris dans ce contrat même, sous le prétexte qu'il est unique et forme un tout indivisible ; la clause pénale ne saurait s'appliquer qu'aux objets spéciaux qui, compris dans le premier contrat, ont été, en outre, l'objet du second ; — spécialement, celui qui fait assurer des bâtiments, récoltes, vers à soie, par un premier contrat où il est dit que s'il fait couvrir ces objets par une autre assurance, il est tenu de le déclarer sous peine de perdre tout droit à une indemnité, peut très-bien faire assurer, par un second contrat, un

B.

C.

D.

E.

Exploit. — La véritable *demeure* de la partie à laquelle la signification est faite est suffisamment indiquée quand l'exploit constate
régulièrement que l'huissier s'est transporté au *domicile* occupé par
cette partie. Il n'est pas nécessaire de mentionner la rue et le numéro.

Les énonciations de l'exploit font foi jusqu'à inscription de faux. **42**

Enfant naturel. — I. — L'application de l'art. 757 du Code Napoléon, qui détermine les droits successifs de l'enfant naturel, eu
égard à la qualité des parents légitimes que laisse le défunt, est
indépendante du point de savoir si ces parents viennent ou ne viennent pas à la succession. — Spécialement, il importe peu que les
collatéraux laissés par le défunt soient écartés de la succession par
un legs universel.

II. — Lorsque le défunt ne laisse ni descendants, ni ascendants,
ni frères, ni sœurs, mais des enfants de frères ou de sœurs, ceux-ci
ne peuvent pas invoquer le bénéfice de la représentation, et ils doivent rester dans la catégorie des collatéraux, autres que frères et
sœurs, de telle sorte que la part de l'enfant naturel est, non pas de
la moitié, mais des trois quarts de la succession.

III. — L'art. 761 du Code Napoléon donne aux père et mère le
droit de réduire l'enfant naturel à la moitié de sa réserve. — Mais
ils ne peuvent user de ce pouvoir qu'à la charge de lui donner la
moitié de leur vivant et de déclarer en même temps, d'une manière
expresse, que telle est leur volonté. *(Solution incidente exprimée
dans les motifs).*

IV. — L'enfant naturel n'est qu'un créancier de la succession de
son père; toutes les libéralités qu'il reçoit de son père sont des
paiements de cette créance; — dès lors, il doit imputer sur sa
réserve tout ce qu'il a reçu directement ou indirectement; il ne peut
invoquer ni les principes sur les rapports, ni la présomption d'un
préciput résultant d'une libéralité déguisée, comme pourrait le faire
un héritier légitime. — Il en est surtout ainsi lorsqu'il résulte des
circonstances de la cause que la donation déguisée faite à l'enfant
naturel a eu lieu pour tout autre motif que pour le dispenser de
l'imputer sur sa réserve.

V. — La libéralité faite aux enfants de l'enfant naturel ne doit
pas s'imputer sur la réserve de celui-ci, lorsqu'elle aurait pu être

adressée à l'enfant naturel lui-même, sans dépasser à son égard ce dont le père pouvait disposer en sa faveur. La présomption d'interposition de personnes de l'art. 911 n'est pas applicable dans ce cas.

F.«

FORÊTS. — La force majeure constatée est toujours une excuse, même en matière forestière ; il y a force majeure si les chemins ordinaires sont impraticables.

Lorsqu'il n'y a pas impossibilité absolue de passage, l'excuse tirée de l'absence d'intention coupable ne suffit pas, en matière forestière, pour écarter le délit.

FORÊTS. — I. — Lorsqu'un procès-verbal, dressé et signé par deux gardes forestiers, est écrit en entier par l'un d'eux, il n'est pas nécessaire que l'officier public qui reçoit l'affirmation donne préalablement lecture du procès-verbal au garde, et qu'il soit fait mention de cette formalité.

II. — Les *faits matériels* dont les procès-verbaux des gardes forestiers font preuve, jusqu'à inscription de faux, sont les faits positifs qui ont frappé les sens des rédacteurs, qui sont le résultat de leurs observations personnelles, et qui forment les éléments constitutifs des délits qu'ils ont à constater.

III. — Dans l'application de l'article 223, § 1, du Code forestier, en vertu duquel les jeunes bois, pendant les vingt premières années après *leur semis* ou plantation, sont exceptés de la déclaration de

H.

I.

J.

L.

M.

N.

O.

payer sur l'immeuble dont il a intérêt à toucher de préférence le prix.. 216

V. — Lorsque le créancier à hypothèque générale a produit dans un ordre, sans désigner l'immeuble ou les immeubles sur lesquels il entend faire porter son hypothèque générale, et que le juge-commissaire a procédé lui-même au classement de sa créance, il ne peut plus former opposition au rang qu'il a obtenu ; il est lié par un véritable contrat judiciaire intervenu entre lui et les autres créanciers produisants.

VI. — Le créancier à hypothèque spécia'e qui a remboursé le créancier à hypothèque générale, et lui a été subrogé, n'est pas mieux admissible à soulever une telle prétention ; le cessionnaire est l'image du cédant.

P.

PARTAGE D'ASCENDANTS. — I. — La donation-partage faite par des ascendants à leurs enfants doit, comme les partages ordinaires, leur attribuer à chacun des immeubles et des meubles, surtout si les immeubles ne sont pas indivisibles.

II. — Néanmoins, l'acte intervenu dans les formes légales peut valoir comme donation au profit d'un préciputaire.

III. — La demande en nullité du partage ne peut être intentée qu'après le décès de l'ascendant donateur. (Solution implicite.)

IV. — La réception faite par le mari de l'une des copartageantes, de partie des sommes à elle attribuées pour son lot, n'élève pas contre elle une fin de non-recevoir tirée de la ratification, lors même que ce fait est postérieur au décès de l'ascendant.

V. — Il en est de même de la production faite au nom de cette même femme dans l'ordre ouvert contre son mari, pour avoir paie-

R.

La femme séparée de biens, qui fait le commerce, a capacité pour s'obliger, malgré la constitution générale de dot sous laquelle elle est mariée.. **165**

RELIGIEUSE — Une religieuse est incapable de recevoir un legs universel d'une autre religieuse appartenant à la même communauté.

Toutefois, le legs universel n'est pas nul ; il doit seulement être réduit au quart des biens de la défunte, ou à la somme de 10,000 fr.

La sœur instituée légataire universelle ne doit pas être réputée de plein droit personne interposée. Mais s'il est établi que, sous le nom de cette sœur, c'est la communauté, incapable elle-même de recevoir à titre universel, qui a été instituée, de telle sorte qu'il y ait interposition de personne et fraude à la loi, le legs est nul et de nul effet **232**

S.

SÉPARATION DE BIENS. — La simple signification d'un jugement de séparation de biens peut, suivant les circonstances, être réputée commencement de poursuite dans le sens de l'article 1444 du Code Napoléon **33**

SUCCESSION BÉNÉFICIAIRE. — I. — Le liquidateur d'une hoirie bénéficiare, nommé par jugement, qui a, comme tel, intenté et suivi une action sur laquelle il a été statué, a qualité pour faire signifier le jugement, sans qu'il soit nécessaire d'indiquer dans l'exploit les noms mêmes des héritiers bénéficiaires............. **42**

SPECTACLES PUBLICS. — Il appartient aux tribunaux de convertir en une somme fixe, à titre d'abonnement, le cinquième que le directeur privilégié d'un théâtre a le droit de percevoir sur la recette brute de tout spectacle public.

Il appartient surtout aux tribunaux de faire cette conversion, lorsque le directeur du théâtre a commencé par demander une somme fixe.

Le directeur qui a conclu au paiement d'une somme fixe ne peut plus conclure au paiement du cinquième.................... **49**

SÉPARATION DES PATRIMOINES. — La séparation des patrimoines ne peut produire aucun effet à l'égard de valeurs mobilières que

l'héritier du défunt a cédées, lorsque la demande en séparation est
postérieure aux cessions et à la notification de ces cessions, les valeurs cédées étant ainsi sorties de la possession de l'héritier.

Le débiteur d'un capital, qui est en même temps créancier d'une
rente viagère, ne peut pas retenir, par voie de compensation, sur
le capital qu'il doit, le capital de la rente qui lui est due......... **88**

SÉPARATION DE BIENS. —Si l'avoué ne doit pas être considéré, d'une
manière générale et dans tous les cas, comme chargé de l'exécution
du jugement de séparation de biens qu'il a fait rendre, il peut être
déclaré responsable du défaut d'exécution, lorsqu'il résulte des circonstances que, soit comme avoué, soit comme mandataire, il a dû
certainement être chargé de procéder à cette exécution.......... **177**

T.

TRIBUNAL CORRECTIONNEL. — En matière correctionnelle, le ministère public a le droit, en faisant l'exposé prescrit par l'art. 190 du
Code d'instruction criminelle, de lire les dépositions recueillies dans
l'information, même faite officieusement et sans prestation de serment par le juge de paix, alors surtout qu'un certain nombre de témoins à charge ont été assignés par le ministère public pour déposer
à l'audience.. **185**

TESTAMENT. — Lorsque le notaire, au lieu de mentionner que le testateur a déclaré ne pouvoir signer, en indiquant la cause qui l'en
empêchait, s'est borné à dire que le testateur n'a pu signer parce
qu'il était malade, le testament est nul.

La responsabilité du notaire ne doit pas nécessairement se mesurer sur le préjudice causé au légataire par l'annulation du testament; il appartient aux tribunaux de l'apprécier selon les circonstances... **189**

U.

USUFRUIT. — La renonciation à un usufruit donné par contrat de mariage, faite par une veuve, ne doit pas nécessairement avoir lieu au
greffe du tribunal.

Cette renonciation, valable en elle-même, doit produire tous ses effets lorsque le fils, précipulaire du quart, dans l'intérêt de qui elle a eu lieu, a introduit une action en partage de la succession de son père et demandé, en présence de sa mère, soit dans son exploit introductif d'instance, soit dans des conclusions signifiées, qu'il lui fût expédié le quart en préciput. La rétractation de la mère, survenue ultérieurement, doit être considérée comme tardive et inefficace.. 94

V.

II.

—◆◆◆—

TABLE DES DÉCISIONS ADMINISTRATIVES.

C.

CIMETIÈRE. — La prise de possession d'une case réservée, dans un cimetière, équivaut à une concession régulière et oblige, par elle seule, le possesseur à payer la taxe déterminée par le tarif municipal.   26

CIMETIÈRE. — Pour être concessionnaire d'une case réservée, dans un cimetière, il n'est pas nécessaire de faire une demande de concession, il suffit de la prise de possession. — Celui qui prend possession d'une case réservée, en y faisant inhumer sa mère, est personnellement tenu de la totalité de la taxe, sauf tel recours que bon lui semble contre ses cohéritiers............................   29

CHEMINS DE FER. — Les prohibitions portées par l'art. 5 de la loi du 15 juillet 1845 ne sont pas applicables aux constructions contiguës au terrain d'une station de chemin de fer, et ces constructions doivent être maintenues, malgré leur contiguïté au terrain de la station, si elles sont à une distance de deux mètres de la voie de fer elle-même.

Le conseil de préfecture est incompétent pour statuer sur la sup-

F.

M.

P.

III.

TABLE DE LA CHRONIQUE.

A

C

E.

F.

ministration, pour des faits relatifs à ses fonctions, et, par exemple, comme garant d'un paiement qu'il aurait été chargé de faire à un particulier, pour le compte de la commune, et qu'il n'aurait opéré qu'en partie.

L'exception tirée du défaut d'autorisation du conseil d'Etat, en cas de poursuites exercées contre un agent du gouvernement, est d'ordre public, et peut, dès lors, être proposée pour la première fois devant la cour de cassation..............................

H.

I.

J.

M.

N.

O.

P.

R.

S.

V.

Vente exclusive a une maison de commerce. — Le fabricant qui s'est engagé envers une maison de commerce à ne pas vendre à d'autres qu'à elle, ni mettre en vente jusqu'à une époque déterminée certains objets de sa fabrication, ne peut pas même, jusqu'à cette époque, remettre à d'autres commerçants des échantillons destinés à préparer la vente pour le temps qui suivra l'expiration de l'engagement. 53

www.ingramcontent.com/pod-product-compliance
Lightning Source LLC
Chambersburg PA
CBHW031610210326
41599CB00021B/3131